KB052672

장자강의

혼돈의 시대에 장자를 읽다

초판 1쇄 펴낸날 2015년 1월 30일
초판 7쇄 펴낸날 2022년 5월 25일

지은이 전호근
펴낸이 이건복
펴낸곳 도서출판 동녘

책임편집 구형민
편집 정경윤 박소연 김혜윤
마케팅 임세현 박세린
관리 서숙희 이주원

등록 제311-1980-01호 1980년 3월 25일
주소 (10881) 경기도 파주시 회동길 77-26
전화 영업 031-955-3000 편집 031-955-3005 **전송** 031-955-3009
블로그 www.dongnyok.com **전자우편** editor@dongnyok.com
페이스북·인스타그램 @dongnyokpub
인쇄·제본 새한문화사 **라미네이팅** 북웨어 **종이** 한서지업사

ISBN 978-89-7297-728-5 (03150)

- 잘못 만들어진 책은 바꿔 드립니다.
- 책값은 뒤표지에 쓰여 있습니다.
- 이 도서의 국립중앙도서관 출판시도서목록(CIP)은 서지정보유통지원시스템 홈페이지 (http://seoji.nl.go.kr)와 국가자료공동목록시스템(http://www.nl.go.kr/kolisnet)에서 이용하실 수 있습니다.(CIP제어번호: CIP2015000401)

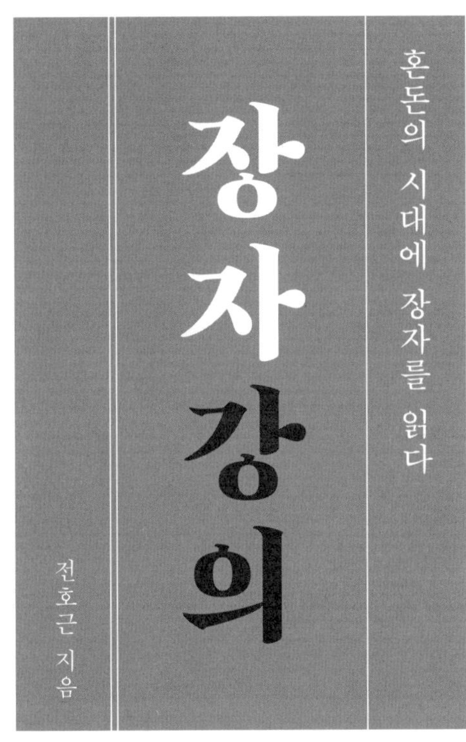

장자 강의

혼돈의 시대에 장자를 읽다

전호근 지음

동녘

일러두기

1. 이 책에 수록된 《장자》 원문은 청 대의 곽경번(郭慶藩)이 찬한 《장자집석(莊子集釋)》(中華書局, 1978년)을 저본으로 하고, 일부는 북송 진경원(陳景元)의 《장자궐오(莊子闕誤)》(臺灣商務印書館, 1983년), 대만 왕숙민(王叔岷)의 《장자교전(莊子校詮)》(臺灣中央研究院歷史語言研究所, 1985년) 등을 참고하여 수정했다.
2. 편, 장 분류는 일본의 이케다 토모히사(池田知久)가 역주한 《장자(上·下)》(中國の古典5·6, 學習研究社, 1986년)의 분류를 따랐다. 단, 독서의 편의를 위해 여러 장을 한 장으로 묶은 경우가 있는데, 다음과 같다. (〈제4편〉 4, 5, 6장을 〈4장〉으로 7, 8, 9장을 〈5장〉으로 〈제5편〉 5, 6장을 〈5장〉으로 〈제6편〉 3, 4장을 〈3장〉으로 제7편 2, 3, 4장을 〈2장〉으로 묶었다.)
3. 원문에는 우리 학문의 전통을 소개하는 데 도움이 된다고 판단해, 조선 시대에 간행된 《현토구해남화진경(懸吐句解南華眞經)》에 표기된 현토(懸吐·한문 원전을 읽을 때 다는 한글 토)를 부기하였다. 단 저자의 견해와 다른 부분은 임의로 수정했다.
4. 원문 풀이와 관련된 한자, 한문은 원문과 본문 중에서 굵은 서체로 처리했다.
5. 책명은 《 》, 편명, 글, 단편 등은 〈 〉로 표기했다.

장자, 이야기 속에 뜻을 숨기다

공맹의 길, 장자의 길

《장자》 이전의 고전 중에서 《논어》는 약 1만 5000여 자로 이루어져 있습니다. 《맹자》는 3만 5000여 자이고, 《장자》는 6만 5000여 자입니다. 먼저 기존의 유가 문헌들과 《장자》의 차이가 어디에 있는지 따져봄으로써 《장자》라는 책에 담긴 특징을 살펴보겠습니다. 《장자》는 《논어》나 《맹자》와는 기술 형식이나 문체에서부터 성격이 전혀 다른 책입니다. 그런데 맹자와 장자는 동시대인입니다. 사마천의 《사기열전》에 따르면 제나라 선왕이나 양나라 혜왕과 동시대 인물로 장자를 소개하고 있습니다. 이 두 왕은 모두 맹자를 만났던 왕들이지만 그다지 뛰어난 군주였다고 할 수는 없습니다. 춘추전국시대의 뛰어난 군주라고 하면 제나라 환공, 진나라 문공 등을 들 수 있지요. 그런데 제나라 선왕이나 양나라 혜왕은 맹자를 만났다는 사실로 인해 환공이나 문공보다 후세에 더 널리 알려졌습니다. 맹자를 대우하고, 알아보았다는 사실만으로 선왕과 혜왕은 동시대의 뛰어난 군주들에게 밀리지 않을 만큼의 명성을 얻게 되었으니 밑지는 장사는 아니었습니다.

맹자와 장자는 동시대 인물이었지만 맹자는 장자에 대해 언급한 적이 없고 장자 또한 맹자에 대해 말하지 않았습니다. 맹자는 상당히 논쟁적인 철학자였는데, 특히 정치적으로 자신의 견해와 다른 견해를 내놓는 사람을 보면 상대가 누구든 절대 참지 못하는 성격이었습니다. 반면 공자의 경우는 좀 다릅니다. 점잖아요. 위나라의 군주가 공자에게 '문진(問陳)', 곧 전쟁할 때 진(陣) 치는 방법에 대해 물어보자 '다음 날 바로 떠났다(明日遂行)'고 《논어》에 기록되어 있는데요, 공자는 영공의 질문에 '제사를 지내는 일에 대해서는 배운 적이 있으나, 전쟁하는 일에 대해서는 배운 게 없다'고 말한 뒤 다음 날 떠났다고 합니다. 이것이 상대방과 뜻이 맞지 않을 때 조용히 떠나는 공자의 성격을 드러내는 것이라면, 맹자의 경우는 공자와 달라서 상대와 뜻이 맞지 않을 경우 상대방을 바꾸려고 합니다.

물론 공자도 상대를 바꾸려고 노력한 경우가 많았습니다. 이를테면 노나라의 실권자였던 계강자와 만났을 때 그런 일이 일어나지요. 사실 공자는 계강자의 아버지였던 계환자와 뜻이 맞지 않아 노나라를 떠났습니다만 훗날 계환자는 자신의 후계자인 계강자에게 공자를 불러 정치를 맡기라고 유언합니다. 그래서 계강자는 공자를 초빙하여 "백성들이 도둑질을 많이 해서 걱정인데 어떻게 하면 좋겠느냐?" 하고 묻습니다. 그러자 공자는 "당신이 도둑질을 하지 않는다면 비록 상을 준다 해도 백성들이 도둑질하지 않을 것이다"라고 대답합니다.

실권자에게 잘 보이려면 해서는 안 될 말이지만 공자는 나라를 통치하는 자가 도둑질을 하지 않아야 백성들도 도둑질을 하지 않는다는 불변의 진리를 말한 것입니다. 이처럼 공자도 통치자를 바로잡으려 했기 때문에 등용되지 못한 경우가 있습니다.

이웃 위나라 임금 첩(輒)이 공자의 제자 '자로'를 통해 공자에게 정치를 자문한 적이 있는데요. 이때 자로가 공자에게 위나라에 가시면 무엇부터 하시겠느냐고 묻자 공자는 "반드시 명분부터 바로잡을 것이다(必也正名乎)"라고 대답했습니다. 여기서 명분이란 이른바 군군(君君), 신신(臣臣), 부부(父父), 자자(子子)를 말하는 것인데 각각 임금은 임금답고 신하는 신하답고 아버지는 아버지답고 자식은 자식다워야 한다는 뜻입니다. 그런데 위나라 임금 첩은 이 네 가지 모두에 문제가 있는 사람입니다. 그는 자신의 아버지 괴외(蒯聵)가 위나라로 돌아오려고 하자 거부한 인물이기 때문이지요. 하지만 공자의 대답에 자로는 답답함을 금하지 못합니다. 최고 통치자의 잘못을 바로잡으려 하니 당연히 위나라 임금의 초빙을 받지 못합니다.

이처럼 공자도 통치자의 잘못을 바로잡으려 했지만 대개는 상대와 뜻이 맞지 않으면 아예 만나러 가지 않거나, 조용히 떠났습니다. 하지만 맹자는 공자와 달랐습니다. 맹자는 군주의 곁에 머물면서 군주가 화가 나서 안색이 변해도 자신이 하고 싶은 말을 다합니다. 아마도 맹자는 스트레스를 전혀 받지 않았을 겁니다. 왜냐하면 자신이 하고 싶은 얘기를 기어이 다 하고 마니까요.

후세에 불우한 지식인으로 공자와 함께 맹자를 꼽지만 그것이 꼭 맞는 말이라고 할 수는 없습니다. 하기야 공맹이 모두 자신의 정치적 이념을 실현하지 못했으니까 불우하지 않았다고 할 수는 없겠지요. 그러나 맹자의 경우 어떠한 상황에서도 자신감을 잃지 않았습니다. 심지어 자신을 등용해줄 가능성이 있었던 제나라를 떠날 때에도 '아쉽기는 하지만 지금 이 시대에 나를 놔두고 그 누구를 등용할 것인가'라는 말을 남기며 당당히 떠나갑니다. 어떤 상황에서도 좌절하지 않는 모습을 보여준 것이죠.

맹자가 동시대의 사상가인 장자에 대해 논평을 남기지 않았다는 것은 하나의 미스터리입니다. 장자 또한 《장자》의 마지막 편인 〈천하(天下)〉 편에서 당대의 모든 사상가들, 즉 천하의 도술을 모두 비판하고 있는데, 맹자는 직접 비판하지 않았습니다. 비판하기 좋아하는 두 사람이 서로에 대해 언급하지 않았다는 것은 신기한 일이지요. 그러나 저는 이게 전혀 이상할 게 없다고 생각합니다. 맹자가 활동했던 곳은 천하였고, 장자가 활동했던 무대는 강호였기 때문이지요. 같은 곳이 아니냐고요? 그렇지요. 천하와 강호는 같은 시공간이긴 하지요. 하지만 장자는 그걸 '방내(方內)의 세계'와 '방외(方外)의 세계'로 구분하고 있습니다. 이때 방(方)은 '법(法)'입니다. 곧 방내의 세계인 천하는 질서가 있는 곳이고, 방외의 세계인 강호는 자유로운 곳입니다. 방내와 방외는 서로 상관하지 않는다는 게 장자의 생각인 것이지요. 물론 가끔 공자처럼 방내와 방외를 넘나드는 초절정의 고수가 등장하긴 하지만 그런 예외는 거의 없습니다.

〈천하〉 편에는 '추노지사(鄒魯之士)'라는 표현이 나옵니다. '추'는 맹자의 고향이고, '노'는 공자의 고국입니다. 따라서 추노지사는 공맹의 학문을 익힌 유가학자들을 가리키는 말로 쓰입니다. 장자는 여기서 유가학자들을 평가하면서 '내성외왕(內聖外王)'이라는 표현을 씁니다. 아마도 유가의 이념을 이처럼 제대로 표현한 네 글자는 없지 않나 싶습니다. '내성외왕'이란 안으로는 성인의 덕을 갖고 있으면서 밖으로는 왕

노릇 한다는 것입니다. 바로 이것이 유가의 이상입니다. 유가의 성인으로 떠받들어지는 이른바 '요·순·우·탕·문·무·주공'은 모두 고대의 제왕들로 '내성외왕'을 실천했던 사람들입니다. 하지만 이것은 주공의 시대에 끝이 납니다. 내성외왕의 마지막 인물이라 할 주공은 비록 왕은 아니었지만 조카인 성왕의 전적인 신뢰를 바탕으로 '외왕'을 할 수 있었고 그 결과물이 주나라의 예악입니다. 그러나 이후의 공자나 맹자는 무력(武力)이 없었기 때문에 현실적으로 왕이 된다는 것은 불가능했습니다.

물론 맹자는 '이덕행인(以德行仁)'이라는 말로 왕(王)을 설명하고 있는데, 왕은 무력이 아닌 문덕(文德)으로 타인에 대한 사랑 곧 '인(仁)'을 실천해야 한다는 뜻입니다. '인'은 정치적 개념입니다. '친(親)'은 육친을 사랑하는 것이고 '인(仁)'은 백성을 사랑하는 것이므로 왕은 '인'을 베풀어야 한다는 것이지요. 맹자에 따르면 이러한 왕과 대비되는 것은 '패(霸)'인데, 이는 '이력가인(以力假仁)'으로 설명합니다. 무력을 동원하여 '인'을 가장하는 것이지요. 전쟁을 일으키는 자들이 늘 하는 말이 '평화를 위해 전쟁을 한다'고 하죠. 가짜인 거죠. 가짜 평화죠. 맹자식으로 표현하면 이런 게 바로 '가인(假仁)' 곧 가짜 인입니다.

장자는 과연 어떤 사람인가?

사실 《장자》 텍스트는 장자가 살았던 시대보다 후대에 기록된 내용이 많기 때문에 어떤 것이 장자의 저술인지 꼭 집어서 말하기 어려운 점이 있습니다. 하지만 학자들 간에 합의를 본 장자 자신의 저술은 〈내편〉, 곧 〈소요유〉 편부터 〈응제왕〉 편에 이르는 일곱 편입니다. 사실 합의라는 것은 일종의 정치죠. 당연히 무슨 절대적인 기준에 따른 것이 아니기 때문에 그것을 뒤집을 만한 결정적인 근거가 제시될 경우 얼마든지 바뀔 수 있는 것입니다. 다만 현재까지 고전을 연구하는 학자들 간에 《장자》 〈내편〉을 장자의 저술로 보자는 합의가 어느 정도 인정되고 있습니다. 그리고 〈외편〉과 〈잡편〉은 장자의 후학들 또는 후세에 장자의 사상을 따르는 이들, 심지어 유학자들까지도, 장자의 견해에 맞닿아 있는 사람들이 저술한 글이 포함되어 있다는 견해가 학자들 간에 통용되는 일반적인 입장입니다. 그러므로 〈내편〉을 읽는 것이 장자의 사상을 이해하는 데 가장 중요하다고 볼 수 있습니다.

사실 〈외편〉과 〈잡편〉이 재미는 더 있습니다. '외·잡편'에 실린 내용은 비록 후대에 저술된 것이라 하더라도 장자의 사상과 맞는 부분이 많습니다. 물론 맞지 않는 부분도 있지만 그렇다 하더라도 장자에 대한 집중된 관심을 드러내는 부분이라고 볼 수 있습니다. 한 사람에 대한 평가가 여러 사람에 의해 다양하게 나타날 수 있으므로 여러분이 '외·잡편'을 접할 때는 장자에 대한 폭넓은 시각을 접해본다는 생각으로 읽어보시면 좋겠습니다.

《논어》나 《맹자》와는 달리 《장자》의 경우 어떤 글이 장자의 글이냐는 게 논란이 되는 데는 장자의 신상이 잘 알려지지 않은 점도 한몫했습니다. 한마디로 당대에 널리 알려진 유명 인물이 아니었다는 거죠. 앞에서 말씀 드린 것처럼 공자나 맹자가 불우했다고는 하지만 장자와는 다릅니다. 공자의 경우 노나라에서 쫓겨난 후에도 제나라에 가면 제나라 임금이 공자를 초빙합니다. 그때 제나라 경공이 묻죠. 정치를 어떻게 해야 하느냐고요. 그럼 공자는 "정치란 국가의 재물을 절약해서 백성을 도와주는 데 목적이 있다(政在節財)"고 점잖게 대답해줍니다. 위나라에 가면 위나라 임금을 만나고 초나라에 가면 초나라 임금이 공자를 부릅니다. 이처럼 공자가 비록 초라한 행색으로 천하를 돌아다니기는 했지만 권력의 정점에 있는 통치자들 대부분이 공자에게 통치에 관해 묻고 예우를 다했습니다. 이처럼 최고 권력자를 자유롭게 만날 수 있는 사람을 누군들 무시할 수 있었겠습니까? 맹자의 경우도 맹자를 잘 대우해줘야 학자들에 의해 후대에 좋은 기록을 남길 수 있으므로 통치자들이 극진히 예우했습니다. 맹자처럼 말 잘하고 영향력 있는 사람을 잘 대우하지 않으면 두고두고 욕을 먹게 됩니다.

그런 사례로 양나라 혜왕의 뒤를 이은 양왕의 경우를 들 수 있습니다. 양왕은 현자를 좋아했던 아버지와 달리 무사를 좋아했기 때문에 맹자를 박대합니다. 그러자 맹자는 양왕을 두고 "멀리서 보면 도무지 임금 같지 않고 가까이 다가가 봐도 위엄이 하나도 없더라"며 혹평을 하고는 "그런데 이런 자가 졸지에 '천하가 어떻게 될 것 같습니까?' 하고 묻더라"고 사람들에게 이야기하는 대목이 《맹자》에 나오는데요, 시원찮은 자가 자기 주제도 모르고 감히 천하를 논한다며 비하한 것이죠. 이처럼 형편없는 평가가 수천 년 동안 전해질 줄, 당시 양왕은 아마 몰랐을 겁니다. 이런 점에서 맹자를 예우했던 제나라 선왕이나 양나라 혜왕은 그래도 《맹자》에 현자를 알아보고 예우한 임금으로 후세에 전해지고 있으니 투자한 비용에 비해 남는 장사를 했다고 할 수 있다는 말입니다.

사실 공자나 맹자는 '정언(正言)'밖에 할 줄 몰랐습니다. 돌려서 말하는 법이 없었거든요. 공맹의 사상을 공부할 때는 그 말 그대로 받아들이면 되니까 머리에 쥐날 염려가 없습니다. 예를 들어 제나라 선왕이 이렇게 따진 적이 있습니다. 하나라의 걸왕을 쫓아내고 상나라를 세운 탕왕과, 자기의 임금이었던 주(紂)왕을 치고 새로 주(周)나라를 세운 무왕의 행위가 정당하냐고요. 한마디로 신하가 임금을 죽인 게 옳으냐고 물은 겁니다. 그러자 맹자는 전혀 망설임 없이 "그저 제 한 놈 주를 죽였다는 이야기는 들었지만 임금 죽였다는 말은 들은 적이 없다(聞誅一夫紂矣 未聞弑君也)"고 대답합니다. 그게 어디 임금이냐는 것이지요. 선왕이 움찔할 수밖에 없습니다.

공자도 마찬가지였습니다. 큰 도둑이 작은 도둑을 나무라면 작은 도둑이 큰 도둑의 말을 듣겠냐며 부당한 방법으로 후계자의 자리를 빼앗은 계강자를 비판했으니까요. 계강자가 난감했을 겁니다. 이처럼 빙빙 돌려 말하는 법 없이 곧이곧대로 말하는 것이 바로 공맹이 선택한 '정언'이었습니다. 이들은 상대가 누구든 조언을 구하면 그저 올바른 말로 응대함으로써 스스로의 도리를 다했다 할 수 있습니다.

그렇다면 장자는 어떤 처지였을까요? 장자는 공자나 맹자와는 완전히 달랐습니다. 그런데 장자의 신상에 관한 정보가 문헌에 거의 나타나지 않습니다. 사마천의 《사기열전》에는 장자가 몽(蒙) 지방 사람으로 칠원(漆園)이라는 동산을 관리하는 동산지기였다는 간략한 소개만 나와 있습니다. 또 초나라 위왕이 예물을 갖춰 장자를 재상으로 모셔가려 했으나 장자가 이를 거절했다는 이야기도 나옵니다. 비슷한 이야기가 《장자》에도 두어 차례 나오지만 이런 이야기는 모두 후세 사람들이 지어낸 것으로 봐야 합니다. 당시 장자는 절대 한 나라의 재상으로 초빙해갈 만한 인물이 못되거든요. 왜냐하면 '무위(無爲), 무용(無用)'의 철학을 주장한 사람이 장자였는데, 어느 군주가 이런 사상가를 재상으로 모셔가겠습니까? 더욱이 전국시대 같은 상황에서는 딱 나라 망하기 십상입니다. 장자가 임금의 초빙을 받거나 직접 만났다는 이야기는 〈외편〉과 〈잡편〉에 나오는데 신빙성이 거의 없습니다.

장자가 몽 지방의 말단 관리였다는 것은 설득력이 있어 보이지만, 막상 몽이 어느 나라에 속했는지 정확히 알 수 없습니다. 송나라라는 주장, 양나라라는 주장, 초나라라는 주장 등 이설이 분분합니다. 이 중 양나라는 이른바 전국칠웅 가운데에서도 강국이었던 위나라를 가리킵니다. 참고로 말씀드리면 전국칠웅 가운데서 가장 약한 나라는 한나라와 연나라였죠. 이런 게 왜 중요하냐 하면 어떤 나라 출신이냐에 따라 철학자들의 삶의 태도에도 차이가 있기 때문입니다. 예를 들어 《한비자》에는 약소국이었던 한나라의 비애가 묘사되어 있습니다. 가장 약한 나라의 지식인으로서 한비의 고민이 드러나 있는 것이 《한비자》라는 책입니다. 공맹이 비난했던 권모술수를 한비는 최약소국을 지켜야 하는 입장에서 쓰지 않을 수 없었지요. 정당한 방식의 대결로는 생존할 수 없다고 보았기 때문입니다. 장자가 어느 나라 사람인지 따져보아야 하는 것도 비슷한 이유에 있습니다.

당송팔대가의 한 사람이었던 한유(韓愈)는 〈송맹동야서(送孟東野序)〉라는 글에서 "장주(주는 장자의 이름)는 황당한 말로 초나라에서 떠들었다〔莊周以其荒唐之辭 鳴於楚〕"고 했습니다. 장자를 초나라 사람이라고 단정한 것이지요. 게다가 장자의 글을 '황당(荒唐)'하다고 표현했는데요, 사실 장자 사유의 밖에서 보면 '황당하다'는 평가는 결코 좋은 뜻이 아닙니다. 황당한 이야기란 무슨 말인지 이해하기 어렵다는 뜻일 뿐만 아니라 어이없을 정도로 터무니없는 말이라는 뜻이니까요. 하기야 장자에서는 '대상 사물에 대한 바람직한 태도'를 일컫는 말인 '방황(彷徨)'조차도 외부의 시선으로 볼 때는 '헤맨다'는 뜻으로 해석됩니다. 좋지 않은 뜻이지요. 하지만 장자 안에서 보면 '황당'은 아주 크다는 뜻으로 좋은 말입니다. 또 방황도 사물에 집착하지 않고 자유로운 태도를 지니는 뜻으로 이해됩니다. 장자는 이런 태도를 지니고 현실을 넘어 꿈을 꾸기도 하고 자기 자신을 의심해보기도 하면서 온갖 이야기를 그야말로 '황당하게' 엮어 가지요. 따라서 한유가 황당하다고 장자를 평가한 것은 어쩌면 장자를 높이 평가한 것으로 볼 수도 있습니다.

이밖에도 장자가 전자방(田子方)의 제자였다는 주장도 있는데, 전자방은 공자의 제자였던 자하(子夏)의 제자로 추정되는 인물로 유가 계열 학자입니다. 또 장자가 안연(顔淵)의 제자라는 설도 있는데, 아시다시피 안연은 공문 최고의 제자였지요. 아무튼 이런 주장은 모두 장자의 학문 연원이 유가 계열 학자와 관련이 있다는 주장인데요, 근세의 곽말약(郭沫若, 궈모러, 1892~1978) 같은 학자는 일찍이 장태염(章太炎, 장타이옌, 1869~1936)이 장자를 유가 계열 학자라고 주장했다고 전하기도 했습니다. 이런 여러 가지 설을 함께 검토해보면 장자를 유가와 대립되는 쪽으로만 바라보는 기존의 철학사적 시선은 너무 시야가 좁은 게 아닌가 싶습니다. 물론《장자》텍스트에서 장자가 공자를 비판하는 내용이 있는 것으로 보아 사마천이 "공자의 무리를 꾸짖고 노자의 학술을 밝혔다〔以詆訿孔子之徒 以明老子之術〕"고 하는 주장이 근거가 없는 것은 아닙니다. 하지만 그런 내용은 대부분《장자》〈외편〉에 기록되어 있기 때문에 그런 내용을 장자 자신의 견해로 확정하기 어려운 점이 있습니다.《장자》〈외편〉 중에는 현저히 격이 떨어지는 글이 있어서 〈외편〉은 후대에 끼워 넣은 부분이라고 주장하는 학자들이 많기 때문이지요. 아무튼 〈외편〉의 글을 가지고 장자가 외곬의 철학자였다고 보는 견해는 설득력이 떨어집니다.

오히려 장자의 유가 기원설을 열린 시선으로 폭넓게 살펴볼 필요가 있습니다. 예를 들면 '묵자'도 유가에서 배웠기 때문에 묵자의 학문 연원을 이야기할 때 유가 기원설을 들 수 있습니다. 하지만 묵가를 유가라 하지는 않지요. 유가에 기원을 두었다고 해서 유학자라고 단언할 수 없듯이, 장자가 공맹을 비판했다고 해서 그의 사상이 유학자와 함께 이야기될 수 없다고 보는 시각도 편향된 것입니다. 이는 자신이 상대의 옳지 못함을 부정하다가 상대의 모든 것을 부정하는 우를 범할 때 그 자신마저 부정 당한다는 사실을 간과하고 있는 것과 같습니다. 제가 장자를 좀 더 포괄적으로 보기 위해 장자의 유가 기원설을 살펴보는 것이지, 장자가 유학자였다고 주장하는 것은 아닙니다.

버림받은 재상 혜시, 장자를 쓸모없다고 비판하다!

장자에 대한 최초의 전기는 사마천의 《사기열전》입니다. 장자는 《사기열전》 가운데 〈노장신한열전〉에 소개되어 있는데, 그중 노자는 454자, 장자는 235자의 기록이 있습니다. 저는 이 사실을 일본학자 후쿠나가 미쓰지(福永光司)의 글에서 읽었는데 이후로 저도 텍스트를 읽을 때마다 글자 수를 세어보는 버릇이 생겼습니다. 노자는 5000여 자, 논어는 1만 5000여 자, 맹자는 3만 5000여 자, 장자는 6만 5000여 자라는 식으로요. 대사상가 장자의 전기로 235자는 너무 짧지요. 물론 장자보다 더 짧은 전기도 있습니다. 《사기열전》에서 맹자에 관한 기록은 137자밖에 안 되거든요. 하지만 이 137자가 정말 대단한 명문입니다. 맹자가 어떤 사람인지, 맹자 사상의 요체가 무엇인지 정말 명쾌하게 보여주거든요. 하지만 235자로 전해지는 장자에 관한 기록으로는 장자를 제대로 파악할 수 없습니다.

《사기열전》의 〈노장신한열전〉에는 노자에 관한 기록이 겨우 454자인데, 그 안에 세 명의 노자가 등장하기 때문에 누가 진짜 노자인지 확정하기 어렵습니다. 더욱이 공자가 나타나 노자에게 예를 묻는가 하면 노자가 공자를 꾸짖기도 하고 공자가 노자를 용이라고 높이는 대목도 나옵니다. 사실 공자가 등장해서 노자가 훌륭하다고 칭찬하는 방식으로 노자를 높이는 것은 오히려 공자의 위대성을 확인해주는 것으로 보아야 합니다. 《삼국유사》에도 원효보다 훌륭한 스님들이 많이 등장하는데 그 사실을 확인해주는 사람은 늘 원효입니다. 원효의 칭찬을 통해 원효보다 훌륭하다는 것을 인정받는다면 사실 주인공은 원효라고 해야 하지 않을까요? 이처럼 누군가를 칭찬하는 행위 자체는 칭찬의 대상보다 오히려 칭찬하는 주체를 부각시키는 뜻밖의 결과를 가져오기도 합니다.

사마천은 장자가 10여 만 자의 저술을 남겼다고 기록했고, 《한서》 〈예문지〉에는 장자가 52편이라고 기록되어 있는데 현재 전해지는 장자는 33편 6만 5000여 자뿐입니다. 그러니 3분의 1이 없어진 것이지요. 그나마 33편도 진 대의 곽상이 전한 것입니다. 어떤 학자는 곽상이 나머지를 없애버렸기 때문에 곽상을 두고 장자의 배신자라고 비난하기도 합니다. 하지만 선뜻 동의하기 어려운 주장입니다. 오히려 곽상 때문에 33편이나마 전해진 것으로 보는 것이 공정하겠지요. 아무튼 사마천이 전하는 자료만으로 장자의 신상을 파악하기가 어렵기 때문에 《장자》 텍스트 안에서 장자의 신상을 유추해보는 것도 필요합니다.

《장자》 〈지락〉 편에는 장자가 아내의 상을 치르며 노래를 부르는 장면이 있는데, 거기에 '혜시(惠施)'가 등장합니다. 혜시는 장자에게 "함께 살면서 자식까지 키우고 늙어가던 아내가 죽었는데 곡하지 않는 것만으로 그칠만하지 노래까지 부를게 뭐 있느냐?"고 질책합니다. 그러자 장자는 "내가 처음에는 슬퍼했지만 나중에는 슬퍼할 이유가 없다는 걸 깨달았다. 내 아내는 이제 자연과 함께 자유의 상태에 놓였기 때문이다"라고 대꾸합니다. 이 대목을 통해 장자에게 아내가 있었다는 것을 알 수 있습니다. 그리고 자식을 키웠다는 이야기가 있는 걸로 보아서 장자에게도 후손이 있었다고 추정할 수 있습니다.

〈열어구〉 편에는 장자가 "내가 죽거든 시신을 들판에 내다 버리라"고 하자 제자들이 "까마귀 따위가 선생의 시신을 먹을까 두렵습니다"고 하지요. 그러자 장자는 "땅 위에 버리면 까마귀가 먹을 것이고 땅속에 묻으면 개미가 먹을 텐데 굳이 저쪽에서 빼앗아 이쪽에게 줄 이유가 어디 있겠느냐"고 응대합니다. 여기에서 제자들의 존재를 확인할 수 있습니다.

또 〈추수〉 편에는 초나라 왕이 사신을 보내 재상으로 모셔가려고 하자, 장자가 사신에게 "당신 같으면 죽어서 모든 사람에게 떠받들어지는 신귀(神龜)가 되고 싶으냐, 아니면 살아서 진창 속에서 꼬리를 끄는 자라가 되고 싶으냐"고 묻는 대목이 나옵니다. 사신이 "그야 살아있는 자라가 되는 게 낫지요" 하고 대답하자, 장자가 자신도 진흙 속에 꼬리를 끌고 다니는 자라로 살겠다며 재상 초빙을 거절하는 대목이 나옵니다. 〈열어구〉 편에도 비슷한 이야기가 실려 있습니다. 어떤 권력자가 장자를 초빙하자 장자가 희생소의 비유를 들어 거절하는 이야기입니다. 제물로 바쳐지는 희생소는 살아서 화려한 옷을 입고 맛있는 음식을 먹지만, 막상 태묘에 들어가 희생될 때가 되어 '외로운 송아지' 한 마리를 부러워한들 되겠느냐는 내용입니다. 이런 이야기는 장자가 제후국에 재상으로 초빙 받을 만큼 명망을 갖추었다는 근거가 될 수 있지만 모두 〈외편〉과 〈잡편〉에 등장하는 내용이기 때문에 신빙성이 떨어집니다. 아마도 후세에 장자의 이야기를 다른 버전으로 각색하면서 추가된 부분이 아닌가 싶습니다.

장자의 신상과 관련된 여러 이야기 중에서 가장 확실한 것은 장자가 혜시와 절친한 사이였다는 사실입니다. 혜시는 〈내편〉의 첫 편인 〈소요유〉 편에서부터 〈외편〉은 물론이고 〈잡편〉의 마지막 편인 〈천하〉 편에 이르기까지 《장자》 전편에 걸쳐 중요한 인물로 등장합니다. 혜시는 위나라의 재상으로 활약했던 인물입니다. 결과적으로 장자 주변에 권력과 맞닿아 있던 사람은 혜시뿐이었던 것이지요. 혜시는 매우 특이한 인물로 변론가이자 논리학자였는데, 장자의 논쟁 상대로 자주 등장합니다. 어찌 보면 장자가 세상을 비판하면서 자신의 주장을 드러내기 위한 수단으로 혜시를 등장시켰다고 해도 과언이 아닙니다. 물론 장자가 주인공이므로 두 사람의 논쟁에서 늘 장자가 이기는 것으로 결론이 나지만, 논리적인 부분에서는 장자가 지는 경우도 종종 있습니다.

혜시는 《한서》 〈예문지〉에 《혜자》라는 저술을 남긴 것으로 기록되어 있지만 지금은 실전되어 전해지지 않고 있습니다. 그는 위나라에서 재상까지 지냈지만 결국 쫓겨나는 신세가 되는데, 《맹자》에도 언급된 적이 있는 공손연(公孫衍)과 장의(張儀)의 강대국 논리를 비판했기 때문입니다. 본래 여섯 개의 나라가 연합하여 진(秦)나라에 대항하는 합종책을 구축한 사람이 소진인데, 장의는 그것을 깨뜨리는 연횡책으로 서쪽의 강대국인 진나라를 중심으로 동쪽 제나라에 이르는 체제를 구축한 사람입니다. 그런데 혜시는 강자의 논리를 주장하는 장의에 반대하여 합종책을 따르는 입장이었습니다.

혜시가 내세운 이른바 백마비마론(白馬非馬論)이란 것도 사실은 강대국 논리를 비판하기 위한 정치 논변입니다. '백마비마'는 '흰말'은 '말'이 아니라는 말인데 이것은 '말'이라고 하는 것과 '흰말'이라고 하는 것은 범주에서 차이가 나기 때문에 같은 것이 아니라는 주장입니다. '말'이라고 하면 '흰말, 검은 말, 붉은 말'이 모두 포함되지만 '흰말'이라고 하면 내포가 달라지기 때문에 '검은 말, 붉은 말'은 제외되지요. 이처럼 그냥 '말'과 '흰말'은 내포가 다르기 때문에 외연도 달라진다는 사실을 지적한 것입니다. 곧 강대국인 '진나라가 말하는 천하'와 그에 맞서는 '위나라가 말하는 천하'가 다른 것처럼 진나라의 이익과 위나라의 이익은 서로 다르다는 것이죠. 이런 주장을 편 혜시는 이미 강대국인 진나라 중심으로 판세가 흘러가고 있던 시대에 쓸모없는 주장을 하는 인물로 평가되어 축출되고 맙니다.

이처럼 현실 정치에서 무력한 존재로 버려진 혜시가 장자를 두고 '대이무용(大而無用)'이라고 나무랍니다. 장자의 이야기가 크기만 하지 쓸모가 없다는 것이지요. 어쨌든 장자의 곁에서 장자의 말을 들어주었던 사람은 혜시뿐이었던 것 같은데 장자에 애정을 갖고 이 책을 읽으시는 여러분들은 인정하기 어렵겠지만 혜시의 말이 맞는 표현이었다고 할 수 있습니다. 혜시는 위나라에서 쓸모없는 인물로 여겨져 쫓겨난 입장인데, 그런 혜시가 보기에도 장자는 쓸모없는 인간이었던 것이지요. 바로 그렇기 때문에 장자는 진정한 '대용(大用)'이었다고 할 수 있지요.

사실 이런 논리는 사고의 전환을 통하지 않고서는 도저히 이해할 수 없습니다. 사고를 전환하기 위해서는 무슨 특별한 지식이 필요한 것이 아니라 대상을 어떻게 바라보느냐에 따라 달라진다는 것입니다. 아무리 하찮은 물건이라도 박물관에 갖다 놓고 전시하면 달라 보이죠. 물건은 그대론데 시선이 달라졌기 때문이죠. 흔히 부모들이 자식을 대할 때에도 이 아이를 어떻게 하면 공부를 잘 시켜서 좋은 대학을 보낼까 하는 시각으로 보기 시작하면 그때부터 자녀 교육은 망가지기 시작합니다. 엄청난 사교육비를 투자해 좋은 대학에 보내려고 애쓰기 마련이죠. 이런 생각을 가진 사람들의 태도는 지식이 많건 적건 쉽게 바뀌지 않습니다.

우언의 철학자, '이야기' 속에 '뜻'을 숨기다

장자의 이야기는 유일한 벗이었던 혜시조차도 크기만 할 뿐 쓸모가 없다고 평가했지요. 그 때문에 장자는 공자나 맹자와 같은 방식으로 자신의 철학을 말할 수 없다고 생각했습니다. 그래서 그는 새로운 방식을 창안했습니다. 그게 바로 '우언(寓言)'인데 우언은 우화(寓話), 곧 '이야기'라는 뜻입니다. 장자는 우언이라는 새로운 이야기 전략을 통해서 하고 싶은 말을 했고, 저술을 남겨서 해야 할 일을 했습니다. 사실 글을 통해서 자신의 생각을 말하는 지식인들은 흔히 지적 허무주의에 빠지기 쉽습니다. 이를테면 중국의 관봉(關鋒, 관펑, 1919~2005)이나 유소감(劉笑敢, 리우샤오간, 1947~) 같은 이들은 장자를 무기력한 지식인의 전형으로 보았습니다. 또 우리나라에서도 조선 후기의 실학자들이 많은 저술을 남겼지만 자신의 이념을 실현할 만한 구체적 통로를 마련하지 못했기 때문에 큰 의미가 없다는 학계의 비판이 있었지요. 하지만 저술을 남겼다는 것만으로 자신이 할 일을 다한 것입니다. 장자와 맹자는 당시 하고 싶은 말을 했고 그것을 저술로 남겨서 세상에 전했으니 할 일을 한 거죠.

이를테면 다산 정약용도 500만 자의 저술을 남겨 자신이 하고 싶은 말을 했죠. 그의 《목민심서》도 직접 목민관이 되어 다스린 경험을 바탕으로 저술한 것이지만 '심서(心書)'라는 제목에서 드러나듯이 직접 다스릴 가망이 없는 상태에서 저술한 것입니다. 스스로 18년간이라는 오랜 유배 생활을 통해 미처 다 이루지 못한 목민관의 뜻과 마음을 담아서 저술했다고 했으니까요. 이런 정약용을 두고 등용되지 못한 신세에 글이나 쓰고 앉아있었다는 평가는 지나친 것입니다. 이 책이 훗날 수많은 사람들에게 널리 읽혔다는 것만으로도 학자로서의 책임을 다한 것으로 보아야지요.

《장자》는 전편의 대부분이 우언으로 채워져 있기 때문에 우언의 맥락을 이해하지 못하면 장자를 이해하기 어렵습니다. 그렇다면 장자는 왜 우언 형식을 택했을까요? 우언은 이렇게 해석될 수도 있고, 저렇게 해석될 수도 있기 때문에 정치적 박해로부터 비교적 안전하기 때문입니다. 《장자》 텍스트의 행간에는 물음표가 많습니다. 장자가 던지는 질문이 도처에 등장하기 때문입니다.

예를 들어 피(彼)와 시(是)를 주제로 한 이야기에서 장자는 '저것'과 '이것'이 각자의 관점에 따라 바뀐다고 지적합니다. 이것의 입장에서는 이것이 이것이고 저것이 저것이지만, 저것의 입장에서는 이것이 저것이 되고 저것이 이것이 된다는 거죠. 그리곤 다시 이것과 저것을 말하고 있는 '나'에 대해 질문을 던집니다. 여기서 나는 피(彼)인가, 시(是)인가? 이처럼 세상에서 원칙이라고 받아들이는 것들에 대해 근본적으로 회의할 뿐만 아니라 그런 회의를 하고 있는 자신마저도 의심하는 치열한 사유를 보여줍니다.

〈제물론〉 편의 유명한 호접몽 이야기도 그래서 가능한 것입니다. 장자가 꿈에 나비가 되어 가볍게 날아다녔는데 그렇게 날아다니는 나비가 워낙 꼭 맞아서 전혀 장자인줄 몰랐다지요. 그러고는 나비와 장주는 반드시 구분이 있을 터인데, 장자가 나비의 꿈을 꾼 것인지 아니면 나비가 장자의 꿈을 꾸는 것인지 모르겠다고 이야기합니다. 이처럼 꿈을 통해서 현실까지 의심하는 방식은《장자》에서 흔히 찾아볼 수 있는 서사 구조입니다. 심지어 꿈속의 꿈 이야기를 하지요. 한자 '覺(교, 각)'은 잠에서 깬다는 뜻으로 읽을 때는 '교'로 발음하고, 깨달음을 얻는다는 뜻으로 읽을 때는 '각'으로 발음하는데요. 장자는 잠에서 깨는 '교'를 통해서 잠에서 깬 사람이 꿈을 비로소 허상인 줄 알게 되는 것처럼, 깨우침 곧 '각'을 통해서 우리가 의심의 여지없이 현실이라고 여기는 삶도 사실은 허상일 수 있다는 이야기를 합니다. 우리가 사는 세상을 꿈이라고 말하는 것은 세상이 추구하는 올바른 것이 사실 거짓일 수 있다는 것을 말해주는 것입니다. 그렇지만 장자는 이조차도 '거짓일까?' 하고 빠져나감으로써 끝까지 우리에게 화두를 던집니다. 정말 굉장하지요.

장자가 문헌이나 학자들에 따라 송나라 사람이나 위나라 사람, 또는 초나라 사람이라고 기록이나 주장이 엇갈리는 것은 장자가 활동한 '몽(蒙)'이라는 지역이 이들 세 나라가 번갈아 가며 점령한 지역이기 때문입니다. 그런 특수한 조건은 해당 지역에 사는 사람들로 하여금 그때그때 정치적 판단을 내릴 수밖에 없는 상황을 조성했습니다. 송나라가 다스리는 상황에서 '송나라 고 홈!'이라고 외치면 생존하기 어렵겠지요? 그렇다고 무작정 '송나라 만세!'를 외치면 위나라나 초나라가 점령할 때 어떻게 살겠어요. 생각이 많아질 수밖에요. 초나라가 들어와서 초나라가 좋으냐고 물어보면 좋다고 할 수밖에 없지 않습니까? 이처럼 여러 나라가 번갈아 지배하다 보니 한 나라를 꼬집어 좋다고 말할 수 없고 그저 '좋은가?' 할 수밖에 없는 상황이죠.

사실 이런 경험은 우리에게는 생소한 것이 아닙니다. 많은 분들이 이 나라의 불행한 현대사에서 장자와 같은 경험을 해봤을 겁니다. 예를 들어 이청준의 소설 중에 점령군이 어둠 속에서 주민에게 총을 들이대며 어느 편이냐고 묻는 장면이 나옵니다. 상대방이 어둠 속에 있기 때문에 국군인지, 인민군인지 알 수 없는 절박한 상황에서 목숨이 걸린 대답을 해야 하는 장면이 나옵니다. 여러분이라면 어떻게 대답하시겠습니까? 칸트의 정언명령처럼 거짓말은 하면 안 되니까 사실대로 대답하시겠습니까? 아니면 그냥 총을 든 편이라고 대답하시겠습니까? 사실 요즘도 달라진 건 없습니다. 다만 요즘은 총을 들고 묻는 게 아니라 돈을 들고 "너 어느 편이냐"고 묻지요. 그러면 많은 사람들이 '돈을 든 편'이라고 대답하지요. 총보다 돈이 더 무서운 시대에 살아남기 위해서 어떻게 행동해야 할까요? 이런 고민이 장자가 우언을 창작하게 된 배경이라고 할 수 있습니다. 장자가 살았던 시대는 시공간적으로 자신의 정치적 입장을 명확하게 드러낼 수 없을 뿐더러 때로는 말을 바꾸기도 해야 살아남는 세상이었던 겁니다. 그럼에도 불구하고 장자는 자신이 하고 싶었던 말을 해야만 했습니다. 바로 이런 이유로 고도의 '문학적 장치'가 필요하게 됩니다. 《장자》는 글쓴이의 정치적 입장에 따라 얼마든지 새롭게 해석할 수 있는 '열려 있는 텍스트'로 보고 그 맥락을 이해하려고 노력해야 합니다.

장자의 우언은 지극히 '정치적'인 이유로 탄생한 것입니다. 단순히 재미를 위한 문학적 장치로서의 우스갯소리가 아니라 엄청난 정치적 고민이 담겨 있는 이야기로 받아들여야 합니다. 참 어렵지요. 예부터 자신이 쓴 글 때문에 죽은 사람들이 엄청나게 많습니다. 이른바 '문자옥'이라고 하죠. 공자나 맹자처럼 하고 싶은 말 다 하면서 천하를 돌아다니는 것은 지식인의 입장에서 보면 정말 대단한 것입니다. 당시 권력자들은 사람을 너무나 쉽게 죽였거든요. 예를 들어 진나라 헌공은 음식에 독이 들었는지 확인하기 위해 음식을 개에게 먹인 후 개가 죽자 그것만으로 충분하지 않았던 모양입니다. 그 음식을 기어이 사람에게도 먹어보게 한 후 사람이 죽자 비로소 독이 들었다는 것을 인정했다는 얘기가 있습니다. 후대의 현군으로 알려진 당나라 태종도 아끼던 신하이자 당시의 문장가였던 장온고를 순간의 오해로 하루아침에 죽이고 말지요. 물론 그 뒤에 크게 후회하고서는 사형을 청할 때에는 반드시 다섯 번 주청하도록 한 이른바 '오복주 제도'를 만들었다는 얘기가 전해옵니다.

재주가 있는 사람이라고 해서 반드시 살아남을 수 있는 것도 아니고, 명망이 있는 사람의 경우는 오히려 늘 시대의 시험을 받아야 했습니다. 후한 말기의 채옹은 동탁의 부름을 받고 몸이 더럽혀지는 것을 알면서도 어쩔 수 없이 그의 사람이 됩니다. 그런 시대에 태어나지 않으면 좋겠지만 그런 시대에 살게 되면 어떻게 할 것인지 스스로에게 늘 질문을 하게 됩니다. 나는 과연 보편적 가치관을 지키면서 시대의 시험을 견뎌낼 수 있는가 하는 물음을 갖게 되지요.

장자는 자신의 이야기를 그런 시대적 배경하에서 '우언'의 방식으로 남겼습니다. 그런데 말씀드린 것처럼 우언은 이렇게 이해할 수도 있고 저렇게 이해할 수도 있기 때문에 장자의 의도가 정확히 어디에 있는지 알기 어렵습니다. 하지만 다행스럽게도 장자는 같은 이야기를 반복하는 경우가 많습니다. 한 마디만 하고 끝내면 알 수 없는데 같은 이야기를 두 번, 세 번 반복해서 다루고 있기 때문에 우언의 방식을 취했더라도 자세히 읽으면 장자의 의도를 짐작할 수 있습니다.

마음 같아서는《장자》〈내편〉뿐 아니라 〈외편〉, 〈잡편〉까지 전체를 다 읽고 싶지만, 이 책에서는 우선《장자》의 〈내편〉만 읽도록 하겠습니다. 저는 주로 발췌해서 읽는 방식보다는 처음부터 끝까지 살펴보는 편입니다. 발췌를 하면서 구미에 맞는 부분만 골라서 읽는 것은 바람직한 독서 방법이 아닙니다. 글 쓴 사람의 의도를 오해할 수 있기 때문에 정당한 평가나 비판이 어렵거든요.《맹자》나《논어》의 경우도 마찬가지입니다.《맹자》나《논어》의 일부분만 발췌하여 맹자나 공자를 이상한 사람으로 만드는 것은 의외로 쉽습니다. 왜곡하는 일도 얼마든지 가능하고요. 그래서 저는 전체를 다 보거나 아니면 아예 보지 않는 이른바 '전작주의자'입니다.

이 책에서도 장자의 의도가 잘 드러난 부분, 제가 보기에 장자의 사유를 가장 잘 읽어낼 수 있는 부분이라고 생각하는 〈내편〉 일곱 편을 모두 읽어나가겠습니다. 저도 수많은 주석을 참고하면서 읽습니다. 수천 년 된 고전은 주석 없이 읽을 수 없습니다. 우리는 어디까지나 주석의 인도를 따라《논어》,《맹자》,《노자》,《장자》 등을 만날 수 있는 것이지요. 주석에 따라 각기 다른 버전의《장자》나《맹자》를 만날 수 있습니다. 제가《장자》를 해석하는 바탕에도 그동안 살펴보았던 주석의 내용이 깔려있다고 보시면 됩니다. 물론 이 책에서《장자》의 주석을 하나하나 읽지는 않습니다만 틈나는 대로《장자》의 주석을 소개하도록 하겠습니다.

차례

제 5 편
덕충부
德充符

제 6 편
대종사
大宗師

제 7 편
응제왕
應帝王

소요유(逍遙遊)에서 '유(遊)'는 '논다'는 뜻입니다. 온 천하가 전쟁에 미쳐 날뛰는 시대에 어떻게 노는 가치를 이야기할 수 있었을까요? 놀 뿐만 아니라 낮잠 자는 이야기를 합니다. 장자는 〈소요유〉 편에서 '소요'를 '침와(寢臥)' 즉, '낮잠 잔다'는 말과 짝을 이루어 쓰고 있거든요. 결국 장자는 첫 편부터 낮잠 자면서 노는 이야기를 하고 있는 겁니다. '노는 것'이 어떤 가치를 지니고 있는지 이해하려면 먼저 우리가 갖고 있는 기존의 가치 기준을 바꿔야만 가능해집니다. 만약 맹자라면 백성이 도탄에 빠져 있는데 무슨 노는 얘기인가하고 비판했을 것입니다. 맹자는 절대로 노는 이야기는 하지 않을 사람이거든요. 〈소요유〉 편에 나오는 〈1장〉의 이야기는 대붕(大鵬)의 이야기입니다. 이 이야기는 《장자》에 세 번 등장합니다. 대붕의 이야기를 세 번에 걸쳐 읽다 보면 장자의 생각을 함께 즐길 수 있을 것입니다.

제1편 ◎ 소요유 逍遙遊

◎

1장

전쟁과 폭력의 시대, 자유는 어디에 있는가?

무엇에도 구속되지 않는 삶

소요유(逍遙遊)에서 '유(遊)'는 '논다'는 뜻입니다. 온 천하가 전쟁에 미쳐 날뛰는 시대에 어떻게 노는 가치를 이야기할 수 있었을까요? 놀 뿐만 아니라 낮잠 자는 이야기를 합니다. 장자는 〈소요유〉편에서 '소요'를 '침와(寢臥)' 즉, '낮잠 잔다'는 말과 짝을 이루어 쓰고 있거든요. 결국 장자는 첫 편부터 낮잠 자면서 노는 이야기를 하고 있는 겁니다. '노는 것'이 어떤 가치를 지니고 있는지 이해하려면 먼저 우리가 갖고 있는 기존의 가치 기준을 바꿔야만 가능해집니다. 만약 맹자라면 백성이 도탄에 빠져 있는데 무슨 노는 얘기인가하고 비판했을 것입니다. 맹자는 절대로 노는 이야기는 하지 않을 사람이거든요. 〈소요유〉 편에 나오는 〈1장〉의 이야기는 대붕(大鵬) 이야기입니다. 이 이야기는 《장자》에 세 번 등장합니다. 대붕 이야기를 세 번에 걸쳐 읽다 보면 장자의 생각을 함께 즐길 수 있을 것입니다.

〈소요유〉 편은 전체가 다섯 개의 장으로 나누어져 있는데 등장하는 주인공이 여럿입니다. 요임금과 허유, 견오와 연숙, 장자와 혜시 등이죠. 어떤 이는 역사적으로 실재했던 인물이고, 어떤 이는 작자와 동시대를 산 인물이고, 어떤 이는 우의를 담아 가공한 인물입니다. 참으로 다양하지요. 하지만 이 모든 주인공들의 대표는 역시 〈1장〉의 붕새라 할 수 있습니다. 장자는 상식을 뛰어 넘는 무한의 시간과 무한의 공간으로 날아가는 붕새를 통해 우리에게 자유가 무엇인지 이야기합니다. 그에 따르면 자유란 아무런 목적의식이 없는 상태, 곧 모든 것을 잊어버린 상태가 되어야 비로소 누릴 수 있습니다. 소요유는 무엇에도 구속되지 않는 자유로운 삶이라는 뜻이거든요.

〈소요유〉 편의 마지막 장인 〈5장〉에 소요라는 말이 비로소 등장합니다. 여기서 장자는 "아무 하는 일 없이 그 곁에서 방황하고, 소요하면서 그 아래서 낮잠을 잔다(彷徨乎無爲其側 逍遙乎寢臥其下)"고 말합니다. '소요'는 '방황'과 짝을 이루면서 '누워서 낮잠 자는 것', 그리고 '아무것도 하지 않는다'는 맥락과 이어져 있습니다. '아무것도 하지 않는 것'은 바로 무위죠. 흔히 무위를 얘기할 때 노자의 방식으로 표현하는데, 노자의 무위는 '무위이무불위(無爲而無不爲)'입니다. '하는 것이 없지만 하지 않는 것이 없다'는 뜻이지요. 저는 이 말이 문제가 있는 발언이라고 봅니다. 적어도 장자의 지평에서 보면 문제가 있습니다. 하는 것이 없는데 실제로는 모든 것을 다 한다는 것은 사실상 지배 논리에 가깝죠. 노자의 사상을 보통 '무위자연(無爲自然)'이라고 합니다만 실제로 노자의 자연과 무위는 '고도의 유위(有爲)'를 내포한 것으로 봐야 합니다. 그러나 장자의 무위는 문자 그대로 아무것도 하지 않는 것입니다.

장자의 무위는 '방황'이라는 말로 설명할 수 있습니다. 원래 방황은 갈림길에 섰을 때 어느 쪽으로 가야할지 모르는 상태를 말합니다. 일정한 목적지가 없기 때문에 어디로 가야할지 모르는 거죠. 다시 말하면 아무 데도 가지 않아도 되고 아무 데나 가도 되는 겁니다. 목적의식이 없는 상태, 그 때문에 그 목적에서조차 자유로운 것, 바로 무위의 조건입니다. 그래서 《장자》에서는 '소요'와 '방황'이 짝을 이루고 '침와'와 '무위'가 짝을 이룹니다. 곧 '누워서 잠을 잔다'는 뜻이 '무위'를 표현하는 대표적인 말로 당당하게 같은 구절 안에 들어 있는 거죠. 그래서 장자의 무위는 진짜 아무것도 하지 않고 낮잠을 잔다는 뜻입니다. 장자는 왜 그런 말을 했을까요?

장자가 살았던 시대는 자고 일어나면 전쟁이 일어나던 시대였습니다. 전쟁이 일어나면 사람을 죽이게 됩니다. 그런 시대에 무위하거나 낮잠을 자지도 않고, 곧 어디로 가야 할지도 분명히 알고, 또 무위하지도 않는 사람들이 가야 할 길은 바로 그런 전쟁터입니다. 그런 사람들이 목적의식을 분명히 가지고 성실하게 살아가는데, 그럴수록 세상은 점점 더 나빠지는 거죠. 성공하면 남을 죽이고 실패하면 자신이 죽으니까요. 장자는 그런 세상에 순응하지 않겠다는 저항의 뜻으로 '나는 낮잠이나 자겠다'고 이야기한 겁니다. 이는 비전(非戰)이라고 봐야겠죠, 반전(反戰)이라고 하기에는 약하고 비전이라고 볼 수 있습니다. 온 세상 사람들이 한 방향으로 미친 듯이 몰려가고 있을 때 장자는 이런 식으로 저항한 것입니다. 자기가 하고 싶은 이야기를 이런 식으로 돌려서 〈소요유〉 편의 마지막을 장식한 겁니다.

이제 〈소요유〉 편의 첫 번째 이야기부터 읽어보겠습니다.

물고기 새가 되다
변화의 의미와 은유

저 멀리 북쪽 바다에 물고기가 있어. 그 이름이 곤이야. 곤의 크기가 몇 천 리가 되는지 아무도 몰라. 이 물고기가 변해서 새가 되는데 그 이름을 붕이라 해. 붕의 등이 몇 천 리인지 알 수 없어. 이 붕새가 온 힘을 다해 한번 날아오르면 그 날개가 마치 하늘에 드리운 구름 같아. 이 새는 바다에 바람이 불기 시작하면 남쪽 바다로 옮겨갈 준비를 하는데 남쪽 바다는 하늘의 못이야.

北冥有魚하니 其名爲鯤이니 鯤之大는 不知其幾千里也로다 化而爲鳥하니 其名爲鵬이니 鵬之背는 不知其幾千里也로다 怒而飛에 其翼이 若垂天之雲하니 是鳥也 海運則將徙於南冥하나니 南冥者는 天池也라

북명(北冥, 北溟)은 저 아득한 북쪽 바다, 곧 하늘의 바다입니다. 명말청초의 학자 방이지(方以智)는 이 대목의 마지막에 '남명'을 '하늘의 바다(천지)'라고 한 것으로 보아 여기의 '북명'도 천지임을 알

수 있다고 했습니다. 상상의 바다죠. 그러니 크기의 제한이 없습니다. 그 아득한 바다에 사는 물고기의 이름이 '곤'입니다. 그런데 이 곤의 크기가 몇 천 리가 되는지 알 수 없다고 합니다. 장자가 큰 물고기의 이름으로 쓴 '곤(鯤)'이라는 글자는 본디 '물고기의 새끼', 또는 '물고기의 알'이라는 뜻입니다. 장자의 재치가 돋보이죠. 가장 작은 사물을 빌려 가장 큰 사물에 비유합니다. 반대로 가장 큰 것을 또 가장 작은 것에 비유하기도 합니다.

《장자》를 읽으려면 이런 비유를 잘 이해해야 합니다. 그런데 비유란 게 쉽질 않아요. 예를 들어 《시경》에는 희고 올록볼록한 굼벵이를 비유로 들어 미인의 아름다운 목덜미를 표현한 시가 있습니다. 〈석인(碩人)〉이라는 시인데요. 그중에 이런 표현이 있습니다.

> 손은 부드러운 삘기 같고/피부는 엉긴 기름 덩어리 같고/목덜미는 굼벵이 같고/이는 박씨 같고/매미 머리에 나방의 눈썹이라네〔手如柔荑/膚如凝脂/領如蝤蠐/齒如瓠犀/螓首蛾眉〕

손을 삘기에 비유했는데 만약 하얗고 부드러운 삘기가 뭔지 모른다면 이런 표현을 이해할 수 없겠지요. 또 목덜미가 굼벵이 같다고 했는데 아마 여인의 목덜미가 굼벵이처럼 하얗고 올록볼록했나 봅니다. 지금 우리가 굼벵이를 가지고 미인의 목덜미에 견주면 이상하게 받아들이겠지요. 이것은 각 시대의 미적 감각이 다르다는 것을 말해줍니다. 제 딸아이의 경우 자연학교 체험을 다녀오고부터는 벌레를 보면 손바닥에 올려놓고 기어가는 모습을 흥미롭게 지켜보곤 합니다. 저는 그 모습을 보면서 징그럽다고 생각했지요. 아마도 벌레를 보고 흥미를 느끼는 딸아이보다 징그럽다고 하는 제 자신이 잘못 길들여진 것이겠죠. 이해하지 못하는 비유라도 그게 어떤 존재의 아름다움을 표현하고 있다면 한번쯤 자신의 감각을 반성해봐야 한다고 생각합니다. 그래야 《장자》를 제대로 읽을 수 있습니다.

사마천이 "글을 짓고 말을 붙이는 데 뛰어났다(善屬書離辭)"고 이야기한 것처럼 장자는 비유에 뛰어난 문학가였습니다. 장자의 비유에 근접한 사람을 들라면 조선시대 문장가 연암 박지원을 들 수 있습니다. 장자가 주로 거창한 비유를 들먹인다면 박지원은 아주 작은 이야기를 합니다. 그런데 그 안에 온 천하가 들어 있지요. 예를 들어 〈공작관문고서〉에는 시골 사람과 같이 잠을 잔 이야기를 이렇게 기록하고 있습니다.

> 일찍이 시골 사람과 함께 잔 적이 있었는데 코 고는 소리가 우렁차서 어떤 때는 토하는 것 같았고, 어떤 때는 휘파람 부는 것 같았고, 어떤 때는 탄식하는 것 같았고, 어떤 때는 숨을 크게 내쉬는 것 같았고, 어떤 때는 불을 부는 것 같았고, 어떤 때는 물이 솥에서 끓는 것 같았고, 어떤 때는 빈 수레가 덜컹거리는 것 같았다. 숨을 들이쉴 때는 드르렁 하고 톱질하는 소리가 났고 내뿜을 때는 마치 새끼 돼지가 씩씩대는 것 같았다.(嘗與鄉人宿 鼾息磊磊 如哇如嘯 如嘆如噓 如

吹火 如鼎之沸 如空車之頓轍 引者鋸吼 噴者豕狗〕

어떻습니까? 200년 전에 한문으로 쓰여진 글인데 번역해놓고 보니 바로 곁에서 코 고는 소리가 들리는 듯하지 않습니까?

장자는 사물의 성질에 꼭 맞게 비유를 들면서도 그 속에 논리적 극한을 숨기는 경우가 많습니다. 이를테면 천지가 손가락 하나와 같고 만물이 한 마리 말과 같다는 식이지요. 조금 다른 방식이지만 비유를 들지 않고 논리적 극한을 직접 드러내는 표현도 있습니다.

〈1장〉에 나오는 '곤'이라는 물고기는 《주역(周易)》에서 땅을 상징하는 괘인 곤(坤)과 발음이 같습니다. 본래 주(周)나라는 유목민이 세운 나라로 하늘을 숭배했던 민족이었습니다. 그래서 그들이 만든 주나라 역, 곧 《주역》에서는 하늘을 상징하는 건(乾)괘가 먼저 나옵니다. 그러나 농경민족이었던 은(殷)나라의 역에는 땅을 상징하는 곤(坤)괘가 먼저 나옵니다. 그 다음에 하늘을 상징하는 건(乾)괘가 나오지요. 그래서 은나라의 역을 '곤건역(坤乾易)'이라고 합니다. 그래서 곤에는 만물의 시원이라는 뜻이 있습니다. 《장자》 첫 편에 나오는 주인공도 우연히 물고기의 시원을 뜻하는 곤(鯤)입니다. 최초의 물고기를 뜻하기도 하고 물고기의 알이나 치어를 뜻하기도 합니다. 장자는 그것을 엄청나게 거대한 물고기로 그려냅니다. 그래서 장자의 '곤'에는 극대와 극소가 공존합니다. 뿐만 아니라 '화이위조(化而爲鳥)'라는 표현에서 알 수 있듯이 물속에서 헤엄치는 존재인 이 '곤'

이 변화를 거쳐서 '새'가 됩니다. 변화를 뜻하는 '화(化)'는 《장자》에서 매우 중요한 의미를 지닙니다. '화(化)' 자 위에 땅을 뜻하는 '일(一)'을 그으면 죽는다는 뜻인 '사(死)' 자가 되죠. 사실 화자의 왼쪽에 있는 '인(人)' 자는 살아 있는 사람을 그린 것이고 오른쪽에 있는 '비(匕)' 자는 죽은 사람을 그린 것입니다. 화살표로 그리면 '人→匕'의 모습이 됩니다. 그래서 '化'는 산 사람이 죽는 것을 의미합니다. 살아 있는 존재가 사멸하고 완전히 새로운 존재가 되는 것, 이것이 바로 변화입니다. '화(化)' 자는 새로운 존재의 출현은 기존 존재의 소멸을 전제로 한다는 사실을 알려줍니다.

우리가 보기에도 물고기가 새로 변하는 것은 전혀 다른 존재로 변하는 것인데 장자는 이 둘을 같다고 합니다. 장자의 뜻을 이해하는 데 앞서 말씀드렸던 방이지의 견해가 도움이 됩니다. 방이지는 《주역》 〈건괘〉 편에서 '잠룡'과 '비룡'의 얘기를 끌어와 《장자》의 '대붕'을 풀이합니다. 건괘는 여섯 개의 양효(陽爻)로 이루어져 있는데 첫 번째 효는 물속에 있는 잠룡(潛龍)을 상징하며 다섯 번째 효는 하늘을 나는 비룡(飛龍)을 상징합니다. 물속에 잠겨 있던 용이 하늘을 나는 용이 되는 거죠. 결국 '잠'과 '비'의 차이에 주목하면 전혀 다른 존재로 보이는 존재가 사실은 '용'이라는 동일성을 가지고 있다는 겁니다. '곤'과 '붕'도 마찬가지입니다. 전혀 다른 존재로 보이지만 사실은 연속적인 존재라는 것이지요. 이런 논리는 삶과 죽음에도 그대로 적용됩니다. 〈대종사〉 편에 보면 "무(無)를 머리〔首〕로 여기고 삶을 등〔脊〕으로 여기고 죽음을 꼬리〔尻〕로 여긴다"는 말이 나옵니다. 삶과 죽음은 전혀 다른 것처럼 보이지만 사실은 연속적인 존재라는 것이지요. 삶과 죽음이 같은 것이다, 대단하지 않습니까? 방이지는 한 걸음 더 나아가 《중용(中庸)》을 이야기합니다. 《중용》에 "솔개는 날아 하늘가에 다다르며 물고기는 깊은 물속에서 뛰논다〔鳶飛戾天 魚躍于淵〕"는 이야기가 있지요? 이 시는 본래 《시경》 〈한록〉 편의 구절입니다. 《시경》은 말할 것도 없이 유가의 대표 문헌이지요. 공자의 손자 자사가 《중용》에서 이 시를 인용하면서 '솔개는 하늘에서 날아다니는 존재고 물고기는 물속에서 뛰노는 존재지만 사실은 둘 다 같은 이치'라고 이야기합니다. 방이지는 공자의 집안에 본래 한 폭의 '천연도(泉淵圖)'가 있었는데 장자가 그것을 훔쳐다가 곤붕 이야기를 만들었다고 말합니다. 장자를 유가로 끌어들인 것이지요. 아무튼 물고기가 새로 변화하는 이야기는 당시 지식인들에게는 자연스럽게 받아들여졌던 모양입니다. 장자는 이렇게 곤붕의 이야기로 하늘의 이치와 땅의 이치가 같다는 것을 보여주었습니다. 이처럼 만물의 동일성을 드러내는 이야기는 〈제물론〉 편에 가장 자세하게 나타나 있습니다.

〈소요유〉 편에서는 일단 붕새의 엄청난 크기를 상상하는 것만으로도 압도당합니다. 엄청난 크기의 붕새가 날아오르면 날개가 마치 하늘의 구름인가 착각할 정도죠. 이 새는 바다가 움직이면, 곧 바다에 큰 바람이 불면 그 거대한 날개를 펼치고 남쪽으로 날아갑니다. 목적지는 하늘의 바다인 남명(南冥, 南溟)입니다. 장자는 이렇게 자신이 창작한 이야기를 세상에 우언으로 내놓았습니다. 그러고는 그게 마치 다른 사람이 이미 한 이야기가 전해오는 것처럼 또 다른 이야기를 지어냅니다. 어디까지가 장자의 이야기이고 어디까지가 전해오는 이야기인지 알 수 없습니다. 지금까지의 이야기는 악곡으로 치면 전주곡(prelude) 정도라 하겠는데 이제 변주(variation)가 시작됩니다.

> 제해라는 친구는 이상한 이야기를 많이 알고 있지. 그 친구의 이야기를 들려주지. 붕새가 남쪽으로 옮겨갈 때 날갯짓으로 물이 삼천리나 튀어 오르고 회오리바람을 타고 구만리를 날아올라가 한번 떠나면 여섯 달 만에야 쉰다고 하더군. 그런데 아지랑이나 티끌같이 작은 것들은 생물체들이 숨 쉬는 대로 따라 움직이지. 하늘이 끝없이 푸른 것은 제 색깔일까? 아니면 멀어서 끝이 없어서 그런 걸까? 아마 아래를 내려다볼 때도 마찬가지일 게야.
>
> 齊諧者는 志怪者也라 諧之言에 曰 鵬之徙於南冥也에 水擊三千里하고 摶扶搖而上者九萬里하야 去以六月息者也라하니 野馬也와 塵埃也는 生物之以息으로 相吹也라 天之蒼蒼은 其正色邪아 其遠而無所至極邪아 其視下也에 亦若是則已矣니라

제해(齊諧)는 사람일 수도 있고 책일 수도 있습니다. 이것은 지괴(志怪)의 지(志) 자가 '기억하다'는 뜻으로도 쓰이고, '기록하다'는 뜻으로도 쓰이기 때문입니다. 우리는 기록과 기억을 심각하게 구분하

는 경향이 있지요. 그래서 기억은 부정확하고 주관적이지만 기록은 정확하고 객관적이라는 선입견도 생긴 거고요. 하지만 둘은 본래 같은 것이었죠. 오히려 기억이 기록보다 훨씬 더 오래된 겁니다.《논어》에 보면 공자가 '하나라와 은나라의 예를 증명하기 어려운 것은 문헌(文獻)이 부족하기 때문'이라고 한 대목이 있습니다. 이때 문헌의 문(文)은 말할 것도 없이 문자가 기록된 전적(典籍)을 말합니다. 그런데 헌(獻)은 현인(賢人), 곧 사람을 말합니다. 문자를 기록하는 매체는 여러 가지가 있었지만 가장 오래된 것은 당연히 사람이죠. 진시황제가 통치에 방해가 되는 기록물을 없애면서 분서갱유(焚書坑儒)를 단행했지요. 분서갱유(焚書坑儒)는 책을 불태우고〔焚書〕, 유학자를 생매장한다〔坑儒〕는 뜻입니다. 책만 불태우면 될 것을 왜 사람까지 죽였을까요? 바로 사람의 기억이 가장 강력한 매체였기 때문입니다. 일단 무게가 없잖아요? 따라서 들고 다닐 필요가 없으니 그보다 더 편한 매체는 없습니다. 아마 공맹이 천하를 돌아다닐 때도 책을 싣고 다니거나 하지는 않았을 겁니다.

장자는 제해의 말을 빌려서 똑같은 이야기를 합니다. 부요(扶搖)라는 회오리바람을 타고 날아오르는 붕새의 모습이 잘 그려져 있죠. 그런데 제해는 갑자기 야마(野馬)와 진애(塵埃)를 이야기합니다. 야마는 아지랑이이고 진애는 티끌입니다. 야마는 들판을 달리는 말이라는 뜻인데 봄날이 되면 아지랑이가 피어오르는 모습이 마치 달리는 말〔馬〕과 같다 해서 붙여진 이름입니다. 주석가들 중에는 말의 종자 중에 실제로 야마가 있는데 그걸 가리킨 것이라고 주장한 사람도 있습니다만, 이것은 곤(鯤) 자를 고래를 뜻하는 경(鯨) 자로 바꾸어야 한다고 주장한 견해나, 붕새의 비상을 굳이 용오름 현상에 맞춰 이해하거나, 북명을 바이칼 호라고 갖다 붙이는 것처럼 엉뚱한 이야기입니다. 그런 식으로《장자》를 읽는 것은 마치 판타지 소설을 읽으면서 역사적 사실과 일치시키려고 애를 쓰는 격입니다.《장자》를 읽을 때 과학적 지식은 잠시 내려놓아도 좋습니다.

아무튼 장자는 붕새와 같이 엄청나게 거대한 존재를 이야기하다가 갑자기 아지랑이와 티끌을 이야기합니다. 많은 주석가들이 여기서 헤맵니다. 문리(文理)가 통하지 않는다는 겁니다. 하지만 바로 이 지점이 극대의 세계와 극소의 세계를 극명하게 대비시킴으로써 읽는 이의 시점을 흔들어놓기 위한 장자의 의도가 드러나는 부분입니다. 붕새는 그 크기를 알 수 없을 정도로 엄청나게 커다란 존재이고, 아지랑이나 티끌은 생물체가 숨 쉬는 대로 따라 움직일 정도로 작고 가벼운 존재입니다. 게다가 붕새는 6개월에 한 번 쉬는〔息〕 존재인데 아지랑이와 티끌은 생물체가 한 번 숨 쉴〔息〕 때마다 움직입니다. 6개월은 한 해의 절반이고 한 번 숨을 내쉬고 들이쉬는 호흡(呼吸)은 가장 짧은 시간 단위입니다. 그래서 붕새는 크고 아지랑이나 티끌은 작아서 서로 다르다고 생각합니다. 그런데 장자는 그런 생각을 단번에 흔들어놓습니다. "하늘이 끝없이 푸른 것은 제 색깔일까? 아니면 멀어서 끝이 없어서 그런 걸까? 아마 아래를 내려다볼 때도 마찬가지일 게야." 붕새가 구만리장천을 날지만 아지랑이나 티끌도 나는 존재인 건 분명합니다. 그러니 하늘의 색깔이 궁금한 건 마찬가지입니다. 우리는 아래에서 위를 올려다보며 위에서 아래를 내려다보면 어떨까 상상합니다만 장자는 붕새가 되어 아래를 내려다보더라도 같을 것이라고 대답합니다. 아무튼 장자는 붕새와 아지랑이, 티끌을 비교하면서 우열을 나누지는 않습니다. 어떤 이는 붕새의 위대함을 드러낸 것이라 하고, 또 어떤 이는 붕새나 아지랑이나 티끌이나 모두 같다고 이야기한 것이라 하지만 늘 그렇듯이 장자는 스스로 결론을 내리지 않고 우리로 하여금 여러 가지로 해석할 수 있는 여지를 남겨둡니다.

물이 두터이 쌓이지 않으면 큰 배를 띄울 힘이 없지. 예를 들어 마룻바닥 패인 곳에 한 잔의 물을 쏟아 놓으면 겨자씨 정도는 띄울 수 있지만 잔을 놓으면 바닥에 붙어버려. 물은 얕은데 배는 크기 때문이지. 그처럼 바람이 두터이 쌓이지 않으면 큰 날개를 실을 힘이 없어. 그 때문에 붕새는 구만리를 날아올라 가는 거야. 그래야 바람이 아래에 쌓이게 돼. 그런 뒤 비로소 바람을 타고 푸른 하늘을 등에 지고 아무것도 막는 것이 없어지면 드디어 남쪽으로 향하는 거야.

且夫水之積也不厚면 則其負大舟也無力하니 覆杯水於坳堂之上 則芥爲之舟하나 置杯焉則膠하나니 水淺而舟大也일새니라 風之積也不厚면 則其負大翼也無力하니 故로 九萬里則風斯在下矣라 而後에야 乃今培風하고 背負青天而莫之夭閼者而後에야 乃今將圖南하나니라

물과 큰 배, 그리고 겨자씨가 등장합니다. 큰 배가 뜨기 위해서는 깊은 물이 있어야지요. 붕새가 남쪽으로 가기 위해 구만리를 날아올라 가야 하는 이유를 이렇게 말하고 있습니다. 배는 물 위에 뜨고 새는 바람을 타고 나는데 장자는 구만리 정도의 바람이 있어야 비로소 대붕의 큰 날개를 받칠 수 있다는 겁니다. 어떤 이는 이 내용을 들어 장자가 부력의 원리를 알았다고 하지만, 이 대목에서는 장자의 과학적 지식보다는 문학적 비유에 주목해야 합니다. 굳이 과학적 지식을 이야기하자면 부력뿐만 아니라 표면장력이나 항공기가 뜨는 원리인 양력도 같이 이야기해야겠지요. 배가 물 위에 뜨는 것은 부력 때문이지만 겨자씨가 뜨는 것은 물의 표면장력 때문이고, 붕새는 양력이 있어야 날 수 있으니까요.

큰 배는 큰 물에 뜨고 겨자씨는 한 잔의 물 위에도 잘 뜹니다. 그리고 붕새는 구만리의 바람이 쌓여야 날 수 있고 아지랑이나 티끌은 생물체의 숨에도 잘만 떠다닙니다. 어떤 것이 더 나은지 알 수 없습니다. 하지만 어느 한편에 서면 답이 나옵니다. 이를테면 주희의 시 중에 〈관서유감(觀書有感)〉이 있습니다.

> 어젯밤 강변에 봄물이 생기더니/몽동같이 큰 배도 가볍게 움직이네/이제껏 쓸데없이 밀고 당겨댔더니만/오늘은 물속에서 자유롭게 떠나니네〔昨夜江邊春水生/艨艟巨艦一毛輕/向來枉費推移力/今日中流自在行〕

여기서 물은 지식의 양을 말하고 배는 통찰의 크기를 말합니다. 지식의 양이 많아지면 그에 따라 통찰도 커진다는 것을 이렇게 표현한 것이지요. 공부의 기간이 오래되면 지식이 많이 쌓이게 되고 비로소 깨달음을 얻게 된다는 뜻인데 주희와 같은 자료형 철학자의 입장에서야 당연히 이렇게 이야기하겠지요. 이런 입장에 서면 붕새의 원대한 여행은 짧고 가벼운 다른 존재의 일상을 압도합니다. 하지만 장자는 우리의 삶은 한계가 있고 지식은 끝이 없는데 한계가 있는 삶을 가지고 끝없는 지식을 추구하는 것은 오히려 위태롭다고 이야기합니다. 그러니 장자는 어느 편인지 알 수 없습니다. 물론 다음의 이야기를 들어보면 장자도 붕새의 원대한 여행을 이해하지 못하고 비웃는 매미나 새끼 새의 짧은 생각을 나무라고 있는 것만은 분명해보입니다. 다만 그렇다고 해서 반대로 매미나 새끼 새의 삶이 중요하지 않다고 이야기하는 것은 아니라는 것이지요.

그런데 매미나 새끼 새는 붕새를 비웃으며 이렇게 말하지. 나는 후다닥 있는 힘을 다해 날아올라 느릅나무나 다목나무에 다다르려 하지만 때론 거기에도 이르지 못하고 땅에 떨어져. 그런데 저 놈은 도대체 무엇 때문에 구만리를 날아올라 남쪽으로 가는지 모르겠다고 말이야.
가까운 곳에 바람 쐬러 가는 사람은 세끼만 먹고 돌아와도 배가 부르지만 백 리 길을 갈 사람은 전날 밤부터 양식을 찧고, 천 리 길을 갈 사람은 석 달 동안 양식을 모으는 법이야. 저 두 버러지야 그걸 알 턱이 없지.

蜩與學鳩笑之曰 我는 決起而飛하야 搶楡枋호대 時則不至而控於地而已矣로니 奚以之九萬里而南爲오 適莽蒼者는 三飡而反하야도 腹猶果然하고 適百里者는 宿舂糧하고 適千里者는 三月聚糧하나니 之二蟲이 又何知리오

조(蜩)는 매미입니다. 그리고 학구(學鳩)는 막 날갯짓을 배우는 새끼 새를 가리키는데 '학(學)' 자가 아래에 '자(子)' 대신 '조(鳥)'가 붙어 있는 '학(鷽)' 자로 표기된 판본도 있습니다. 사실 이게 더 정확하다고 봅니다. '학(鷽)'과 '구(鳩)'는 모두 어린 새를 뜻하기 때문입니다. 이른바 죽림칠현 중의 한 사람인 완적(阮籍)은 〈영회시(詠懷詩)〉에서 《장자》의 이 구절을 빌려 "새끼 새는 뽕나무나 느릅나무까지 날고 해조는 천지까지 날아간다〔鷽鳩飛桑楡 海鳥運天池〕"고 노래했는데 이 시에는 '학' 자가 '鷽'으로 표기되어 있습니다. '鷽'은 새가 날갯짓한다는 뜻입니다.《논어》첫 구절 '학이시습지 불역열호(學而時習之 不亦說乎)'에 '학습(學習)'이라는 말이 나오지요. 이때의 '학(學)' 자는 배운다는 뜻이지만 지식을 배운다는 뜻이 아니라 행동을 본받는다는 뜻입니다. 구체적으로는 새가 날갯짓을 배우는 모습을 그린 글자입니다. '습(習)' 자의 모양을 보면 더 분명해집니다. '습(習)' 자는 두 날개를 뜻하는 '우(羽)' 자 밑에 '백(白)' 자가 있는 모양이죠. '백(白)' 자는 본래 '일(日)' 자에서 파생된 글자이기 때문에 '습(習)'은 매일 날갯짓을 하면서 나는 연습을 하는 모양을 그린 글자입니다. 그러니 '습(習)' 자와 어울리는 글자는 '학(學)'보다는 '학(鷽)'이라 하겠습니다.

그리고 '구(鳩)'는 발음 자체에 어리다는 뜻이 포함되어 있습니다. '구(鳩)'와 같은 음을 가진 한자 중에 '구(狗)'가 있는데 이것은 강아지라는 뜻입니다. 이외에도 '구(駒)'가 있는데 이 글자는 망아지를 뜻하지요. 《예기》 〈왕제(王制)〉 편에 "새끼 새가 새매가 된 뒤에 그물을 친다〔鳩化爲鷹 然後設罻羅〕"고 한 대목이 있는데 이때의 '구(鳩)'도 새끼 새라는 뜻으로 쓰인 것입니다. 이처럼 학구는 새끼 새를 뜻하지만 맥락상 작은 새로 보아도 무리는 없겠습니다. 여기에 등장하는 매미나 작은 새는 모두 짧은 지식을 가지고 위대한 존재를 비웃는 어리석은 무리를 상징하니까요. 하지만 그렇다고 해서 매미나 작은 새를 무시하는 게 장자의 입장은 아닙니다.

서열화된 가치관에 입각해서 우열을 따지면 대붕이 우월하고 매미나 작은 새는 열등한 존재입니다. 하지만 그런 서열을 벗어나 생각하면 대붕의 거대한 비상 때문에 매미나 작은 새의 날갯짓이 가려질 이유가 없습니다. 《장자》를 읽으면서 '높이 나는 새가 멀리 본다'는 식으로 이해하면 안 됩니다. 《장자》 전체의 맥락과 어긋나기 때문입니다.

'망창(莽蒼)'은 풀빛을 말합니다. 망(莽) 자는 위, 아래에 모두 풀을 뜻하는 글자인 '초(艹)'가 있고 가운데에 개〔犬〕가 있는 모양의 글자입니다. 풀이 무성하게 자라 풀숲에 있는 개가 보이지 않는 모양을 그린 글자입니다. '망창'이라고 하면 풀이 막 자라나는 무렵의 경치 좋은 자연 경관을 말하는데 '적망창(適莽蒼)'이라고 하면 가까운 곳에 있는 풀밭으로 놀러가는 것을 말합니다. 그런 경우는 하루

세끼만 먹어도 충분하죠. 하지만 백 리 길을 가려면 며칠분의 식량이 필요하고, 천 리 길을 가려면 몇 달치의 양식이 필요하겠지요.

이어서 장자는 "저 두 버러지가 어찌 이런 이치를 알겠는가" 하고 탄식합니다. 두 버러지는 '이충(二蟲)'으로 되어 있는데 대부분의 주석가들은 두 버러지를 '매미'와 '작은 새'를 가리킨 것이라고 보았습니다. 하지만 진(晉)의 곽상(郭象)은 두 버러지에 붕새도 포함된 것으로 보았습니다. 우리는 흔히 '충(蟲)'이라고 하면 곤충을 생각하는데 사실 충은 모든 짐승을 총칭하는 말로 쓰입니다. 물론 붕새도 충(蟲)에 포함됩니다. 깃털 달린 것은 우충(羽蟲)이라 하고 그냥 털이 달린 짐승은 모충(毛蟲)이라 하니까요. 그러니 붕새가 포함된 것으로 볼 수도 있습니다.

그러나 바로 뒤에 커다란 지혜(大知)와 오랜 삶(大年)을 찬양하는 내용이 이어지는 것을 볼 때 맥락상 아무래도 앞의 견해가 유력합니다. 하지만 곽상의 견해를 버릴 필요는 없습니다. 곽상이 보기에, 장자가 말하는 붕새의 입장은 매미나 작은 새의 처지와는 다르다는 데 있는 것이지 붕새의 존재가 더 우월하다고 이야기한 것은 아니기 때문입니다. 이것은 이 부분의 맥락과는 어긋나지만 《장자》 전체의 맥락과는 맞기 때문에 《장자》를 읽을 때 늘 염두에 두어야 할 화두입니다.

작은 앎은 큰 앎에 미치지 못하고 짧은 삶은 긴 삶에 미치지 못하지. 어떻게 그런 줄 아느냐고? 조균이란 버섯은 그믐과 초하루가 뭔지 모르고 매미나 쓰르라미는 봄가을이 뭔지 몰라. 짧게 사는 것들이니까. 초나라 남쪽에 명령이란 거북이 있는데 500년을 봄으로 삼고 500년을 가을로 삼는다고 그래. 상고시대에 대춘이란 나무가 있었는데 8000년을 봄으로 삼고 8000년을 가을로 삼는다고 해. 그런데 세상 사람들은 800년 산 팽조가 가장 오래 산 사람이라고 특별히 이야기하면서 그와 맞서려고 하니 슬픈 일이지.

小知는 不及大知하며 小年은 不及大年하나니 奚以知其然也오 朝菌은 不知晦朔하며 蟪蛄는 不知春秋하나니 此小年也라 楚之南에 有冥靈者하니 以五百歲로 爲春하고 五百歲로 爲秋하며 上古에 有大椿者하니 以八千歲로 爲春하고 八千歲로 爲秋하더니 而彭祖는 乃今에 以久로 特聞이어늘 衆人匹之하나니 不亦悲乎아

붕새와 야마의 비유가 커다란 존재와 작은 존재의 차이를 이야기했다면 이 대목은 짧은 삶과 긴 삶의 차이를 이야기합니다. 먼저 짧은 삶을 대표하는 두 존재가 조균(朝菌)과 혜고(蟪蛄)입니다. 조균에 대해서는 여러 견해가 있습니다만 새벽녘에 잠깐 자라났다가 아침 햇살이 비치면 곧 죽고 마는 버섯이라는 견해가 유력합니다. 실제로 그런 버섯이 있거든요. 다큐멘터리 영상물로 본 적 있는데 아침 햇살에 포자를 날리며 삶을 마감하는 모습이 정말 아름답더군요. 이처럼 조균은 아침나절이 전 생애에 해당하는 시간이기 때문에 당연히 그믐과 초하루가 뭔지 알지 못합니다. 곧 한 달이라는 시간의 길이를 경험하

지 못한다는 뜻이지요.

그리고 혜고는 쓰르라미와 씽씽매미로 모두 매미 종류입니다. 한철 사는 존재들로 조균보다는 길게 살지만 그래도 짧은 삶에 해당합니다. 사실 매미는 짧게는 3, 4년 길게는 10여 년을 땅 속에서 굼벵이로 산다고 합니다. 만약 장자가 이런 사실을 알았다면 '매미나 쓰르라미는 봄가을이 뭔지 모른다(蟪蛄 不知春秋)'고 하지 않고 '매미나 쓰르라미도 봄가을은 안다(蟪蛄 亦知春秋)'고 고쳤을지도 모릅니다. 그렇다고 해서 크게 달라질 건 없습니다. 800년을 산 팽조도 짧디짧은 삶으로 보는 게 장자의 입장이니까요. 봄가을은 춘하추동에서 춘과 추만 뽑아서 일 년이라는 뜻으로 쓴 말입니다. 공자가 저술했다는 《춘추(春秋)》도 이러한 뜻을 두 글자로 줄여 쓴 것입니다. 그러니 '혜고 부지춘추(蟪蛄 不知春秋)'는 "한철 사는 매미는 일 년의 길이를 경험하지 못한다"는 뜻입니다.

조균과 혜고는 모두 '짧게 사는 존재(小年)'들의 '짧은 생각(小知)'을 비유한 것입니다. 그런데 이어지는 명령(冥靈)과 대춘(大椿) 모두 '오래 사는 존재(大年)'로 큰 앎(大知)을 비유한 것입니다. 명령은 명해(冥海)의 영귀(靈龜)로 거북이를 말하며 이 명령이 있다는 초나라 남쪽은 실제의 지명을 말하는 것이 아니라 당시 중국인들이 아는 남쪽 끝, 곧 아득한 남쪽이라는 뜻입니다. 명령은 500년을 봄으로 삼고 500년을 가을로 삼는다니 이 거북의 일 년은 2000년이고, 사람의 수명 백 년에 맞춰 계산하면 20만 년을 산다고 해야겠지요. 그런데 대춘은 8000년을 봄으로 삼고 8000년을 가을로 삼았다니

1년이 3만 2000년이고 수명이 320만 년을 헤아립니다. 대춘(大椿)의 춘(椿)은 참죽나무라 하기도 하고 가죽나무라 하기도 하는데 같은 나무입니다. 가죽나무의 가죽은 개가죽, 소가죽의 가죽이 아니고 일종의 두릅인데 시골에서는 가중나무라고도 합니다. 이 가중나무의 새순을 식용으로도 쓰는데 아마 두릅나무의 새순을 무쳐먹는 것처럼 나물로 무쳐 먹었나봅니다. 옛사람들은 가죽나물을 춘엽채(椿葉菜)라 했는데 가죽나무는 춘(椿) 자로 쓰기도 하고 저(樗) 자로 쓰기도 합니다. 〈5장〉에는 혜시가 이런 가죽나무를 쓸모없다고 한 이야기가 나옵니다. 혜시는 아마 가죽나물을 해먹을 줄 몰랐던 모양입니다.

마지막에 나오는 팽조는 가장 오래 산 사람으로 전해오는데 700년 또는 800년을 살았다고 해요. 그래서 사람들은 그처럼 오래 살기를 바라는데 그런 삶도 명령 같은 거북이나 대춘 같은 나무에 견주면 짧은 시간에 지나지 않는다는 뜻입니다. 장자가 슬퍼하는 이유는 삶이 짧다는 사실 때문이 아니라 그런 짧은 삶을 엉뚱한 곳에 소진시키면서 아등바등하는 사람들의 잘못된 '삶의 태도' 때문입니다.

> 옛날 탕임금이 현자였던 극에게 물었던 것도 이거야. 불모지 북쪽에 검은 바다가 있는데 바로 하늘의 못이야. 그곳에는 물고기가 있는데 그 너비가 수천 리이고 그 길이를 아는 이가 없어. 이름은 곤이야. 새가 있는데 그 이름은 붕이야. 등

은 마치 태산 같고 날개는 하늘에 드리운 구름 같아. 회오리 바람을 타고 양 뿔처럼 빙글빙글 돌면서 구만리를 날아올라 구름을 뚫고 푸른 하늘을 등에 진 뒤에야 남쪽으로 몸을 돌려 비로소 남쪽 바다로 날아가지. 메추라기는 그걸 보고 웃으면서 말하지. 저놈은 도대체 어디로 가는지 모르겠군. 나는 폴짝 뛰어올라야 몇 길 지나지 않고 내려와서 쑥대밭 사이에서 날갯짓할 뿐이지만 이것도 나는 것임에는 틀림이 없지. 그런데 저놈은 대관절 어디로 가는지 모르겠군. 이것이 바로 작은 것과 큰 것의 차이지.

湯之問棘也是已라 窮髮之北에 有冥海者하니 天池也라 有魚焉하니 其廣數千里오 未有知其脩者하니 其名爲鯤이라 有鳥焉하니 其名爲鵬이니 背若泰山하고 翼若垂天之雲하니 摶扶搖羊角而上者九萬里니 絶雲氣하며 負青天 然後圖南하야 且適南冥也하나니라 斥鴳이 笑之曰 彼且奚適也오 我騰躍而上호대 不過數仞而下하야 翱翔蓬蒿之間하노니 此亦飛之至也니 而彼且奚適也오하니 此小大之辯也라

이 대목은 세 번째 나오는 붕새의 이야기죠. 다른 점은 탕임금과 극의 대화를 빌려서 곤과 붕의 존재를 말하고 있다는 점입니다. 탕임금은 옛날 임금의 이름으로 폭군이었던 걸왕을 쳐부수고 상나라를 세운 현군이고 극은 당시의 현자였습니다. 현군과 현자의 대화는 고대 중국에서는 아주 익숙한 형식의 이야기 전달 방식입니

다. 흔히 사람들은 역사적 사실의 진위만을 가리려 하고 그 이야기의 다른 버전을 받아들이지 못하는 경향이 있는데요, 역사적 사실도 누군가의 손을 거쳐 다듬어질 때에는 목적에 따라 조금씩 달라집니다. 역사적 사실에 기반을 둔 드라마를 보면 쉽게 알 수 있지요. 사극이란 게 큰 줄기는 역사적 사실에 기반을 두지만 내용의 대부분은 작가에 의해 창작된 이야기이기 때문에 재미를 느끼며 즐기려 해야지 그것이 역사적 사실과 부합하지 않는다고 비판하는 것은 부질없는 일입니다. 장자의 이 이야기도 그런 측면에서 바라보아야 합니다. 지어낸 이야기인데 자꾸 사실이냐, 아니냐를 따지거나 왜 앞뒤가 다르냐고 따지면 이야기를 즐기지 못합니다. 그런 점에서 방이지가 《장자》에 나오는 세 차례의 곤붕 이야기를 삼절의 노랫말이라고 말한 것은 적절한 비유라 하겠습니다.

마지막 곤붕 이야기에는 고대의 제왕 탕임금과 현신 극이 등장합니다. 그런데 왜 하필 탕임금이냐 하면 탕은 혁명의 군주이자 정벌의 군주로 몸소 천하를 돌아다니지 않은 곳이 없었지요. 그리고 현신인 극(棘)은 극(極)의 가차(假借)로 이해할 수 있습니다. 곧 이 세상의 끝〔極〕까지 가본 사람입니다. 천하를 돌아다니지 않은 곳이 없었던 탕임금이 세상의 끝까지 가본 사람에게 묻는 겁니다. 극의 이야기에 '궁발지북(窮髮之北)'이 나오는데 궁발(窮髮)은 터럭이 다했다는 뜻으로 여기서는 불모지를 뜻합니다. 터럭은 초목을 인체에 비유한 것이니까요. 천하를 두루 돌아다닌 탕임금도 불모지 북쪽에는 가보지 못한 거죠. 그래서 극에게 물어본 겁니다. 아랫사람에게 물어보는 태도는 역시 '일신우일신(日新又日新)'의 주인공답습니다. 목욕통에 새겨진 글이 지금껏 전해져오니 그냥 힘으로 천하를 차지한 자가 아니었던 거죠. 그가 자신의 목욕통에 새긴 글은《대학(大學)》〈전2장〉에 나오지요.

> 탕임금의 목욕통에 새겨진 글에 이르길, 날마다 새로워지면 나날이 새로워지고 또 날로 새로워진다.〔湯之盤銘曰 苟日新 日日新 又日新〕

누구나 아는 내용이고 어려운 말이 하나도 없지만 무슨 뜻인지 정확하게 이해하기는 쉽지 않습니다. 구일신(苟日新)의 구(苟)는 '참으로', '만약'에 해당하는 부사입니다. 일신(日新)은 날마다 새로워진다는 말인데, 날마다 '나 자신을' 새롭게 한다는 뜻입니다. 마치 몸을 깨끗이 씻어서 새롭게 하는 것처럼 말이지요. 그러면 '나날'이 새로워집니다. 이때의 나날은 '나에게 다가오는 객관적·시공간적 세계'를 가리킵니다. 곧 만약 나 자신이 참으로 새로워지면〔苟日新〕 이 세상의 모든 나날〔日日〕이 새롭게 다가온다는 뜻입니다. 마지막의 우일신(又日新)은 세상이 나에게 새롭게 다가오면 '또 내가 새로워진다'는 뜻이죠. 악순환의 반대인 선순환을 생각하시면 됩니다. 결국 한번 나 자신을 새롭게 함으로써 온 세상을 새롭게 하는 것입니다. 흔히 세상이 진부하다고 하지만 실제로 진부한 것은 세상이 아니라 나라는 것을 지적한, 3000년도 더 된 좌우명입니다. 날마다 새로운 세상을 만나고 싶다면 책상 곁에 한번 붙여둘 만한 글입니다.

이 탕임금이 극의 이야기에 귀를 기울입니다. 저 멀리 불모지 북쪽에 있는 바다에 물고기가 있는데 그 너비가 수천 리이고 그 길이를 아는 이가 아직 없답니다. 여기까지는 앞의 이야기와 별 차이가 없습니다. 그런데 곤이 변해서 붕이 된다는 이야기가 없고 붕이라는 새가 따로 등장합니다. 아마도 여러 마리의 곤어와 붕새가 있나 봅니다. 붕새가 하늘로 날아올라 남쪽으로 날아가는 것도 같습니다. 그런데 하늘로 날아오르는 모습을 묘사하는 대목이 기가 막힙니다. 부요라는 회오리바람을 타고 나는 것은 같은데 '양 뿔처럼 빙글빙글 돌면서 구만리를 날아오른다(羊角而上者九萬里)'고 표현합니다. 양 뿔이라 했는데 흔히 양털을 얻기 위해 사육하는 양의 작은 뿔이 아니라 산양의 뿔처럼 크고 구불구불한 모습을 상상해야 합니다. 이렇게 구만리를 날아오르는 붕새는 구름을 뚫고 푸른 하늘을 등에 집니다. 구름을 운기(雲氣)라고 했지만 이때의 기(氣)는 특별한 의미 없이 접미어 정도로 쓰였습니다. 분위기(雰圍氣)의 기(氣)처럼요. 높이 날아오른 붕새는 이윽고 남쪽으로 향합니다. 붕새의 장대한 여행을 가장 극적으로 표현한 대목으로 비장한 날갯짓이라 하겠습니다.

그런데 아니나 다를까 앞의 매미나 학구처럼 이번에도 붕새의 비상을 비웃는 존재가 등장합니다. 바로 척안(斥鴳)으로 작은 못에 사는 메추라기입니다. 이 척안은 활동 무대가 작은 못 주위를 벗어나지 않고, 날아올라야 기껏 몇 길 정도 높이에 이르고 쑥대밭 사이를 오갈 뿐입니다. 하지만 당당하게 외칩니다. 이것도 분명히 나는 것이며 그 즐거움은 지극하다고요.

북쪽 너른 바다와 작은 못, 구만리의 비상과 몇 길의 날갯짓, 북명에서 남명으로 가는 장대한 여정과 쑥대밭 사이, 이 정도 대비면 붕새와 메추라기는 상대가 될 수 없는, 아니 비교조차 할 수 없는 존재라는 게 분명해보입니다. 그런데 장자는 마지막에 작은 것이 큰 것을 이해하지 못하는 것은 작은 것과 큰 것의 차이에서 비롯된다고 말하고 있습니다. 서로 이해하지 못하는 것은 서로 다르기 때문이라는 것이지요. 곰곰이 새겨보면 우리가 우리 자신과는 다른 존재에 대해 어떤 태도를 지녀야 하는지 시사하는 바가 있습니다.

조선의 18세기 지식인 가운데 연암 박지원과 동료 또는 사제지간이었던 이덕무, 박제가, 유득공, 이서구 등은 당대 최고의 문장가로 이름이 높았는데 연암은 이들의 우두머리 격이었죠. 박지원의 《연암집》과 이덕무의 《청장관전서》에 보면 장자의 이 같은 대비를 연상시키는 이야기가 실려 있습니다. 장자는 붕새와 척안을 대비시켰는데 박지원과 이덕무는 용과 쇠똥구리를 대비시킵니다.

> 쇠똥구리는 스스로 쇠똥을 아껴서 흑룡의 여의주를 부러워하지 않으며, 흑룡 또한 자신의 여의주로 쇠똥을 비웃지 않는다.〔蜣蜋自愛滾丸 不羨驪龍之珠 驪龍亦不以其珠 笑彼蜋丸〕

용은 신성한 동물로 구름을 타고 하늘로 날아오르는 신비스런 존재입니다. 게다가 여의주라는 엄청난 보물을 입에 물고 있습니다.

쇠똥구리는 길바닥에서 쇠똥을 굴리며 살아가는 미물입니다. 하지만 쇠똥구리도 자기가 아끼는 보물이 있는데, 그게 낭환(蜋丸) 바로 쇠똥입니다. 둘의 가치는 서로 비교할 수 없을 정도로 차이가 납니다. 그런데 박지원과 이덕무는 쇠똥구리가 용의 여의주를 부러워하지 않는다면 용 또한 자기가 여의주를 갖고 있다 해서 쇠똥을 무시해서는 안 된다고 말합니다. 이런 지평에서 《장자》를 읽는다면 조구나 척안을 하찮은 존재로 비하하면서 마음을 편안하게 가질 수 없겠지요. 연암학파의 문인들은 《장자》를 읽으면서 대붕의 비상보다는 매미나 메추라기의 날갯짓에 더 관심을 가졌을 것입니다.

지식이 벼슬을 맡아 다스릴 정도로 풍부한 사람, 행동이 고을에서 이름날 정도로 훌륭한 사람, 덕망이 한나라의 임금에 맞먹을 정도로 훌륭하여 나라에 불려가는 사람들도 스스로 살피는 것이 이 메추라기와 같을 거야. 하지만 송영자는 그런 것들을 우습게 여겨. 그래서 온 세상이 칭찬한다고 해서 하지도 않으며 온 세상이 비난한다고 해서 포기하지도 않아. 안팎의 구분과 영욕의 경계를 분명히 알기 때문이야. 하지만 이 정도 수준일 뿐 더는 아니야. 이는 세상의 일에 얽매이지 않지만 여전히 세우지 못한 게 있어. 열자는 바람을 몰고 움직이는데 가뿐하게 날아다니다가 열흘하고 다섯 날이 지난 뒤에야 돌아와. 그 사람은 부자가 되는 일에는 관심이 없지. 하지만 그도 걸어 다니는 수준은 벗어났지만 여전히 바람에 기대지. 이를테면 하늘과 땅 사이에 있는 정기를 타고 여섯 가지 기운의 변화를 몰아서 끝없는 세상에 노니는 사람은 그 무엇에도 기대지 않아. 그러기 때문에 지극한 사람은 자기를 내세우는 법이 없고 신묘한 사람은 공을 자랑하는 일이 없고 성인은 이름을 내거는 일이 없다고 하는 거야.

故로 夫知效一官하며 行比一鄕하며 德合一君而徵一國者도 其自視也 亦若此矣리라 而宋榮子 猶然笑之하야 且擧世而譽之而不加勸하며 擧世而非之而不加沮하나니 定乎內外之分하며 辯乎榮辱之境이라 斯已矣니 彼其於世에 未數數然也로다마는 雖然이나 猶有未樹也로다 夫列子는 御風而行하야 泠然善也하야 旬有五日而後에 反하나니 彼於致福者에 未數數然也니라 此雖免乎行이나 猶有所待者也니라 若夫乘天地之正而御六氣之辯하야 以遊無窮者는 彼且惡乎待哉리오 故曰 至人은 無己하고 神人은 無功하고 聖人은 無名이라하니라

마지막으로 장자는 지식이 많거나 행실이나 덕망이 훌륭한 사람들을 내세웁니다. 이들은 자기가 지닌 재능에 따라 관직을 담당하기도 하고 고을에서 칭송을 받기도 하고 나라에 불려가 벼슬을 하기도 합니다만 저마다 척안처럼 자기가 최고라고 생각하는 사람들입니다. 지식과 행실, 그리고 덕망을 추구하지만 모두 남들이 알아주기를 바라고 하는 행동입니다. 이어 등장하는 송영자는 그런 욕망을 우습게 여기는 사람입니다. 송영자(宋榮子)는 《맹자》에 송경

(宋牼)으로 나오는 평화주의자입니다. 맹자가 석구란 곳에서 송경을 만나 어디로 가느냐고 묻자 그는 진나라와 초나라가 전쟁을 하려고 해서 말리러 간다고 했고 맹자는 무슨 논리로 설득할 것이냐고 묻습니다. 송경이 전쟁은 두 나라에 모두 불리하다는 말로 설득하겠다고 하자, 맹자는 '이불리'보다 '인의'로 설득해야 옳다고 비판합니다.

아무튼 송영자는 아무도 자신을 알아주지 않는 데도 스스로 나서 천하의 평화를 위해 애쓰는 사람입니다. 송경은 자신의 이익을 초월하여 천하의 평화를 위해 움직이는 사람이기 때문에 앞에 나온 메추라기 같은 사람들이 추구하는 세속적인 명리를 하찮게 여깁니다. 그러므로 온 세상 사람들이 그를 칭찬하더라도 우쭐하지 않고 모두가 비웃어도 흔들리지 않습니다. 그는 어떤 것이 내면의 가치이고 어떤 것이 외물인지 분명히 압니다. 그 때문에 다른 사람들의 시선을 의식하지 않고 자신이 좋아하는 내면의 가치를 추구합니다. 장자는 그래서 그를 두고 온 세상이 칭찬한다고 해서 하지도 않으며 온 세상이 비난한다고 해서 포기하지도 않는 사람이라고 평가한 것이죠. 하지만 그런 송영자도 아직 부족한 것이 있습니다. 바로 자신이 추구하는 가치, 이를테면 천하의 평화 같은 거죠.

이어서 장자는 송영자보다 더 자유로운 사람으로 열자(列子)를 듭니다. 열자는 바람을 몰아서 가볍게 타고 날아다니다가 15일이 지난 뒤에 돌아옵니다. 그러니 세속의 복록을 구하는데 연연하지 않습니다. 하긴 바람을 타고 다닐 정도면 어느 누가 세상의 일에 연연하겠습니까? 그런데 《장자》에서 이런 대목을 읽을 때는 주의해야 할 점이 있습니다. 이를테면 세속적인 복록에 연연하지 않는 태도를 높이 평가함으로써 타인의 가난을 정당화하는 수가 있거든요. 분배 논리를 약화시키는 황당한 논리가 이런 데서 나오지요. 예를 들어 스스로는 부의 극을 누리면서 세속의 부가 나쁘며 가난하게 사는 것이 사실은 행복하다는 식으로 호도한다면 그것은 기만입니다. 부의 탑을 가장 높이 쌓아 올린 여러 종교 단체가 대표적인 사례라 할 수 있겠지요.

아무튼 바람을 타고 돌아다니는 열자는 상대적으로 앞에 나온 여러 부류의 사람들보다 자유로운 자라고 장자는 이야기합니다. 하지만 그도 바람에 의존하고 있기 때문에 아직 완전히 자유로운 자는 아닙니다. 완전히 자유로운 자를 장자는 지인·신인·성인으로 표현하고 있는데 그렇게 되기 위해서는 세 가지를 버려야 합니다. 첫째는 자기를 버려야 합니다(無己). 두 번째는 공을 버려야 하고(無功), 세 번째는 명예(無名)를 버려야 합니다. 세 가지 다른 말로 표현하고 있지만 사실을 자기(己)라는 말에 다른 두 가지가 포함되어 있지요. 이런 사람은 아무것에도 의지하지 않습니다. 그래서 자기를 내세우거나, 공로를 자랑하거나, 이름을 내거는 일이 없습니다. 정말 그런 정신세계에 도달한 사람들이 있느냐? 장자는 있다고 이야기합니다. 이어지는 이야기에서 그 주인공들을 찾아보시기 바랍니다.

〈1장〉에서 장자가 이야기하고 싶은 것은 붕새처럼 위대한 존재를 예찬하는 데에 있지 않습니다. 마지막 문단을 보면 오히려 어떤 것은 위대하고 어떤 것은 하찮다는 식의 획일적 구분을 넘어서야 한다는 게 장자의 뜻에 가깝습니다. 사실 우리가 자본주의적 삶을 비판하면서 대안적 삶을 제시할 때, 그 대안적 삶이란 게 행복한 삶을 위한 것이 아니라 자본주의보다 더 나은 삶이라고 이야기하는 경우가 있는데 문제가 있는 논리라고 봅니다. 이를테면 대안교육을 이야기하지만 그런 교육을 통해서 입시에 성공했다고 말하는 순간 상대와 같은 논리에 빠집니다. 여전히 우열을 나누는 방식인 셈이거든요. 장자가 보기에 그런 삶에는 행복이 없습니다.

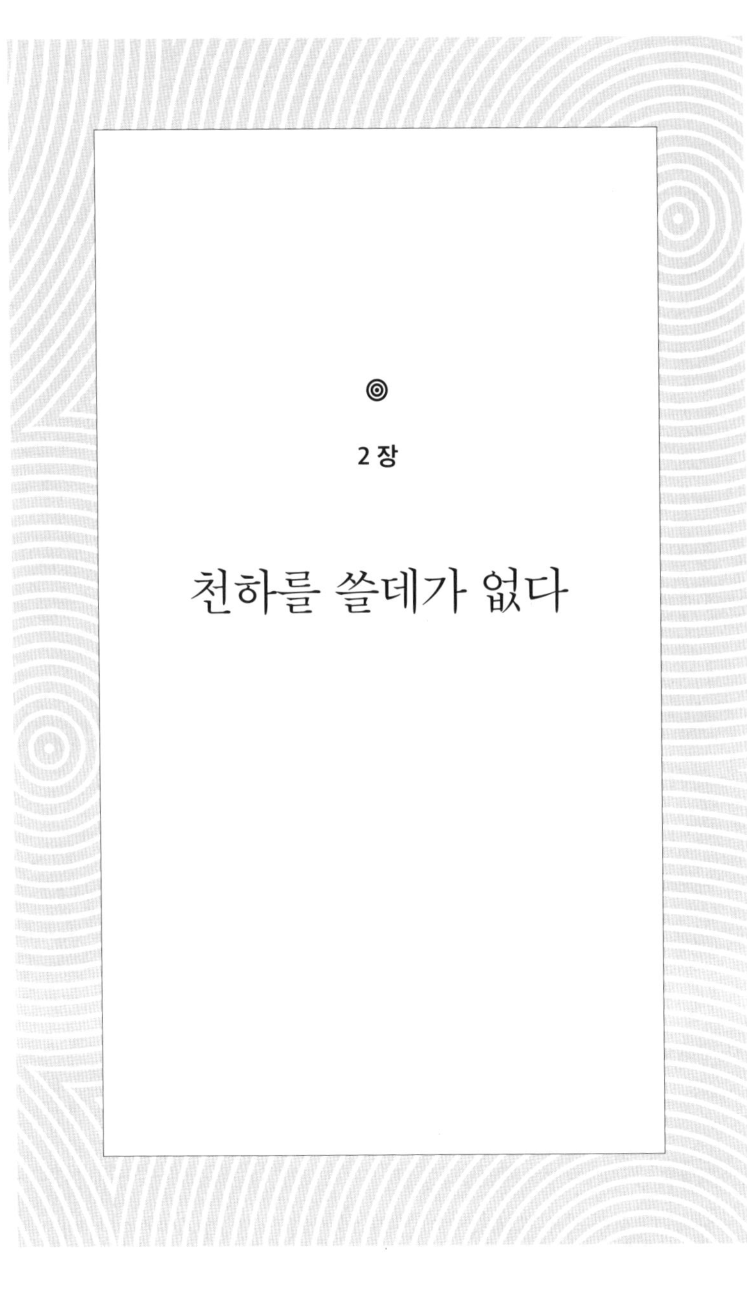

2 장

천하를 쓸데가 없다

이름은 껍데기에 지나지 않는 것

〈소요유〉 편의 〈2장〉입니다. 〈2장〉의 주인공은 고대의 제왕 요임금과 은자 허유입니다. 실제로는 만날 일이 절대 없었을 두 사람을 장자가 이야기 마당에 불러냈습니다. 두 사람 사이에 무슨 일이 일어나는지 읽어보겠습니다.

> 옛날 요임금이 허유에게 천하를 양보하면서 말했어.
> 해와 달이 높이 떠올랐는데 횃불을 아직도 끄지 않는다면 빛나기가 어렵지 않겠습니까. 때맞추어 단비가 내렸는데도 계속 도랑물을 끌어대려 한다면 또한 쓸데없는 고생이 아니겠습니까. 선생님이 임금 자리에 앉으면 천하가 다스려질 텐데 내가 아직도 주인 노릇하고 있으니 스스로 생각하기에도 부족한 점이 많습니다. 천하를 당신께 바칠까 합니다.
> 그러자 허유가 이렇게 대답했어.
> 당신이 천하를 다스려서 천하가 이미 다스려졌는데 내가 당신을 대신한다면 나더러 이름만 차지하란 말입니까? 이름이

란 마치 알맹이를 감싸고 있는 껍데기와 같은 것인데 나는 껍데기가 되고 싶지는 않습니다. 뱁새가 깊은 수풀 속에 집을 짓지만 나뭇가지 하나면 충분하고 새앙쥐가 황하의 물을 마시지만 배를 채우면 그만입니다. 임금께서는 돌아가시지요. 나는 천하같이 큰 물건을 쓸데가 없습니다. 게다가 요리사가 요리를 잘못한다 하더라도 축문 읽는 사람이 제사상을 넘어가 그 일을 대신하지 않는 법입니다.

堯 讓天下於許由 曰 日月이 出矣어늘 而爝火不息이 其於光也에 不亦難乎아 時雨降矣어늘 而猶浸灌이 其於澤也에 不亦勞乎아 夫子立이면 而天下治어늘 而我猶尸之호니 吾自視缺然하나니 請致天下하노이다

許由曰 子治天下하야 天下旣已治也어늘 而我猶代子면 吾將爲名乎아 名者는 實之賓也이니 吾將爲賓乎아 鷦鷯巢於深林에 不過一枝하며 偃鼠飮河에 不過滿腹이니 歸休乎君하라 予無所用天下爲호리라 庖人이 雖不治庖라도 尸祝이 不越樽俎而代之矣니라

요임금은 순에게 제위를 선양했기 때문에 현군으로 칭송받는 인물이지요. 그에게는 단주라는 아들이 있었는데 그가 불초했기 때문에 자신과는 아무 혈연관계가 없는 순(舜)을 발탁하여 천하를 물려주었다고 합니다. 그런데 여기서 장자는 그 요임금이 은자인 허유를 찾아와 천하라는 가장 큰 물건을 바치려했다고 이야기를 꺼냅니다. 사실 좋은 물건을 바치면 그것을 받는 사람은 좋아하기

마련이고 게다가 그 물건이란 게 천하라면 더욱 말할 필요가 없겠지요. 후세에는 천하의 소유권을 상징하는 옥새(玉璽)가 만들어졌는데,《삼국지연의》에 보면 손견이 궁궐 안 우물에서 얻은 옥새를 나중에 그의 아들 손책이 군사를 얻기 위해 원술에게 바치자 원술이 그 대가로 군사를 내주죠. 그깟 옥새가 뭐 대수인가 싶지만 원술은 그것이 천하를 소유할 수 있는 권리라고 여긴 것이지요.

그 옥새는 이른바 '화씨지벽(和氏之璧)'으로 만들어진 것입니다. 《한비자》에 '화씨지벽'이라는 고사가 나오죠. 초나라의 화씨가 옥돌을 발견하여 여왕(厲王)에게 바치자 여왕이 옥인에게 감정해보게 했더니 옥을 알아보지 못하고 돌이라고 감정했죠. 속았다고 생각한 여왕은 화씨의 다리를 자르지요. 그 뒤 무왕이 즉위하자 화씨는 다시 그 옥돌을 바칩니다만 이번에도 알아보지 못하고 남은 다리 하나마저 잘리고 맙니다. 그러다 문왕이 즉위하자 화씨가 옥돌을 끌어안고 사흘 밤낮을 울지요. 문왕이 사람을 보내 까닭을 묻자 그는 "내가 발이 잘려서 슬퍼하는 것이 아니라 옥을 돌이라 하고, 곧은 선비더러 거짓말쟁이라고 한 것이 슬퍼서 운다"고 대답하고는 다시 그 옥돌을 바칩니다. 문왕이 옥인에게 다듬게 하여 천하에서 가장 아름다운 옥을 얻었다고 합니다. 그 뒤 화씨지벽은 조나라 혜문왕의 손에 들어갔고, 진나라 소양왕이 위협하여 잠시 빼앗겼다가 인상여의 활약으로 다시 돌려받았는데 이를 두고 '완벽(完璧)'이라 하지요. 하지만 결국 천하가 진(秦)나라로 통일되면서 옥은 진나라 소유가 됩니다. 그 뒤 천하의 주인이 바뀔 때마다 옥의 주인도 바뀌게 되어 결국 원술에게까지 들어가게 되지요. 그 뒤 옥새는 삼국을 통일한 위나라에 전해졌다가 다시 사마씨의 서진(西晉)으로 넘어갔는데, 서진이 망하고 동진이 되면서 옥새의 행방이 묘연해집니다.

조선의 박지원은 〈옥새론〉이라는 글을 지었는데 그 글에서 "옥새에는 '하늘로부터 명령을 받았으니 이미 오래 살고 또 길이 번창할 것이다(受命于天 旣壽永昌)'라 기록되어 있지만 옥새를 넣은 자들은 모두 패망하고 말았다" 이렇게 말하고는 결국 옥새는 천하에 재수 없는 물건(不祥之器)이므로 후세에 옥새를 손에 넣는 사람은 부숴버리는 것이 옳다고 했습니다.

요임금은 허유의 덕을 해와 달에 견주고 때맞추어 내리는 비로 비유했습니다. 그에 비하면 자신의 덕은 횃불이나 도랑물에 지나지 않기 때문에 마땅히 덕이 더 큰 허유가 천하를 다스려야 한다고 이야기한 것입니다. 그러면서 횃불이 빛을 발하기가 어렵다고 했지요. 여기서 빛을 뜻하는 광(光) 자는 본디 '사람의 빛'을 그린 글자입니다. '光' 자의 갑골문은 사람을 뜻하는 '人(인)' 자의 윗부분에 별 모양이 그려져 있는데 별 모양은 빛을 묘사한 것입니다. 또 고문의 '光' 자는 위에 불을 뜻하는 '火' 자가 있고 아래에 '人' 자가 있는 꼴로 많이 쓰이는데 역시 사람의 빛을 나타내는 글자입니다.

요컨대 요임금의 말은 지금까지 자신이 천하를 다스려왔지만 태양과 같은 덕을 갖춘 허유가 나타났으니 그에게 천하를 맡기겠다는 뜻입니다. 때맞춰 내리는 단비와 도랑물의 비유도 마찬가지입니다. '세상을 환히 밝혀주는' 덕(德)의 기능을 '光' 자로 표현한 것이라면, '만물을 촉촉이 적셔주는' 덕의 기능을 '澤(택)' 자로 표현한 것입니다. '澤' 자는 윤택(潤澤)의 뜻으로 만물을 적셔주는 것인데 그걸 덕택(德澤)이라고 하죠. 모름지기 덕광(德光)과 덕택(德澤)이 큰 사람이 천하를 다스려야 한다는 유학의 이념을 잘 표현하고 있지요. 하지만 허유는 전혀 다른 논리로 대답합니다.

요임금이 태양과 단비로 치켜세웠는데도 허유는 우쭐하지 않고 간단한 비유로 대답합니다. 뱁새가 깊은 수풀 속에 집을 짓지만 나뭇가지 하나면 충분하고 새앙쥐가 황하의 물을 마시지만 배를 채우면 그만이라고요. 한마디로 자신은 뱁새와 새앙쥐와 같은 존재로 만족하기 때문에 천하 같은 큰 물건은 필요가 없다는 겁니다. 더욱이 요리사와 축문 읽는 사람의 비유를 들어 천하가 어떻게 되건 말건 자신은 관여하지 않겠다고 이야기하지요. 섣부르게 세상을 위해 헌신한다는 식의 명분을 내걸지 않지요.

훗날 덧붙여진 이야기이지만, 허유가 요임금을 물리치고 강가에 가서 귀를 씻고 있는데 친구였던 소부가 와서 까닭을 묻자 더러운 소리를 들었기 때문에 귀를 씻는 거라고 대답합니다. 그러자 소부는 더러운 귀를 씻은 물을 자기가 기르는 소에게 먹일 수 없다고 상류로 옮겨갔다는 이야기도 전해집니다. 또 다른 문헌에는 소부가 허유보고 제대로 숨지 않았기 때문에 요임금 같은 자가 찾아오는 것이라고 지적하고 아무도 찾을 수 없는 곳에 가서 제대로 숨으라고 질타했다는 이야기도 전해집니다.

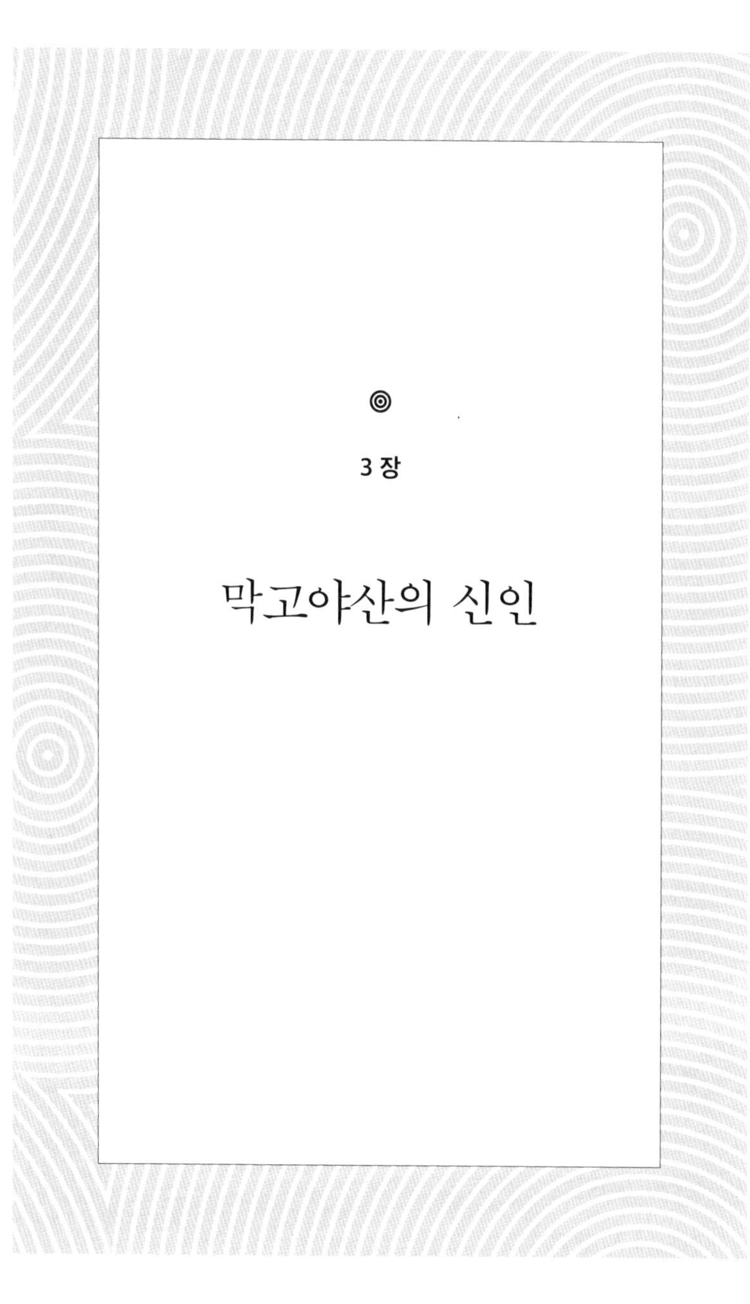

3 장

막고야산의 신인

미치광이 접여의 끝나지 않는 이야기

〈소요유〉 편의 〈3장〉입니다. 〈3장〉의 주인공은 견오와 연숙, 그리고 두 사람의 이야기 속에 이야기꾼으로 등장하는 접여, 접여의 이야기 속에 등장하는 신인들입니다. 이 중에서 접여는 공자를 만난 적이 있는 초나라의 육통(陸通)이라는 인물이고 나머지는 모두 장자가 지어낸 가공의 사람들입니다.

견오가 연숙에게 말했어.
내가 접여에게 들었는데 그 이야기가 거창하면서도 너무나 터무니없어서 끝없이 뻗어나가기만 할 뿐 돌아올 줄 몰라. 그래서 나는 그 이야기를 듣고 두려움마저 느꼈다네. 마치 강물처럼 끝이 없더군. 너무 크게 차이가 나서 보통 사람들의 생각과는 비슷한 점도 없었거든.
연숙이 견오에게 물었어.
뭐라 그러던?
견오가 말했어.

막고야산에 신인이 사는데 그들은 피부가 마치 얼음이나 눈처럼 희고 처녀의 살결처럼 부드러운데 곡식은 먹지 않고 바람과 이슬을 마시며 구름을 타고 나는 용을 몰아 사해 밖에서 노닌다네. 그들의 정신이 응집되면 백성들이 힘들게 농사짓지 않아도 햇곡식이 저절로 익는다고 하는데 나는 미친 소리라고 여겨서 믿지 않는다네.

肩吾 問於連叔하야 曰 吾聞言於接輿호되 大而無當하며 往而不返일새 吾驚怖其言호니 猶河漢而無極也러라 大有逕庭이라 不近人情焉이러라

連叔曰 其言은 謂何哉오 曰 藐姑射之山에 有神人이 居焉하니 肌膚若氷雪하고 綽約若處子하니 不食五穀하고 吸風飮露하야 乘雲氣하며 御飛龍而遊乎四海之外하니니 其神이 凝하면 使物로 不疵癘而年穀이 熟이라할새 吾以是로 狂而不信也하노라

견오(肩吾)와 연숙(連叔)은 가공의 인물로 두 사람의 이름에 담긴 우의(寓意)는 분명치 않습니다. 다만 견오의 '견(肩)'은 어깨라는 뜻이므로 남의 말을 듣고 거들먹거리거나 들썩이기 쉬운 경망한 사람을 뜻하는 것으로 보면 무리가 없겠습니다. 연숙(連叔)은 '이어져 있는 사람'이라는 뜻인데 근원의 세계인 도와 연결되어 있는 사람으로 생각이 깊은 자라는 뜻으로 이해할 수 있습니다.

견오가 접여에게서 어떤 이야기를 들었는데 그 이야기가 워낙 황당해서 연숙에게 물어보는 대목입니다. 견오의 생각에 접여의 이

야기는 거창하기만 하고 합당한 구석이 없을 뿐더러 이야기가 끝없이 뻗어나가기만 하고 마무리가 되지 않는다는 겁니다. 크기만 하고 합당한 구석이 없다(大而無當)는 것은 이른바 세속적 가치와 부합하지 않는다는 뜻입니다. 자신의 가치관과 다른 이야기를 호의적으로 듣는 게 쉽진 않지요. 게다가 접여의 이야기는 끝이 없더라는 게 견오의 하소연입니다. 이야기란 모름지기 시작이 있고 끝이 있어야 하는데 접여의 이야기는 그렇지 않아서 마치 황하나 한수처럼 아득하다는 겁니다. 그리곤 세상 사람들의 생각과 크게 차이가 나서 인정에 가깝지 않다고 말합니다. 경(逕)은 좁은 길이고 정(庭)은 넓은 뜰을 말합니다. 그래서 경정(逕庭)이라고 하면 차이가 난다는 뜻으로 쓰입니다.

그리고 '불근인정(不近人情)'은 인정에 가깝지 않다는 뜻인데 송나라 때 구법파가 왕안석의 신법을 비난할 때 주로 써 먹던 말이기도 합니다. 인정은 요즘 이 나라에서 자주 쓰는 말로 바꾸면 '국민정서'쯤에 해당합니다. 아무런 실체가 없는 거죠. 사실 부자들의 땅을 빼앗아서 가난한 사람들에게 주자는 게 왕안석의 신법인데 부자들이 그걸 좋아할 리가 없지요. 그럴 때의 인정은 사실 부자들의 정서에 지나지 않는 겁니다. 기록은 늘 기록자의 계급적 이데올로기를 대변하기 마련이니까요.

견오가 전하는 접여의 이야기에서 장자는 막고야산이라고 하는 새로운 공간을 만들고 네 명의 신인을 등장시킵니다. '막고야(藐姑射)'는 산 이름인데, 세 글자를 모두 산 이름으로 보지 않고 앞의 막(藐)자를 따로 떼어서 '아득한(藐) 고야(姑射)' 산으로 보아야 한다는 주석도 있지만, 산 이름 앞에 막(藐) 자가 붙는 경우를 다른 데서 찾아볼 수 없기 때문에 막 자를 수식어가 아니라 산 이름으로 보는 것이 타당합니다. 이 막고야산에 사는 신인들은 인간의 곡식을 먹지 않고 구름과 용을 타고 사해 밖에서 노니는 존재로 그려져 있습니다. 여기서 자유를 뜻하는 '유(遊)' 개념이 또 등장하죠. 곡식을 먹지 않는다는 것은 이들이 인간 세상에 의존하지 않는 자유로운 존재임을 나타냅니다. 당연히 세속적 가치에 얽매이지 않지요.

아무튼 견오는 이 이야기를 듣고 "이건 이야기도 아니야"라고 생각했다는 겁니다. 우리도 흔히 새로운 장르를 접할 때 "이건 영화도 아니다", "이건 소설도 아니다"는 식으로 무책임한 비평을 하는 경우가 많지요. 견오도 그런 사람 가운데 하나인데, 그가 보기에 접여의 이야기는 미친 소리라는 겁니다. 사실 접여는 본디 황당한 이야기를 많이 해서 '초나라의 미치광이(楚狂)'로 불렸던 사람이지요. 하지만 연숙이 보기에 접여를 미친 사람이라고 하는 사람들은 인지 능력에 문제가 있는 사람들로 사람을 알아보지 못하는 자들입니다. 그래서 이렇게 이야기 합니다.

> 연숙이 말했어.
> 그렇겠지. 본래 장님은 아름다운 옷 장식을 감상하는 데 끼어 들 수가 없고 귀머거리는 아름다운 악기 소리를 감상하는 데 함께 할 수 없는 법이지. 어찌 몸에만 장님이나 귀머거

리가 있겠는가. 사람을 알아보는 능력에도 그런 게 있다고 하는데 이 말은 바로 자네 같은 친구를 두고 하는 말이야. 그런 사람과 그런 덕은 만물을 반죽해서 하나로 만들 것이야. 세상 사람들이 다스려주기를 바라지만 누가 구질구질하게 천하를 일거리로 삼으려 하겠는가. 그런 사람은 그 무엇도 해칠 수 없는지라 홍수가 나서 하늘까지 물에 잠길 지경이라도 빠지지 않으며 가뭄이 들어 쇠나 돌까지 녹아내리고 흙산까지 그을릴 정도가 되어도 뜨거워하지 않을 터. 이 사람들의 때나 찌꺼기를 가지고도 요임금이나 순임금을 빚어낼 수 있을 걸. 그러니 그들 중 누가 천하를 위해 일하겠다고 나서겠는가.

連叔이 曰 然하니라 瞽者는 無以與乎文章之觀하고 聾者는 無以與乎鐘鼓之聲하나니 豈唯形骸有聾盲哉리오 夫知도 亦有之하니라 是其言也는 猶時女也로다 之人也 之德也는 將旁礴萬物하야 以爲一하나니 世蘄乎亂이로대 孰弊弊焉하야 以天下로 爲事리오 之人也는 物이 莫之傷이라 大浸稽天而不溺하며 大旱에 金石이 流하며 土山이 焦라도 而不熱하나니 是其塵垢粃糠으로 將猶陶鑄堯舜者也니 孰肯以物로 爲事리오

연숙의 나무람은 이보다 더 신랄할 수 있을까 싶습니다. 수준 높은 이야기를 이해하지 못하고 오히려 미친 소리라고 비난하는 자들은 편견에 사로잡힌 정신적 귀머거리, 장님이라는 뜻입니다. 이

들은 오직 자기가 보고 싶은 것만 보고 듣고 싶은 것만 듣는 사람들이라는 거죠. 연숙은 이어서 접여의 이야기보다 더 황당한 이야기를 덧붙입니다.

연숙은 막고야산의 신인들은 만물을 반죽해서 하나로 만든다고 합니다. 만물을 하나로 만든다는 말은 만물을 차별 없이 공평하게 대한다는 뜻으로 제2편 〈제물론〉의 예고편이라고 보시면 됩니다. 세상 사람들은 만물을 공평하게 대하는 사람이 있다면 그런 사람이 통치자가 돼주기를 바라겠죠. 그런데 이 신인들은 아무것에도 의지하지 않기 때문에 번거롭게 천하를 다스리려 하지 않습니다. 게다가 그 무엇도 이들을 해칠 수 없습니다. 하늘까지 물이 가득 차는 홍수가 나도 물에 빠지지 않으며 크게 가물어 흙산이 그을리고 쇠나 돌이 녹아내릴 정도가 되어도 뜨거워하지 않는다고 합니다. 외물의 변화에 따라 자신이 흔들리지 않는다는 뜻이지요.

그런데 이 부분을 잘못 이해하여 실제로 신인들처럼 곡식을 먹지 않고 바람과 이슬을 마시고 섭생하면 그런 초인적인 능력을 가질 수 있다고 생각해서 불로장생을 꿈꾸던 제왕이나 도교 학자들 가운데 흡풍음로(吸風飮露)하다가 화를 당한 경우가 꽤 있습니다. 터무니없는 이야기라고 여겨 듣지 않는 사람들도 문제지만 문학적 비유를 이해하지 못하고 그대로 따라하는 사람들은 또 다른 의미의 귀머거리, 장님이라 해야겠죠.

진구비강(塵垢粃糠)은 먼지·때·쭉정이·겨라는 뜻인데 세상 사람들이 성인으로 떠받드는 요순은 그들의 때만도 못한 존재라는 거죠. 그런데도 세상 사람들은 이들을 알아보지 못합니다. 연숙은 또 다른 예를 들어서 그들을 나무랍니다.

> 송나라 사람이 은나라의 화려한 장보관을 밑천으로 장만해서 월나라에 갔는데 월나라 사람들은 머리를 짧게 깎고 몸에 문신을 새기는지라 쓸 곳이 없었다고 해. 요임금이 천하의 백성들을 다스리고 해내의 정치를 고르게 한 다음에 네 신인을 막고야산에서 찾아뵙고 분수의 북쪽에서 멍하니 천하를 잊어버렸다고 하더군.
>
> 宋人이 資章甫而適諸越한대 越人이 斷髮文身이라 無所用之니라 堯治天下之民하며 平海內之政하고 往見四子藐姑射之山하고 汾水之陽에 窅然喪其天下焉하니라

앞서 말씀드린 것처럼 장자가 어느 나라 사람인지에 대해서는 결론을 내리기 어렵지만 사마천은 전국시대 송나라 사람이라고 했지요. 그런데 당시에는 무슨 이유에서인지 송나라 사람이라고 하면 어리석은 사람으로 자주 풍자되었습니다. 《맹자》의 알묘조장(揠苗助長)이나 《한비자》의 수주대토(守株待兎)도 모두 송나라 사람이 주인공입니다. 여기서도 송나라 사람을 어리석은 사람의 예로 들고 있는데 장자가 만약 송나라 사람이라면 스스로 송나라 사람을 비웃는 게 조금 의아할 수도 있습니다. 하지만 《장자》에서는 그런 일도 이상한 일이 아닙니다. 장자는 때로 이야기의 주인공으로 자신을

내세우기도 하니까요.

여기의 송나라 사람도 어리석은 사람입니다. 기껏 장사 밑천으로 은나라 시대의 장보관을 장만했는데 그걸 가지고 월나라에 가서 팔려고 했으니 말입니다. 월나라는 당시 중국에서는 가장 남쪽 지역으로 본문에 나오는 것처럼 머리를 짧게 자르고 몸에 문신을 새기고 살았기 때문에 은나라의 화려한 장보관 따위는 쓸모가 없었거든요. 장사 망했겠죠.

이 대목을 두고 송나라 사람의 어리석음을 풍자한 것이 아니라 송나라의 아름다운 장보관을 월나라 사람들이 무지해서 알아보지 못한 것을 나무란 것이라고 풀이한 견해도 있습니다. 하지만 앞뒤의 맥락을 살펴보면 아무래도 송나라 사람을 풍자한 것으로 보는 것이 이해하기 쉽습니다. 송나라 사람은 장보관이 훌륭한 문화 상품이라고 생각했고, 요임금은 천하를 보물이라고 여긴 거죠. 그 모두가 다른 데서는 쓸데없는 물건이라는 게 이 대목의 주제입니다.

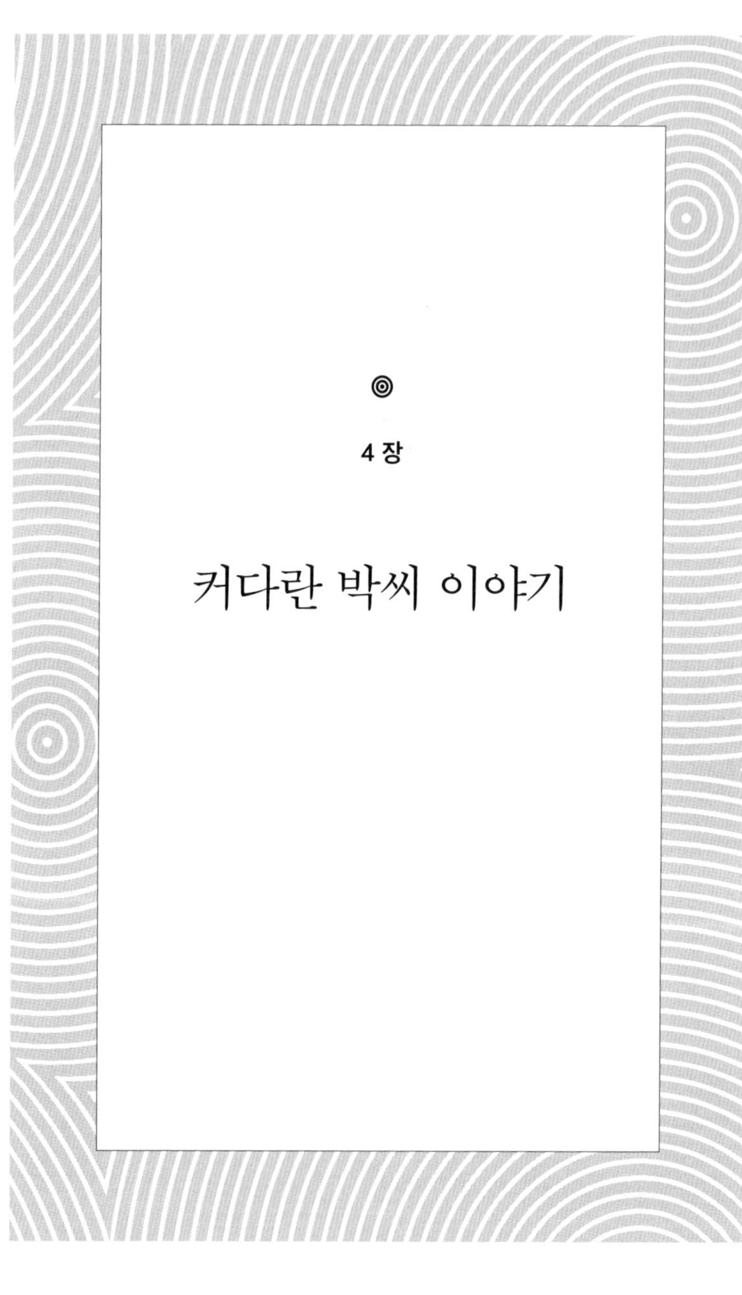

◎

4 장

커다란 박씨 이야기

장자, 표주박을 타고 강호에 떠다니다

〈소요유〉 편 〈4장〉과 〈5장〉은 장자와 그의 영원한 맞수 혜시의 논쟁입니다. 〈서무귀(徐無鬼)〉 편에는 장자가 혜시의 무덤가를 지나면서 이제는 자신의 말 상대가 없어져서 함께 이야기할 사람이 없다고 탄식하는 대목이 나옵니다. 그러면서 영인(郢人)과 장석(匠石) 이야기를 하지요. 영인은 '영(郢) 땅 사람'이라는 뜻이고 '장석'은 유명한 목수입니다. 영인이 코끝에 백토를 파리 날개만큼 얇게 바르고 나면 장석이 도끼를 바람 소리가 날 정도로 휘둘러 백토를 깎아냈는데 코는 전혀 다치지 않았고 영인도 똑바로 서서 흔들림이 없었다는 겁니다. 송나라 원군(元君)이 그 이야기를 듣고 장석을 불러 시험 삼아 자기에게 보여 달라고 하니까 장석이 거절하면서 "기술의 바탕이 되는 상대가 죽은 지 오래되어서 안 된다"고 했다는 이야기죠. 장석에게 영인이 있었다면 장자에게는 혜시가 있었습니다. 혜시와 장자는 늘 서로를 비판하지만 사실은 서로 좋은 논쟁 상대라고 여겼죠. 비슷한 이야기로 백아와 종자기 이야기가 있지요. 백아는 자신의 음악을 알아듣던 종자기가 죽자 거문고 줄을 끊어버리고 다시는 연주하지 않았다고 합니다. 이른바 백아절현(伯牙絶絃)의 고사입니다. 또 18세기 지식인 박지원은 철현금의 명인이었던 홍대용이 죽자 음악을 끊어버렸다고 하지요. 음악을 연주하는 이나 음악을 즐기는 사람이 음악을 끊는다는 것은 거의 삶을 포기하는 것과 다를 바 없을 텐데 그렇게 한 것을 보면 세상에서 자신을 알아주는 사람이 얼마나 귀한 존재인지 실감할 수 있습니다. 이제 《장자》가 끝날 때까지 등장하는 맞수 혜시와 장자의 논쟁을 들어보겠습니다.

혜시가 장자에게 이렇게 말했어.

위나라 왕이 나에게 커다란 박씨를 주기에 내가 심어서 키웠더니 그 열매의 크기가 다섯 섬이나 되더군. 거기에다 물을 담았더니 그 무게가 들 수 없을 정도로 무거웠고, 그걸 쪼개서 표주박으로 만들었더니 너무 넓고 평평해서 담을 수 있는 게 없었어. 터무니없을 정도로 컸지만 나는 그게 쓸모가 없다고 여겨서 부숴버리고 말았다네.

장자는 이렇게 대답했어.

자네는 참으로 큰 걸 쓰는 데 서툴군. 송나라 사람 중에 대대로 손 트지 않는 약을 잘 만드는 이가 있었는데 대대로 솜 빨래하는 일을 업으로 삼아 먹고살았어. 어느 날 지나가던 나그네가 그 이야기를 듣고 비싼 값을 주고 약 만드는 비방을 가르쳐 달라고 했어. 가족들을 모아놓고 상의하기를 우리

집안은 대대로 솜 빨래를 업으로 삼아왔지만 푼돈밖에 벌지 못했는데 지금 하루아침에 큰돈을 벌게 되었으니 비방을 가르쳐주는 것이 좋겠다고 했어. 나그네는 비방을 얻어 오나라 왕에게 가서 이야기했는데 월나라가 쳐들어오자 오나라 왕이 그 나그네를 장수로 삼아 겨울에 월나라 군대와 수전을 벌여 월나라 군대를 크게 이겼어. 오나라 왕은 땅을 쪼개 그 나그네에게 영지를 하사했지. 손 트지 않는 비방은 똑같이 알고 있었지만 어떤 사람은 영지를 하사 받고 어떤 사람은 솜 빨래하는 신세를 면치 못했어. 쓴 곳이 달랐기 때문이지. 지금 자네에게 다섯 섬짜리 박이 있다면 어찌하여 그걸 가지고 큰 배를 만들어 강이나 호수에 띄울 생각은 아니하고 넓고 평평해서 담을 것이 없다고 걱정하는가. 자네에겐 여전히 꼬불꼬불한 마음이 남아 있는 게 아닌가.

惠子謂莊子曰 魏王이 貽我大瓠(호)之種하야늘 我樹之成호니 而實이 五石이오 以盛水漿호니 其堅이 不能自擧也어늘 剖之하야 以爲瓢호니 則瓠(확)落하야 無所容이러라 非不呺(효)然大也이언마는 吾爲其無用하야 而掊之호라

莊子曰 夫子固拙於用大矣로다 宋人이 有善爲不龜(균)手之藥者 世世에 以洴澼絖으로 爲事어늘 客이 聞之하고 請買其方百金한대 聚族而謀曰 我世世에 爲洴澼絖호대 不過數金이러니 今一朝에 鬻技百金이런대 請與之호리라 客이 得之하야 而說吳王이러니 越有難이어늘 吳王이 使之將한대 冬에 與越人으로 水戰하야 大

敗越人하여늘 裂地而封之하니 能不龜手는 一也로대 或以封하며 或不免於洴澼絖하니 則所用之異也니라 今子有五石之瓠이어든 何不慮以爲大樽하야 而浮乎江湖하고 而憂其瓠落하야 無所容고 則夫子猶有蓬之心也夫인저

위나라 왕이 박씨를 주었다고 한 것을 보니 혜시가 위나라 재상으로 있을 때였던 모양입니다. 임금이 내려준 거라 그냥 먹거나 하지 않고 심어서 키운 겁니다. 원래 《논어》에도 임금이 살아 있는 것을 내려주면 반드시 키웠다〔君賜生 必畜之〕고 되어 있어요. 혜시가 박씨를 심어서 키웠더니 부피가 다섯 섬이나 되는 엄청나게 커다란 박이 열린 겁니다. 혜시는 그렇게 큰 박을 가지고 기껏 물을 뜨거나 물을 담아 두는 데 쓸 생각을 했던 모양입니다. 큰 물건을 작게 쓰려고 했으니 제대로 쓰일 리가 없지요. 그러고는 크기만 하지 쓸모가 없다고 투덜댑니다.

장자는 큰 물건을 작게 쓰려고 하는 혜시의 비뚤어진 마음을 비판합니다. 그러면서 송나라 사람 이야기를 해요. 송나라 사람 중에 손 트지 않는 비방을 알고 있는 사람이 있었는데 그 기술로 기껏 솜 빨래를 할 뿐이었습니다. 그런데 어떤 사람이 백금을 주고 그 비방을 얻어 전쟁에서 승리하여 제후가 됩니다. 손 트지 않는 방법을 알고 있었던 것은 같은데 한 사람은 솜 빨래하는 일을 면치 못했고, 또 다른 사람은 제후가 되었다는 겁니다. 사실 이 비유는 장자 전체의 사상에 비추어볼 때 그다지 장자답지 못한 이야기

입니다. 왜냐하면 어떻게 쓰느냐에 따라 쓸모의 크기가 달라진다는 이야기는 결국 쓸모를 중심으로 이야기하는 것이기 때문에 혜시의 논리와 근본적으로 다른 것은 아니기 때문입니다. 물론 그렇다 하더라도 큰 물건을 제대로 쓰지 못하고 자기 멋대로 쓸모없다고 여긴 혜시의 꼬불꼬불하게 꼬인 마음을 비판하는 데는 그럭저럭 쓸모가 있는 논리입니다. 여기서 꼬불꼬불하다는 것을 봉(蓬) 자로 표현했는데 봉은 본래 꼬불꼬불하게 자라는 쑥을 말합니다. 《순자》에 보면 "쑥이 삼밭에서 자라면 받쳐주지 않아도 저절로 곧게 자란다〔蓬生麻中 不扶而直〕"고 했는데, 여기서도 봉이라는 쑥이 본래 꼬불꼬불하게 자란다는 것을 알 수 있지요.

앞서 이 우화에 보이는 장자의 논리는 혜시와 근본적으로 다른 것은 아니라고 했지만, 장자가 마지막에 혜시를 나무라면서 "큰 박씨를 가지고 있다면 강이나 호수에 띄우면 되지 어째서 쓸모가 없다고 하는가?" 하고 이야기하는 대목에 이르면 스스로 말한 쓸모의 논리를 넘어서고 있음을 알 수 있습니다. 이 대목에서 우리는 커다란 박을 갈라 만든 배를 물 위에 띄워놓고 한가로이 강물 위를 떠다니는 장자의 모습을 그려볼 수 있습니다. 쓸모없음을 오히려 대용으로 여기는 이야기는 바로 다음 장에 이어집니다.

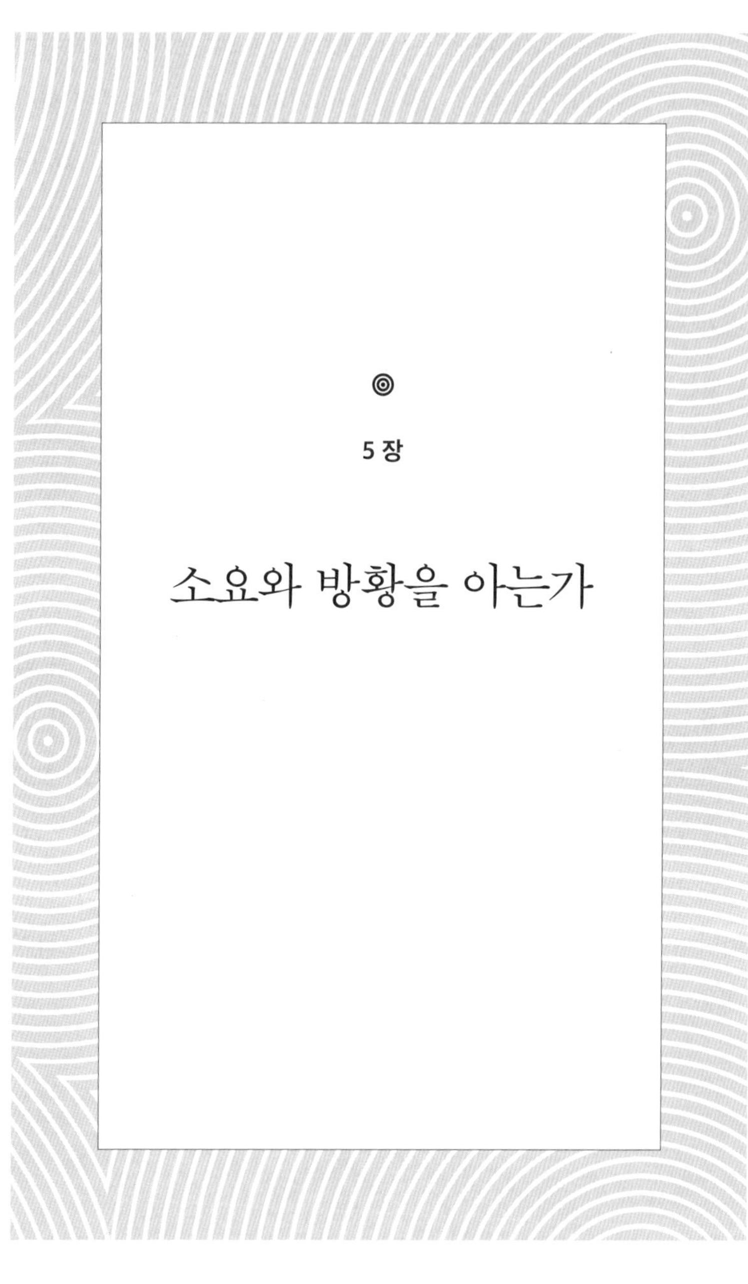

5 장

소요와 방황을 아는가

낮잠 자는 장자

〈소요유〉 편 〈5장〉도 〈4장〉과 마찬가지로 장자와 혜시의 논쟁입니다. 주제도 거의 비슷합니다만 〈4장〉의 수준을 넘어서 두 사람의 견해가 보다 분명하게 정리되어 있습니다. 앞서 쓸모없는 존재를 은근히 비유만 했던 혜시가 이번에는 아예 대놓고 장자의 이야기가 쓸모없다고 비판합니다. 장자도 더 세게 받아치죠. 살쾡이의 비유를 들어 쓸모 있는 자들은 결국 남을 죽이고 자신마저 죽인다고 지적합니다. 그들이 부지런할수록 세상이 오히려 더 나빠진다는 거죠. 여기서 주목해야 할 것은 장자가 세상 사람들처럼 전쟁에 나가 사람 죽이는 것을 거부하는 이유가 거창한 이유를 들이대면서 하는 게 아니라는 겁니다. 요즘식으로 하면 병역을 거부하는 데 종교적 신념이니 양심이니 하는 이유조차 들이대지 않고 그저 낮잠 자다가 징집에 응하지 못했다고 이야기하는 셈입니다. 그저 잠이나 자겠다는 거지요. 달리 말하면 전쟁에 나가 사람 죽이는 것보다 무가치한 일은 세상에 없다는 겁니다.

우선 혜시의 이야기부터 들어보겠습니다.

혜시가 장자에게 말했어.

나에게 큰 나무가 있는데 사람들이 가중나무라 하더군. 커다란 줄기는 울퉁불퉁해서 먹줄에 맞춰 자를 수 없고 작은 가지는 구불구불해서 그림쇠나 곱자에 맞질 않아. 그래서 길가에 서 있는데도 목수들이 돌아보지도 않는다네. 지금 자네의 말도 이 나무와 같아서 크기만 하지 쓸모가 없어. 그래서 사람들이 듣지 않고 다 떠나버리는 게야.

장자가 이렇게 대꾸했어.

자네는 살쾡이를 본 적이 없나? 몸을 바짝 낮추고 엎드려서 놀러 나온 짐승들을 엿보다 아무 데나 뛰어다니는데 높은 곳이든 낮은 곳이든 가리지 않다가 결국 덫에 걸리거나 그물에 잡혀 죽고 말지. 그런데 저 검은 들소는 크기가 마치 하늘에 드리운 구름 같지만 크기만 할 뿐 쥐새끼 한 마리도 잡질 못해. 지금 자네에게 큰 나무가 있는데 그게 쓸모없어서 걱정된다면 어찌하여 무하유의 고을 아득한 들판에 심어두고 그 곁에서 아무 하는 일 없이 이리저리 돌아다니고 그 아래에서 한동안 거닐다가 잠깐 낮잠이나 자지 않는가. 도끼에 베여 일찍 죽을 염려도 없고 아무도 해칠 이가 없을 것이니 쓸모없다는 것이 어찌 괴로운 일이기만 하겠는가.

惠子謂莊子曰 吾有大樹호니 人이 謂之樗라하더니 其大本은 擁腫하야 而不中繩墨하고 其小枝는 卷曲하야 而不中規矩라 立之塗호대 匠者不顧하나니 今子之言이 大而無用이라 衆所同去也로다

莊子曰 子獨不見狸狌乎아 卑身而伏하야 以候敖者하야 東西跳梁하야 不辟(피, 避)高下하다가 中於機辟(벽, 繴)하며 死於罔罟하나니라 今夫斄(리)牛는 其大若垂天之雲하니 此能爲大矣로대 而不能執鼠하나니라 今子有大樹호대 患其無用이어든 何不樹之於無何有之鄕廣莫之野하고 彷徨乎無爲其側하며 逍遙乎寢臥其下오 不夭斤斧하며 物無害者하리니 無所可用이어니와 安所困苦哉리오

비유로 삼는 사물만 바뀌었을 뿐 서사 구조가 〈4장〉과 동일합니다. 앞서 커다란 박씨 이야기를 했던 혜시는 여기서 커다란 나무를 비유로 들며 같은 이야기를 합니다. 커다란 나무 이야기는 《장자》에 여러 차례 나오지요. 320만 년을 산다는 상고시대의 대춘, 산을 아래로 내려다볼 정도로 키가 크지만 장석이 쓸모없는 나무라 했던 역사수, 남백자규가 상구의 들판에서 보았던 그늘 속에 수천 마리 소가 쉴 수 있을 만큼의 거목, 그리고 〈제물론〉 편에도 어마어마한 크기의 대목(大木)이 나옵니다. 《장자》에서 나무가 현자의 이미지로 자주 등장하는 것은 아마도 생명체 중에서 나무가 가장 오래 사는 존재이기 때문일 겁니다. 《장자》의 중요한 열쇳말 중의 하나인 '양생(養生)'을 잘하는 생명체라 볼 수 있지요.

혜시는 여기서 그런 나무가 쓸모없다고 이야기합니다. 사실 혜시는 이른바 '백마비마론(白馬非馬論)', 곧 흰말은 말이 아니라는 주장을 펼친 당대의 논리학자로 나와 너의 '차이'에 주목한 사람입니다. 이 경우 사물의 내적 연관성보다는 외적 차이가 더 중요해집니

다. 사실 나와 남이 다르다는 것을 극단으로 몰고 가면 분리주의자가 될 가능성도 있지만 때로는 그런 태도가 필요하지요. 한때 '우리가 남이가?' 하는 말이 유행한 적이 있죠. 그런 말 속에 숨어 있는 폭력성을 간과해서는 안 됩니다. 그런 말은 '우리'를 제외한 나머지 사람들에 대한 배제를 정당시하는 '소동(小同)'의 논리가 깔려 있기 때문입니다. 혜시의 '백마비마론'은 그런 소동의 논리를 깨는 데 유효합니다. 소동이란 특정 지역 또는 특정 학교, 특정 기업 등에 적용할 수 있는 가치입니다. 소동이 반드시 나쁜 것은 아니지만 이게 상위의 가치를 침범하면 해악이 큽니다. 예를 들어 특정 지역의 가치가 국가나 민족보다 중요한 것으로 여겨질 때 어떤 일이 일어나는지 이 나라의 근대사가 잘 알려주고 있지요.

이에 반해 '대동(大同)'은 '부동(不同)'을 함축하고 있는 것으로 서로 같지 않다는 것을 인정하고 공존을 모색하는 태도입니다. 즉, 상대와 나의 차이를 알고 공존을 꾀하는 것입니다. 사실 차이를 인정할 수 있어야 타인과 어울려 살 수 있는 것입니다. 혜시는 이런 견해를 가졌기 때문에 당시 천하가 진나라로 통합되는 분위기에서는 배제될 수밖에 없는 사람입니다. 속되게 말하면 분위기 파악을 못하고 눈치 없이 진나라의 천하와 위나라의 천하는 다르다고 외친 겁니다. 그 당시 분위기 파악을 가장 못한 사람은 단연 맹자였습니다. 온 천하가 다른 나라를 침략해서 땅을 빼앗는 전쟁에 골몰하고 있는데 홀로 인의(仁義)를 외치고 다녔으니 만난 임금들마다 모두 맹자는 현실을 모르는 사람이라고 생각한 것이지요. 하지만 그게 바로 맹자가 위대한 까닭이죠. 그 점에서만은 혜시도 마찬가지이고 장자도 마찬가지입니다.

혜시는 여기서 커다란 나무를 비유로 들면서 장자의 말을 사람들이 듣지 않는 까닭은 크기만 하지 쓸모가 없기 때문(大而無用)이라고 합니다. '사람들이 다 떠나버린다(衆所同去也)'고 말한 데서 천하의 이야기꾼 장자가 당시 사람들에게 그다지 인기가 없었음을 알 수 있습니다. 혜시가 장자의 아픈 데를 찌른 거죠. 하지만 장자는 세상에서 쓸모가 있다고 하는 자들을 '이성(狸狌)', 곧 살쾡이로 비유하면서 바로 반격합니다. 시랑(豺狼)이라 하지 않고 이성이라고 한 것은 상대가 절친한 벗인지라 많이 봐준 표현입니다. 시랑은 승냥이로 흔히 살쾡이보다 악질적인 짐승으로 그려지거든요. 어쨌든 이놈들은 몸을 바짝 낮추고 있다가 다른 짐승을 잡아먹는데 자신의 뛰어난 재능을 믿고 높은 곳 낮은 곳 가리지 않고 이리저리 날뛰다가 결국 덫이나 그물에 걸려 죽고 맙니다. 사람으로 치면 남을 죽이고 자신도 죽고 마는 전쟁광들이라고 할 수 있죠.

장자는 쓸모없지만 위대한 존재로 검은 들소(斄牛)를 듭니다. 이놈은 그 크기가 마치 하늘에 드리운 구름 같지만 쥐새끼 한 마리 잡지 못합니다. 남을 해치지도 않고 남에게서 해를 받지도 않습니다. 장자가 바라는 것은 바로 이 들소처럼 남을 해치지 않고 자신을 해치지도 않는 평화로운 삶입니다. 혜시처럼 커다란 나무를 보면 베어서 어디다 쓸까를 고민하지 않고 그 아래서 아무 하는 일 없이 '방황'하거나 잠시 낮잠 잘 생각을 하는 거죠. 쓸모를 고민하던 혜시로서는 절대 할 수 없는 생각입니다.

이 편은 〈소요유〉 편의 마지막 장으로 장자의 사상을 엿볼 수 있는 중요한 열쇳말이 연이어 나옵니다. 장자는 혜시에게 무하유지향의 아득한 들판에 커다란 나무를 심어놓고 그 아래에서 아무 하는 일 없이 소요 방황하는 이야기를 하고 있습니다. 여기서 무하유지향(無何有之鄕)은 '그 어느 곳에도 없는 고을'이라는 뜻과 함께 '삶을 해치는 것이 아무것도 없는 곳'이라는 의미를 모두 담고 있습니다. 현실적으로는 아무 데도 존재하지 않는 이상향(理想鄕)을 그리고 있다는 점에서 토머스 모어의 소설 《유토피아》도 장자의 무하유지향과 비슷한 착안에서 만들어진 말이지요. '유토피아(utopia)'는 그리스어에서 없다는 뜻인 'ou'와 장소를 나타내는 'toppos'를 합쳐서 만든 낱말이므로 말뜻도 비슷합니다. 흔히 좋지 않은 의미로 쓰는 방황(彷徨)은 자유로운 상태를 말합니다. 당나라 태종 때의 도사 성현영(成玄英)은 방황을 "마음대로 하게 내버려둔다〔縱任〕"는 뜻으로 풀이했고 《경전석문》의 저자 육덕명(陸德明)은 방황을 "이리저리 날아다니는 것과 같다〔猶翱翔也〕"고 풀이했습니다. 《장자》에서는 날아다니는 것이 자유를 상징한다고 이미 말씀드린 적이 있지요.

한편 소요는 이 편의 제목으로 쓰인 만큼 장자의 유(遊)를 표현하는 아주 중요한 낱말로 흔히 유유자적한다는 뜻으로 쓰입니다만 명말청초의 사상가 방이지(方以智)는 《통아(通雅)》에서 소요를 특이하게 풀이하고 있습니다. 그에 따르면 '逍遙'는 옛날에는 소요(消搖), 소요(捎搖), 수유(須臾) 등으로 썼다고 합니다. 이어서 천문가인 비담

(毘曇)의 말을 인용하여 하루가 30수유라고 하고 있습니다. 수유는 하루의 30분의 1인 셈이지요. 하루 24시간은 1440분이니까 그것을 다시 30으로 나누면, 곧 48분이 수유, 곧 소요가 됩니다. 그렇다면 소요는 대상에 집착하지도 않고 대상을 떠나지도 않으면서 48분의 거리를 두고 대상과 함께 유유자적하는 행위라고 할 수 있겠지요.

마무리하면 장자는 커다란 나무는 바로 쓸모없기 때문에 도끼에 찍혀나갈 염려도 없고 어떤 사물도 해칠 염려가 없는데 어찌 쓸모없다는 이유가 괴로운 것이겠는가 하고 반박합니다. 결국 장자는 쓸모없음이 바로 큰 쓸모이고 큰 쓸모는 바로 양생(養生)에 있다는 것을 암시하고 있지요.

〈제물론〉 편은 장자의 사상을 이해하는 데 가장 중요한 편이면서 동시에 편 이름 '제물론'의 뜻풀이부터 의견이 분분할 만큼 난해하기로 유명합니다. 상수나 곽상, 성현영 등은 제물론을 '제물지론(齊物之論)'의 줄임말로 보고 '제물(齊物)의 주장(論)'이라는 뜻으로 이해했습니다. 이들의 풀이에 따르면 제물은 '만물을 가지런하게 여긴다'는 의미로 장자가 삼라만상을 어떤 시선으로 바라보았는지 알려주는 핵심 개념입니다. 제물은 차별 없는 시선으로 바라볼 때만 드러나는 만물의 제 모습입니다. 장자는 도(道)가 기왓장이나 돌 부스러기에도, 지푸라기에도, 똥과 오줌에도 있다고 말합니다. 지고의 가치인 도가 실은 가장 낮은 곳에 있다고 이야기하는 거죠. 불교에도 부처가 똥 막대기라는 말이 있는데 비슷한 착안에서 비롯된 말이 아닌가 싶습니다. 만물을 차별 없이 가지런히 바라보는 제물의 견해는 인간이 인간의 입장에서 다른 존재를 어떤 것은 이롭고 어떤 것은 해롭다는 식으로 일방적으로 가르는 데 반대합니다.

제2편 ◎

제물론

齊物論

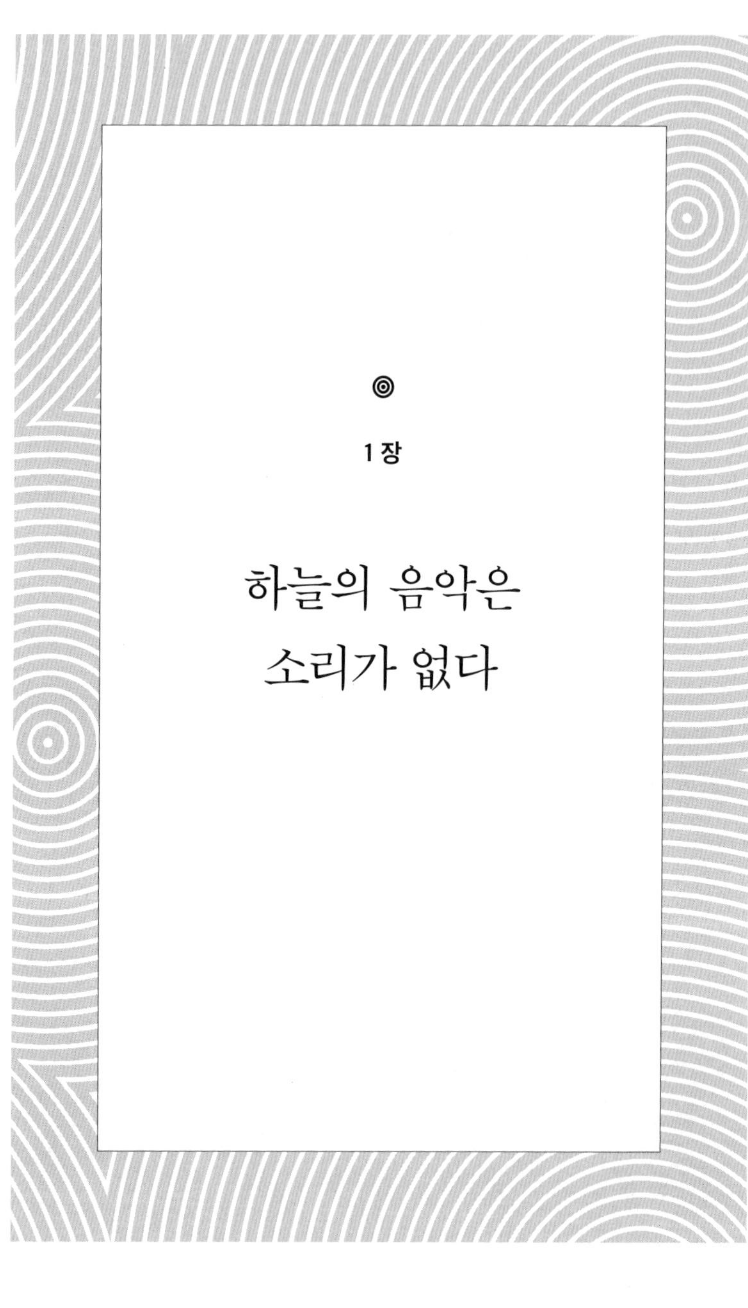

◎

1장

하늘의 음악은 소리가 없다

도는 어디에 있는가

〈제물론〉 편은 《장자》의 여러 편 중에서 가장 아름다우면서도 가장 난해한 부분으로 손꼽히는 작품입니다. 특히 〈1장〉은 송 대의 왕안중이 "책을 덮고 앉아 있어도 여전히 바람 소리가 난다(掩卷而坐 猶覺翏翏之逼耳)"고 극찬했고, 명말청초의 방이지도 한 편의 '천풍부(天風賦)', 곧 '바람의 노래'라고 했을 만큼 뛰어난 작품으로 평가받았습니다. 아울러 송 대의 구양수(歐陽脩)가 〈추성부(秋聲賦)〉의 모티브로 채택한 이래 후세의 수많은 문장가들로 하여금 숱한 아류작을 낳게 한 성부(聲賦)의 원조라 할 만합니다.

〈제물론〉 편은 편 이름 '제물론'의 뜻풀이부터 의견이 분분합니다. 상수나 곽상, 성현영 등은 '제물론'을 '제물지론(齊物之論)'의 줄임말로 보고 '제물의 주장(論)'이라는 뜻으로 이해했습니다. 이들의 풀이에 따르면 제물(齊物)은 '만물을 가지런하게 여긴다'는 의미로 장자가 삼라만상을 어떤 존재로 바라보았는지 이해하는 데 대단히 중요한 개념이라 할 수 있습니다. 장자는 도(道)가 기왓장이나 돌 부스러기에도, 지푸라기에도, 똥과 오줌에도 있다고 말합니다. 불교에도 '부처가 똥 막대기'라는 말이 있는데 아마 비슷한 착안에서 비롯된 말이 아닌가 싶습니다. 만물을 차별 없이 가지런히 바라보는 제물의 견해는 인간이 인간의 입장에서 다른 존재를 어떤 것은 이롭고 어떤 것은 해롭다는 식으로 가르는 데 반대합니다.

한편 여혜경 이후 송나라의 주석가들은 '제물론'을 '물론(物論)' 곧 '중론(衆論)'을 '제(齊)'한다는 뜻으로 이해하고 온갖 주장(衆論)을 가지런히 통일시킨다는 뜻으로 풀이합니다. 탁월한 고전주석으로 이른바 주자학을 수립한 남송의 주희도 비록 《장자》를 주석하지는 않았지만 송나라의 주석가들과 같은 뜻으로 '제물론'을 이해했습니다. 《장자》 텍스트에 대한 송나라 학자들의 이런 견해는 당연히 〈제물론〉 편을 풍부하게 이해하는 데 도움을 줍니다.

그러나 장자의 사상 전반에 입각해서 '제물론'을 이해한다면 아무래도 만물의 주장을 가지런하고 대등하게 바라본다는 뜻으로 이해하는 앞의 견해가 설득력이 있습니다.

> 남곽자기가 안석에 기대 앉아 하늘을 우러러보며 길게 숨을 쉬는데, 멍하니 자기 짝을 잃어버린 것 같았어. 안성자유가 앞에서 모시고 서 있다가 이렇게 말했지.
> "어찌된 일입니까? 사람의 몸뚱이가 참으로 말라버린 나무와 같아질 수 있으며 마음은 참으로 불 꺼진 재와 같아질 수 있단 말입니까? 지금 안석에 기대있는 사람은 전에 안석에 기대 있던 사람이 아니십니다."

남곽자기가 이렇게 대답했어.

"언아, 너의 질문이 참으로 좋구나! 지금 나는 나를 잃어버렸는데, 네가 그것을 알아차렸구나! 너는 사람의 음악은 들었을지라도 아직 대지의 음악은 듣지 못했을 것이며 대지의 음악은 들었어도 아직 하늘의 음악은 듣지 못했을 것이다."

南郭子綦 隱机而坐하야 仰天而噓호대 荅(탑)焉似喪其耦러라 顏成子游 立侍乎前이러니 曰何居(희)乎오 形은 固可使如槁木이며 而心은 固可使如死灰乎아 今之隱机者는 非昔之隱机者也로소이다 子綦曰 偃아 不亦善乎아 而問之也여 今者에 吾喪我호니 汝는 知之乎아 女聞人籟하고 而未聞地籟며 女聞地籟하고 而未聞天籟夫인저

남곽자기는 도를 아는 인물입니다. 《장자》에 여러 차례 등장하는데 때로 남백자기나 남백자규로 나오기도 합니다. 남곽자기(南郭子綦)는 '곽의 남쪽(郭之南)에 사는 자기(子綦)'라는 뜻입니다. 곽은 내성외곽(內城外郭)의 곽입니다. 고대에는 성안에는 귀족들이 살고 곽안에는 평민들이 살았습니다. 그리고 곽의 바깥은 주로 하층민들이 사는 지역인데 그중에서도 남쪽은 가장 세력이 약한 최하층민, 곧 천민들이 사는 곳입니다. 서울의 경우에도 조선시대에는 북촌에 세력이 강한 자들이 거주하고 남쪽 회현동 일대는 비교적 세력이 약한 사람들이 거주했지요. 연암 박지원이 〈호질(虎叱)〉에서 유학자를 풍자하면서 북곽선생을 등장시키는 것도 이 부분을 패러디한 것

입니다.

자(子)는 존칭으로 보통 '자(子)' 자를 '자(字)' 앞에 붙여 존칭을 표시합니다. 공자의 제자들을 일컬을 때 자공(子貢)이니 자하(子夏)니 하는 식으로 자(子) 자를 붙이는 것처럼요. '기(綦)'는 '기(基)'로 '터전', '바탕'이라는 뜻이며 만물의 근원인 '도'를 인격화한 것입니다. 그래서 도를 아는 사람이란 뜻이죠. 남곽자기라는 이름 하나만 가지고도 "도가 어디 있느냐?"는 질문에 대한 장자의 생각을 엿볼 수 있습니다. 장자의 생각에 도는 성곽 남쪽 천민들이 거주하는 곳에 있습니다. 그런 곳에 사는 사람들이 도를 안다는 것이죠. 장자는 주인공의 이름에 깃들어 있는 우의를 통해 도는 낮은 곳에 있다는 것을 암시합니다.

이 점에서는 노자의 생각도 같았지요. 노자는 《도덕경》의 〈덕경(德經)〉 첫 장에서 '상덕부덕(上德不德)'이라고 했는데, 상덕(上德)은 〈도경(道經)〉의 상도(常道)와 같은 말입니다. 상(常)은 상(上)의 가차입니다. 다른 말로 하면 '상도부도(上道不道)'죠. 〈도경〉 〈1장〉의 '도가도비상도(道可道非常道)'는 수많은 논란이 있는 구절이지만 그게 〈덕경〉의 첫 구절과 같은 말로 이해하면 간단합니다. 즉 '가도비도(可道非道)'라는 뜻이지요. 노자가 최고의 가치로 추구한 것은 말할 것도 없이 도와 덕인데 가장 좋은 도, 가장 좋은 덕은 최고의 선, 즉 상선(上善)이죠. 그 상선의 비유로 노자는 물을 들었습니다. 최고의 선(善)인 도는 물과 같다는 '상선약수(上善若水)'가 바로 이것이죠. 도는 물과 같이 낮은 곳으로 흐른다는 뜻인데 가장 높은 가치를 뜻하는 도가 사실은 가장 낮은 곳에 있다는 것을 말합니다. 높은 가치는 높은 곳에 있지 않다는 뜻이니 상덕부덕(上德不德)이라는 표현이 꼭 맞죠.

주인공 남곽자기를 모시고 있는 제자는 안성자유(顔成子游)입니다. '안성(顔成)'은 '안성(安城)'의 가차로 이해할 수 있는데 그렇게 보면 안성자유는 성안에서 편안히 살아가는〔安城〕 자유(子游)라는 귀족입니다. 남곽자기와는 신분이 완전히 다른 사람입니다. 귀족인 안성자유가 천민인 남곽자기에게 도를 묻는 설정으로 일반적인 신분 관계를 뛰어넘는 장자 특유의 역설적인 우언이라고 볼 수 있습니다. 일본학자 아카츠카 기요시〔赤塚忠〕는 공자의 제자 자유(子游)를 빗댄 것으로 이해했는데, 바로 뒤에 자유의 이름이 '언(偃)'으로 나오기 때문에 이 주장은 일리가 있습니다. 공자의 제자 자유는 성이 언(言)이고, 이름이 '언(偃)', 자(字)가 자유(子游)거든요. 게다가 공자는 이른바 공문십철(孔門十哲)을 들면서 자유가 문학에 뛰어났다고 인정했습니다. 스승과 제자의 신분이 역전된 이런 식의 설정이 장자에 자주 보입니다. 〈양생주〉 편의 문혜군과 백정, 〈천도〉 편의 제환공과 윤편의 경우도 같은 설정이라 할 수 있습니다. 이런 설정은 장자에서만 가능한 자유로운 상상의 영역이죠. 공맹의 경우에도 비록 '자기를 넘어서는 경지'를 말하긴 하지만 자유주의와 권위주의로 나누어서 이야기하면 권위주의 영역에 가깝다고 봐야 합니다. 권위주의 영역에서는 이런 설정이 불가능합니다. 장자의 이야기를 들어보겠습니다.

도를 아는 남곽자기가 안석에 기대 있는데 그 모습이 평소와 다릅니다. 자기 짝을 잃어버린 것 같았거든요. 여기서 짝을 잃어버렸다(喪其耦)고 할 때 '짝'을 '우(耦)'자로 표현한 것에 주목해야 합니다. '耦'는 함께 쟁기를 끌며 밭을 갈면서 농사를 짓는 짝이란 뜻입니다. 《논어》에 '장저걸닉 우이경(長沮桀溺 耦而耕)'이란 대목이 있죠. 은자의 무리인 장저와 걸닉이 짝을 이루어 밭을 갈고 있었다는 뜻인데 이 경우처럼 '耦'는 한 사람은 쟁기를 잡고 한 사람은 앞에서 그 쟁기를 끌고 가는 모양을 생각하시면 됩니다. 왼쪽에 '뢰(耒)' 자가 붙어 있는 것은 쟁기로 밭을 간다는 뜻입니다. 그래서 '耦'는 두 사람의 관계가 분명하지 않은 상태로 단순한 짝을 나타내는 글자 '우(偶)'가 아닙니다. 어디까지나 몸을 끌고 가는 존재, 곧 몸뚱이와 정신의 관계를 마치 밭을 가는 짝인 것처럼 나타내는 절묘한 우의를 담은 글자로, 그런 짝을 잃어버린 것 같았다(似喪其耦)는 것은 육신이 정신(神)을 잃어버린 것처럼 보였다는 뜻입니다.

바로 뒤에 보면 남곽자기는 스스로 "자기가 자기를 잃어버렸다(吾喪我)"고 말합니다. 남들이 보기에는 남곽자기가 자기 짝을 잃어버린 것 같았는데 남곽자기 스스로는 "내가 나를 잃어버렸다"고 한 것이죠. 둘의 차이에 대해서는 뒤에서 이야기하기로 하고 우선 이 대목에서는 남곽자기의 육신이 정신을 잃어버린 것 같았다고 이해하시면 됩니다. 안성자유가 그 모습을 두고 "몸뚱이는 말라버린 나무와 같고, 마음은 불 꺼진 재와 같다"고 말합니다. 그러고는 지금 앞에 있는 사람은 평소 자기가 모시던 스승이 아니라고 말합니다.

도의 세계에 들어가 있는 남곽자기의 모습은 살아 있는 사람의 모습이 아니라 마치 말라버린 나무나 불 꺼진 재, 평소와는 전혀 다른 모습이었던 것이죠.

남곽자기는 그런 자신의 상태를 앞에서 미리 말씀드린 것처럼 "내가 나를 잃어버렸다(吾喪我)"고 이야기합니다. '吾喪我'에서 '오(吾)'는 나라는 연속성이 유지되는 주체적인 나이며, '아(我)'는 그때그때 변하는 임시적 존재, 곧 객체로서의 나를 지시합니다. 인간은 자신을 돌아보는 존재입니다. 즉 자신을 대상화할 줄 아는 존재가 인간입니다. 개는 거울을 봐도 자기인줄 모르고 계속 짖어댑니다. 코끼리도 마찬가지로 자신을 못 알아보고 거울을 들이받습니다.

《장자》의 이 대목은 자기를 대상화할 줄 알아야 이해할 수 있습니다. 그런데 안성자유가 보기에 '말라버린 나무(槁木)'나 '불 꺼진 재(死灰)'와 같았던 남곽자기의 모습은, 남곽자기의 설명에 따르면 실은 '아(我)'를 상실했기 때문에 그렇게 보인 것이지요. 그렇다면 '아(我)'는 평소에는 '물오른 나무' 같은 몸뚱이(形)로 나타나고, '타오르는 불꽃'처럼 생기어린 마음(心)으로 나타나지만 때로는 '말라버린 나무(槁木)'나 '불 꺼진 재(死灰)'와 같이 될 수 있는 임시적인 나로 이해할 수 있습니다. 물론 앞의 주체적인 '나(吾)' 또한《장자》에서는 확고한 존재는 아닙니다. 주체라고 하면 데카르트의 주체를 떠올리게 되죠. 이른바 '모든 것을 의심하는 자신'이 더 이상 의심할 여지없는 주체를 확인해줍니다. 흔히 주체는 근대를 상징하는 코드로 해석됩니다. 근대적 사유의 핵심은 바로 '나'에 대한 인식이 근간을 이루기 때문입니다. 연암 박지원도 중세를 살던 사람이었지만 글쓰기의 방식이 근대적인 나를 모색하는 과정이었기 때문에 근대 지향적 지식인으로 인정받는 것이지요. 그런데 장자는 주체에조차 연연하지 않기 때문에 데카르트와는 차이가 있습니다. 물론 장자가 근대적인 나를 염두에 두고 그것을 벗어나는 사유를 했을 리는 없습니다. 그는 근대를 경험하지 못했으니까요. 하지만 〈제물론〉 편 마지막 장에 나오는 호접몽에서 장자는 주체적인 나마저도 대상화하거든요. 장자는 자신이 애써 쌓아올린 사유와 논리의 탑을 너무나 쉽게 허물어버림으로써 또 다시 우리를 놀라게 합니다. 진정 장자는 자유로운 존재라고 해야겠죠.

이어서 남곽자기는 난데없이 음악 이야기를 합니다. 안성자유가 어리둥절하지 않았을까요? 그런데 음악을 통해서 도를 이야기하는 방식은 시각보다는 청각이 도에 접근하는 데 더 적절한 감각이라고 본 것입니다. 도는 눈에 보이는 게 아니라는 거죠. 남곽자기는 사람의 음악, 대지의 음악, 하늘의 음악을 이야기하는데 이 중 도에 가장 가까운 음악은 하늘의 음악이죠. 안성자유가 묻고 남곽자기가 대답하는데, 도를 음악으로 표현한 이 대목은 중국 고대 문학의 백미로 손꼽히는 걸작 중의 걸작입니다.

안성자유가 이렇게 물었어.
"감히 그 이치를 여쭙습니다."
남곽자기가 대답했어.

"대지가 숨을 쉬면 그것을 바람이라고 하지. 이 바람은 일어나지 않으면 그만이지만 일단 일어나면 온갖 구멍이 소리를 내. 너는 저 멀리서 울리는 바람소리를 듣지 못했는가. 높은 산 깊은 숲 속에서 둘레가 백 아름이 넘는 커다란 나무의 구멍이, 어떤 것은 콧구멍 같고, 어떤 것은 입 같고, 어떤 것은 귀 같고, 어떤 것은 가로 지른 나무 같고, 어떤 것은 나무 그릇 같고, 어떤 것은 절구통 같고, 어떤 것은 깊은 웅덩이 같고, 어떤 것은 얕은 웅덩이 같은데, 거기서 물이 급히 부딪치는 소리, 화살이 나는 소리, 꾸짖는 소리, '헉헉' 들이마시는 소리, 외치는 소리, 볼멘소리, 웃는 소리, 아양 떠는 소리가 나지. 앞의 바람이 우우하고 불면 뒤의 바람이 따라서 웅웅 소리를 내. 가벼운 바람이 불면 가볍게 화답하고, 거센 회오리바람이 불면 크게 화답을 하는데, 사나운 바람이 지나가면 바로 모든 구멍이 텅 비어서 고요해지지. 너도 바람이 지나간 뒤에 나뭇가지들이 흔들흔들 살랑살랑하는 모습을 본 적이 있겠지."

안성자유가 이렇게 말했어.

"대지의 음악은 여러 구멍에서 나는 소리이고, 사람의 음악은 피리에서 나오는 소리인 줄 알겠습니다. 그렇다면 하늘의 음악이란 무엇을 말씀하시는 건지요?"

남곽자기가 이렇게 대답했어.

"불어대는 소리는 만 가지로 같지 않지만 그 소리는 각자 자신의 구멍으로부터 말미암는데 모두가 다 그 스스로 소리를 내는 것이라고 여기지. 그렇다면 그 구멍들이 성난 소리를 내게 하는 것은 누구일까."

子游曰 敢問其方하노이다 子綦曰 夫大塊噫(애)氣 其名爲風이니 是唯無作이언정 作則萬竅怒呺하나니 而는 獨不聞之翏翏乎아 山林之畏隹(최)에 大木百圍之竅穴이 似鼻하며 似口하며 似耳하며 似枅하며 似圈하며 似臼하며 似洼者하며 似污者하니 激者와 謞者와 叱者와 吸者와 叫者와 譹者와 宎者와 咬者라 前者唱于어든 而隨者唱喁하야 泠風則小和하고 飄風則大和호대 厲風이 濟하면 則衆竅爲虛하나니 而는 獨不見之調調之刁刁乎아 子游曰 地籟는 則衆竅是已오 人籟는 則比竹이 是已어니와 敢問天籟하노이다 子綦曰 夫吹萬不同하나 而使其自己也어늘 咸其自取하나니 怒者는 其誰邪아

남곽자기가 말하는 숨 쉬는 커다란 흙덩어리(大塊)는 바로 대지를 말합니다. 이 대지가 숨을 쉬는데 깊은 숲 속에 사람 백 명이 둘러싸야 될 만큼 커다란 나무가 그 숨으로 소리를 내기 시작합니다. 그 나무에는 별별 모양의 구멍이 다 있는데 거기서 나는 소리들도 그 구멍들 모양처럼 각양각색입니다. 장자 이후 많은 사람들이 소리를 묘사하는 글을 썼는데 송나라 구양수(歐陽脩)의 〈추성부(秋聲賦)〉도 그중에 하나입니다. 가을이 다가오는 소리가 나무 사이에서 나는데 마치 밤에 파도가 덮치는 듯하고, 말에 재갈을 물린 군대가

달려가는 것 같다고 하는 다채로운 표현이 나옵니다. 읽기만 해도 서늘해집니다. 그래서 저는 여름날 한참 더울 때가 되면 인사동에 가서 접는 부채를 사서 '추성부'를 써놓고 부칩니다. 그러면 그냥 부채보다 훨씬 시원합니다.

소리 묘사는 연암 박지원도 빼놓을 수 없지요. 이미 예로 들었던 시골 사람의 코고는 소리는 말할 것도 없고, 《열하일기》의 '일야구도하기(一夜九渡河記)'에 나오는 물소리는 가히 압권이라 할 만하지요. 그리고 연암의 〈하야연기(夏夜讌記)〉를 보면 연암의 선배였던 홍대용과 악사 연익성(延益成)이 하늘에서 우레가 치자 그것을 곧바로 거문고로 연주해보이는 대목이 나옵니다. 연암이 거기서 〈천뢰조(天雷操)〉를 짓습니다. 장자의 천뢰(天籟)는 '뢰(籟)'이고 연암의 천뢰(天雷)는 '뢰(雷)'로 글자는 다르지만 발상은 같다고 할 수 있습니다.

장자의 이 대목은 땅의 음악, 곧 대지의 음악이라고 할 수 있는데, 작곡가 구스타프 말러가 작곡한 같은 제목의 노래가 있습니다. 말러의 〈대지의 노래(Das Lied von der Erde)〉'는 아마도 장자의 이 글에서 모티브를 얻지 않았나 싶어요. 〈대지의 노래〉는 이백의 〈비가행(悲歌行)〉을 비롯하여 전기, 맹호연, 왕유 등의 시를 가사로 쓰고 있는데 본래 한스 베트게가 번역한 《중국의 피리》라는 시집에서 발췌한 것으로 분위기는 매우 염세적입니다. 가사를 보면 중국의 한시가 독일어로 번역되고 다시 중국어로 번역되면서 원작과는 너무나 다른 내용으로 변해서 원래의 시를 짐작할 수 없는 부분도 있습니다. 언젠가 〈대지의 노래〉 연주를 녹화한 영상물을 본 적이 있는데 중국어 자막에서 원작에서는 '천(天)'이었던 것이 자막에서는 '상제(上帝)'로 바뀌어 있었습니다. 번역, 재번역이 되면서 천(天)에서 'God'으로, 다시 상제(上帝)로 바뀐 것이죠. 번역은 '뒤집는다', '바꾼다'는 뜻인데 정확하게는 '말을 바꾼다'는 뜻이죠. 말은 바꾸되 뜻은 바꾸지 말아야 하는데, 사실 말을 바꾸면 뜻도 바뀌게 되어있죠. 한 사람의 머릿속에서 번역이 일어나고 다른 사람에 의해 재번역이 이루어지면 원전과는 차이를 보일 수밖에 없습니다. 심지어 같은 사람이 번역을 하더라도 번역된 문장을 다시 원어로 바꾸면 다른 표현이 될 겁니다. 원전과 똑같은 번역은 아마 머릿속에서만 가능할지도 모르겠습니다.

아무튼 대지의 노래 말미에서 남곽자기는 한바탕 사나운 바람이 지나간 뒤의 모습을 나뭇가지가 흔들거리는 모습을 빌려 이야기합니다. 이야기를 다 듣고 난 안성자유는 이제 사람의 음악과 땅의 음악이 무엇인지는 알겠는데, 하늘의 음악, 천뢰는 아직 무엇인지 모르겠다고 묻습니다. 그러나 남곽자기는 직접 천뢰가 무엇이라고 이야기해주지는 않고 그 구멍들로 하여금 성난 소리를 내게 하는 것이 누구일까 하고 알쏭달쏭한 물음만 던집니다. 남곽자기의 말은 각자의 구멍이 제각기 다른 소리를 내지만 그 구멍들로 하여금 각자의 소리를 내게 하는 것이 천뢰라는 겁니다. 여기에서 소리나게 하는 주체에 대해 곽상 같은 주석가는 만물은 '자생자화(自生自化)' 하는 것이기 때문에 따로 주체가 있는 것이 아니라는 주장을 폈고, 송나라 이후의 주석가들은 참다운 주재자(眞宰)가 따로 있다고 주장했습니다.

남곽자기는 불어대는 소리가 만 가지로 같지 않다고 했는데 구멍의 생김새에 따라 소리가 다르기 때문입니다. 각자가 자기의 소리를 내는 것이지요. 하지만 그 구멍들로 하여금 각자의 소리를 내게 하는 존재는 그 스스로 소리를 내지 않습니다. 다른 존재로 하여금 소리를 내게 하는 것은 스스로 소리를 내지 않는다는 뜻입니다.

이게 무슨 소리인지 이해하기 위해서 《노자》를 잠시 들여다보겠습니다. 《노자》에는 천뢰가 다른 말로 나와 있는데 바로 '태음(大音)'입니다. 태음은 가장 큰 소리라는 뜻인데 장자의 천뢰는 하늘의 음악이고 하늘은 사물 중에서 가장 커다란 것이므로 그것을 악기로 표현한 것이라면 거기서 나는 소리는 당연히 가장 커다란 소리 즉, '태음'이라 해야겠지요. 그런데 《노자》에서는 이 태음은 소리가 들리지 않는다(大音希聲)고 했습니다. 우리가 생각하기에 가장 큰 소리가 무엇일까요? 아마 지구가 돌아가는 소리가 아닐까요? 사실 지구는 엄청난 속도로 자전하고 있지요. 그런데 지구가 돌아가는 소리는 들리지 않지요. 모기 소리는 그렇게 또렷하게 들리는데 지구가 돌아가는 소리는 들리지 않는 게 참으로 신기하지요. 하긴 지구가 돌아가는 소리가 들린다면 얼마나 힘들겠습니까? 들리지 않는 것이 오히려 다행이죠.

《노자》에는 태음과 비슷한 층위에 있는 것들이 여러 종류 등장합니다. 《노자》 〈41장〉에 "커다란 네모는 모퉁이가 없고 커다란 그릇은 채울 수가 없고 커다란 소리는 들리지 않고 커다란 형상은 보이지 않는다〔大方無隅 大器晩成(盛) 大音希聲 大象無形〕"는 말이 나옵니다. 여기서 재미있는 것은 가장 커다란 네모인 대방(大方), 가장 커다란 그릇인 대기(大器), 가장 커다란 소리인 태음(大音), 가장 커다란 형상인 대상(大象) 등은 각각 '방(方)'·'성(成)'·'성(聲)'·'형(形)'이라는 자기규정성을 갖는데, '대(大)'라는 수식어가 머리에 놓이는 순간 그런 자기 규정성을 잃어버린다는 점입니다.

'대방무우(大方無隅)'는 커다란 네모는 모퉁이가 없다〔無隅〕는 뜻인데, 예를 들어 네 개의 변으로 이루어진 사각형에서 변의 길이가 무한이라면 그 변을 따라 아무리 가도 모퉁이를 만날 수 없겠지요. 결국 모퉁이가 없는 것이나 마찬가지입니다. 원을 그려놓고 직경이 무한이라고 가정하면 같은 논리가 성립하겠지요.

그리고 대기는 그릇이지만 채울 수 없고〔晩成(盛)〕, 대상은 눈으로 볼 수 있는 형상이지만 보이지 않습니다〔無形〕. 태음 또한 가장 큰 소리이지만 우리의 귀에는 들리지 않습니다. 소리를 초월한 소리라고나 할까요?

몇 년 전에 경주박물관에 들른 적이 있었습니다. 저는 박물관이라는 인위적인 공간에 대해 큰 의미를 두지 않습니다. 박물관의 유물 전시는 일종의 기획된 역사로, 보는 사람들의 시각에 제한을 두기 때문입니다. 그 박물관에는 '성덕대왕신종(聖德大王神鐘)'이 전시되어 있었는데, 종에 새겨진 문양을 탁본하는 사람들이 있어서 관심을 가지고 보다가 명문이 새겨져 있는 것을 확인했습니다. 거기에는 '태음진동어천지지간 청지이불문기성(大音震動於天地之間 聽之而不

聞其聲)'이라고 쓰여 있었습니다. 큰 소리가 천지 사이에서 진동하고 있는데 들으려고 해도 그 소리가 들리지 않는다는 뜻이죠. 노자의 '태음희성(大音希聲)'을 약간 변형시킨 문구입니다.

불교 국가였던 신라의 종에 노자의 글귀가 인용된 것입니다. 성덕대왕신종이 동시대의 다른 종보다 높이 평가받는 이유는 여운이 압도적으로 길기 때문입니다. 그 여운 속에 소리가 있다고 보고 신라인들이 그것을 '태음'이라 한 것이지요. 그토록 길게 멀리 가는 소리는 누구나 들을 수 있다는 정치적인 의미가 들어 있기도 합니다. 결국 사람의 이야기입니다. 사람이 죽은 후에 그 여운이 얼마나 오래 남아있는가 하는 것이지요. 신라인들은 왕이 죽은 뒤에도 길이 기억될 만큼 훌륭한 정치를 펼쳐주기를 바랬을 것입니다. 그런 염원을 성덕대왕신종 소리에 담았던 것이지요.

뭐니 뭐니 해도 소리의 압권은 조선의 유학자 남명 조식이 쓴 시에서 찾을 수 있습니다. 지리산이 바라다 보이는 산청의 산천재(山天齋)에 가면 볼 수 있는데요. 남명은 이렇게 읊었습니다.

> 저 천 석들이 종을 보라/크게 치지 않으면 소리가 나지 않아/고요하기가 저 두류산 같아/하늘이 울어도 오히려 울지 않네〔請看千石鐘/非大扣無聲/淨似頭流山/天鳴猶不鳴(題德山溪亭柱, 덕산 시냇가 정자의 기둥에 쓰다)〕

이 시에 나오는 두류산은 지리산을 말하는데요, 백두산의 산맥

이 뻗어내렸다 하여 두류산(頭流山)이라고 불렀습니다. 조식의 호 남명은 바로 〈소요유〉 편의 남명에서 따온 것입니다. 이 시를 통해서 조선으로 치면 남쪽 끝에 살았던 남명이라는 인물이 저 북쪽 끝 백두산까지 바라보고 세상을 살았다는 것을 알 수 있습니다. 이러니 당시의 임금 명종이 불러도 가지 않을 수 있었던 것이죠. 조식은 단성현감에 제수되자 유명한 을묘사직소(乙卯辭職疏)를 올렸는데 '대비께서 생각이 깊다고는 하나 깊은 궁궐 속의 과부에 지나지 않고 전하께서는 아직 어리니 선왕의 고아일 뿐(慈殿塞淵 不過深宮之一寡婦 殿下幼冲 只是先王之一孤嗣)'이라고 말하면서 조정의 관리들이 임금의 은총을 도둑질한다고 극언을 했어요. 남명의 삶을 통해 어떤 권력도 꺾지 못할 사대부의 기상을 엿볼 수 있습니다. 조식이 세상을 떠난 뒤 임진왜란이 일어나자 그의 제자 수십 명이 의병장으로 활약하여 나라를 구한 것은 결코 우연이 아니었습니다. 나설 때와 나서지 않을 때를 아는 것이야말로 선비 정신이라고 할 수 있겠죠. 아마도 조선이 만들어낸 가장 큰 소리가 아닐까 싶어요.

장자의 이 대목도 마찬가지입니다. 사람의 음악, 땅의 음악과 견줄 때 가장 큰 소리가 날 법한 하늘의 음악은 막상 소리가 나지 않는다는 거죠. 하지만 한 번 울면 천지만물이 생기고 세상이 끝날 때까지 여운이 사라지지 않는 길고 커다란 소리가 나겠죠. 하지만 세상 사람들은 이렇게 큰 소리는 듣지 못하고 모기 소리 같은 작은 소리에 호들갑을 떱니다.

다음 문장에도 같은 맥락의 이야기가 이어집니다.

큰 지혜는 한가하고 너그럽지만 작은 지혜는 작은 틈이나 엿보지. 큰 말은 꾸밈없이 담담하지만 작은 말은 시끄럽게 떠들어대지. 사람들은 잠잘 때에도 쉴 새 없이 꿈을 꾸어 혼이 들락날락하고, 깨어나서는 몸뚱이의 감각이 열려 외물과 만나 서로 얽히고설켜서 날마다 마음속에서 싸워. 그래서 어떤 때에는 넉넉하게 마음을 쓰고, 어떤 때에는 깊이 마음을 쓰며, 어떤 때에는 세밀하게 마음을 써서 끝내 깜짝깜짝 놀라는 작은 두려움이 생기거나 멍하게 생기 잃은 큰 두려움이 생기고 말아. 튕겨져 나가는 기세가 활 틀에 건 화살처럼 모진 것은 시비를 따져대기 때문이고, 저주하거나 맹세한 것처럼 움직이지 않는 것은 승세를 지키려는 고집 때문이지. 또 쇠락하는 것이 가을이나 겨울에 낙엽 지는 듯함은 날로 소멸해가는 처지에 있기 때문이야. 이처럼 한번 욕망에 빠져버리면 돌이키게 할 수가 없어. 상자를 끈으로 묶듯이 마음을 닫아버리는 것은 늙어서 욕심이 넘치기 때문이야. 이런 마음은 죽음에 가까이 다가간지라 다시 살게 할 수가 없어. 기뻐하고 노여워하고 슬퍼하고 즐거워하는 감정과 앞으로의 일에 대한 염려, 지나간 일에 대한 탄식, 변심과 집착 따위의 변덕스러움, 그리고 경망스러움, 사치스러움, 욕심, 교태를 부리는 마음은 마치 음악 소리가 빈 구멍에서 나오고 보이지 않는 수증기가 버섯을 자라나게 하는 것처럼 이유를 알 수 없어. 밤낮으로 앞에서 번갈아 나타나는데도 그런 감정이 어디서 움트는지 알 수 없어. 그러니 그만두어. 그만두는 게 나아. 아침저녁으로 이런 감정을 얻으니 까닭 없이 저절로 생기는 것이라 해야겠지.

大知는 閑閑하고 小知는 閒閒(간간)하며 大言은 炎炎(담담, 淡淡)하고 小言은 詹詹이로다 其寐也엔 魂交하고 其覺(교)也엔 形開하여서 與接爲搆하야 日以心鬪하나니라 縵者와 窖者와 密者라 小恐惴惴오 大恐縵縵하야 其發이 若機栝은 其司是非之謂也요 其留如詛盟은 其守勝之謂也요 其殺(쇄) 若秋冬은 以言其日消也요 其溺之所爲之는 不可使復之也오 其厭(엽, 黶)也 如緘은 以言其老洫也니 近死之心이라 莫使復陽也니라 喜怒哀樂과 慮嘆變慹과 姚佚啓態에 樂出虛며 蒸成菌이로다 日夜에 相代乎前호대 而莫知其所萌하나니 已乎 已乎어다 旦暮에 得此하니 其所由以生乎인저

큰 지혜와 작은 지혜의 차이, 큰 말과 작은 말의 차이가 나옵니다. 큰 지혜는 일을 처리할 때는 한가하고 사람을 대할 때는 너그럽습니다. 일을 이루는 데는 시간이 필요하다는 것을 알고 사람은 누구나 실수할 수 있다는 것을 잘 알기 때문입니다. 길게 보는 거죠. 그런데 작은 지혜는 일만 보고 그 사람의 실수만 봅니다. 그러니 서두르고 비난합니다. 길게 보지 못하기 때문이지요.

길게 보지 않는다는 것을 글쓰기에 비유하자면 이렇게 말할 수 있습니다. 일간지 기자는 하루치의 생각을 정리하여 글을 씁니다. 일간지 기사란 게 보통 하루만 지나도 잊혀지기 때문에 길게 보고

쓸 필요가 없습니다. 만약 어떤 일간지 기자가 기사를 쓰는 데 일주일의 시간이 필요하다고 하면 해고당할 것입니다. 주간지 기자로 옮겨야겠죠. 주간지 기자가 기사를 한 달 만에 써내면 역시 쫓겨날 겁니다. 아마 월간지에 가보라고 할 겁니다. 이를테면 우리가 글을 쓸 때도 긴 통찰이 필요한 경우가 있지요. 그런 경우는 일간지에 실릴 수가 없습니다. 일간지 독자는 기다리지 않기 때문이지요. 이처럼 순간의 욕망으로부터 자유롭지 못한 측면을 장자가 지적한 것입니다.

'소지간간(小知閒閒)'의 閒(간)은 間(간) 자와 같습니다. '間' 자에는 이간시킨다, 흠을 잡는다는 뜻이 있죠. 일본의 아카츠카 기요시는 대지(大知)와 소지(小知), 대언(大言)과 소언(小言)을 모두 나쁜 뜻으로 풀이했습니다. 이유인 즉 《장자》에서는 '지(知)'가 좋은 뜻으로 쓰이지 않기 때문에 대지는 크게 악독한 지혜이고, 소지는 작게 악독한 지혜라고 했어요. 그러나 〈제물론(齊物論)〉 편 〈2장〉에서도 '대도(大道)', '대변(大辯)', '대인(大仁)' 등의 대(大)가 모두 좋은 뜻으로 쓰이기 때문에 굳이 그렇게까지 해석할 필요는 없습니다.

이 대목은 인간의 부자유한 삶은 어떤 특별한 원인에서 비롯되는 것이 아니라 끊임없이 욕망을 추구하기 때문이라고 말하고 있습니다. 인간은 잠잘 때에도 쉬지 않습니다. 꿈을 꾸는 거죠. 그리고 깨어나면 본격적으로 세상의 물욕과 어울립니다. 장자는 이 대목에서 심투(心鬪), 곧 마음으로 싸운다는 표현을 쓰고 있습니다. 마음속에 여러 욕망이 있어서 싸운다는 것입니다. 경중으로 치면 어떤 것이 가볍고 어떤 것이 무거운 것인지 그때그때 판단해야 하는데 이것들이 마음속에서 싸우며 번뇌를 일으킨다는 뜻이지요. 맹자식으로 말하면 물고기도 먹고 싶고 곰 발바닥도 먹고 싶지만 둘 다 취할 수 없다면 물고기를 놔두고 더 귀한 곰 발바닥을 먹겠지요. 물론 맹자는 삶과 의(義) 둘 중에서 하나를 택해야 한다면 삶을 버리고 의를 택해야 한다는 비유로 물고기와 곰 발바닥을 들었지만 장자가 보기엔 욕망과 도덕 모두 인간의 삶을 해친다는 점에서는 같습니다.

이어지는 여러 가지 비유는 모두 욕망을 좇는 인간의 모습을 나타냅니다. 모질게 날아가는 화살이나 저주, 맹세 등은 모두 욕망을 두고 다투는 인간 군상들의 참혹한 현실을 비유한 것입니다. 죽음을 향해 달려가는 것과 끝없는 물욕을 말하는 것입니다. 그렇다면 이 물욕에서 벗어날 길이 있는가? 글쎄요. 벗어나려면 원인을 알아야 하는데 장자는 원인이 따로 없다고 이야기 합니다. 마치 텅 빈 공간에서 음악이 나오고 실체가 없는 수증기가 버섯을 만들어내는 것처럼요. 그러니 장자는 이 점에서만은 끝내 비관적입니다. 삶에 대한 비관인데, 삶에 대한 낙관이 사람을 행복하게 해주는 것이지만 삶 자체가 유용한 것인가를 묻는다면 과연 자신 있게 그렇다고 대답할 수 있을까요? 물론 칸트식으로 하자면, 삶은 정언명령이기 때문에 다른 무엇을 위하여 유용하냐고 묻는 것이 정당하지 않다고 이야기할 수 있을 겁니다.

하지만 장자는 인간을 불행하게 하는 욕망은 불합리하고 혼란스러운 것이어서 희로애락의 감정과 여탄변접(慮嘆變慹) 따위의 욕망이 어디에서 비롯되는지 알 수 없다고 이야기합니다. 그러니 원인을 밝혀 그것을 치유하려는 것 자체가 불가능하다는 것이지요. 우리가 삶에 대한 부정적인 견해를 덮어두는 것이 심리적으로는 편하죠. 흔히 말하는 것처럼 긍정적인 사고가 긍정적 결과를 만들기도 하니까 치유의 희망을 갖는 것이 좋을 수는 있습니다. 하지만 장자가 보기에 그것은 삶의 진실을 외면한 것입니다. 긍정할 수 없는 상황을 긍정적으로 받아들이는 것은 일종의 자기기만이라고 보는 거죠.

> 저가 아니면 내가 없고 내가 아니면 희로애락의 감정이 드러날 곳이 없다. 이것은 진실에 가까운 말이지만 그런 감정이 나타나게 하는 것이 무엇인지 알 수 없다. 참다운 주재자가 있는 것 같지만 다만 그 조짐을 볼 수 없으며, 나타날 가능성은 아주 분명하지만 그 모습은 볼 수 없으니 실재(情)는 있으나 눈으로 볼 수 있는 구체적 증거(形)는 없다. 내 몸에는 백 개의 뼈마디와 아홉 개의 구멍과 여섯 개의 장부가 갖추어져 있는데 나는 그중 누구와 가장 가까운가. 너라면 그것들 모두를 사랑할 것인가. 아니면 그중 어느 하나만을 사사로이 사랑할 것인가. 이처럼 결정하기 어렵다면 그것들 모두를 신첩으로 삼을 것인가? 신첩끼리 서로 다스리기는 부족한가? 아니면 차례대로 돌아가면서 서로 군주가 되고 신첩이 될 수 있는가? 아니면 어디엔가 참다운 군주(眞君)가 있는가? 그 실

재(情)를 알든 모르든 참다운 진실(眞)에는 아무런 영향을 끼치지 못한다.

非彼면 無我오 非我면 無所取니 是亦近矣나 而不知所爲使하며 若有眞宰나 而特不得其眹(짐, 朕) 하며 可行을 已信이나 而不見其形이니 有情이로대 而無形이로다 百骸와 九竅와 六藏을 賅而存焉호니 吾는 誰與爲親고 汝는 皆說之乎아 其有私焉가 如是인댄 皆有爲臣妾乎아 其臣妾은 不足以相治乎아 其遞相爲君臣乎아 其有眞君存焉가 如求得其情與不得에 無益損乎其眞이니라

저가 아니면 나도 없다는 말에 피아(彼我)가 나옵니다. 피아는 너와 나라는 뜻인데 이것이 때로 옳고 그름을 뜻하는 시비(是非)로 둔갑합니다. 그런데 이것은 모두 상대적인 것입니다. 무엇이 없다는 것은 무엇이 있어야 성립되는 말입니다. 곧 '네가 없으면 나도 없다'는 것을 알 수 있죠. 여기서 '저'는 인간의 몸에서 나타난 여러 가지 욕망, 즉 감정입니다. 그런 감정이 없으면 나를 확인할 수 없겠지요. 장자는 일단 이런 생각을 긍정합니다. 하지만 그런 감정이 일어나도록 하는 근본 원인이 있는지 물음을 던집니다. 그러고는 분명 있는 것 같긴 한데 구체적인 모습을 알 수 없다고 한발 물러섭니다.

이어서 장자는 우리의 몸에 있는 온갖 기관 중에서 어떤 것이 중요하고 어떤 것이 덜 중요한지 질문을 던집니다. 서로 돌아가면서 임금이나 신하가 될 수는 없는가 하는 물음은 때에 따라 그 중요함의 기준이 달라짐을 말한 것입니다. 그리곤 짐짓 참다운 주재자가

따로 있는지 의심하는 물음을 던진 끝에 우리가 그것을 알든 모르든 그 진실성은 사라지지 않는다는 강한 확신으로 마무리합니다. 누가 알아주지 않아도 실재는 있다는 것이죠. 논증적으로 설득은 못해도 자기 확신은 있는 것입니다. 이를테면 죽지 않는 방법을 아는 것과 그 방법을 구현해서 죽지 않을 수 있는 것은 다른 것이지요. 비가시적인 세상을 보여주기 위한 장자의 노력을 엿볼 수 있는 부분입니다.

> 사람이란 한번 생명을 받아 몸이 이루어지면 곧장 죽지는 않더라도 소진되기를 기다리는 것인데 공연히 사물과 서로 다투고 해쳐서 내닫는 것이 마치 말달리는 것 같아 멈추게 할 수 없으니 또한 슬프지 아니한가? 일생을 악착같이 고생하면서도 성공을 보지 못하고 고달프게 부림을 당하면서도 돌아갈 곳을 알지 못하니 슬퍼할 만하지 않은가. 어떤 이는 말하길 '사람은 죽지 않는다'고 하지만 그렇다고 무슨 도움이 되겠는가. 그 몸뚱이가 다른 사물로 변하면 그 마음도 몸뚱이와 더불어 그렇게 될 것이니 큰 슬픔이라 이르지 않을 수 있겠는가. 사람의 삶이란 본디 이처럼 어두운 것인가. 아니면 나만 홀로 어둡고 남들은 어둡지 않은 사람이 있는 것인가.
>
> 一受其成形하면 不忘(亡)以待盡이어늘 與物로 相刃相靡하야 其行進이 如馳하야 而莫之能止하나니 不亦悲乎아 終身役役호대 而不見其成功하며 茶(날)然疲役호대 而不知其所歸하나니 可不

哀邪아 人謂之不死인들 奚益이리오 其形이 化어든 其心이 與之然하니 可不謂大哀乎아 人之生也 固若是芒乎아 其我獨芒이오 而人은 亦有不芒者乎아

죽음의 지평에 서서 사람의 삶을 바라보면 인간은 태어나는 순간 이미 죽음으로 다가가는 것이라 할 수 있습니다. 물론 생물학적으로 볼 때는 20세 정도까지는 성장으로 보기 때문에 삶 전체를 죽음을 향해 가는 것이라고 할 수는 없겠죠. 하지만 죽음을 기준으로 카운트다운을 하면 매 순간이 죽음으로 달려가는 것이라 말할 수 있습니다. 어느 지점을 기준으로 삼느냐에 따라 달라지는 것이지요. 이를테면 유가 문헌인 《예기》에서는 오십을 시든다는 뜻으로 애(艾)라고 했어요. 사람의 삶은 100년을 기대한다고 해서 백세를 기(期)라고 하는데 100세를 기대 수명으로 본다면 50세는 꼭 절반에 해당하는 시기죠. 그래서 절반 이후부터는 시든다고 본 것입니다. 생물학적인 성장과는 상관없이 삶의 길이를 기준으로 계산한 것이기 때문입니다.

장자는 세상 사람들은 어차피 운명적으로 죽음을 향해 달려가는데, 그 순간을 늦추기는커녕 오히려 더 빨리 죽음을 재촉하는 어리석음을 범하고 있다고 봅니다. 그러면서 기껏 한다는 말이 죽지 않는다느니, 죽은 뒤에 다른 삶이 있다느니 하는 자기기만을 반복한다는 거죠. 하지만 아무 소용이 없다는 것이 장자의 뜻입니다. 사실 《장자》에는 죽음과 관련된 온갖 이야기들이 나옵니다만 이

대목이 가장 인간적이고 솔직한 죽음관이 아닐까 싶습니다. 죽음은 피할 수 없는 것이고 불행한 것이기 때문에 슬퍼할 수밖에 없다는 거죠. 이점은 유가의 지향과 상통하는 점이 있습니다. 다른 곳에서 장자가 죽음을 편안히 받아들이는 태도를 보이는 것과 다릅니다.

장자가 보기에 세상 사람들은 온갖 물욕을 다투어 서로 공격하고 다치게 하여 아까운 삶을 소진시키는데 그 정도가 심하여 마치 말을 달리듯 멈추지 못합니다. 게다가 종신토록 고단하게 일을 하는데도 그 성공을 기약할 수 없습니다. 삶을 굉장히 부정적인 관점에서 바라봅니다. 현대의 우리는 흔히 교육과 광고를 통해 계속 '하면 된다'는 근거 없는 희망을 주입시키지요. 하지만 희망을 주입시킨다고 현실이 바뀌지는 않습니다. 그럼에도 그런 전략이 먹히는 건 일종의 기만이 아닐까요? 자본과 권력이 만들어낸, 하면 된다는 이데올로기가 팽배한 사회에서 실패한 사람들은 신념이 부족하고 희망이 부족해서 실패한 것으로 치부되죠. 흔히 말하는 긍정 심리학이니 뭐니 하는 것들은 사회의 구조적인 문제를 개인의 문제로 돌려버린다는 점에서는 아주 위험한 사고방식이라 할 수 있습니다.

죽음이란 인간이 넘어서기 참 어려운 주제죠. 옛사람들 중에도 죽지 않는 삶에 대해 말한 사람이 많이 있습니다. 아우렐리우스도 사람은 죽으면 원소로 돌아가기 때문에 사실 죽는 게 아니라고 했죠. 논리학에서는 그런 경우를 분할의 오류라고 합니다. 그런 오류를 버젓이 저지를 만큼 죽음을 인정하기 싫었나 봅니다. 장자는 그런 희망의 기만성을 이렇게 폭로합니다. 몸뚱이가 변하면 그 마음도 함께 변한다고 하죠. 혹 육체는 죽어도 정신만은 살아 있을지도 모른다는 희망에 찬물을 끼얹는 겁니다.

하지만 그런 고통을 넘어서는 방법이 전혀 없는 것은 아닙니다. 예를 들어 이백은 〈춘야연도리원서(春夜宴桃李園序)〉에서 "하늘과 땅은 만물이 잠시 쉬어가는 여관이며, 빛과 어둠은 영원한 시간을 흐르는 과객이다. 부질없는 삶이 꿈과 같이 지나가니 기뻐하는 순간이 얼마인가?" 하고 노래하면서 삶의 환희를 붙잡으려고 글을 썼어요. 왕희지도 〈난정기(蘭亭記)〉에서 《장자》를 인용하면서 죽음의 고통을 나름대로 넘어서려고 애를 씁니다. 이처럼 글 쓰는 사람은 글로써 그런 삶의 기쁨과 고뇌를 표현하는 것이지요.

얼마 후면 인류가 천년만년 살 수 있는 시대가 올지 모르겠습니다. 예컨대 임플란트 시술처럼 몸의 여러 부분을 바꿔서 오래 살 수 있는 세상이 올지 모르지요. 그런데 장자가 그런 세상을 보면 끔찍하게 여길지도 모릅니다. 이상한 이야기 같지만 저는 스티브 잡스가 죽는 것을 보고 위안을 느꼈습니다. 아, 저런 사람도 죽는구나. 죽음은 모든 사람에게 공평하구나 하고 느꼈거든요.

마음에 이루어진 편견(成心)을 따라 그것을 스승으로 삼자면 누군들 유독 스승이 없겠는가. 어찌 꼭 사물의 변화를 알아서 마음에 스스로 깨닫는 자라야 그런 것이 있겠는가. 어리석은 사람도 함께 끼일 수 있다. 만약 마음에 아직 성심이 생기지 않았는데 시비를 따진다면 이는 '오늘 월나라에 갔는데 어제 도착했다'고 말하는 것과 같다. 이것은 없는 것을 있다고 억지를 부리는 것이다. 만약 없는 것을 있다고 우긴다면, 비록 신묘한 지혜를 지녔던 우임금이라도 어찌해야 할지 알 수 없을 것이니, 난들 유독 이를 어찌할 것인가.

夫隨其成心하야 而師之면 誰獨且無師乎리오 奚必知代하야 而心自取者야 有之리오 愚者도 與有焉하니라 未成乎心이오 而有是非면 是는 今日適越而昔至也로다 是以無有로 爲有니 無有로 爲有면 雖有神禹라도 且不能知온 吾獨且奈何哉리오

장자는 인간의 편견과 오류를 지적하는 데 매우 능통합니다. 여기서도 재미난 비유를 들면서 그런 오류를 풍자하고 있습니다. '오늘 월나라에 갔는데 어제 도착했다'는 말은 문법상으로는 아무런 문제가 없습니다. 하지만 말만 되지 실제로 일어날 수 없는 일입니다. 비슷한 예로 그리스의 제논도 '나는 화살은 날지 않는다'는 명제를 지시했죠. 시간의 흐름을 부정해야 성립하는 명제인데, 장자가 말하는 이 경우는 한술 더 떠 아예 시간의 흐름을 도치시켜버린 거죠. 시간의 역주행이라고 할까요. 물론 제논이 궤변을 주장한 것과 달리 장자는 이런 주장이 허구라는 사실을 밝히고 있다는 점에서 다릅니다. 이 궤변은 본래 장자의 벗 혜시가 주장한 것입니다.

장자의 맨 마지막 편인 〈천하〉 편에는 혜시의 '역물십사(歷物十事)'와 '변자이십일사(辯者二十一事)'가 나오는데 이 대목은 바로 '역물십사' 가운데 하나입니다. 장자는 이 명제를 언어는 성립하나 실제

로 있을 수 없는 궤변이라고 비판합니다. '이무유위유(以無有爲有)' 즉 없는 것을 있다고 억지를 부린다는 것이지요. '나는 화살은 날지 않는다'는 말처럼 시간의 분절을 통해 궤변을 마치 논리적인 판단인 것처럼 오도하는 것입니다. 시간을 몇 천 분의 1초 단위로 세밀하게 나누면 날아가는 화살도 정지시킬 수 있다는 건데요, 사실 초당 수십 번의 주기로 발광하는 형광등 불빛도 우리는 지속광인 것처럼 착각하죠. 불빛은 불연속적이지만 우리의 감각은 불완전하기 때문에 그것을 연속적인 것으로 느끼기 때문이죠. 하지만 분절시킬 수 있다고 하여 날지 않는다고 주장하는 것은 궤변이죠. 시간은 연속적이기 때문에 궤변인 것입니다. 우리의 감각이 완전하다면 아무리 짧은 시간이라도 움직임을 포착할 수 있을 것입니다. 이처럼 사실이 아닌 것을 사실인 것처럼 주장하는 궤변은 종류가 다양합니다.

이를테면 제논은 또 아킬레우스와 거북이의 경주를 예로 들면서, 거북이가 조금이라도 앞서 출발한다면 아킬레우스가 아무리 노력해도 거북이를 추월할 수 없다고 주장했는데 이 경우도 시간의 흐름을 왜곡한 논변입니다. 우선 아킬레우스가 거북이를 따라 잡으려면 거북이와의 거리를 좁혀야 합니다. 하지만 그러는 사이에 거북이는 조금이나마 앞으로 나간다는 거죠. 그러면 다시 그만큼 거리를 좁혀야 하는데 또 그러는 사이에 거북이는 조금 앞으로 더 나아가고, 아킬레우스는 다시 그만큼 더 나아가야 하고 거북이는 다시…… 이런 식이지요. 수학적으로는 무한등비급수에 해당하는 개념인데 이걸 가지고 제논이 장난을 친 겁니다. 하지만 시간은 등속으로 흐르죠. 그렇기 때문에 아킬레우스가 거북이를 따라 잡는 데 걸린 일정한 시간 뒤에 거북이가 조금 앞으로 나가건 말건 다시 아킬레우스가 똑같은 시간 동안 앞으로 달리면 거북이는 이미 한참을 뒤쳐지게 되겠죠.

말은 바람 소리가 아니다. 말에는 말하고자 하는 뜻이 있기 때문이다. 그러나 말하고자 하는 것을 유독 확정할 수 없다면 과연 말이 있는 것인가. 아니면 일찍이 말이 있지 않은 것인가. 그것은 병아리 울음소리와 다르다고 하지만 또한 구별이 있는 것인가, 아니면 구별이 없는 것인가. 도는 어디에 숨었기에 참과 거짓이 있게 되었으며 말은 어디에 숨었기에 옳고 그름이 있게 되었는가. 도는 어디에 간들 있지 않겠으며, 말은 어디에 있은들 옳지 않겠는가. 도는 작은 성취 때문에 숨어버렸고, 말은 화려한 꾸밈 때문에 숨어버렸다. 그 때문에 유가와 묵가의 시비가 생겨나게 되어 상대가 그르다는 것을 옳다고 주장하고, 상대가 옳다는 것을 그르다고 주장한다. 상대가 그르다는 것을 옳다 하고 상대가 옳다는 것을 그르다고 주장하려면 명석한 판단을 통해서 옳고 그름을 넘어서는 것보다 나은 방법이 없다.

夫言은 非吹也니 言者有言이나 其所言者 特未定也인댄 果有言邪아 其未嘗有言邪아 其以爲異於鷇音이나 亦有辯乎아 其無辯

乎아 道는 惡乎隱이완대 而有眞僞며 言은 惡乎隱이완대 而有是非오 道는 惡乎往而不存이며 言은 惡乎에 存而不可리오 道隱於小成하고 言隱於榮華라 故有儒墨之是非하야 以是其所非而非其所是하나니 欲是其所非오 而非其所是인댄 則莫若以明이니라

언어라는 게 사실 인간에게 가장 중요한 것 중의 하나죠. 비트겐슈타인은 '언어의 한계가 곧 자기 세계의 한계'라고까지 말했을 정도입니다. 그렇게까지는 아니라 하더라도 인간은 다른 동물과는 달리 동료의 협력 없이는 생존하기 힘듭니다. 그런 동료의 협력을 얻어내기 위해서는 소통이 필요한데 언어는 바로 소통을 가능하게 하는 유용한 수단입니다. 그런데 장자의 이 대목은 바로 그 언어의 한계를 말하고 있을 뿐만 아니라 오히려 언어가 소통을 방해할 수도 있다고 지적하고 있습니다. 일단 언어에 능통하면 다른 사람과 소통하는데 유리하다고 생각하기 쉽습니다. 그런데 그게 꼭 그렇지만은 않은 게, 《열하일기》의 작가 박지원은 중국을 여행하면서 온 세상의 친구를 다 사귈 것처럼 밤낮으로 돌아다녔습니다. 그보다 중국인들과 잘 소통하는 사람이 있을까 싶을 정도로요. 박지원은 중국어를 구사하지 못했습니다. 그러면 어떻게 중국인들과 소통했을까요. 오히려 말을 못했기 때문에 소통을 잘한 것이 아닐까요? 우리도 일상에서 말 때문에 오히려 소통이 안 되는 경우를 자주 경험하지 않습니까? 수단이 부족해서 소통이 안 되는 것이 아니라 말의 진정성이 없어서 소통이 안 되는 경우가 많지요. 여기서 장자

는 말이라는 것이 본뜻을 저버릴 때 그것이 어떻게 진리를 감추는지에 대해 이야기하고 있는 것입니다.

장자가 보기에 세상에서 참된 말을 찾기 어려운 것은 말이 화려해졌기 때문입니다. 곧 말에는 상대에게 전하고자 하는 뜻이 있기 마련인데 그 알맹이는 제쳐두고 겉모양만 꾸민다는 것이죠. 말의 본래 목적보다 기능적인 측면 곧 기술에만 치중하기 때문에 말이 화려해질수록 뜻이 제대로 전달되지 않는다는 것입니다. 〈양생주〉 편에서 백정이 소를 잡는 광경을 보고 문혜군이 뛰어난 기술이라고 감탄하자 백정은 이렇게 대꾸합니다. "제가 추구하는 것은 기술이 아니라 도입니다." 참된 도는 기술을 넘어서야 가능한 것이라는 말입니다. 흔히 작품에 대한 감동이 결여된 상태에서 예술 작품을 평할 때 작품의 기술적인 측면을 동원해 평가하는 경우가 있죠. 하지만 그건 껍데기에 지나지 않습니다. 작품에 대한 구체적인 경험이 먼저 있고 나서 비로소 그런 기술이 의미를 얻게 되니까요.

껍데기인 기술에 집착하게 되면 유가와 묵가의 경우처럼 서로 자기가 옳고 상대의 주장이 그르다는 논쟁이 발생합니다. 유가는 자기 어버이부터 먼저 사랑해야 한다고 가르치는데 묵가의 입장에서 볼 때 그것은 차별적인 사랑입니다. 그래서 겸애를 주장하죠. 하지만 유가의 입장에서 볼 때 겸애는 길 가는 사람과 자기 어버이를 동일시하는 점에서 문제가 있습니다. 그러면 장자가 제시하는 명석한 판단은 무엇일까요? 내가 옳고 상대가 그르다는 시와 비를 넘어서는 것입니다. 명석한 판단은 나는 나대로 뜻을 이루고, 상대는 상대가 원하는 것을 얻는 것을 말합니다. 요즘 말로 '윈-윈'이죠. 이것을 장자는 '양행(兩行)' 곧 상반되는 두 견해가 모두 인정받는 것이라고 이야기합니다. 칼 마르크스가 "능력에 따라 일하고 필요한 만큼 소비한다"고 말한 것은 같은 맥락이라고 저는 이해합니다. 백혈병 치료제가 목적에 맞게 쓰이려면 돈 있는 사람에게 가는 것이 아니라 백혈병에 걸린 사람에게 가야죠. 물론 우리가 살고 있는 자본주의 사회는 그것을 용납하지 않습니다. 돈이 없어서 치료를 받지 못하고 죽어가는 사람이 있는데 그것을 어쩔 수 없는 것으로 정당화하는 데 바로 자본주의의 구조적 악마성이 있습니다. 지금이야말로 장자의 '양행'이 필요한 시대입니다.

> 모든 사물은 저것 아닌 것이 없으며 모든 사물은 이것 아닌 것이 없다. 저것의 입장에서는 저것이 저것이라는 것이 보이지 않고 스스로를 알려고 하면 그 사실을 알 수 있다. 그러므로 저것은 이것에서 나오고 이것은 또한 저것에서 말미암는다고 말하는 것이니, 저것과 이것은 서로를 만들어낸다는 주장이다. 비록 그렇지만 바야흐로 생기면 바야흐로 죽고 바야흐로 죽으면 바야흐로 생기며, 바야흐로 되면 바야흐로 안 되고 바야흐로 안 되면 바야흐로 되며, 옳음에 말미암고 그름에 말미암으며 그름에 말미암고, 옳음에 말미암는다는 지적으로 끝나고 만다. 그래서 성인은 이를 따르지 않고 자연(天)에 비추어본다. 이것 또한 옳음에 말미암는 것이다. 이

것이 또한 저것이 될 수 있고 저것이 또한 이것이 될 수 있으며 저것도 하나의 옳고 그름이 될 수 있고 이것 또한 하나의 옳고 그름이 될 수 있으니 그렇다면 과연 저것과 이것의 구분이 있는 것인가. 아니면 과연 저것과 이것의 구별이 없는 것인가.

物無非彼며 物無非是어늘 自彼則不見하고 自知則知之하나니 故曰 彼出於是며 是亦因彼라하노라 彼是 方生之說也라 雖然이나 方生이면 方死요 方死면 方生하며 方可면 方不可요 方不可면 方可라 因是因非하며 因非因是니 是以로 聖人不由하고 而照之於天하나니 亦因是也니라 是亦彼也며 彼亦是也니 彼亦一是非며 此亦一是非니 果且有彼是乎哉아 果且無彼是乎哉아

우리는 흔히 사물을 지칭할 때 이것 또는 저것이라고 말하는데 이것이란 단지 거리가 가까이 있기 때문에 이것이라고 부르는 것이고 저것이란 이것보다 멀리 있다는 이유로 저것이라 부르는 것이죠. 이것이든 저것이든 모두 사물의 의미를 담고 있는 말이 아니라 단순 지시어일 뿐입니다. 지시어는 어떤 사물의 고유한 성격을 드러내는 것이 아니고 어떤 사물을 지시만 하는 것입니다. 그래서 모든 사물은 저것이 아닌 것이 없고 또 이것이 아닌 것이 없다고 한 것이지요. 나의 입장에서는 이것이 이것이고 저것이 저것이지만 상대의 입장에서는 저것이 이것이 되고 이것이 저것이 되지요. 그런데 저것의 입장에서는 저것이 이쪽에서 보면 저것이라는 것을 알 수가

없습니다. 문제는 단순 지시어인 이것과 저것이 때로 옳고 그름으로 둔갑한다는 데 있습니다. 그런데 스스로를 알려고 하면 상대의 입장에서 자신이 피(彼)라는 것을 알 수 있게 됩니다. 스스로를 알려고 하는 '자지(自知)'는 자기를 대상화하는 것이지요. 자기를 대상화하게 되면 이것이라는 것과 저것이라는 말은 서로 의존하고 있다는 것을 알 수 있습니다. 이것이 바로 피시방생설입니다. 이런 사실을 알게 되면 어느 한쪽의 입장에서 일방적으로 상대를 부정하는 일은 일어나지 않겠죠. 이를테면 우리 사회에서도 이념을 기준으로 좌우를 가르는 경우가 많은데, 어느 쪽을 기준으로 삼느냐에 따라 좌가 되기도 하고 우가 되기도 한다는 사실을 알고 있어야겠죠. 만약에 좌가 싫다고 해서 좌를 잘라낸다고 해서 우만 남을까요? 좌우라는 것은 개념입니다. 아무리 잘라도 남아있는 것입니다. 그러니 같이 가는 수밖에 없지요. 바야흐로 생기면 바야흐로 죽고 바야흐로 죽으면 바야흐로 생긴다는 말은 바로 이런 통찰의 결과 도달하는 깨우침이라 할 수 있습니다. 어떤 사물이 완전히 죽은 뒤에 생식이 있는 것처럼 삶과 죽음은 함께 합니다. 사람을 뜻하는 글자인 '人'은 살아 있는 사람을 뜻하고 '人'을 거꾸로 뒤집으면 '匕(비)' 자가 되는데 이것은 죽은 사람을 뜻하는 글자입니다. 이 둘이 만나면 '化(화)' 자가 되죠. 살아있는 사람과 죽은 사람이 나란히 붙어있는 것이 '化' 자로, 삶과 죽음이 동시에 발생한다는 것을 보여주는 글자입니다. 삶과 죽음뿐 아니라 되고 안 됨, 옳음과 그름도 마찬가지입니다.

하지만 이 정도의 통찰만으로는 참으로 옳은 것이 무엇인지 알 수 없습니다. 장자는 또 다른 견해를 제시합니다. 바로 나와 너를 기준으로 옳고 그름을 판단하는 것이 아니라 자연(天)에 맡기는 것이지요. 이 또한 어떤 기준을 따른다는 점에서 앞의 경우와 다르지 않지만 앞의 경우가 상대적 옳음이라면 이 경우는 상대적인 것을 넘어선 절대적 옳음입니다. 이 입장이 되면 저것과 이것의 차이가 사라집니다. 그렇다면 과연 저것과 이것의 구분이 있다고 말할 수 있을까요? 구분이 없다는 뜻입니다. 그런 구분을 넘어설 때 도에 가까이 다가갈 수 있는 것이지요.

> 저것과 이것이 짝을 얻지 못하는 것을 도의 지도리(道樞)라고 한다. 지도리가 비로소 고리 가운데에 위치하게 되면 무궁한 변화에 호응할 것이다. 옳음 또한 무궁한 변화 중의 하나이고 그름 또한 무궁한 변화 중의 하나다. 그래서 명석한 판단에 따라 옳고 그름을 넘어서는 것보다 나은 방법이 없다고 한 것이다.
>
> 彼是莫得其偶를 謂之道樞라하노니 樞始得其環中이면 以應無窮하리니 是亦一無窮이며 非亦一無窮也니라 故曰 莫若以明이라 하노라

이것과 저것을 넘어서야 도에 가까워질 수 있다고 했는데 어떻게 해야 그럴 수 있을까요? 여기서 장자는 도의 지도리(道樞)를 이

야기합니다. 도추(道樞)는 이것과 저것이 짝을 얻지 못하는 상태, 즉 정중앙을 말합니다. 맷돌의 가운데 있는 것이 '지도리'인데 여기에 맷돌의 축을 꽂죠. 만약 이게 가운데 있지 않고 어느 한쪽, 그러니까 이것이나 저것이 있는 쪽으로 쏠리면 어떻게 될까요? 곡식을 고르게 갈아내지 못할 겁니다. 예컨대 자전거의 바퀴를 봐도 바퀴축이 정 가운데 있지 않으면 바퀴가 제대로 굴러갈 수가 없지요. 정치도 마찬가지입니다. 모든 지역을 고르게 다스려야지 어느 한쪽을 편애하거나 차별하면 소외받는 쪽의 사람들이 국가에 불만을 품게 될 겁니다.

《노자》〈11장〉에는 서른 개의 바퀴살이 하나의 곡(轂)을 싸고돈다(三十輻共一轂)는 표현이 나옵니다. 무용의 가치를 이야기하는 대목이지만 여기서 주목해야 할 것은 바퀴의 중심축인 곡(轂)이 정중앙을 뜻한다는 사실입니다. 만약 곡이 정중앙에 있지 않으면 수레바퀴가 굴러갈 수 없겠지요.

그리고 《논어》〈위정〉 편 〈1장〉에도 같은 맥락의 비유가 나옵니다. 공자는 덕치를 북극성과 견주면서 덕으로 정치를 베푸는 것은 마치 북극성이 제자리에 가만히 있는데 뭇 별들이 북극성을 바라보고 도는 것과 같다고 말합니다. 북극성이 있는 곳은 하늘의 지도리입니다. 곧 하늘 아래 어느 곳이든지 공정하게 다스리는 것이 덕치라는 이야기가 되겠지요. 논어에서 덕치란 무위의 정치이고 무위의 정치는 무강제(無强制)의 정치입니다. 행정명령이나 사법적인 강제로 백성을 다스리면 백성들이 자꾸만 그로부터 도망치려 하고 무강제인 덕과 예로 다스리면 백성이 저절로 찾아온다는 것이죠. 결국 어느 한편에 치우치지 않는 공정한 정치가 덕치고 무위인 것이죠.

장자의 도추도 같은 뜻입니다. 장자는 저것과 이것이 상대를 얻지 못하는 것을 도의 지도리라고 하며 그렇게 되면 무궁한 변화에 호응할 수 있다고 했습니다. 바로 이처럼 어느 것도 차별하지 않고 무궁한 대상에 호응하는 것이 명석한 판단에 따르는 것입니다.

> 손가락을 가지고 손가락이 손가락 아님을 밝히는 것은 손가락 아닌 것을 가지고 손가락이 손가락 아님을 밝히는 것만 못하고, 말(馬)을 가지고 말이 말 아님을 밝히는 것은 말이 아닌 것을 가지고 말이 말 아님을 밝히는 것만 못하다. 천지도 한 개의 손가락이고, 만물도 한 마리의 말이다. 그런데 세상 사람들은 자신에게 가한 것을 가하다 하고, 자신에게 불가한 것을 불가하다 고집한다.
>
> 길은 사람이 걸어 다니다 보니 이루어진 것이고 사물도 사람들이 부르다 보니 그렇게 이름이 붙여지게 된 것이다. 무엇을 근거로 그렇다고 하는가. 습관과 편견이 그렇다고 하니까 그렇다고 하는 것이다. 무엇을 근거로 그렇지 않다고 하는가. 습관과 편견이 그렇지 않다고 하니까 그렇지 않다고 하는 것일 뿐이다. 그러나 모든 사물은 진실로 그러한 측면이 있으며 모든 사물은 옳은 측면이 있으니 어떤 사물이든 그렇지

않은 것이 없고 어떤 사물이든 옳지 않은 바가 없다.

以指로 喩指之非指론 不若以非指로 喩指之非指也니라 以馬로 喩馬之非馬론 不若以非馬로 喩馬之非馬也니라 天地一指也며 萬物一馬也어늘 可乎可하고 不可乎不可라하니라

道는 行之而成이오 物은 謂之而然이니 惡乎然고 然於然이니라 惡乎不然고 不然於不然이니라 物固有所然하며 物固有所可하니 無物不然하며 無物不可하니라

손가락과 말(馬)은 하나의 대상입니다. 그런데 만물을 이것과 저것과 나누어 차별하지 않는 도추의 입장에서 바라보면 손가락이 늘 손가락이기만 하고 말(馬)이 늘 말이기만 한 것이 아닙니다. 계속 변하지요. 손가락이나 말만 변하는 것이 아니라 천지도 만물도 계속 변합니다. 이런 사실에 눈뜨려면 손가락이나 말이라는 언어의 편견을 넘어서야 가능합니다. 그것은 마치 손가락을 손가락이라고만 설명하면 상대가 알아듣지 못하는 것과 같습니다. '말은 말과 같다'고 말하는 것은 정확한 진술인지는 몰라도 말이 무엇인지 모르는 사람에게는 이해가 되지 않습니다. 소통하기 위해서는 말이 아닌 다른 사물을 가지고 와서 설명해야 알아들을 수 있죠. 예를 들어 말의 갈기는 '어떻고', 다리는 '어떻고', '잘 달리고'…… 이런 식으로요. 버트런드 러셀이 말한 것처럼 우리가 어떤 개념을 정의할 때는 그 개념 밖의 것을 끌어와서 설명해야 합니다. 그렇지 않으면 순환논증의 오류에 빠집니다.

그런데 우리가 사물을 두고 손가락이다 말이다 규정하는 것은 도추의 입장에서 보면 절대적인 것이 아닙니다. 그저 습관과 편견에 따라 그리된 것이지요. 그런데도 세상 사람들은 그것을 모르고 자신의 습관과 편견에 따라 손가락을 손가락이라고만 고집하고 말을 말이라고만 고집한다는 것이 장자의 이야기입니다.

이어서 도, 곧 길을 이야기하는데 장자에서 길은 여러 가지 의미가 있습니다만 여기서는 물리적 공간을 뜻합니다. 물리적 공간으로서의 길은 마치 본디 거기에 나 있었던 것처럼 보이는 오래된 길이라 하더라도 사실은 사람이 걸어 다녀서 저절로 이루어진 것입니다. 특정한 곳에 길이 생겨야 할 필연적인 이유가 있어서 길이 생긴 것이 아니라 사람들이 우연히 걸어 다니다 보니 생기게 된 것이라는 것입니다. 사물의 명칭도 그런 식으로 붙여진 것입니다. 마찬가지로 우리가 틀림없이 옳다고 여기는 규범이나 가치도 사실은 사람들이 그렇게 살다 보니 우연히 그렇게 합의한 것에 지나지 않는다는 것입니다. 따라서 그런 규범이나 가치에 어긋나는 것도 얼마든지 가능하다는 것을 말한 것입니다. 한자에서 버린다는 뜻을 나타내는 글자인 '棄(기)'는 자세히 살펴보면 어린 아이를 버린다는 뜻입니다. 맨 위의 '云(운)' 자는 아이를 뜻하는 '子(자)'를 거꾸로 놓은 모양을 그린 것이기 때문입니다. 어느 시대 어느 공간에서는 아이를 버리는 것이 정당한 것으로 인정받았죠. 아이를 버리는 것이 정당화되던 시대가 있었다면 그보다 덜한 다른 규범이야 말할 것도 없지요. 우리가 절대 타당하다고 생각하는 수많은 규범이나 가치가 사실은 아무 근거가 없는 것이고 그저 우연히 성립된 것일 수 있다는 것이 장자의 말입니다.

그 때문에 이를 위해서 풀줄기와 커다란 기둥, 문둥이와 서시, 세상의 온갖 이상한 것들에 이르기까지 도는 통합하여 하나로 만든다. 하나인 도가 나누어지면 상대 세계의 사물이 성립되고, 성립된 사물은 곧 파괴된다. 모든 사물은 성립과 파괴를 막론하고 도는 다시 통합하여 하나로 만든다. 오직 통달한 사람이라야 통합하여 하나가 됨을 안다. 이 때문에 습관이나 편견을 따르지 않고 늘 일정한 자연(庸)에 맡긴다. 용(庸)이란 작용(作用)이고, 작용이란 통(通)함이고 통함은 터득함이니 터득의 경지에 나아가게 되면 도에 가깝다. 상대를 넘어선 자연의 옳음에 말미암을 따름이니 그저 그렇게 할 뿐이고 그러한 까닭을 알지 못하는 것을 도라 한다.

故로 爲是하야 擧莛與楹과 厲(라)與西施와 恢恑憰怪에 道通爲一하니라 其分也成也요 其成也毁也라 凡物이 無成與毁히 復通爲一이니라 唯達者야 知通爲一하야 爲是不用하고 而寓諸庸하나니 庸也者는 用也요 用也者는 通也요 通也者는 得也니 適得而幾矣니라 因是已니 已而오 不知其然을 謂之道라하나니라

이런 습관과 편견을 넘어 도추를 이루면 어떻게 될까요? 만물제동이 이루어집니다. 여기 그 절정을 이야기하는 대목이 나옵니다.

우선 여린 풀 줄기와 단단한 기둥은 강약을 기준으로 보면 서로 상반된 사물인데 도의 입장에서는 같은 것입니다. '厲'는 라(癩)로 읽습니다. 나병 환자죠. 서시는 전국시대 최고의 미인입니다. 그런데 이 둘이 같다는 겁니다. 도의 입장에서 보면요. 회궤휼괴(恢恑憰怪)는 엄청나게 큰 것, 법도에 어긋난 것, 속임수, 괴이한 것들로 모두 정상에서 벗어난 것들입니다. 하지만 도는 이것들을 통합해서 하나로 만듭니다. 혼돈이죠. 하지만 이렇게 하기 위해서는 자연에 맡기는 태도가 필요합니다. 자연을 '庸(용)'으로 표현했는데 자연의 작용을 뜻합니다. 조선의 한원진은 이 용을 '중용(中庸)'의 용으로 풀이했습니다. 유학자다운 장자 읽기라 해야겠죠. 하지만 장자의 용은 중용의 용과는 사뭇 다릅니다. 《중용》은 어디까지나 인간의 거대화를 이야기하는 텍스트이기 때문에 자연을 중시하는 장자의 태도와는 거리가 있기 때문입니다.

> 신명(神明)을 수고롭게 하여 억지로 하나로 통합하려 하고 그것이 본래 같은 것임을 알지 못하는 것을 조삼(朝三)이라 한다. 무엇을 조삼(朝三)이라 하는가. 저공(狙公)이 원숭이들에게 도토리를 나누어 주면서 "아침에 세 개 저녁에 네 개 주겠다"고 하자 원숭이들이 모두 성을 냈다. 그래서 다시 "아침에 네 개 저녁에 세 개 주겠다"고 하자 원숭이들이 모두 기뻐했다고 한다. 명과 실에 아무런 변화가 없는데도 기뻐하고 노여워하는 마음이 작용하였으니 이런 잘못을 저지르지 않으려

면 역시 절대의 옳음을 따라야 할 것이다. 이 때문에 성인은 옳고 그름을 뒤섞어서 하늘의 저울에 맡기고 편안히 쉬니 이것을 양행(兩行)이라 한다.

勞神明하야 爲一하고 而不知其同也를 謂之朝三이니 何謂朝三고 曰 狙公이 賦芧할새 曰 朝三而暮四라 한대 衆狙皆怒어늘 曰 然則朝四而暮三이라 한대 衆狙皆悅하니 名實이 未虧어늘 而喜怒爲用하니 亦因是也라 是以로 聖人은 和之以是非하야 而休乎天鈞하나니 是之謂兩行이니라

조금 깨달았다고 하는 사람들은 세상의 시비와 차별을 없애려고 애를 씁니다. 하지만 만물이 본래 같다는 것을 알지 못하기 때문에 억지로 노력하지만 실패하기 십상입니다. 장자는 그런 사람들을 원숭이로 비유하는데 그것이 바로 유명한 조삼모사(朝三暮四)라는 고사성어입니다. '저공(狙公)'은 원숭이를 기르는 사람인데 원숭이 무리 중의 우두머리라는 풀이도 있습니다. 저공이 원숭이에게 도토리를 나눠주면서 "아침에 세 개, 저녁에 네 개를 주겠다"고 하자 원숭이들이 모두 화를 냅니다. 원래는 아침에도 네 개를 주고 저녁에도 네 개를 줬는데 수확량이 부족해서 저녁에 주는 양을 줄인 것이지요. 그래서 다시 "아침에 네 개, 저녁에 세 개를 주겠다"고 하자 원숭이들이 모두 기뻐합니다. 길게 볼 것도 없이 단지 하루의 여유만 가지고 봐도 '하루에 일곱 개'라는 명분과 실리에 아무런 변화가 없죠. 원숭이들은 당장 아침만 생각하기 때문에 그걸 깨닫지

못합니다. 여기서 중요한 것은 저공도 원숭이도 모두 만족했다는 결말입니다. 이것이 이른바 양행(兩行)입니다. 저공의 목적과 원숭이들의 바람이 모두 이루어졌다는 거죠. 우리는 보통 조삼모사를 사기꾼의 술책으로 해석하지만 장자는 양쪽 모두의 목적에 부합한다고 해석한 것입니다.

좀 엉뚱한 이야기입니다만 사실 조사모삼이냐 조삼모사냐가 중요할 때가 있습니다. 《장자》 〈외물〉 편에는 이른바 '학철부어' 이야기가 나옵니다. 〈대종사〉 편에도 비슷한 뜻으로 '천학지어(泉涸之魚)'가 나옵니다만 맥락이 조금 다릅니다. 〈외물〉 편의 학철부어는 수레바퀴 자국에 고인 물이 말라붙어 거기에 살던 붕어가 곧 죽을 다급한 처지가 되었다는 뜻입니다. 장자가 길을 가다가 누가 부르기에 돌아보았더니 수레바퀴로 패인 자국에 고인 물에서 겨우 목숨을 부지하고 있던 붕어 한 마리가 물 한 바가지만 부어달라고 부탁합니다. 그런데 장자가 당장은 바빠서 안 되고 내일 오나라 월나라의 왕들을 만나는데 서강의 물을 모두 끌어다 보내주겠다고 합니다. 그러자 붕어는 나중에 건어물 가게에서 보자고 합니다. 자신은 곧 말라 죽을 거라는 말이지요. 이를테면 당장 생계가 곤란한 극빈층에게 국민소득 3만 불을 위해 허리띠를 졸라매자고 하는 것도 마찬가지지요. 길게 보는 비전 제시는 필요하지만 그것도 공감을 얻을 수 있어야 설득력이 있겠지요. 내일을 기약할 수 있는 원숭이들에게는 조삼모사나 조사모삼이나 같지만 당장 말라죽을 위기에 처한 학철부어에게는 조사냐 조삼이냐가 아주 중요합니다.

옛사람들은 그 지혜가 지극한 바가 있었다. 어떤 점에서 지극했는가. 처음에 사물이 아직 없다고 생각한 사람이 있었는데 지극하고 극진하여 그보다 더 나을 수 없다. 그 다음은 사물이 있기는 하지만 아직 구별은 없다고 생각했으며, 그 다음은 구별은 있지만 아직 옳음과 그름은 없다고 생각했다. 옳고 그름이 드러나면 그로써 도가 무너지고 도가 무너지는 것은 사사로운 사랑이 생기는 까닭이다. 그렇다면 과연 성립과 무너짐이 있는 것인가. 아니면 성립과 무너짐이 없는 것인가.

古之人은 其知有所至矣로다 惡乎至오 有以爲未始有物者 至矣盡矣라 不可以加矣로다 其次는 以爲有物矣오 而未始有封也라하며 其次는 以爲有封焉이오 而未始有是非也라하나니 是非之彰也 道之所以虧也요 道之所以虧 愛之所以成이니 果且有成與虧乎哉아 果且無成與虧乎哉아

여기서 옛사람이란 도의 세계에 가까웠던 시대의 사람들을 순차적으로 배열한 것입니다. 가장 지극한 사람들은 애초에 사물이란 게 있다고 생각하지 않았고, 그 다음 사람들은 사물은 있지만 구별은 없다고 생각했고, 그 다음의 사람들은 구별은 있지만 옳고 그름은 없다고 생각했다고 이야기합니다. 모두 도의 세계에 가까운 사람들이었는데 시대가 내려와서 옳고 그름이 나타나면서 도의 세계가 무너진 것이죠. 흔히 성립은 긍정적인 것이고 무너짐은 부정적

인 것으로 생각하기 쉬운데 장자는 도의 세계에서는 아무것도 성립하지 않는다고 생각한 것입니다. 성립이 없기 때문에 무너짐도 없는 것 그게 도의 세계라는 겁니다.

> 성립과 무너짐이 있는 것은 소씨가 거문고를 연주하는 것과 같고 성립과 무너짐이 없는 것은 소씨가 거문고를 연주하지 않는 것과 같다. 소문이 거문고를 연주하고, 사광이 기러기발을 조여 조율하고, 혜시가 오동나무로 만든 책상에 기대 변론했는데 이 세 선생의 지혜는 완성에 가까웠는지라 모두 자기 분야에서 가장 뛰어난 이들이었다. 그 때문에 후세에 그 이름이 실려 있게 되었다.
>
> 有成與虧는 故昭氏之鼓琴也요 無成與虧는 故昭氏之不鼓琴也라 昭文之鼓琴也와 師曠之枝策也와 惠子之據梧也에 三子之知幾乎라 皆其盛者也니라 故로 載之末年하니라

소문(昭文)은 유명한 악사로 거문고 명인입니다. 그런데 그가 음악을 연주하면 성립과 무너짐이 있고 그가 음악을 연주하지 않으면 성립과 무너짐이 없다고 말합니다. 음악을 연주하면 한 곡만 듣게 되지만 음악을 연주하지 않으면 모든 곡을 듣게 된다는 발상입니다. 실제로 이런 음악이 현대에 작곡된 적이 있습니다.

1952년 8월 29일의 일입니다. 미국 뉴욕의 우드스톡 야외 공연장에 피아니스트 데이비드 튜더가 무대 위에 등장합니다. 그는 천

천히 피아노가 놓여 있는 쪽으로 걸어갑니다. 이윽고 자리에 앉은 피아니스트는 피아노 뚜껑을 열고 그 위에 악보를 올려놓았습니다. 청중들은 늘 그랬던 것처럼 곧 이어질 연주를 기다리며 긴장하고 있었지요. 그러나 기대했던 피아노 소리는 들려오지 않았습니다. 연주자가 청중들에게 인사를 하고 무대에서 사라질 때까지요. 연주자였던 데이비드 튜더가 한 일이라곤 시계를 들여다 본 일이 다였기 때문입니다. 청중들은 기대했던 피아노 소리 대신 공연장 주변을 스쳐지나가는 바람 소리, 그리고 자신들이 만들어낸 기침 소리를 포함하여 술렁임, 웃음소리, 혀 차는 소리 따위의 소음을 들었습니다. 그리고 걱정스러움, 거부감, 황당함, 급기야 분노를 느끼기에 이르렀습니다. 그날 연주된 또는 연주되지 않은 음악은 바로 존 케이지가 작곡한 〈4분 33초〉였습니다. 연주회에 참석했던 청중들은 지금까지 들어왔던 음악과는 완전히 다른 새로운 음악, 3악장의 형식으로 이루어진 악곡의 연주를 들었습니다. 아니 보다 정확하게는 연주되지 않는 음악을 들었다고 해야겠지요.

장자식으로 말하면 그날 그곳에 모였던 청중들은 연주되는 한 곡의 음악 대신 소음을 포함한 모든 음악을 들은 것입니다. 세상 사람들의 기준으로 보면 흔히 있는 연주는 음악의 성립입니다. 하지만 그 한 곡은 성립되지만 그 순간 다른 음악은 사라지는 것이지요. 장자가 말하고자 하는 것은 성립은 배제를 포함하고 있기 때문에 성립되는 것보다 파탄 나는 것이 더 많다는 점을 잊지 않아야 한다는 것입니다. 도의 세계에서는 성립이 없기 때문에 파탄도 없습니다. 그런데 이런 세계는 소문이나 사광, 그리고 혜시 같은 한 분야의 전문가라 하더라도 접근할 수 없는 영역이라고 보았습니다.

> 그들이 좋아한 것은 저 도와는 다른 것이었다. 그들은 그것을 좋아함으로써 도를 밝히려고 했다. 저 도는 밝힐 수 있는 것이 아닌데 밝히려고 했다. 그 때문에 혜시는 견백론 같은 궤변을 주장하는 어리석음으로 삶을 마쳤고 소문의 자식 또한 소문의 연주 기술로 마쳐서 종신토록 도를 이루지 못했다. 이와 같이 하고서 도를 이루었다고 말할 수 있다면 비록 나같이 평범한 사람도 도를 이루었다고 말할 수 있을 것이고, 이와 같이 하고서 도를 이루었다고 말할 수 없다면 저들 세 사람과 나 같은 평범한 사람 모두 도를 이룸이 없는 것이다. 그 때문에 희미함 속에 감추어져 있는 그윽한 빛은 성인이 추구하는 것이다. 이 때문에 성인은 사사로운 지혜를 쓰지 않고 자연에 맡긴다. 이것을 두고 명석한 판단을 따른다고 하는 것이다.
>
> 唯其好之也에 以異於彼라 其好之也에 欲以明之하니 彼非所明而明之라 故로 以堅白之昧로 終하여늘 而其子도 又以文之綸으로 終하야 終身無成하니 若是而可謂成乎인댄 雖我라도 亦成也요 若是而不可謂成乎인댄 物與我無成也라 是故로 滑疑之耀는 聖人之所圖也라 爲是不用하고 而寓諸庸하나니 此之謂以明이니라

장자가 인정하는 전문가들인 소문, 사광, 혜시의 분야는 각각 연주 기술, 악기 제작 기술, 논리학이라 할 수 있습니다. 연주와 악기는 모두 아름다운 음악이 목적일 것이고 논리학의 목적은 참과 거짓을 밝혀 진리에 다가가는 것이겠지요. 장자가 보기에 그런 방식으로는 참된 아름다움이나 진리, 곧 도의 세계에 도달할 수 없습니다. 도는 기술이 아니고 진리는 논리를 넘어서 있기 때문이죠. 러셀이 《수학의 원리》에서 궁극적으로 하고 싶었던 말도 바로 이런 이야기라고 생각합니다. 장자는 그런 사실을 잘 알고 있습니다. 그럼에도 도에 대해 말하려는 노력을 포기하지는 않습니다.

> 지금 우선 여기에 어떤 말(言)이 있다고 치자. 그런데 이 말이 진리와 같은 것인지 아닌지 모른다. 만약 같은 것과 같지 않은 것을 서로 같은 것으로 여기면 저 비진리와 다를 것이 없을 것이다. 비록 그러하나 시험 삼아 말해보겠다.
> '처음'이 있으며, '처음이 아직 있지 않았을 때'가 있으며, '처음이 아직 있지 않았을 때가 아직 있지 않았을 때'가 있다. '유(有)'라는 것이 있으며, '무(無)'라는 것이 있으며, '무(無)라는 것이 아직 있지 않았을 때'가 있으며, '무(無)라는 것이 아직 있지 않았을 때가 아직 있지 않았을 때'가 있었다가 이윽고 '무(無)'가 있게 된 것이다. 알 수 없구나. '유(有)'와 '무(無)' 중에서 과연 어느 것이 있고 어느 것이 없는 것인지. 이제 내가 이미 말함이 있지만 알 수 없구나. 내가 말한 것이 과연

말함이 있는 것인지 아니면 과연 말함이 없는 것인지. 천하에 가을 털의 끝보다 큰 것이 없고 태산은 가장 작으며 일찍 죽은 아이보다 오래 산 사람이 없고 팽조는 일찍 죽은 것이다. 하늘과 땅도 나와 나란히 생겨난 것이고 만물도 나와 하나이다.

今且有言於此하니 不知其與是로 類乎아 其與是로 不類乎아 類與不類로 相與爲類하면 則與彼로 無以異矣니라 雖然이나 請嘗言之호리라 有始也者하며 有未始有始也者하며 有未始有夫未始有始也者하며 有有也者하며 有無也者하며 有未始有無也者하며 有未始有夫未始有無也者하니 俄而오 有無矣니 而未知케라 有無之果孰有孰無也요 今我則已有謂矣로니 而未知케라 吾所謂之其果有謂乎아 其果無謂乎아 天下에 莫大於秋毫之末이오 而泰山爲小며 莫壽乎殤子요 而彭祖爲夭하니라 天地與我竝生하고 而萬物與我爲一하니라

장자가 시험 삼아 말해보는 이 대목에는 시간과 공간, 천지와 만물을 아우르는 장엄한 존재론이 담겨 있습니다. 우리는 흔히 태초를 가정하지만 장자가 여기서 이야기하는 것처럼 그것은 불가능합니다. 처음을 가정해도 우리는 그 이전을 생각할 수 있기 때문입니다. 아무리 아무것도 없는 무(無)의 세계를 가정해도 그것조차 없는 상태를 다시 가정할 수 있기 때문에 우리는 무를 상상할 수 없습니다. 무수한 분절을 사유한 결과 우리에게 남는 것은 털끝보다

더 작은 태산과 800년을 살았다는 팽조보다 오래 산 어린아이입니다. 하늘과 땅이 장구하다 하나 하늘과 땅이 아직 생기기 이전의 무한한 시간을 생각하면 하늘과 땅도 나와 마찬가지로 방금 생겨난 존재에 지나지 않습니다. 다른 사물은 말할 것도 없겠지요. 나와 천지가 대등해지는 방식이 특이합니다. 유가의 문헌 《중용》에서는 자기 내면에 있는 중(中)을 극진히 하고 모든 욕망을 조화시키는 화(和)를 이루면 천지와 대등한 존재가 된다고 하여 인간의 거대화를 시도합니다. 장자의 경우는 무한의 시공간이라는 지평에 서서 천지와 인간의 왜소함을 함께 이야기합니다. 인간만 왜소한 것이 아니라 천지만물이 모두 유한하면서 일시적인 존재에 지나지 않습니다. 이 시점에서 어떤 것도 가치 있는 것은 없습니다. 장자의 의도는 여기에 있습니다. 일체의 가치를 뒤집어 엎어버리는 전복의 결과 차별은 당연히 사라집니다. 가지런한 만물(齊物)의 세계가 열립니다.

이미 하나가 되었다고 하면 또 말(言)이 있을 수 있겠는가. 그러나 이미 '하나'라고 말하였다면 또 말이 없을 수 있겠는가. 하나와 말이 합쳐서 둘이 되고 앞의 둘과 다음의 하나가 합쳐서 셋이 된다. 이 이후로는 역법에 뛰어난 사람이라도 계산해낼 수 없을 텐데 하물며 보통 사람이겠는가. 그 때문에 무(無)에서 유(有)로 나아가도 셋에 이르니, 하물며 유(有)에서 유(有)로 나아가는 경우이겠는가. 나아가지 말아야 할 것이니 자연의 옳음을 따를 뿐이다.

旣已爲一矣란대 且得有言乎아 旣已謂之一矣란대 且得無言乎아 一與言이 爲二이오 二與一이 爲三이니 自此以往으론 巧歷(曆)이라도 不能得이온 而況其凡乎아 故로 自無로 適有하야도 以至於三이온 而況自有로 適有乎아 無適焉이니 因是已니라

자, 계속해서 장자의 존재론을 따라가 보겠습니다. 앞 문단에서 장자는 모든 것이 하나라고 했습니다. 그런데 하나라고 말하는 순간에 '하나가 아닌' 또 다른 어떤 것이 있을 수밖에 없습니다. 그렇다면 이미 있던 하나와 새로운 어떤 것을 합치면 둘이 됩니다. 그리고 또 그 둘이 아닌 다른 것을 생각할 수밖에 없기 때문에 셋이 됩니다. 이런 식으로 무수히 많은 존재가 생깁니다. 다시 한번 계산을 해보죠. 처음에는 아무 것도 없었겠죠. 그게 무(無), 곧 '없는 것'입니다. 이 세상에는 오직 '없는 것' 하나만 '있는' 거죠. 그런데 '없는 것'이 있게 되면 '없는 것이 아닌 것'을 생각할 수밖에 없습니다. 그것이 유(有), 곧 '있는 것'입니다. 그럼 '없는 것'과 '없는 것이 아닌 것'이 합쳐져 둘이 되죠. 그 다음에는 '없는 것'과 '없는 것이 아닌 것'에다가 다시 '없는 것도 아니고 없는 것이 아닌 것도 아닌 것'을 생각할 수밖에 없습니다. 그럼 셋이 되죠. 다음에는 '없는 것'과 '없는 것이 아닌 것', '없는 것도 아니고 없는 것이 아닌 것도 아닌 것'에다가 '없는 것도 아니고 없는 것이 아닌 것도 아닌 것도 아닌 것'이 합쳐져 넷이 됩니다. 이런 식으로 헤아려 나가면 무한(無限)에 이르게 되죠. 앞 문단에서 태초의 시간을 가정할 수 없는 것과 마찬

가지 논리로 우리는 존재의 수를 헤아릴 수 없게 됩니다. 무한이니까요. 세상의 가치 기준 또한 마찬가지라는 거죠. 무한의 기준이 있습니다. 그러니 저마다 자기가 옳다고 떠들어봐야 해결이 날 턱이 없습니다. 그래서 장자는 말합니다. 애초에 그런 식으로 옳고 그름을 나누지 말라는 겁니다. 모든 존재와 모든 가치가 하나 되는 세계 이것이 장자가 말하는 제물의 세계입니다.

2 장

시비와 차별의 세계를 넘어서다

시비와 차별은 어디에서 나오는가

〈1장〉을 통해 장자는 모든 존재가 평등한 제물의 세계를 들려주었습니다. 현실은 그렇지 않죠. 인간 세상에 만연한 것이 차별입니다. 그런 차별은 어떤 근거에서 나오는가? 장자가 보기에 인간 세상에서 일어나는 차별의 근원에는 언어가 놓여 있습니다. 인간은 언어를 통해 사물을 분류합니다. 이 분류는 대단히 폭력적입니다. 장자는 이러한 사실을 밝힘과 동시에 차별이 없는 세상을 희구했던 옛 성인 요와 순의 이야기를 전해줍니다.

> 도는 애초에 구별이 있지 않았고, 말은 애초에 일정한 의미가 있지 않았다. 이 말 때문에 사물에 구분이 있게 되었다. 청컨대 구분에 대해 말해보겠다. 왼쪽이 있고 오른쪽이 있으며, 인륜이 있고 의리가 있으며, 신분이 있고 차별이 있으며, 겨룸이 있고 다툼이 있으니, 이것을 일러 인간이 가진 여덟 가지 기능이라고 한다.
>
> 夫道는 未始有封하고 言은 未始有常하니 爲是而有畛也하니라 請

言其畛하노라 有左有右하며 有倫有義하며 有分有辯하며 有競有爭하니 此之謂八德이니라

언어는 본래 인간이 자신의 뜻을 다른 사람에게 전달하기 위해 만든 수단인데 문제는 〈1장〉에서 말한 것처럼 언어에는 일정한 의미가 있는 것이 아니라는 데 있습니다. 이런 언어를 가지고 도를 전달하려고 하면 결국 이것과 저것을 구분하게 됩니다. 도가 분열되는 것이죠. 분열된 도는 이미 상대화된 것이기 때문에 도가 아닙니다. 예를 들면 왼쪽과 오른쪽을 나눕니다. 우리가 좌파와 우파를 가르는 논리와 비슷하죠. 또 인륜과 의리를 기준으로 패륜과 비리를 상대화합니다. 물리적으로 분절시키고 논리적으로 분변합니다. 같은 목표를 가지고 함께 길을 가지만 다툽니다. 이것이 인간이 가진 여덟 개의 인위적인 분류입니다. 누가 분류할까요? 강자가 분류하는 거죠. 분류에 대한 경계는 《장자》의 〈내편〉 처음부터 끝까지 이어집니다. 마지막 편인 〈응제왕〉 편의 마지막 장에 등장하는 혼돈 우화는 바로 이런 분류가 도를 깨버리게 되는 재앙을 이야기합니다. 혼돈 우화에서는 인간의 얼굴에 있는 일곱 가지 구멍을 통해 구분을 이야기하고 여기서는 인륜을 비롯한 여덟 개의 고정관념을 가지고 이야기합니다만, 숫자만 다를 뿐 맥락은 같습니다. 장자는 다음 문단에서 이런 분류가 어떤 점에서 무의미한 것인지 밝히고 있습니다.

육합의 바깥은 성인이 논하지 않고 그냥 놔두고 육합의 안은 성인이 논하기는 하지만 옳고 그름을 따지지는 않는다. 《춘추(春秋)》의 경세에 대한 선왕들의 기록은 성인이 옳고 그름을 따지기는 하지만 공과 과로 나누어 차별하지는 않는다. 사람들은 사물을 나누지만 그중에는 나눌 수 없는 것이 있고 사람들은 사물을 구별하지만 그중에는 구별할 수 없는 것이 있다. 말해보자. 어째서 그런가? 성인은 그것을 품고, 보통 사람들은 그것을 구별해서 내보인다. 그래서 사람들은 구별하지만 그중에는 구별로는 보이지 않는 것이 있다고 하는 것이다.

六合之外란 聖人이 存而不論하고 六合之內란 聖人이 論而不議하고 春秋經世先王之志란 聖人이 議而不辯하시니 故分也者는 有不分也요 辯也者는 有不辯也니라 曰 何也요 聖人은 懷之하고 衆人은 辯之하야 以相示也하나니 故曰 辯也者는 有不見也라 하노라

육합은 입체적인 공간을 인식하는 사유 형식입니다. 입체가 아닌 평면을 인식하는 형식이 사방이죠. 흔히 '하늘은 둥글고 땅은 네모지다(天圓地方)'고 할 때의 네모는 땅의 모양이 네모졌다는 것을 말하는 것이 아니라 땅이라는 평면을 인식하는 사유 형식이 동서남북의 네 방향을 기준으로 한다는 뜻입니다. 우리가 땅의 면적을 이야기할 때는 늘 네모꼴로 상정해서 말하죠. 평이라는 단위가 그

렇고 제곱미터라는 단위가 그렇지요. 같은 방식으로 입체적인 공간을 인식하게 되면 동서남북의 사방에다 상하를 포함한 여섯 개의 방향 곧 육합(六合)입니다. 우리가 살고 있는 이 공간, 곧 이 우주 밖의 공간에 대해서 얼마든지 상상할 수 있습니다. 현대의 우주물리학자들이 그런 상상을 하죠. 하지만 이 우주 이외의 공간이 있는지 없는지 알 수 없습니다. 있다 하더라도 의미가 있다 없다 논란이 분분합니다. 장자에 따르면 성인은 그런 걸 논하지 않고 그냥 놔둡니다. 그리고 육합 안의 일, 곧 이 우주 안에서 일어나는 온갖 자연현상에 대해서 논하긴 하지만 옳다 그르다 평가하진 않습니다. 자연에 맡기는 것이죠. 그런데 《춘추》에서 말하고 있는 선왕들의 기록에 대해서는 평가를 내립니다. 마치 공자가 포폄하는 것처럼. 하지만 공(功)과 과(過)로 나누어 차별하지는 않습니다. 후대에 그런 예를 찾자면 사마천의 《사기》를 들 수 있습니다. 그는 〈흉노열전〉을 기술하면서 이렇게 썼습니다.

> 흉노족은 싸우다가 불리하면 도망치는 것을 부끄러워하지 않았다. 아버지가 죽으면 아버지가 데리고 살던 여인을 자식이 데리고 살았고, 형이 죽으면 형이 데리고 살던 여인을 동생이 데리고 살았다.

당시 중국의 가치관이나 풍습과는 전혀 다른데도 사마천은 그들의 풍습이 나쁘다고 기술하지 않았습니다. 사물을 보는 태도가 열려 있다는 것을 알 수 있습니다. 장자가 옳고 그름이나 차별을 부정하는 이유는 그런 방식으로는 도에 다가갈 수 없다고 생각하기 때문입니다. 여기서 도를 대단한 추상 개념으로 생각해서는 안 됩니다. 흔히 만나는 사물을 제대로 보는 것이 바로 도라고 할 수 있습니다. 그런데 장자가 보기에 사물을 이런 저런 방식으로 나누기 시작하면 그런 사람의 눈에는 사물이 제대로 보이지 않는다는 겁니다. 당연히 사람도 알아보지 못하겠죠. 누가 현자인지 보일 턱이 없습니다. 그런 걸 보면 노예의 무리에 섞여 있는 백리해가 현인인 것을 알아보고 양 다섯 마리를 주고 풀려나게 한 진나라 목공이나, 현인 월석보를 말 한 필과 바꿔 온 제나라 재상 안영 같은 이는 정말 대단한 사람이라 해야 할 것입니다.

> 큰 도는 일컬어지지 않으며, 큰 말은 말하지 않으며, 큰 인은 어질지 않으며, 큰 청렴은 겸손을 부리지 않으며, 큰 용맹은 사납지 않다. 도가 밝게 드러나면 도답지 아니하고, 말이 분명하면 뜻이 미치지 못하고, 인이 일정하면 이루어지지 아니하고, 깨끗함이 맑으면 믿지 아니하고, 용맹함이 사나워지면 이루어지지 않는다. 이 다섯 가지 행위는 둥글기를 바라면서 모난 데로 향하는 것에 가깝다. 그 때문에 앎이 알지 못하는 데에서 멈추면 지극한 것이다. 누가 말 없는 말과 도 같지 않은 도를 아는가. 만일 이것을 알 수 있다면 이를 두고 하늘의 창고라 할 것이니 아무리 부어 넣어도 차지 않으며, 아무리 퍼내도 마르지 않을 것이다. 그러나 그 유래를 알지 못하는

지라 이를 두고 밝은 빛을 감춘다고 한다.

夫大道는 不稱하며 大辯은 不言하며 大仁은 不仁하며 大廉은 不嗛하며 大勇은 不忮하나니 道昭면 而不道요 言辯이면 而不及이오 仁常이면 而不成이오 廉淸이면 而不信이오 勇忮면 而不成이니 五者园이어늘 而幾向方矣니라 故知止其所不知하면 至矣니 孰知不言之辯과 不道之道리오 若有能知면 此之謂天府니 注焉而不滿하며 酌焉而不竭이로대 而不知其所由來라 此之謂葆光이니라

앞에서 《노자》의 대방무우(大方無隅)를 풀이하면서 '대(大)'라는 수식어가 머리에 놓이면 사물의 자기규정성이 사라진다고 말씀드린 적이 있습니다. 여기의 도와 말, 인, 렴, 용도 마찬가지입니다. 그래서 일컬어지지 않는 도, 말하지 않는 가르침, 어질지 않은 인, 겸손하지 않는 청렴, 사납지 않은 용기가 나오는 것이지요. 이런 개념은 모두 정치적 개념입니다. 마치 '극기복례'를 인이라고 한 공자의 말과 비슷합니다. 특정한 누군가를 사적으로 사랑하거나 나를 사랑하는 이기심을 넘어서지 않고서는 인을 실현할 수 없다는 것입니다. 극기복례를 이루면 대인(大仁)이라고 할 수 있겠죠.

《노자》에도 '상덕부덕'이라는 말이 나옵니다. 큰 덕은 마치 덕 같아 보이지 않는다는 뜻입니다. 만약 도를 밝게 드러내거나 말을 잘하거나 사랑의 대상을 일정하게 하거나 깨끗함을 분명하게 하거나 용맹스러움을 사나움으로 과시하면 도리어 바라는 것을 이룰 수 없게 됩니다. 이런 태도는 마치 원만함을 바라면서 도리어 모난

데로 나아가는 것과 같다는 것이죠. 이런 문제를 해결하기 위해서 장자는 앎을 멈추도록 권합니다. 곧 앎이 알지 못하는 데서 멈추어야 한다는 것입니다. 말 없는 말, 도 같지 않은 도야 말로 참된 말이요 참된 도라는 것입니다. 이런 지혜를 갖춘 사람은 하늘의 창고와 같아서 아무리 부어도 가득차지 않고 아무리 퍼내도 마르지 않는다고 합니다. 공자가 '군자불기(君子不器)'라고 말한 대목과 비슷합니다. 불기(不器)는 채워지지 않는다는 뜻입니다. 여기 나오는 하늘의 창고(天府)와 같죠. 이런 지혜를 갖춘 사람은 자신을 감춥니다. 그것을 장자는 보광(葆光)이라합니다. 보광은 밝은 빛을 감춘다는 뜻인데 《노자》의 '화기광 동기진(和其光 同其塵)'과 같은 의미입니다.

이 보광을 이름으로 쓴 남보광이라는 중국인이 있습니다. 가짜 갑골문을 새겨서 갑골문을 연구하는 학자들에게 사기를 친 아편 중독자입니다.《장자》에서 이름을 훌륭하게 따왔지만 이름값을 못한 거죠. 그런데 가짜를 아주 잘 만들었던 모양입니다. 대만의 갑골학자 동작빈의《갑골학 50년》이라는 책에 보면 이 자가 만든 가짜 갑골문은 아주 완벽해서 학자들이 속기 십상이었다고 하는데, 그만큼 위조 기술이 뛰어나 골동품 상인들은 그로 하여금 가짜를 많이 만들게 해서 중국인들은 물론 서양인들에게 팔아 넘겼다고 합니다. 이들의 행위로 인해 중요한 유물의 진위 여부가 불분명해져 학술적인 어려움이 초래되었으니 그 죄가 아주 크다고 할 것입니다. 그런데 일이 이렇게 된 데에는 1899년경 골동품 상인이었던 범유경(范維卿)이 갑골문이 새겨진 귀갑을 사들일 때 글자가 새겨진 것을 기준으로 값을 쳤기 때문입니다. 그러니 글자를 더 새겨 넣어서 돈을 더 받으려고 한 것이지요.

장자는 고대의 성왕 요와 순으로 이야기를 마무리합니다.

> 그래서 옛날에 요가 순에게 묻기를 "내가 숭나라·회나라·서오족을 치려고 하는데 남쪽을 바라보며 천하를 다스리는 군왕으로서 마음이 석연치 않으니 그 까닭이 무엇일까?" 하자, 순이 이렇게 대답했던 것이다.
> "이 세 나라는 아직도 쑥대밭 사이에 있는데 당신이 석연치 않아 하는 것은 무엇 때문이겠습니까. 옛날에 열 개의 해가 한꺼번에 나타나 만물이 모두 비추어졌는데 하물며 덕이 해보다 나은 사람이겠습니까."
> 故로 昔者에 堯問於舜曰 我欲伐宗膾胥敖하야 南面而不釋然하노니 其故는 何也오 舜曰 夫三子者는 猶存乎蓬艾之間이어늘 若不釋然은 何哉오 昔者에 十日이 竝出하야 萬物皆照하니 而況德之進乎日者乎따녀

성왕인 요가 숭나라를 비롯한 몇몇 나라를 공격하려고 하는데 마음이 석연치 않습니다. 폭력으로 다스려서 얻어낼 수 있는 것은 한계가 있다는 것을 알고 있기 때문이죠. 주저하면서 순에게 물어봅니다. 그러자 순은 요의 덕은 열 개의 해보다 더 밝다고 말합니다. 요의 덕을 높이면서 복종하지 않는 나라를 덕으로 다스려야 한

다고 넌지시 충고한 것이지요. 네 나라가 왜 복종하지 않았을까요? 자세한 역사 기록은 없지만 요가 이들을 차별했기 때문입니다. 앞뒤 맥락을 살펴볼 때 이 장의 주제가 차별을 넘어서는 데 있는 것이 분명하니까요.

조선을 예로 들어보죠. 임진왜란 당시 조선은 일본의 침략으로 멸망할 뻔 했습니다. 서울이 함락되고 임금이 의주까지 몽진했으니 이미 패한 거죠. 그런데 의병을 일으켜 산속에서 슬금슬금 내려와 전세를 뒤집은 겁니다. 그런데 《선조실록》의 기록을 보면 함경도에서는 의병이 일어나기 전에 선조의 맏아들이었던 임해군을 잡아다가 왜군에게 넘기는 반역 행위가 일어났습니다. 왜 이런 일이 일어났을까요? 이유가 있습니다. 세조 때부터 함경도 백성들은 무과에 응시하지 못하도록 차별했기 때문입니다. 물론 함경도에서 반란이 일어났기 때문이지만 그렇다고 해서 마땅히 누려야 할 백성으로서의 권리를 장기간 박탈한 것은 원한을 쌓은 것이나 다를 바 없지요. 《맹자》에도 비슷한 이야기가 나옵니다. 추나라와 노나라가 싸웠는데 추나라 관리들 중에 목숨을 잃은 자가 33명이나 되었습니다. 그런데 백성들은 한 명도 죽지 않았습니다. 추나라 임금이 맹자에게 말하길 "백성들을 죽이자니 이루 다 죽일 수 없고, 그냥 두자니 윗사람이 죽는 것을 보고도 구원하지 않은 것이 괘씸하니 어찌하면 좋겠습니까?" 하고 묻습니다. 맹자는 이렇게 대답합니다.

흉년이 들어 굶주리는 시절에 백성들 가운데 늙고 허약한 이들은 굶어 죽어서 시신이 도랑이나 구덩이에 뒹굴고, 장성한 이들은 사방으로 뿔뿔이 흩어진 자가 몇 천 명이나 됩니다. 그런데도 당신의 창고에는 곡식과 재물이 가득 차 있었는데 신하들 중에 아무도 창고를 열어 백성들을 구휼하라고 간한 자가 없었습니다. 이것은 윗사람이 태만하여 아랫사람을 해친 것입니다. 옛날 증자께서 말씀하시길 '조심하고 또 조심하라. 너에게서 나온 것은 너에게로 돌아간다'고 하셨습니다. 백성들이 이제야 보복을 한 것이니 임금께서는 그들을 허물치 마십시오. 임금께서 백성들에게 사랑과 인정을 베푸시면 바로 이 백성들이 윗사람을 사랑하여 당신을 위해 목숨을 바칠 것입니다.

맹자가 백성들의 저항권을 인정했다는 것을 알 수 있습니다. 함경도 백성들은 전란을 틈타 자신을 차별하는 나라에 저항한 것이지요. 세조가 《장자》나 《맹자》를 제대로 읽고 함경도 백성들을 차별하지 않았더라면 임진왜란 때 함경도에서 그런 반역 행위가 일어나지 않았을 겁니다.

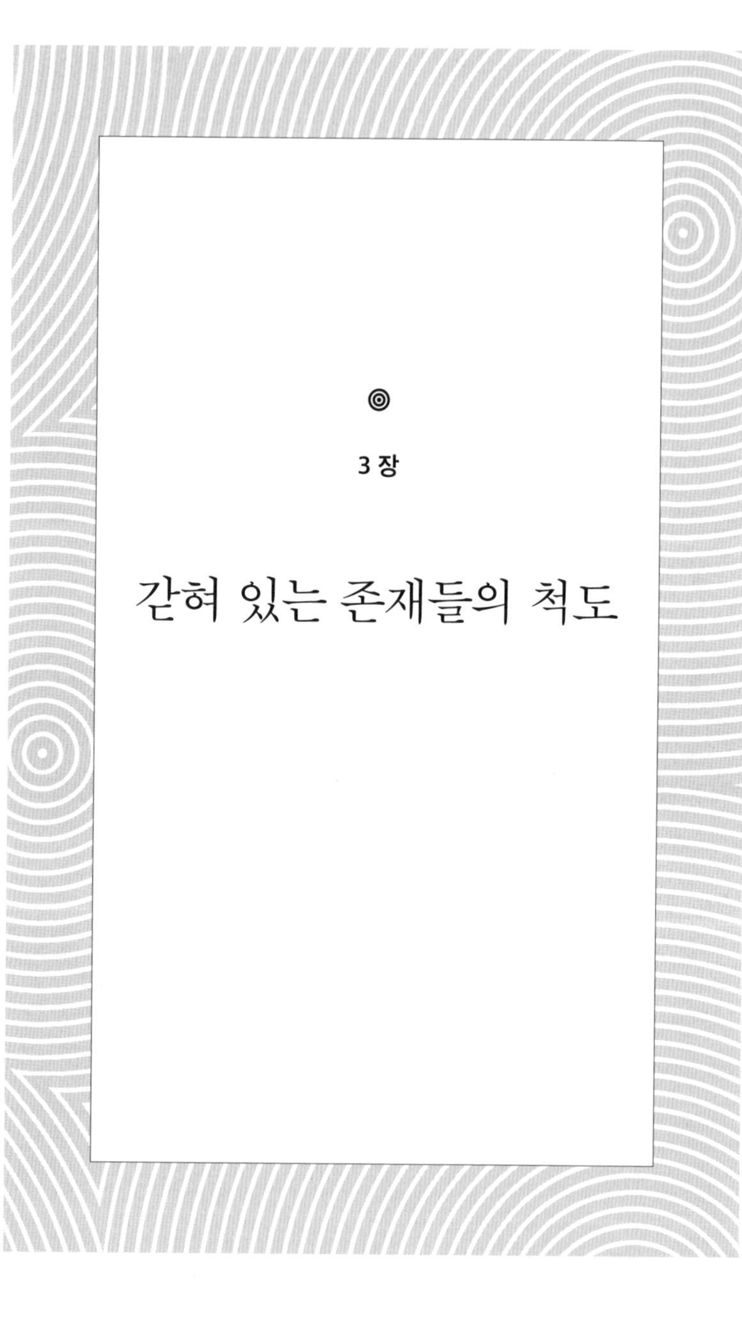

3 장

갇혀 있는 존재들의 척도

누가 옳고 누가 그른가

〈3장〉에서 장자가 말하고자 하는 것은 세상 사람들이 만들어 놓은 기준이라는 게 사실 아무 근거가 없다는 것을 밝히는 데 있습니다. 흔히 어떤 문제를 해결하려고 할 때 사람들은 객관적인 기준을 마련하면 될 것이라고 생각합니다. 장자가 보기에 그런 시도는 실패할 수밖에 없습니다. 객관적인 기준이란 게 애초에 있을 수 없기 때문이지요. 장자는 각자가 생각하는 다양한 기준을 옳다 그르다 재단하지 않고 인정하는 것이 필요하다고 물러섭니다.

설결이 왕예에게 물었다.
"선생께서는 모든 사물이 다같이 옳다는 것을 아십니까?"
왕예가 대답했다.
"내가 어떻게 그것을 알겠는가?"
"선생께서는 선생이 알지 못한다는 것을 아십니까?"
왕예가 대답했다.
"내가 어떻게 그것을 알겠는가?"

"그렇다면 어떤 사물에 대해서도 아는 게 없습니까?"

왕예가 대답했다.

"내가 어떻게 그것을 알겠는가? 비록 그러하나 시험 삼아 말해보겠다. 내가 이른바 안다고 하는 것이 알지 못하는 것이 아님을 어찌 알겠으며, 내가 이른바 알지 못한다고 하는 것이 아는 것이 아님을 어찌 알겠는가?"

齧缺이 問乎王倪曰 子는 知物之所同是乎아 曰 吾惡乎知之리오 子는 知子之所不知邪아 曰 吾惡乎知之리오 然則物無知邪아 曰 吾惡乎知之리오 雖然이나 嘗試言之하노라 庸詎知吾所謂知之 非不知邪며 庸詎知吾所謂不知之 非知邪리오

질문자인 설결은 일단 일차적인 편견에서 벗어나 있는 사람으로 보입니다. 그가 던진 질문의 내용은 편견을 넘어서야 가능한 것이기 때문입니다. 모든 사물이 다 옳다고 인정하려면 차별적 태도를 벗어던져야 하니까요. 그런데 왕예의 대답이 의외입니다. 당연히 그렇다고 인정할 줄 알았는데 잘 모르겠다고 하거든요. 그러자 설결은 물러서지 않고 재차 질문을 던집니다. 그럼 당신이 모른다는 것은 아느냐고요. 상대가 대답을 회피한다고 생각한 모양입니다. 왕예 또한 쉽게 말려들지 않습니다. 그것조차도 모르겠다고 대답합니다. 그러자 설결은 이렇게 묻습니다. 그럼 당신은 아무것도 모르느냐고요. 이쯤 되면 아무리 왕예라도 그냥 물러설 수는 없겠죠. 왕예가 대답합니다. 하지만 그냥 내가 아는 무엇에 대해 이야기하겠

다고 말하진 않습니다. 어디까지나 시험 삼아 말해보겠다는 거죠. 그리고 이렇게 질문을 던집니다. 안다고 하는 것이 사실은 모르는 것이고 모른다고 하는 것이 사실은 아는 것일지도 모른다고요.

"또 내가 시험 삼아 너에게 물어보겠다. 사람은 축축한 데서 자게 되면 허리 병이 생기고 반신불수가 되는데 미꾸라지도 그런가? 사람은 나무 꼭대기에 머물면 벌벌 떨며 두려워하는데, 원숭이도 그런가? 이 셋 중에서 누가 올바른 거처를 아는가? 사람은 소·양, 개·돼지를 먹고, 사슴은 풀을 뜯어 먹고, 지네는 뱀을 달게 먹고, 소리개와 까마귀는 쥐를 즐겨 먹는다. 이 넷 중에서 누가 올바른 맛을 아는가? 암컷 원숭이를 수컷 원숭이가 짝으로 여기고, 사슴은 사슴 종류와 교미하고 미꾸라지는 물고기와 함께 헤엄치며 다닌다. 모장과 여희는 사람들이 아름답게 여기지만 물고기는 그들을 보면 물속 깊이 도망치고, 새는 그들을 보면 하늘 높이 날아가고, 사슴은 그들을 보면 힘껏 달아난다. 이 넷 중에서 누가 천하에서 가장 올바른 아름다움을 아는가? 나를 기준으로 살펴보건대 인의의 단서와 시비의 길이 복잡하게 얽혀 어수선하고 어지럽다. 그러니 내가 어찌 그 구별을 알 수 있겠는가."

且吾는 嘗試問乎女하노라 民溼寢則腰疾이라 偏死어늘 鰌然乎哉아 木處則惴慄恂懼어늘 猨猴然乎哉아 三者孰知正處오 民은 食芻豢하고 麋鹿은 食薦하고 蝍蛆는 甘帶하고 鴟鴉는 耆鼠하나니 四

者孰知正味오 猨을 猵狙以爲雌하고 麋與鹿으로 交하고 鰌與魚로 游하나니 毛嬙麗姬는 人之所美也로대 魚見之深入코 鳥見之高飛코 麋鹿이 見之決驟하나니 四者孰知天下之正色哉오 自我로 觀之컨댄 仁義之端과 是非之塗 樊然殽亂하니 吾는 惡能知其辯이리오

왕예가 이야기를 시작합니다. 먼저 사람과 미꾸라지, 그리고 원숭이를 마주 세움으로써 각자가 편안하게 여기는 장소가 다른데 어떤 곳이 살기 좋은 곳인지 알 수 없다고 질문을 던집니다. 사람은 축축한 곳에 살 수 없습니다. 하지만 미꾸라지는 물속에서 살지요. 또 사람은 나무 꼭대기에 머물게 되면 떨어질까 두려워 벌벌 떱니다. 원숭이는 나무 위를 편안한 곳이라 여기겠죠. 이 셋 중에 누가 옳은지 알 수 없습니다. 그리고 먹는 것도 각기 다릅니다. 누구의 입맛이 옳은지 알 수 없다는 것이지요. 프란시스 베이컨이 네 가지 우상을 이야기했는데 장자의 이 대목은 종족의 이돌라(idola)라고 할 수 있습니다. 우리는 어항 속의 금붕어를 보면서 무심코 금붕어가 잘 놀고 있네 하고 생각합니다만 과연 금붕어가 어항 속에서 행복하게 살 수 있을까요? 우리는 물고기가 즐거운지 아닌지 알 수 있을까요? 심지어 장자조차도 그런 의심으로부터 자유롭지 못했습니다. 〈추수〉 편에 이런 이야기가 있습니다.

어느 날 장자와 친구 혜시가 함께 야유회를 갔습니다. 물고기가 뛰

노는 연못가에서 물고기를 바라보던 장자는 이렇게 감탄합니다.
"물고기들이 즐겁게 놀고 있구만!"
그러자 옆에 있던 혜시가 대뜸 시비를 겁니다.
"자네가 물고기가 아닌데 어떻게 물고기가 즐겁게 노는지 아닌지를 알 수 있단 말인가?"
그러나 장자는 지지 않고 이렇게 대꾸합니다.
"혜시 자네가 내가 아닌데 어떻게 내가 물고기의 즐거움을 아는지 모르는지 알 수 있단 말인가?"
그러자 혜시는 다시 논리적으로 반박합니다.
"그것 보게. 내가 자네가 아니기 때문에 자네가 물고기의 즐거움을 아는지 모르는지 내가 모르는 것처럼, 자네도 물고기가 아니기 때문에 물고기가 즐거운지 아닌지를 모르는 것일세. 내가 이겼다는 것을 완전히 입증했네."
사실 논리적으로만 따지면 논쟁은 여기서 끝났겠지만 장자는 역시 기지를 발휘하여 혜시의 주장을 뒤엎습니다.
"처음에 자네가 내가 물고기의 즐거움을 알지 못한다고 주장한 것은 자네가 내가 아님에도 불구하고 내 마음을 알 수 있다는 것이네. 결국 자네가 내가 아님에도 불구하고 내 마음을 알 수 있는 것처럼 나도 물고기가 아님에도 불구하고 물고기의 마음을 알 수 있는 것이지. 어디에서 물고기의 즐거움을 알 수 있냐고? 이 물가에서 알았지!"

이야기가 여기에서 끝나기 때문에 겉보기엔 장자가 이긴 것 같습니다만 사실은 장자가 오류를 저지른 것입니다. 장자의 마지막 주장은 이렇습니다. 혜시가 처음에 한 말 곧, '장자는 물고기가 아니기 때문에 물고기의 즐거움을 알 수 없다'고 말한 것을 '혜시가 장자가 아니면서도 장자의 마음을 알 수 있다'고 말한 것이라고 주장한 것이죠. 그러나 사실 이 명제는 장자가 물고기의 마음을 알 수 없다는 것을 의도하는 것일 뿐 혜시가 장자가 아니면서도 장자의 마음을 알 수 있다고 말한 것은 아닙니다. 곧 이 명제의 '의미'는 '장자는 물고기의 마음을 알 수 없다는 것'인데 장자가 슬쩍 혜시의 의도는 제쳐두고 자신에게 편리한 쪽으로 왜곡시켜 버린 것입니다. 이런 수법은 신이 사람의 마음속에서만 존재하는가 아니면 실제로 존재하는가라는 논쟁이 끊이지 않았던 서양의 중세에도 있었습니다.

어떤 사람이 신의 존재를 다음과 같이 증명합니다.

신은 완전한 것이다.
완전한 것이란 사람의 마음속에도 존재하고 마음 밖에도 존재한다.
고로 신은 존재한다.

논리적인 것 같지만 사실은 아닙니다. 왜냐하면 '신은 완전한 것'이라는 전제 자체가 이미 신은 존재하는 것이라는 토대 위에서만 성립 가능하기 때문입니다. 이런 경우를 두고 논리학에서는 논점선

취의 오류라고 합니다. 흥미로운 것은 신의 존재를 부정하는 입장을 다음과 같이 반박하고 있다는 점입니다. 어떤 사람이 '신은 존재하지 않는다'고 말합니다. 그러자 그는 이렇게 주장합니다.

당신은 이미 신이 존재한다는 것을 인정한 것이나 다름없다. '신은 존재하지 않는다'고 말했을 때 이미 당신은 신이라고 말했다. 신이 없다면 어떻게 그렇게 말할 수 있는가?

이에 대해 상대는 아무런 말을 못했다고 합니다. 그러나 이 또한 장자와 같이 상대의 의도를 슬쩍 왜곡한 것일 뿐입니다. 신이 있다고 주장하는 사람이 '신'이라고 말한 것은 실재 존재한다고 믿는 신을 의미하는 것이지만, 신은 없다고 주장하는 사람이 '신'이라고 말한 것은 '당신들이 존재한다고 말하는 그 신'을 지칭하는 것일 뿐이지 실제로 존재한다고 믿는 의미로서의 '신'은 아니기 때문입니다. 장자의 경우도 이처럼 의미와 지시를 혼동했다는 점에서 동일한 오류를 저지른 셈이지요. 물론 〈내편〉에 포함된 〈제물론〉 편의 작자로 추정되는 장자와 〈외편〉에 포함된 〈추수〉 편의 작자인 장자는 다른 사람이라고 추정하기 때문에 〈제물론〉 편의 장자가 그런 오류를 저질렀다고 보기는 어렵습니다. 〈추수〉 편의 장자식으로 하자면 혜시도 다음과 같이 마지막 반론을 펼칠 수 있습니다.

"자네가 아까 내가 자네가 아니기 때문에 자네가 물고기의 즐거움을 아는지 모르는지를 알 수 없다고 말한 것은 내가 자네가 아니기 때문에 자네의 마음을 알 수 없다고 스스로 말한 것일세. 따라서 자네는 물고기의 즐거움을 알지 못한다고 스스로 자인한 것이야. 내가 또 이겼네."

물론 혜시가 이렇게 말해도 장자는 무어라고 한 마디 더 했을 것입니다. 왜냐하면 《장자》라는 책의 작자는 장자이지 혜시가 아니기 때문입니다.

먹거리 이야기를 해볼까요? 중국인들은 돼지고기를 즐겨 먹지만 이슬람교를 믿는 사람들은 돼지고기 먹는 것을 금기로 여깁니다. 돼지고기가 맛이 없어서가 아니라 이슬람 지역이 대부분 건조한 지역인데 그런 곳에서 돼지고기를 먹기 위해 돼지를 키우려면 엄청난 경제적 부담이 따르기 때문이죠. 돼지고기를 금기시한 것은 얼핏 보면 무슨 윤리적인 이유 때문인 것처럼 보이지만 알고 보면 사회 경제적인 맥락이 작용한 결과입니다. 장자는 흔히 절대적인 가치라고 생각하기 쉬운 윤리라는 게 사실은 상황에 따라 달라질 수 있다는 것을 이야기한 것입니다. 개고기 또한 마찬가지입니다. 개를 먹는 것을 일방적으로 야만이라고 하는 것은 또 다른 야만입니다. 개고기는 《예기》에도 보면 천자가 먹는 음식이라고 나와 있고 정약용의 둘째 아들 정학유가 지은 〈농가월령가〉에도 개고기를 삶아 건져 친정에 간다고 한 대목이 있습니다. 물론 옛 사람들이 개를 요리해서 먹는 것과 요즘 사람들이 개고기를 먹는 것은 양상이나 이유가 상당히 다릅니다. 그렇다 하더라도 개고기는 먹으면 안 되고 소고기는 먹어도 된다고 하는 주장을 들으면 장자는 웃을 겁니다. 장자가 보기에 인의라든지 시비라든지 하는 게 모두 절대적인 것이 아니라 때에 따라 달라질 수 있다는 것입니다.

설결이 말했다.

"선생께서는 무엇이 이롭고 무엇이 해로운지 알지 못한다고 하시니 그렇다면 지인은 본래 이해를 모릅니까?"

왕예가 대답했다.

"지인은 신통한 존재다. 커다란 못이 불타올라도 뜨겁게 할 수 없으며, 황하나 한수가 얼어붙어도 춥게 할 수 없으며, 갑작스런 우레가 산을 쪼개고 거센 바람이 바다를 진동하더라도 놀라게 할 수 없다. 그런 사람은 구름을 타고 해와 달을 몰아 사해 밖에서 노닌다. 죽음과 삶도 자기를 변화시키지 못하는데 하물며 이해의 말단 따위이겠는가."

齧缺曰 子不知利害인댄 則至人은 固不知利害乎아 王倪曰 至人은 神矣라 大澤이 焚하야도 而不能熱하며 河漢이 冱하야도 而不能寒하며 疾雷破山하며 飄風이 振海하야도 而不能驚하나니 若然者는 乘雲氣하며 騎日月하야 而遊乎四海之外하나니 死生도 無變於己온 而況利害之端乎따녀

설결이 난데없이 상관없는 이야기를 꺼낸 것 같지만 사실은 앞

에서 왕예가 한 이야기를 받아서 물은 것입니다. 왕예는 계속 알지 못한다고 말했는데 예컨대 축축한 곳에 사는 것은 인간에게는 해롭지만 미꾸라지에게는 이롭고, 나무 위에 사는 것은 사람에게는 해롭지만 원숭이에게는 이롭습니다. 따라서 무엇이 해롭고 무엇이 이로운지 알 수 없다는 것을 알기 때문에 이해를 초월할 수 있습니다. 그러니 이런 사람은 어떤 일이 일어나도 두려워하지 않습니다. 아무리 뜨겁거나 아무리 추워도 자신을 기준으로 생각하지 않기 때문에 두려움을 느끼지 않는 것이죠. 그렇다고 하여 감각적으로 추위나 더위를 느끼지 않는다고 생각하면 곤란합니다. 지인은 일체의 차별로부터 자유로운 사람을 뜻하고 그런 경지에 이른 사람은 두려움이 없다고 이해해야 합니다. 죽음과 삶도 자기를 변화시키지 못한다고 말한 것을 보면 분명합니다. 뜨거운 불 속에 들어가도 죽지 않는다는 뜻이 아닙니다. 실제로 그런 사람이 있다고 여겨서 수련하는 과정에서 약물을 통해 지인이 되려 하다가 목숨을 잃은 사람들이 많습니다. 《장자》를 거꾸로 읽은 결과입니다.

◎

4 장

경계 없는 곳에서 자유로운 사람

황제도 어리둥절할 이야기

〈4장〉에는 까치 선생(구작자)과 오동나무 선생(장오자) 두 사람이 나와서 이야기를 나눕니다. 구작자(瞿鵲子)의 작(鵲)은 까치라는 뜻입니다. 까치처럼 경망스럽게 뛰어다니며 말을 옮기는 사람이라는 뜻을 우의로 삼아 창작한 인물입니다. 장오자의 오(梧)는 오동나무입니다. 커다란 오동나무처럼 도를 깨달은 인물을 비유한 것이지요. 이 두 사람이 성인에 대해 이야기를 나누는데 그 과정에서 짧지만 공자를 비판하는 대목이 나옵니다. 저는 이 대목 역시 공자가 가졌던 최고의 권위를 역으로 확인시켜주는 측면이 있다고 봅니다. 공자를 걸치지 않고는 도대체가 얘기가 안 되는 거죠. 아무리 그렇다 하더라도 타인을 부정하는 방식으로는 자기 존재를 상승시키기 어렵습니다. 옥에 티라고나 할까요? 아무튼 여기서 공자는 성인의 도를 듣고도 알아보지 못하는 어리석은 자로 그려집니다.

구작자가 장오자에게 물었다.

"내가 어떤 선생에게서 들었는데 '성인은 세속의 일에 종사하지 않으며, 이익을 추구하지 않으며, 해로움을 피하지 않으며, 구하는 것을 기뻐하지 않으며, 도를 따라다니지 않으니 말함이 없지만 말함이 있고 말함이 있지만 말함이 없어서 세속의 티끌 밖에서 노닌다'고 합니다. 그런데 그 선생은 이를 허무맹랑한 말이라 하더군요. 하지만 나는 이 말이 신묘한 도를 실천한 것이라고 생각하는데, 선생님께서는 어떻게 생각하십니까?"

瞿鵲子問乎長梧子曰 吾聞諸夫子호니 聖人은 不從事於務하며 不就利하며 不違害하며 不喜求하며 不緣道하나니 無謂호대 有謂하며 有謂호대 無謂하야 而遊乎塵垢之外라하야늘 夫子는 以爲孟浪之言이어늘 而我는 以爲妙道之行也라하노니 吾子는 以爲奚若고

구작자가 어떤 선생에게 들었다고 할 때의 어떤 선생은 공자입니다. 뒤에 구(丘)라는 이름이 나오기 때문이죠. 물론 구를 장오자의 이름으로 보는 견해가 있지만 고전에서 '자왈(子曰)'이라는 표현이 나오면 실제 공자가 그런 말을 했건 말건 상관없이 일단 공자가 말했다는 것을 지칭하듯이 '구'라는 이름이 나오면 일단 공자를 지칭한 것이라고 보는 것이 타당합니다.

이익을 추구하고 해를 피하는 것은 인지상정입니다. 그런데 구작자가 공자에게 전해들은 성인은 그렇게 살지 않는다고 합니다. 세속의 이익에 연연하지 않는 것이죠. 그런 사람을 세상의 티끌 밖

에 노닌다고 표현했습니다. 〈소요유〉 편 마지막에 등장하는 사람들, 그러니까 성인, 지인, 신인의 이야기와 비슷합니다. 이 이야기를 전해준 공자는 막상 그런 일은 맹랑한 말이라고 단정합니다. 맹랑지언(孟浪之言)은 허무맹랑한 말, 곧 아무 근거가 없는 이야기를 뜻합니다. 그런데 《장자》에는 계속 이런 허무맹랑한 이야기가 이어집니다. 구작자가 장오자의 의견을 묻자 장오자는 이렇게 대답합니다.

장오자가 대답했다.
"이런 이야기는 황제도 듣고 어리둥절할 터인데 공자 같은 이가 어찌 알 수 있겠는가. 우선 그대는 너무 성급하게 헤아렸다. 마치 계란을 보고 새벽에 때맞추어 울기를 요구하고, 탄환을 보고 새 구이를 바라는 격이다. 내가 시험 삼아 그대를 위해 헛소리를 지껄여보겠으니 그대도 헛소리로 여기고 듣기 바란다. 어떠한가. 해와 달을 곁에 두고 우주를 옆구리에 끼고서 만물과 꼭 맞기를 바라고, 희미한 도에 머물러 천한 사람도 똑같이 존중한다."
長梧子曰 是는 皇(黃)帝之所聽熒也온 而丘也 何足以知之리오 且女는 亦大早計로다 見卵而求時夜하며 見彈而求鴞炙로다 予嘗爲女하야 妄言之호니 女以妄으로 聽之하도소니 奚오 旁日月하며 挾宇宙하야 爲其脗合이오 置其滑涽하야 以隸相尊하나니라

장오자는 황제도 알아들을 수 없는 말을 공자 따위가 어찌 알

겠느냐며 구작자의 경망함을 나무랍니다. 마치 구작자가 공자에게 지나친 기대라도 한 것처럼 말입니다. 그런데 비유가 재미있습니다. 계란을 보고 때맞추어 울기를 요구하고 탄환을 보고 새 구이를 바란다는 것은 오랜 시간이 걸려야 가능한 것을 속성으로 이루려고 하는 어리석은 태도를 나무라는 것입니다. 진리의 세계에 접근하기 위해서는 시간이 필요하다는 것이지요. 장오자는 곧바로 정답을 이야기하거나 하지 않습니다. 그런 게 있을 리도 없고요. 그래서 시험 삼아 헛소리를 해보겠다고 하면서 앞에서 구작자가 들었던 성인이 이해관계에 얽매이지 않는 이유를 이야기합니다.

그에 따르면 성인은 해와 달을 곁에 두고 우주를 옆구리에 낄 정도로 스케일이 큰 존재이지만 늘 만물과 함께 하려 하고 희미한 도에 자신을 두어서 노예도 존중합니다. 세상 사람들은 어떤 것은 나에게 이롭고 어떤 것은 해롭다는 식으로 분류하여 이로운 것은 취하고 해로운 것은 피합니다. 그런데 성인은 만물을 차별하지 않기 때문에 이해에 따라 자신의 태도를 바꾸지 않습니다. 그래서 천한 사람도 똑같이 존중합니다. 사람을 볼 줄 아는 것이지요. 굳이 성인이 아니라도 그런 경우는 있습니다.

예컨대 사마천의 《사기열전》 중 〈관안열전〉에 보면 제나라의 재상 안영은 노예로 붙잡혀 있던 현인 월석보를 말 한 필과 바꿔 옵니다. 또 진나라 목공이 양을 대가로 주고 노예로 끌려가던 백리해를 풀려나게 해서 데리고 옵니다. 그들은 어떻게 월석보와 백리해가 현인인 줄 알았을까요? 만약 노예라는 '스펙'을 기준으로 사람을 판단했다면 절대 그들이 현자인 줄 알아보지 못했을 것입니다. 안영이나 진목공이 이런데 하물며 도를 아는 성인이겠습니까? 사마천이 《사기열전》 중 〈백이열전〉에서 '성인이 나타나면 만물이 제 모습을 드러낸다'고 한 말이 참으로 일리가 있다 싶습니다.

"보통 사람들은 부지런히 일하는데 성인은 어리석고 둔해서 만년의 세월을 하나로 섞어서 순수를 이룬다. 만물이 다 그러한데 이로써 감싸준다. 내 어찌 삶을 좋아하는 것이 잘못이 아닌지 알 수 있겠으며, 내 어찌 죽음을 싫어하는 것이 마치 어려서 집을 잃고 돌아갈 줄 모르는 것이 아닌지 알 수 있겠는가. 여희는 애(艾) 땅 국경 관문지기의 딸이었다. 진나라가 처음 그녀를 잡아왔을 때에는 눈물로 옷섶을 적시며 울다가, 급기야 왕의 처소에 이르러 왕과 함께 으리으리한 침대를 같이 쓰고 쇠고기 돼지고기를 먹게 되자 처음에 눈물 흘린 것을 뉘우쳤다고 한다. 내 어찌 죽은 사람이 처음에 살고자 한 것을 뉘우치지 않으리라고 확신할 수 있겠는가."

衆人은 役役커든 聖人은 愚芚하사 參萬歲而一成純하시나니 萬物이 盡然이어늘 而以是로 相蘊하나니라 予는 惡乎知說生之非惑邪며 予는 惡乎知惡死之非弱喪而不知歸者邪리오 麗之姬는 艾封人之子也러니 晉國之始得之也에 涕泣沾襟하다가 及其至於王所하야 與王同筐牀하야 食芻豢而後에야 悔其泣也하니라 予는 惡乎知夫死者不悔其始之蘄生乎리오

장오자가 보기에 보통 사람들은 이익을 얻기 위해 부지런히 일합니다. 하지만 성인은 그렇게 하지 않습니다. 앞에서는 만물을 차별하지 않는다고 했는데 여기서는 만세를 차별하지 않습니다. 만세는 오랜 시간의 흐름, 곧 때(時)입니다. 때에는 유리한 때가 있고 불리한 때가 있기 마련입니다. 하지만 성인은 그런 것을 나누지 않습니다. 오직 하나의 시간으로 간주합니다. 그 때문에 자신이 태어나는 때나 죽는 때를 같은 것으로 여깁니다. 하지만 세상 사람들은 태어나는 것을 좋아하고 죽는 것을 싫어하죠. 장오자는 이렇게 질문을 던집니다. "내 어찌 삶을 좋아하는 것이 잘못이 아닌지 알 수 있겠으며, 내 어찌 죽음을 싫어하는 것이 마치 어려서 집을 잃고 돌아갈 줄 모르는 것이 아닌지 알 수 있겠는가." 우리의 삶이란 사실 죽음에서 잠시 벗어나 있는 것이라고 보는 것이지요. 이 비유만으로는 충분치 않다고 생각했는지 장오자는 또 다른 예를 듭니다. 바로 앞에 나왔던 여희입니다. 여희는 본래 여융 족의 여인이었는데 진나라가 공격하자 공물로 바쳐집니다. 처음에는 당연히 울고불고하면서 슬퍼합니다. 그러다가 왕과 함께 호화로운 생활을 하게 되자 왜 처음에 그토록 싫어했는지 후회했습니다. 우리의 죽음이란 것도 그렇습니다. 살아 있을 때는 정말 싫지만 막상 죽고 나면 더할 나위 없이 편안하고 좋을 수 있다는 것이지요.

조금 다른 이야기입니다만 여희와 비슷한 사례가 중국에는 여러 차례 나옵니다. 이민족의 세력이 강할 때는 평화를 유지하기 위해 한족의 여인을 공물로 바치는데 그중 가장 유명한 사람이 한나라 원제 때 흉노의 호한야(呼韓邪) 선우에게 바쳐진 왕소군일 겁니다. 일찍이 당나라의 이백은 왕소군을 이렇게 노래했습니다.

> 소군이 옥으로 된 안장을 털고서는/말에 오르더니 붉은 뺨에 눈물이 흐르네/오늘은 한나라의 궁녀지만/내일이면 오랑캐의 첩이로구나〔昭君拂玉鞍/上馬啼紅頰/今日漢宮人/明朝胡地妾〕

본래 왕소군은 원제의 후궁 중에서 가장 미색이 뛰어난 궁녀였다고 합니다. 그런데 당시에는 화공이 궁녀들의 용모를 그리면 그 그림을 보고 미녀를 선발했기 때문에 궁녀들이 자신의 용모를 예쁘게 그려달라고 화공에게 뇌물을 주었습니다. 하지만 스스로 미모에 자신이 있었던 왕소군은 뇌물을 쓰지 않았고 그 결과 추녀로 그려져 흉노에 바쳐지게 됩니다. 그런 기구한 운명이 많은 사람들의 안타까움을 자아냈고 시인들도 대체로 왕소군을 불쌍히 여기는 시를 지었습니다. 대표적인 것이 방금 말씀드린 이백의 시입니다. 그런데 송나라의 왕안석은 같은 소재를 가지고 〈명비곡(明妃曲)〉이라는 시를 썼는데 조금 다른 이야기를 합니다. 그 또한 왕소군의 운명을 안타까워한 것 같지만 시구 중에는《장자》의 이 대목을 연상시키는 구절이 있습니다.

> 그대는 보지 못했는가 지척의 장문궁에 진아교를 유폐한 일을/인생이 불운하여 뜻을 잃으면 북쪽 흉노나 남쪽의 한나라나 다를 것이

없다네〔君不見咫尺長門閉阿嬌/人生失意無南北〕

진아교는 한나라 무제의 첫 번째 황후로 젊은 시절 무제의 극진한 사랑을 받았습니다. 그러나 아들을 낳지 못하고 미색이 시들자 결국 무제에 의해 장문궁에 유폐되고 폐후되고 맙니다. 이후 갖은 불행을 겪으며 미쳐서 죽고 말았습니다. 한나라의 황후가 되었지만 행복하지 않았던 것이지요. 왕안석은 이어서 왕소군을 이렇게 달랩니다.

한나라의 은혜는 얕아지지만 흉노의 은혜는 깊을 것이니/인생의 낙이란 서로 마음을 알아주는 데 있는 법〔漢恩自淺胡恩深/人生樂在相知心〕

왕안석은 한나라 궁녀의 신세가 반드시 행복하지만은 않고 흉노의 선우에 바쳐지는 것이 반드시 불행이 아니란 것을 이야기한 것이지요. 장자가 보기에 삶과 죽음 또한 마찬가지라는 겁니다. 길게 보면 어느 한쪽을 좋아하고 다른 쪽을 싫어할 수가 없다는 것이지요.

"꿈에 술을 마시며 즐기던 사람이 아침이 되면 눈물 흘리며 울고, 꿈에 눈물 흘리며 울던 사람이 아침이 되면 사냥을 즐긴다. 막 꿈을 꿀 때는 그것이 꿈인지 몰라서 꿈을 꾸는 가운데 꿈속의 꿈을 점치다가 꿈에서 깨어난 뒤에야 그것이 꿈인 줄 알게 된다. 하물며 큰 깨우침이 있고 나서야 이것이 큰 꿈인 줄 알게 되는데, 어리석은 자는 스스로 깨어 있다고 여겨서 잘난 척하며 스스로 지혜롭다 여겨 '임금이시여' 하고 '하인들아' 하니 참으로 고루하구나. 공자와 그대도 모두 꿈이고 내가 그대에게 꿈꾼다고 말하는 것도 역시 꿈이다. 이런 말은 그 이름을 수수께끼라 하지만 만 세대 뒤에라도 그 해답을 아는 위대한 성인을 한 번 만난다면 아침저녁 사이에 만난 것과 같다."

夢에 飮酒者 旦而哭泣하고 夢에 哭泣者 旦而田獵하나니 方其夢也에 不知其夢也하야 夢之中에 又占其夢焉이라가 覺(교)而後에야 知其夢也하나니라 且有大覺(각)而後에야 知此其大夢也어늘 而愚者는 自以爲覺(교)하야 竊竊然知之하야 君乎아 牧乎아 하나니 固哉라 丘也與女는 皆夢也며 予謂女夢도 亦夢也라 是其言也는 其名이 爲弔詭(적궤)나 萬世之後에 而一遇大聖이 知其解者하면 是는 旦暮遇之也니라

앞의 예에서 보듯 현실의 우리는 삶에서 어떤 것이 행이고 어떤 것이 불행인지 알 수 없습니다. 세상 사람들의 입장에서 바라볼 때 행복하리라고 짐작되는 사람이 막상 꿈에서 불행합니다. 반대로 불행한 처지에 놓인 사람이 꿈에서는 행복할 수 있습니다. 하지만 어차피 꿈이란 것은 허상입니다. 깨어나고 보면 꿈속의 일 때문에 울고 웃고 한 것은 부질없는 일이 되겠지요. 자, 그런데 장자는 여기

서 우리가 놓치기 쉬운 지점을 콕 찍어서 이야기합니다. 꿈속의 일을 부질없는 것으로 여기는 것은 지금 꿈에서 깨어 있기 때문이죠. 하지만 우리가 깨어 있다고 생각하는 이 현실도 사실은 꿈일 수 있다고 말하는 것입니다. 이 현실이라는 꿈에서 깨어나는 것을 장자는 '대각(大覺)'이라고 말합니다. 한 걸음 더 나아간 것이지요. 장자는 삶의 이런 측면을 적궤(弔詭), 곧 수수께끼라 했습니다. 그는 이 수수께끼를 풀 수 있는 성인은 아득한 시간을 기다려도 만날 수 있을까 말까 하다고 말합니다. 〈5장〉의 그림자 이야기와 〈6장〉의 나비 꿈은 바로 이 수수께끼를 풀기 위한 장자의 우언입니다.

> "가령 내가 그대와 논쟁했는데 그대가 나를 이기고 내가 그대를 이기지 못했다면 과연 그대는 옳고 나는 그른 것인가? 내가 그대를 이기고 그대가 나를 이기지 못했다면 과연 나는 옳고 그대는 그른 것인가? 아니면 누군가는 옳고 또 다른 누군가는 그른 것인가? 아니면 다 옳거나 다 그른 것인가?"
> "나와 그대가 알 수 없다면 다른 사람들은 진실로 어둠에 빠지고 말 것이니 내가 누구로 하여금 바로잡게 할 것인가. 그대와 생각이 같은 사람으로 하여금 바로잡게 한다면 이미 그대와 같은 사람이니 어찌 바로잡을 수 있겠는가. 나와 생각이 같은 사람으로 하여금 바로잡게 한다면 이미 나와 같은 사람이니 어찌 바로잡을 수 있겠는가. 나와 그대 모두와 생각이 다른 사람으로 하여금 바로잡게 한다면 이미 나와 그대

모두와 다른 사람이니 어찌 바로잡을 수 있겠는가. 나와 그대 모두와 생각이 같은 사람으로 하여금 바로잡게 한다면 이미 나와 그대 모두와 생각이 같으니 어찌 바로잡을 수 있겠는가. 그렇다면 나와 그대, 그리고 다른 사람 모두 알 수 없을 것이니, 또 다른 어떤 사람을 기다려야 할 것인가."

既使我與若으로 辯矣란대 若이 勝我요 我不若勝인댄 若이 果是也요 我果非也邪아 我勝若이오 若이 不吾勝인댄 我果是也요 而果非也邪아 其或是也며 其或非也邪아 其俱是也며 其俱非也邪아

我與若이 不能相知也인댄 則人이 固受其黮闇하리니 吾誰使正之요 使同乎若者로 正之인댄 旣與若으로 同矣어니 惡能正之리오 使同乎我者로 正之인댄 旣同乎我矣어니 惡能正之리오 使異乎我與若者로 正之인댄 旣異乎我與若矣어니 惡能正之리오 使同乎我與若者로 正之인댄 旣同乎我與若矣어니 惡能正之리오 然則我與若與人이 俱不能相知也로소니 而待彼也邪아

우리 삶의 불확실성은 앎의 불확실성과 이어져 있습니다. 우리는 무엇이 행이고 무엇이 불행인지 알 수 없는 것처럼 무엇이 옳고 무엇이 그른지도 알 수 없습니다. 그것은 마치 의견이 다른 두 사람의 논쟁이 끝나지 않는 것과 같습니다. 논리적으로 옳고 그름을 따져서 상대를 이길 수는 있지만 논쟁의 승패가 진리를 확인해주는 것은 아닙니다. 장자가 여러 차례 말한 것처럼 논리는 오류를 확인

해줄 뿐이니까요.

"변화하는 소리에 의지하여 시비를 따지는 것은 처음부터 아예 의지하지 않은 것과 같으니 자연의 도(道)로 조화하며, 끝없는 변화를 따르는 것이 하늘로부터 받은 수명을 끝까지 누리는 방법이다."

구작자가 물었다.

"자연의 도(道)로 조화한다는 것은 무엇을 말하는 것입니까?"

장오자가 대답했다.

"옳지 않다고 하는 것을 옳다 여기고 그렇지 않다고 하는 것을 그렇다고 여기는 것이다. 옳다는 것이 과연 옳은 것이라면 이 옳다는 것이 옳지 않다고 하는 것과 다를 것임은 또한 말할 것도 없다. 그렇다는 것이 과연 정말 그런 것이라면 그렇다는 것이 그렇지 않다는 것과 다를 것임은 또한 말할 것도 없다. 나이를 잊어버리고 시비를 가리는 편견을 잊어버려서 경계 없는 곳에서 떨친다. 그 때문에 경계 없는 세계에 맡긴다."

化聲之相待론 若其不相待니 和之以天倪며 因之以曼衍이 所以窮年也니라 何謂和之以天倪요

曰 是不是하며 然不然이니라 是若果是也면 則是之異乎不是也亦無辯이니라 然若果然也면 則然之異乎不然也 亦無辯이니라 忘年忘義하야 振於無竟이라 故寓諸無竟이니라

우리는 어떤 권위에 의존해서 옳고 그름을 가리려고 하지만 장자가 보기에 그런 것들은 모두 화성(化聲), 곧 변화하는 소리에 지나지 않습니다. 우리의 꿈처럼 일시적인 것이지요. 그렇다면 우리는 어둠에 갇힌 존재일까요? 어떻게 해도 행복해지거나 올바른 판단을 내릴 수 없는 것일까요? 장자는 한 가지 해결책을 제시합니다. 바로 '천예(天倪)'라고 하는 자연의 도를 따라 만물을 조화하는 것입니다. 자연의 도를 따르게 되면 세상이 옳지 않다고 하는 것을 옳다고 여길 수 있게 됩니다. 시비와 편견으로부터 자유로워지는 것, 이것이 바로 장자가 바라는 경지입니다.

◎

5 장

그림자의 그림자가 그림자에게

허망하고 또 허망한 존재 이야기

〈5장〉의 주인공은 그림자입니다. 아니 그림자의 그림자입니다. 그림자는 영(景)이고 그림자의 그림자는 망량(罔兩)입니다. 망량의 경우는, 비슷한 명칭인 이매망량(魑魅魍魎)이 《춘추좌씨전》에 나오는데 이매는 산귀신이고 망량은 물귀신으로 풀이됩니다. 장자의 망량은 발음만 같고 장자가 그림자의 우의를 담아서 만든 말입니다. 망량(罔兩)의 망(罔)은 허망하다는 뜻인 망(亡)의 가차입니다. 양(兩)은 둘이라는 뜻이죠. 그러니 망량은 망이우망(亡而又亡), 허망하고 또 허망한 존재입니다. 그림자는 실체의 입장에서 보면 허망한 존재입니다. 그런데 그 그림자에 붙어 있는 곁 그림자는 더더욱 허망한 존재라는 것입니다. 마치 꿈속의 꿈처럼요.

곁 그림자가 그림자에게 물었다.
"조금 전에는 그대가 걸어가다가 지금은 멈추고, 또 조금 전에는 앉아 있다가 지금은 일어서 있으니, 어찌 그다지도 일정한 지조가 없는가?"

그림자가 말했다.

"나 또한 무언가 의지하는 것이 있어 그리된 것인가? 내가 의지하고 있는 것은 또 다른 무언가에 의지하여 그리된 것인가? 나는 뱀의 비늘이나 매미의 날개 같은 것에 의지하는가? 어떻게 그런 줄 알겠으며, 어떻게 그렇지 않은 줄 알겠는가?"

罔兩이 問景曰 曩에 子行하다가 今에 子止하며 曩에 子坐하다가 今에 子起하니 何其無特操與요 景曰 吾는 有待而然者邪아 吾所待는 又有待而然者邪아 吾는 待蛇蚹蜩翼邪아 惡識所以然하며 惡識所以不然이리오

장자는 즐겨 여러 동식물을 의인화하여 주인공으로 내세웁니다. 나무나 새 종류가 자주 등장하지만 어떤 경우에는 사람의 신체 일부를 의인화하기도 하죠. 〈소요유〉 편의 '견오와 연숙'의 예도 그렇죠. 견오는 사람의 어깨를, 연숙은 도와 이어져 있는 사람을 뜻한다고 말씀드렸지요. 바로 앞서 읽었던 '구작자와 장오자'의 예도 까치와 오동나무를 의인화한 것입니다. 여기서는 그림자를 의인화한 것입니다. 그림자는 실체가 아니라 실체의 허상입니다. 그런데 이 이야기에는 그림자가 실체로 등장합니다. 이 실체에는 그림자가 붙어 있습니다. 바로 '그림자의 그림자'가 그림자에게 '일정한 지조(特操)'가 없다고 따집니다. 특조(特操)의 조(操)는 조행(操行), 곧 행실을 일정하게 지키는 것입니다. 흔히 조심(操心)이라는 말을 쓰는데 요즘은 조심이라는 말이 그저 신중한 태도를 뜻하지만 본래 조심은《맹

자》에 나오는 존심(存心)과 같이 마음을 붙들어 둔다는 뜻으로 쓰입니다. 존심이나 조심의 결과가 조행이라고 할 수 있습니다. 일정한 마음의 결과로 일정한 행실이 있게 되니까요. 곁 그림자가 그림자에게 따집니다. 왜 이렇게 일정한 지조 없이 가다가 말다가 앉았다 일어섰다 하냐고요. 결국 당신을 따라하려니 피곤하다는 것이죠. 그러자 그림자가 이렇게 대답합니다. 어디 난들 그러고 싶어서 그러겠는가. 나 또한 내가 의지하고 있는 그 무엇이 움직이기 때문에 어쩔 수 없이 그런다고 말이죠. 사실 그림자니까 당연히 실물에 의존하는 것이죠. 그래서 실물이 움직이면 그림자도 따라서 움직이는 것이 당연합니다.

장자가 '그림자의 그림자'를 등장시킨 이유가 어디에 있을까요? 보통 그림자는 부수적인 것이고 실물은 알맹이라고 생각하는데, '그림자의 그림자', 곧 곁 그림자 입장에서 보면 그림자가 실체입니다. 곁 그림자의 존재의 근거는 그림자라는 것이죠. 그런데 사실은 그림자는 실체가 아니라 실물의 허상에 지나지 않지요. 그렇다면 같은 논리로 이런 질문을 던질 수 있습니다. 실체라고 생각했던 그림자가 사실은 실물의 허상에 지나지 않는 것처럼 우리가 실체라고 생각하는 실물, 곧 우리의 몸뚱이 또한 또 다른 실체의 허상이 아니겠느냐는 것이지요. 생각하고 욕망하고 행동하는 기준이라고 할 수 있는 우리라는 주체가 사실은 허상에 지나지 않는 것일 수 있다는 것을 장자는 말합니다. 〈4장〉에서 장오자가 꿈에 술 마시고 즐겁게 놀던 자가 아침에 잠에서 깨면 슬피 운다는 이야기를 했죠.

그리고 그 꿈에서 깨어나는 것이 생리적인 깨어남이라면 우리의 현실, 곧 인생이라는 것 자체가 꿈같은 허상에 지나지 않는다는 것을 알게 되는 것이 '대각'이라고 했습니다. 꿈속의 꿈과 마찬가지로 그림자의 그림자 또한 우리가 확실하다고 믿고 있는 우리의 존재를 뿌리째 흔들어놓기 위한 장자의 설정이라고 할 수 있습니다. 장자는 궁극적으로 실체와 허상을 마주 세우기 위한 기획으로 우리가 실체라고 생각하는 실물조차 허상일 수도 있다는 것을 지적한 것입니다.

어떤 분은 여기서 빛이 등장하지 않는 이유를 따져 묻습니다. 하지만 그림자라고 하면 빛은 이미 전제되어 있는 것입니다. 빛만 있고 그림자가 없다면 우리는 빛을 인식할 수 없을 겁니다. 마찬가지로 빛이 없고 그림자만 있다면 그림자를 인식할 수 없겠지요. 그리고 빛과 그림자의 관계를 따지는 과학적 사유는 이 대목을 이해하는 데 별 도움이 되지 않습니다. 과학적으로 따지면 실물이나 그림자나 곁 그림자나 모두 실체입니다. 모두 현상이니까요. 그러니 과학적 사유는 잠시 내려놓는 것이 좋겠습니다.

〈5장〉은 존재의 근거를 따져 묻는 이야기이기도 합니다. 곁 그림자 → 그림자 → 실물의 입장을 모두 성찰하는 내용입니다. 우리는 어떤 것을 존재의 근거라고 규정짓지만 그런 규정을 짓는 순간 그 존재의 근거라고 하는 존재의 근거를 또 다시 생각하지 않을 수 없습니다. 존재의 근거, 존재의 근거의 근거, 존재의 근거의 근거의 근거, 이런 식으로요. 〈제물론〉 편 〈1장〉에서 귀에 못이 박히도록 장자가 이야기했지요. 반대로 곁 그림자는 허망하고 또 허망한 존재라서 망량, 곧 망이 두 번 겹치는 존재로 그려집니다. 망망이라고 할 수 있겠지요. 하지만 그보다 더 허망한 존재를 얼마든지 이야기할 수 있습니다. 망망망, 망망망망, 이런 식으로요. 이런 식의 수많은 허망과 허망의 연속을 장자는 자생자화(自生自化)라고 하였습니다. 그런 자생자화의 또 다른 표현이 물화(物化)입니다. 장자의 다음 이야기는 스스로 체험한 물화의 경험담인 호접몽(胡蝶夢)입니다.

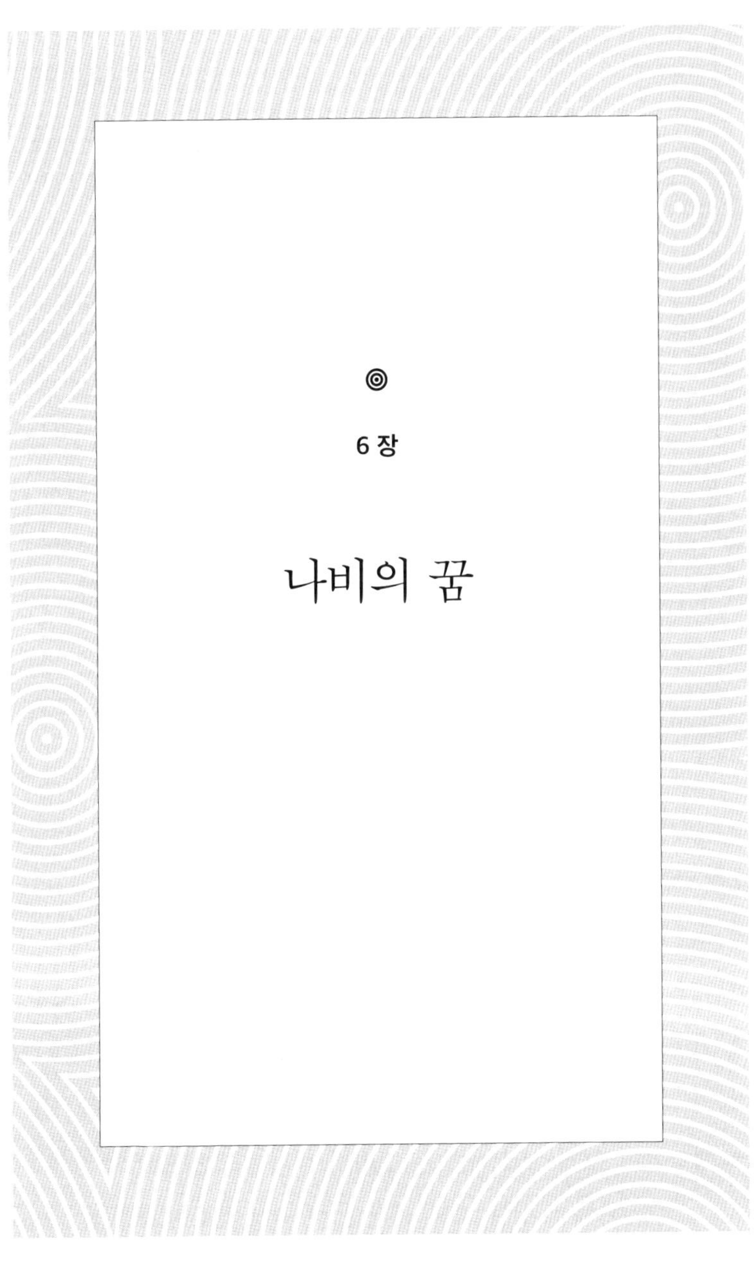

6 장

나비의 꿈

내가 나비의 꿈을 꾸는가,
나비가 내 꿈을 꾸는가

〈6장〉의 주인공은 장자 자신입니다. 아니 나비라고 해야 할지도 모르겠습니다. 어떤 학자는 장자가 이야기의 주인공으로 등장하고 장주라는 이름까지 나오는 것으로 보아 이 대목은 장자의 작품이 아니라고 주장하기도 합니다. 사실 《논어》가 공자의 저작이 아닌 것은 '자왈(子曰)'이라는 표현에서부터 알 수 있습니다. '자왈'은 선생께서 말씀하셨다는 뜻인데 공자가 스스로 자기 자신을 그런 식으로 표현했을 리는 없으니까요. 그런데 《맹자》가 되면 이야기가 달라집니다. 어떤 사람은 맹자가 스스로 '맹 선생'이라고 호칭했을 리 없으니 《맹자》는 맹자가 직접 지은 것이 아니라 맹자 사후에 제자들이 스승의 말을 기록한 것이라고 합니다. 《맹자》가 맹자의 자저가 아니라는 근거 중의 하나입니다. 하지만 《맹자》를 읽어보면 《맹자》는 아무래도 맹자가 직접 지은 부분이 더 많은 것 같습니다. 《맹자》의 문장은 직접 기술하지 않으면 도저히 불가능하다 싶을 정도의 생생함이 있거든요. 아무튼 장자가 직접 주인공으로 등장하는 대목이 《장자》에는 여러 차례 나오고 그 때문에 《장자》 또한 장자의 자저가 아니라는 주장도 있습니다. 그러나 자연 사물은 말할 것도 없이 인간 신체의 일부까지 의인화하여 즐겨 주인공으로 등장시키는 것이 장자입니다. 《장자》는 단순한 대화록이 아니라 문학 작품입니다. 따라서 얼마든지 자신이 주인공으로 등장할 수 있습니다. 그렇다면 이 대목만 굳이 다른 이야기와 달리 볼 필요는 없겠지요.

사실 이런 식의 다양한 문학 장치가 등장하는 이유는 앞에서 말씀드린 것처럼 장자는 공자나 맹자와는 처지가 달랐기 때문입니다. 공맹처럼 하고 싶은 이야기 다 하면서 잡혀가지 않으면 좋은데, 장자는 자칫 잡혀가기 쉬운 처지였기 때문에 보호 장치가 필요했습니다. 그중의 하나가 꿈입니다. 자신의 삶을 안전하게 지키면서 의도를 전달할 수 있는 손쉬운 방법이지요. 이후 남가일몽, 일장춘몽, 구운몽 등과 같이 꿈을 매개로 신분 차별이나 남녀의 차별 등 사회적 억압을 넘어설 수 있는 해방구로 삼은 이야기들이 많이 창작되었습니다. 꿈이라는 장치를 자유로운 공간으로 삼은 것입니다. 그래서 호접몽은 꿈 이야기의 원조라 할 수 있습니다.

흔히 이 대목을 데카르트의 방법적 회의와 연관 지어 풀이하는 경우가 있습니다만 데카르트의 경우는 애초에 회의가 목적이 아니라 회의를 어떻게 하면 끊어버릴까 하는 아주 불순한(?) 목적을 가지고 회의한 사이비 회의주의자입니다. 장자와는 다릅니다. 아니 반대편에 있다고 해야 할 것입니다. 또 주체를 강조했던 데카르트는 인간 이외의 동물은 기계와 같다고 보았습니다. 동물을 발로 차면 소리를 내며 우는 것은 종을 쳤을 때 소리가 나는 것과 같다고 생각했던 사람입니다. 장자와는 많이 다르지요. 일단 장자에게는 불순한 목적의 회의라든가 그런 게 없습니다. 동물을 기계로 보지도 않고요. 둘을 비교하면 아마 서로 화를 낼 겁니다. 장자는 자신마저도 상대적인 세계에서는 나비와 같은 존재라고 보는 겁니다. 이 야기의 말미에 등장하는 '물화(物化)'는 장자의 세계관을 이해하는 데 가장 중요한 개념입니다. 물화란 내가 주체고 상대가 대상이라는 인식을 넘어선 결과입니다. 내가 온전히 상대와 같아진다는 것은 곧 나의 소멸을 의미합니다. 나를 버려서 상대를 이루는 것, 그것이 장자의 물화(物化) 개념에 가깝습니다. '물화(物化)'에서 '물(物)' 자를 빼고 '화(化)' 자만 남기면 오히려 이해하기가 쉽습니다. 〈소요유〉 편 〈1장〉에서 '화'는 살아 있는 존재가 사멸하고 완전히 새로운 존재가 되는 것이라고 풀이했던 것을 돌이켜보시기 바랍니다.

> 어젯밤 장주는 꿈에 나비가 되었다. 팔랑팔랑 가볍게 나는 나비였는데 스스로 즐겁고 뜻에 꼭 맞았는지라 장주인 것을 알지 못했다. 이윽고 화들짝 깨어보니 갑자기 장주였다. 알 수 없구나. 장주의 꿈에 나비가 된 것인가, 나비의 꿈에 장주가 된 것인가. 장주와 나비는 분명한 구별이 있을 테지만 이처럼 장주가 나비가 되고 나비가 장주가 되는 것, 이것을 물화(物化)라고 한다.
>
> 昔者에 莊周夢爲胡蝶호니 栩栩然胡蝶也러니 自喩適志與라 不

知周也호라 俄然覺하니 則蘧蘧然周也러라 不知케라 周之夢에 爲胡蝶與아 胡蝶之夢에 爲周與아 周與胡蝶은 則必有分矣니 此之謂物化니라

장자가 꿈을 꿉니다. 유명한 호접몽(胡蝶夢)입니다. 꿈에 나비가 되어 날아다닙니다. 사람이 날아다니는 상상을 하게 된다면 아무래도 떨어질까 두려워하지 않을까요? 그런데 '적지(適志)'라고 표현한 데서 알 수 있는 것처럼 뜻에 꼭 맞아서 전혀 두려움이 느껴지지 않습니다. 자기가 장자라는 사실을 완전히 잊어버리고 나비가 된 것이죠. 사실 난다는 표현은 인간에게는 이룰 수 없는 꿈을 이루었다는 뜻으로 쓰이지요. 장자의 첫 이야기가 대붕이 날아가는 장면으로 시작한다는 사실을 상기하시기 바랍니다. 그리고 이 대목은 바로 장자 자신이 날아가는 장면입니다. 대붕은 구만리의 하늘을 타고 납니다. 그리고 장자는 '물화', 곧 나비가 됨으로써 하늘을 납니다. 구만리의 하늘이 필요하지 않습니다. 나비의 날개는 아주 가벼우니까요.

날 수 없는 인간에게 난다는 것은 자유의 획득을 뜻합니다. 빌리 엘리어트라는 소년이 춤추는 것을 보고 로열 발레학교 심사위원이 묻죠. "너, 춤 출 때 기분이 어떠니?" 하고요. 그러자 소년은 이렇게 대답합니다. "나는 것 같아요." 영국 영화 〈빌리 엘리어트〉에 나오는 이야기입니다. 난다는 것은 춤의 가장 높은 경지가 아닐까요? 두 다리와 두 팔 그리고 하나의 몸뚱이라는 육체적 속박을

벗어나는 것이 춤의 궁극적 경지임을 암시한 것으로 이해할 수 있습니다.

〈제물론〉 편의 마지막 이야기 나비 꿈은 〈소요유〉 편 〈1장〉에서 이야기했던 것과 같은 주제인 자유를 이야기하고 있습니다. 바로 앞에서 장자는 그림자와 꿈 이야기를 통해서 '곁 그림자 → 그림자 → 실물', '꿈속의 꿈 → 꿈 → 현실'의 대비를 통해서 모든 사물이 서로 종속적으로 연속되어 있다는 것을 보여줍니다. 그리고 종속의 맨 위에 있는 실물과 현실을 부정합니다. 겉으로 보기에 더 이상 종속이 아닌 것처럼 보이는 것들도 사실은 종속의 굴레에 얽매여 있다는 겁니다. 힘이 지배하는 세계에서 힘이 약한 자가 자유롭지 못한 것은 당연한 일이지요. 그렇다고 힘이 센 자가 자유로우냐 하면 그렇지 않습니다. 힘의 지배를 정당화하는 순간 더 큰 힘에 의한 지배를 부정할 수 없기 때문입니다. 논리적으로 결코 자유로울 수 없는 것이죠.

이를테면 고대 그리스의 도시국가 아테네는 섬나라 멜로스를 정복했죠. 침공하기 전에 만약 항복하지 않으면 여자와 어린아이들까지 모두 죽이겠다고 최후통첩을 합니다. 하지만 멜로스의 지도자들은 항복하지 않고 저항합니다. 그 결과 멜로스는 아테네의 공격에 의해 멸망당합니다. 멜로스 사람들은 죽어가면서 너희는 너희가 우리를 대한 방식대로 또 다른 침략자에게 멸망당할 것이라고 외칩니다. 실제 그렇게 되었죠. 스파르타가 아테네를 멸망시켰으니까요. 적어도 멜로스 사람들은 아테네가 부당하다고 말할 수 있습니다. 하지만 아테네 사람들은 그런 말을 할 수 없습니다. 자기들이 멜로스를 대한 방식대로 멸망당했으니까요. 이처럼 강약의 논리를 따르면 강자 또한 자유로울 수 없는 것이죠.

어떻게 해야 자유로울 수 있을까요? 우리는 흔히 자유와 평등이 서로 대립되는 가치인 것처럼 착각하는 경향이 있습니다. 하지만 장자는 자유란 상대를 대등한 존재로 받아들일 때 가능하다고 이야기합니다.

나비의 꿈에서 장자는 앞의 두 경우와는 다른 플롯을 제시합니다. 서로 종속되는 것으로 그렸던 그림자와 꿈 이야기와는 달리 나비 꿈에서는 '장자의 꿈↔나비의 꿈'으로 둘을 마주 세우고 있습니다. 〈제물론〉 편에서 자주 등장하는 '저것'과 '이것'의 논리를 문학적 장치로 활용한 것입니다. 저게 허상이면 이것도 허상이고 상대가 부정되면 나도 부정된다는 말입니다. 이 대목에 등장하는 "장주인 줄 몰랐다(不知周也)" 든지 "알 수 없다(不知)"는 식의 말은 우리가 확신하는 '주체'라는 것이 사실은 언제든지 부정될 수 있다는 것을 암시하는 표현입니다. 세상의 기준으로 보면 장자는 주체고 나비는 대상입니다. 그런데 장자는 나비의 꿈으로 주체와 대상을 마주 세우더니 결국에는 "장주의 꿈에 나비가 된 것인가 나비의 꿈에 장주가 된 것인가"라는 물음을 통해 주체와 대상의 역할을 전도시킴으로써 현실의 질서와 가치관을 뒤집어버린 것이지요. 우리가 현실에서 이미 꾸었던 꿈을 해석할 수 있는 것처럼 꿈에서 현실을 바라보고 해석할 수 있다면 장자의 기획은 성공적이라고 할 수 있겠습니다. 초현실주의 화가 르네 마그리트가 꿈은 깨어 있을 때의 해석이고 깨어 있는 것은 꿈의 해석이라는 말을 했는데, 장자와 비슷한 생각을 했나 봅니다.

이 대목을 감상할 때는 '나'와 '나비'를 짝으로 마주 세우는 장자의 방식과 함께 〈소요유〉 편과 〈제물론〉 편을 짝으로 놓고 읽어보는 것도 재미있습니다. 붕새의 어마어마한 비상과 나비의 가벼운 날갯짓을 함께 느끼는 것이지요.

번역을 살짝 바꿔서 읽어보겠습니다. 앞의 번역은 장자라는 인물을 삼인칭으로 놓고 번역한 것이고, 다음은 그것을 나라는 일인칭으로 바꿔서 번역한 것입니다. 나로 바꿔서 번역해야 주체와 대상의 관계를 마주 세우려는 장자의 의도가 더 잘 읽힙니다.

어젯밤 꿈에 나는 나비가 되었다.
팔랑팔랑 가볍게 잘도 날아다니는 나비였는데
나에게 꼭 맞았는지라 내가 나인 줄 전혀 몰랐다.
이윽고 깨어보니 틀림없는 나였다.
알 수 없구나.
내가 꿈에 나비가 된 것인가?
나비가 꿈에 내가 된 것인가?

장자가 이야기하는 양생에서는 삶보다 더 중요한 가치가 인정되지 않습니다. 물론 그렇다고 해서 무조건 오래 사는 것이 가장 중요하냐 하면 그건 아닙니다. 양생은 단순히 오래 사는 것이 아니기 때문입니다. 양생을 문자 그대로 이해하면 '삶을 기른다'는 뜻이므로 일단 오래 사는 것이 맞긴 합니다. 그러나 장자는 늘 삶과 죽음의 경계를 넘어서야 한다고 주장합니다.

제3편

◎

양생주

養生主

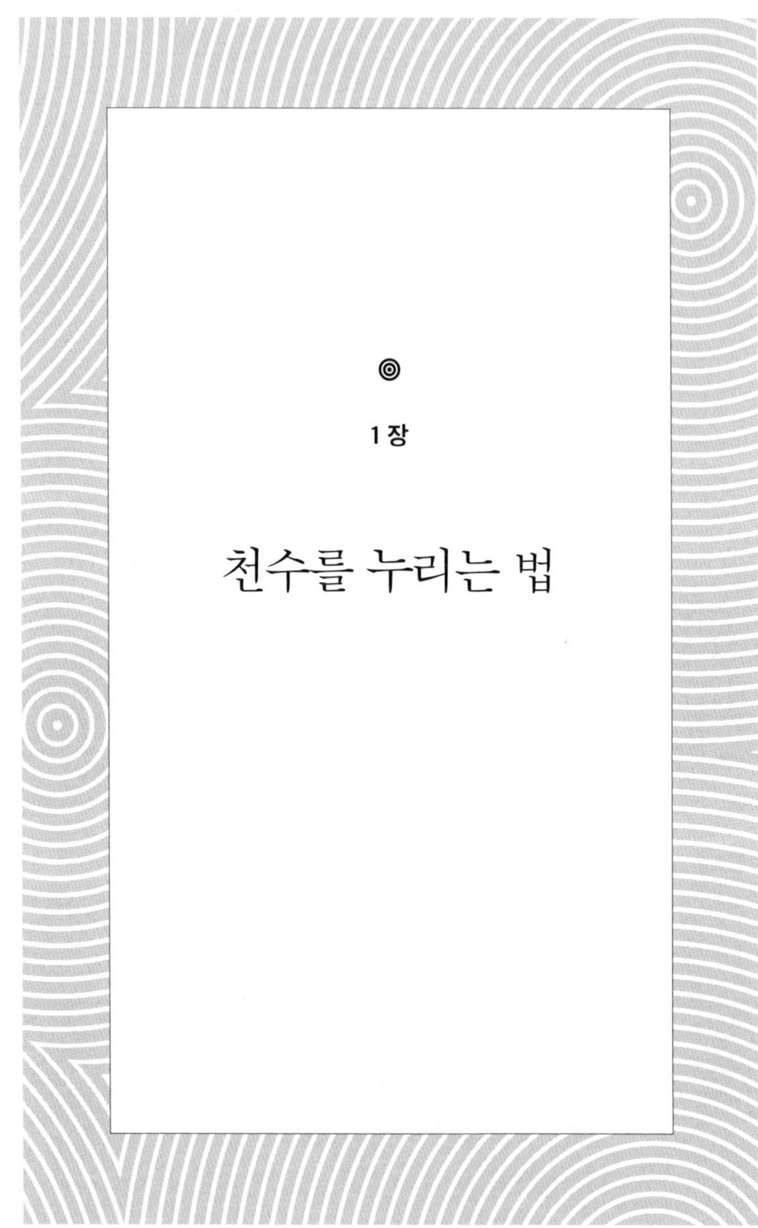

◎

1장

천수를 누리는 법

삶에 집착하지 않고 죽음을 두려워하지 않는다

공맹이 '수양'을 이야기한다면 장자는 '양생'을 이야기합니다. 수기(修己) 또는 수신(修身)으로 이해되는 유학의 수양은 올바른 삶이 목적입니다. 올바른 삶은 올바른 행동의 결과이고요. 그래서 수양을 중시하는 유학은 때로 삶보다 더 중요한 것이 있다고 인정합니다. 그 때문에 맹자는 삶과 올바름(義)을 같이 지킬 수 없다면 삶을 버리고 올바름을 택해야 한다고 주장합니다. 그런데 장자가 이야기하는 양생에서는 삶보다 더 중요한 가치가 인정되지 않습니다. 물론 그렇다고 해서 무조건 오래 사는 것이 가장 중요하냐 하면 그건 아닙니다. 양생은 단순히 오래 사는 것이 아니기 때문입니다. 양생을 문자 그대로 이해하면 '삶을 기른다'는 뜻이므로 일단 오래 사는 것이 맞긴 합니다. 그러나 장자는 늘 삶과 죽음의 경계를 넘어서야 한다고 주장합니다. 생사를 초월해야 한다고 주장하면서 한편으로 오래 살기를 바란다면 난센스라고 해야겠지요. 하지만 장자가 생명을 연장시키는 이야기를 전혀 하지 않은 것은 아닙니다. 이를테면 〈양생주〉 편 〈1장〉에서 장자는 분명 천수를 누리는 방법에 대해 이야기하고 있습니다.

우리의 삶은 끝이 있지만 지식은 끝이 없다. 끝이 있는 것을 가지고 끝이 없는 것을 추구하면 위태롭다. 그런데도 지식을 추구하면 더욱 위태로워질 뿐이다. 착한 일을 하더라도 명예에 가까이 가지는 말며, 나쁜 일을 해도 형벌에 가까이 가지는 말고, 중간을 따르는 것을 삶의 원칙으로 삼으면 자기 몸을 보호할 수 있고, 생명을 온전하게 지킬 수 있고, 어버이를 모실 수 있으며, 천수를 다 누릴 수 있다.

吾生也는 有涯하고 而知也는 無涯하니 以有涯로 隨無涯하나니 殆已로다 已而爲知者는 殆而已矣니라 爲善호대 無近名하며 爲惡호대 無近刑이오 緣督以爲經하면 可以保身이며 可以全生이며 可以養親이며 可以盡年이니라

송 대의 철학자 주희는 연독(緣督)의 '督'을 '裻(독)'으로 풀이합니다. '裻'은 웃옷의 등솔기입니다. 옷의 등솔기는 옷의 등 가운데 부분을 맞붙여 꿰맨 솔기를 말하죠. 여기의 '督'자가 왜 '중간(中間)'이라는 뜻으로 쓰이는지 그야말로 명쾌하게 알려주는 풀이입니다. 이런 풀이를 볼 때마다 주희가 장자를 주해했으면 참 좋았을 텐데 하는 아쉬움이 듭니다. 한의학에서 경혈을 이야기할 때 임맥(任脈)과 독맥(督脈)으로 나누어 말하는데 그중 독맥(督脈)의 독(督) 자가 같은 뜻으로 쓰인 것입니다.

주희는 일찍이 자신이 장자의 주석을 두루 살펴보았지만 제대로 풀이한 책이 없었다고 하면서, 자신이 하면 제대로 할 수 있겠지만 장자를 주해하는 일은 없을 것이라고 말한 적이 있습니다. 주희처럼 고전을 두루 꿰고 있는 학자가 장자를 주해했다면 지금 우리는 훨씬 더 풍부한 장자를 읽고 있을 겁니다. 그런데 장자를 주해하지 않겠다고 작심한 이유는 바로 장자의 이 글 때문이 아닐까 싶을 정도로 주희는 이 글의 인생관을 격렬하게 비판하고 있습니다. 주희는 이른바 〈양생주설〉이라고 하는 글에서 이렇게 말합니다.

> 장자는 선을 실천하더라도 명예에 가까이 갈 정도로 하지 말고 악을 저지르더라도 형벌에 걸릴 정도로 하지 말아서 중간을 따르는 것을 삶의 태도로 삼아야 한다고 했다 (…) 노장의 학술은 의리의 당부는 따지지 않고 단지 그 사이에 의지하여 자기 몸을 온전히 보전하고 재앙을 피할 생각만 한다 (…) 선을 행하되 명예에 가까이 가지 않게 하라는 말은 옳은 것 같지만 사실은 그렇지 않다. 성현의 도리는 단지 사람들에게 힘써 선을 실천하게 가르칠 뿐 처음부터 명예를 구하라고 가르치지 않을뿐더러 명예를 피하라고 가르치지도 않는다. 학문을 하면서 명예를 추구하는 것은 그 자체로 이미 위기지학(爲己之學)이 아니므로 말 할 것이 없다 (…) 악을 저지르더라도 형벌에 걸리지 않게 하라는 말은 더욱 도리에 어긋난다. 군자가 악취를 싫어하는 것처럼 악을 미워하는 것은 두려워함이 있어서 하지 않는 것이 아니다. 만약 형벌을 범하지 않는 것은 몰래 저지르고

> 형벌에 걸리는 행위에 대해서는 자취를 교묘하게 피해서 감히 범하지 않는다면 사사로운 이익만 계산하는 것이니 도리를 해침이 더욱 심하다 (…) 장자의 뜻은 의리를 따지지 않고 오로지 이해만 헤아린 것이다.〔爲善無近名 爲惡無近刑 緣督以爲經… 老莊之學 不論義理之當否 而但欲依阿於其間 以爲全身 避患之計… 其爲善無近名者 語或似是 而實不然 蓋聖賢之道 但敎人以力於爲善之實 初不敎人以求名 亦不敎人以逃名也 蓋爲學而求名者 自非爲己之學 蓋不足道… 謂爲惡無近刑 則尤悖理 夫君子之惡惡如惡惡臭 非有所畏而不爲也 今乃擇其不至於犯刑者 而竊爲之 至於刑禍之所在 巧其迹而避之 而不敢犯此 其計私而害理 尤有甚焉… 莊子之意 則不論義理 專計利害〕
> 《주자문집(朱子文集)》, 권67, 〈양생주설(養生主說)〉

장자의 이 부분은 요컨대 선을 실천하고 악을 저지르지 말라는 일상의 보편적 규범을 뒤엎는 내용으로, 선악을 기준으로 자신의 행위를 결정하지 말고 자신의 생존을 기준으로 선악의 행위를 실천하거나 회피하라는 조언으로 이해할 수 있습니다. 그렇다면 처세보다 치세를 중시하는 유가 이념과는 근본적으로 어울릴 수 없는 내용입니다. 그 때문에 주희는 일상의 도리에 충실할 것을 요구하는 유가 이념을 근거로 사적인 생존을 도모하는 장자의 심태를 단호하게 비판한 것입니다. 곧 주희에게는 장자가 올바른 도리를 추구하기보다는 자신의 이해를 따져서 때로 악행을 정당화하기도 하는 얄팍하고 이기적인 사람으로 간주될 수밖에 없었던 것이죠. 사실 형벌에 걸릴 정도의 악은 저지르지 말라는 표현은 악을 경계하기보다 악의 결과로 인한 손해를 두려워하라는 말로 받아들여질 수 있기 때문에 주희가 보기에는 현실에 좌절한 무기력한 지식인의 경박한 처세술에 지나지 않았을 것입니다.

더욱이 이 글은 〈내편〉인 〈양생주〉 편 첫머리에 나오기 때문에 초왕의 초빙을 자신의 안위를 기준으로 출사를 거절한 〈추수〉 편의 내용과는 달리 장자 자신의 저작으로 인정되고 있었을 뿐만 아니라 우언의 형식을 빌려 에둘러 말한 것도 아니기 때문에 적절한 변명의 논리를 찾기도 어렵습니다.

하지만 주희가 장자를 비판하기만 했던 것은 아닙니다. 오히려 전반적으로 높이 평가했습니다. 그는 제자들과의 대화에서 "장자가 누구에게서 전수 받았는지 알 수는 없지만 도체(道體)를 알았던 인물일 뿐 아니라 맹자 이후 순자를 비롯한 여러 사람들이 모두 장자에 미치지 못한다"고 극구 칭찬하기도 했습니다. 특히 "〈천도〉 편에 나오는 '도를 말하면서 도를 터득하는 차례를 말하지 않으면 도가 아니다'라고 말한 것은 대단히 훌륭한 논의로 아무래도 공문의 문도와 접촉하여 전수받은 유래가 있는 것 같다"고 높이 평가하면서 공문과의 유관성을 추정하기도 했는데 이는 한유의 영향을 받은 것으로 보입니다. 한유는 장자의 스승이 전자방이고 전자방은 공자의 제자였던 자하의 제자였기 때문에 장자가 유학의 전통을 이었다고 말한 적이 있기 때문입니다.

또 주희는 "후세의 불교에 나오는 좋은 말은 모두 장자에서 나온 것"이라고 말하기도 했는데 장자를 불교보다 높은 수준의 저작물로 인정하고 있다는 점에서 장자를 불교나 노자처럼 극력 배척하지는 않았음을 알 수 있습니다.

주희의 이 같은 비판에도 불구하고 이 대목은 단순한 처세술 이상의 지혜를 담고 있습니다. 특히 첫머리에서 장자가 지식의 위험성을 지적하고 있는데 우리의 지식은 대부분 욕망을 충족하기 위한 수단으로 기능합니다. 따라서 새로운 지식은 새로운 욕망에서 비롯된 것이며 그 욕망은 끝이 없기 때문에 유한한 인간의 삶은 방해받기 마련이라는 것이지요. 그래서 장자는 '끝이 있는 우리의 생명'을 가지고 '끝이 없는 지식'을 추구하게 되면 위태롭다(以有涯 隨無涯 殆已)'고 경고한 것입니다. 따라서 〈양생주〉 편은 무한한 인간의 욕망과 지식을 경계한 것이라고 할 수 있습니다.

2 장

소 잡는 백정의 구원

천리(天理)에 따라 소를 잡는다

〈2장〉은 유명한 〈포정해우(庖丁解牛)〉 장입니다. 포정은 푸줏간 사람이라는 뜻인데 여기서는 소 잡는 사람 곧 백정입니다. 당 대의 육덕명과 성현영은 '포정은 성이 포씨이고 이름이 정'이라고 하는 좀 생뚱한 주석을 붙였습니다. 물론 직업이 성으로 바뀌는 경우는 많지만 여기서 정(丁)은 부역이나 군역에 소집되는 남자, 그리고 그런 사람을 헤아리는 단위로 쓰이는 말이기 때문에 포정은 그저 포인(庖人)의 뜻으로 보아야 합니다. 게다가 본문에는 훌륭한 백정이라는 뜻인 양포(良庖)와 흔한 백정이라는 뜻인 족포(族庖)와 같은 말이 나오기 때문에 포정을 사람의 이름으로 보는 견해는 성립할 수 없습니다.

이 장은 신분 사회에서 가장 천대받았던 하층민인 백정이 '어떻게 사는 것이 행복한 삶인지' 이야기합니다. 그것도 일국의 군주인 문혜군을 상대로요. 물론 실제로 있었던 일은 아니고 장자가 지어낸 이야기입니다. 하지만 가장 억압받는 처지에 놓인 사람이 오히려 삶의 진실을 제대로 본 경우는 현실에서도 얼마든지 찾을 수 있습니다. 예를 들어 고대 로마의 철학자 에픽테토스 같은 경우도 신분이 천했습니다. 노예였죠. 노예의 아들로 태어났으니까요. 그런데 이 에픽테토스는 노예로 살면서도 웃음을 잃는 일이 없었어요. 아무리 힘든 일이 닥쳐도 결코 화를 내는 법이 없었고요. 신분이 낮은 사람이 고매한 성품을 지니고 있으면 시험받기 쉽습니다. 한번은 주인이 일부러 화를 내게 하려고 몽둥이로 두들겨 팼다고 합니다. 그러자 그는 두들겨 맞으면서 이렇게 말합니다. "주인님, 한 번 더 때리면 다리가 부러질 겁니다." 그래도 주인은 아랑곳하지 않고 그의 다리를 내리쳐서 결국 다리가 부러졌습니다. 그는 이렇게 말합니다. "제가 말씀드린 대로 다리가 부러졌습니다." 마치 남의 이야기를 하듯 담담하게 말이죠. 이런 경지는 흔하디흔한 긍정의 심리학 따위로 설명할 수 있는 것이 아닙니다. 그가 남긴 유명한 말이 있습니다. "어떤 일은 우리 마음대로 할 수 있지만, 어떤 일은 우리 마음대로 할 수 없다."

우리는 철학자라고 하면 대학 강단의 점잖은 학자를 생각하기 쉽지만 실제로 역사 속의 위대한 철학자들은 대학과 무관한 사람이 더 많았습니다. 소크라테스도 거리의 철학자였습니다. 디오게네스는 말할 것도 없고요. 에픽테토스도 그런 철학자 중의 한 사람입니다. 장자의 이야기를 들어보죠.

포정이 문혜군을 위해서 소를 잡는데 손으로 쇠뿔을 붙잡고, 어깨에 소를 기대게 하고, 발로 소를 밟고, 한쪽 무릎을 세워 소를 누르니 획획 하는 소리가 울리며, 칼을 놀리자 쐐쐐 소리가 나는데 음률에 맞지 않음이 없어서 상림의 무악에 부합되었으며 경수의 박자에 꼭 들어맞았다. 문혜군이 말했다.

“아! 훌륭하다. 기술이 어찌 이런 경지에 이를 수 있는가!”

포정이 칼을 내려놓고 대답했다.

“제가 좋아하는 것은 도인데 기술에서 더 나아간 것입니다. 처음 제가 소를 잡을 때에는 눈에 보이는 것이 소 아닌 것이 없었습니다. 3년이 지나고 나자 온전한 소는 보이지 않았습니다. 지금은 제가 신목(神目)으로 소와 만나고, 육안으로 보지 않습니다. 오관(五官)의 지각이 멈추고, 신묘한 작용〔神欲〕이 움직이면 천리(天理)를 따라 커다란 틈을 치며, 커다란 구멍으로 칼을 들이밀되 본래 그러한 결을 따르는지라, 경락과 긍경을 건드리지 않는데 하물며 큰 뼈다귀겠습니까?

솜씨 좋은 백정이라도 일 년에 한 번은 칼을 바꾸는데, 살코기를 베기 때문입니다. 보통의 백정은 한 달에 한 번 칼을 바꾸는데, 뼈를 치기 때문입니다. 지금 제가 쓰고 있는 칼은 19년이 되었고, 그동안 잡은 소가 수천 마리인데도 칼날이 마치 숫돌에서 막 새로 갈아낸 것 같습니다. 저 뼈마디 사이에는 틈이 있고 칼날 끝은 두께가 없습니다. 두께가 없는 것을 틈이 있는 곳으로 들어가게 하기 때문에 넓고 넓어서 칼날을 놀리는 데 반드시 넉넉한 공간이 있기 마련입니다. 이 때문에 19년이 지났는데도 칼날이 마치 숫돌에서 막 새로 갈아낸 것 같은 겁니다. 비록 그러하지만 뼈와 근육이 얽히고설킨 곳에 이를 때마다 저는 그것을 처리하기 어려움을 알고, 두려움을 느끼고 조심하여, 시선을 한 곳에 집중하고 손놀림을 더디게 하여 칼을 아주 조금씩 움직입니다. 그래서 뼈와 살이 마치 흙이 땅위에 떨어져 있는 것처럼 스스륵 떨어져 나가면, 그제야 칼을 잡고 우두커니 서서 사방을 돌아보며 머뭇거리다가 제정신이 돌아오면 칼을 닦아서 간직합니다."

문혜군이 말했다.

"훌륭하다. 나는 포정의 말을 듣고 양생의 도를 터득했다."

庖丁이 爲文惠君하야 解牛하더니 手之所觸과 肩之所倚와 足之所履와 膝之所踦면 砉然嚮然하며 奏刀騞然하야 莫不中音하야 合於桑林之舞하며 乃中經首之會한대 文惠君曰 譆라 善哉라 技蓋(합, 盍)至此乎여

庖丁이 釋刀하고 對曰 臣之所好者 道也니 進乎技矣니이다 始臣之解牛之時에 所見이 無非牛者러니 三年之後에는 未嘗見全牛也러니이다 方今之時에 臣이 以神으로 遇하고 而不以目으로 視하야 官知止하고 而神欲行이어든 依乎天理하야 批大郤하며 導大窾호대 因其固然이라 技(枝)經肯綮之未嘗이온 而況大軱乎따녀

良庖는 歲更刀하나니 割也요 族庖는 月更刀하나니 折也라 今臣之刀는 十九年矣오 所解는 數千牛矣로대 而刀刃이 若新發(潑)於硎하니이다 彼節者有閒코 而刀刃者 無厚하니 以無厚로 入有閒이라 恢恢乎其於遊刃에 必有餘地矣니 是以로 十九年이로대

而刀刃이 若新發(潑)於硎하니라 雖然이나 每至於族하야는 吾見其難爲하야 怵然爲戒하야 視爲止하며 行爲遲하야 動刀甚微하야 謋然已解하야 如土委地어든 提刀而立하야 爲之四顧하며 爲之躊躇하야 滿志커든 善刀而藏之하노이다 文惠君曰 善哉라 吾는 聞庖丁之言하고 得養生焉하니라

이야기의 주인공은 백정입니다. 조연은 문혜군입니다. 그는 소 잡는 백정의 기술을 통해 삶의 도리가 무엇인지 배웁니다. 신분이 가장 높은 한 나라의 왕이 신분이 가장 낮은 사람인 소 잡는 백정에게 삶의 도리를 배우는 것은 그 자체로 전복적이라고 할 수 있습니다. 장자에는 이런 전복이 반복적으로 일어납니다.

백정 곧 포정(庖丁)은 천민입니다. 천민이란 귀족이 아닐뿐더러 평민도 아닙니다. 평민은 국가로부터 토지를 받아 농사를 짓습니다. 이것이 이른바 상업(常業)입니다. 이 상업에 종사하지 못하는 사람들이 바로 노예에 가까운 신분인 천민입니다. 상업에 종사하는 평민들은 전쟁이 일어나면 병사가 되어 전쟁터에 나가는 의무를 지는데 천민에게는 그런 의무도 없습니다. 권리와 의무가 모두 없는 것이죠. 그 때문에 이들은 먹고 살기 위해서 사람들이 하지 않는 일, 곧 생명을 죽이는 도축을 업으로 삼아 살아갑니다. 당시로서는 아무도 하지 않으려 하는 '천한 일'을 하는 셈이지요. 이들이 구원받기 위해서는 어떻게 해야 할까요? 자기가 하는 일을 잘 하는 것, 곧 소를 잘 잡는 것입니다. 마치 축구 선수가 축구를 잘하고 가수

가 노래를 잘 부르는 것처럼 말입니다.

첫대목에서 장자는 포정이 소를 잡는 동작을 네 글자씩 이어서 모두 열여섯 글자로 표현합니다.〔手之所觸 肩之所倚 足之所履 膝之所踦〕 동작의 연속성을 보이기 위해서 그렇게 한 겁니다. 그런데 그 동작과 소리가 어우러져 춤과 음악을 만들어냅니다. 칼질하는 소리를 '획연향연 주도획연(砉然嚮然 奏刀騞然)'으로 표현했는데, 처음에는 '砉(획)'자를 쓰고 그 다음에는 '騞(획)' 자를 썼습니다. 같은 글자인데 뒤의 획(騞) 자는 말을 뜻하는 마(馬) 자가 붙어 있죠. 말은 빨리 달리는 동물이니까 템포가 더 빨라졌다는 뜻으로 그렇게 쓴 것입니다. 처음의 소리〔砉〕가 '슥삭슥삭'이라면 그 다음의 소리〔騞〕는 '슥삭슥삭슥삭슥삭' 정도가 되겠죠. 같은 길이를 가진 악절에서 8분음표가 16분음표로 바뀐 것이라고 이해하시면 됩니다. 왜 이렇게 이해해야 하느냐 하면 칼을 놀린다는 뜻으로 쓴 주도(奏刀)의 주(奏)는 본래 음악을 연주(演奏)한다는 뜻이기 때문입니다.

이어서 포정이 소 잡는 동작은 상림의 무악과 같고 칼질하는 소리는 경수의 박자와 같다고 표현했습니다. 상림(桑林)은 은나라 탕왕의 음악이고 경수(經首)는 황제가 짓고 요임금이 편곡한 함지(咸池)라는 음악의 악장으로 모두 최고의 클래식입니다. 고대의 음악은 제왕의 덕을 상징합니다. 그래서 《맹자》에 보면 공자의 제자 자공이 "그 예를 살펴보면 그 나라 정치의 득실을 알 수 있고 그 음악을 들어보면 그 임금의 덕을 알 수 있다〔見其禮而知其政 聞其樂而知其德〕"고 한 것입니다. 그런데 여기서 장자가 포정의 소 잡는 동작과 소리가 상림의 무악과 경수의 박자에 들어맞는다고 했으니 결국 백정의 덕이 탕왕이나 황제, 요임금과 같은 등급이라는 설정입니다.

이런 경지를 보고 문혜군이 '기술이 어찌 이런 경지에 이를 수 있느냐'고 하면서, 믿을 수 없는 기술이라고 감탄합니다. 그러자 포정은 자신이 추구하는 것은 도이지 기술이 아니라고 말합니다. '진호기(進乎技)'의 진(進)은 더 나아간 것, 곧 그 너머에 있는 것이라는 뜻입니다. 비록 기술이긴 하지만 기술의 경지를 넘어서야 도달할 수 있는 경지가 도라는 것이지요. 포정은 이어서 자신이 도를 터득하게 된 과정을 말하는데 그 이야기가 참으로 절묘합니다.

포정은 처음 소를 잡을 때를 이야기하는데 그때에는 눈앞에 그저 소 한 마리가 전체로 보였을 뿐이라고 이야기합니다. 곧 어디에 칼을 대야할지 전혀 알 수 없었다는 것이죠. 그러다가 3년이 지나니까 그때부터 전체로서의 소가 보이지 않게 되었다고 합니다. 곧 소의 뼈와 살과 힘줄과 근육 따위가 따로따로 보였다는 뜻입니다. 소의 내부, 곧 소의 이치(理)를 훤히 들여다보게 된 것이죠. 그러니 어디서부터 칼을 대야 할지 쉽게 알 수 있습니다. 마치 한문 공부를 할 때와 비슷합니다. 처음 한문을 보게 되면 문장 전체가 한 덩어리로 보이죠. 어디에서 끊어야 할지 알 수 없습니다. 그러다 3년 정도 공부를 해서 문리(文理)를 터득하면 자유자재로 끊어서 읽을 수 있습니다. 포정의 이야기를 들어보면 소 잡는 것도 비슷한 모양입니다. 뒤에 보면 의호천리(依乎天理)라고 하여 천리(天理)에 따라 소를 잡는다고 합니다. 말이야 천리(天理)라고 했지만 소니까 소의 이치에 따라 소를 잡는 것이겠죠. 옥을 다듬는 옥인이 옥의 이치(理)에 따라 옥을 다듬는 것과 같습니다. 그래야 보물이 됩니다. 본래 '리(理)'라는 글자는 왼쪽에 있는 부수 글자가 옥(玉)인데서 알 수 있는 것처럼 '옥의 결'입니다. 그래서 '리(理)' 자 앞에 무엇이든 붙이면 모두 그 사물의 이치라는 뜻이 됩니다. 소의 이치를 알면 소를 잘 잡을 수 있고, 옥의 이치를 알면 옥을 잘 다듬을 수 있죠. 사람의 이치를 잘 알면 잘 살 수 있을 겁니다.

그런데 이 '리(理)'라는 것은 육안으로 볼 수 있는 것이 아닙니다. 그래서 포정이 소를 잡으면서 눈으로 보지 않고 신(神)으로 본다고 한 것입니다. 같은 방식으로 공부의 이치를 알면 공부를 잘 하게 되겠지요. 그런데 이런 이치는 그 이치를 탐구한다고 해서 거저 얻어지는 것이 아니라 공부를 해나가다가 알게 되는 것입니다. 그러니 공부하지 않고 공부 잘하는 방법을 백날 찾아봤자 허사입니다.

그런 이치를 아는 사람이 흔하지는 않은 모양입니다. 포정의 말에 의하면 뛰어난 백정도 일 년에 한 번씩 칼을 바꾸고 흔한 백정들은 한 달에 한 번씩 칼을 바꿉니다. 소를 잡다가 살코기를 베거나 뼈를 건드리기 때문에 칼날이 무디어지기 때문입니다. 이 이야기의 주인공인 포정은 19년 동안 수천 마리 소를 잡았는데도 칼날이 전혀 무디어지지 않았다고 합니다. 뼈를 치기는커녕 소의 온몸에 퍼져 있는 경락이나 긍경도 건드리지 않기 때문입니다. 지경(技經)의 '技(지)'는 '枝(지)' 자의 가차로 지맥(枝脈)을 말하며, '經(경)'은 경맥(經脈)을 말합니다. 이 둘을 통틀어 경락(經絡)이라고 합니다. 긍경(肯綮)은 뼈와 살, 힘줄 따위가 엉켜 있는 부분입니다.

포정은 칼날이 무디어지지 않는 이유를 자신의 칼날 끝은 두께가 없고 소의 뼈마디에는 빈틈이 있는데 두께 없는 칼날을 빈틈에서 움직이기 때문이라고 말합니다. 칼날은 등에서부터 칼날 쪽으로 갈수록 얇아지죠. 그러니 끝 부분 소실점에 이르게 되면 두께가 없어진다고 할 수 있겠죠. 하지만 그건 논리적인 이야기이고 현실의 물리적인 칼날은 아무리 칼끝이라고 해도 두께가 있기 마련입니다. 그렇기 때문에 장자가 말하는 두께 없는 칼날은 실재하는 물리적인 칼을 말하는 것이 아니라 의식의 칼날을 말하는 것으로 이해해야 합니다. 중요한 것은 칼날의 예리함보다 소의 빈틈을 보고 그 사이로 칼날을 집어넣는 것입니다. 그것은 육안으로 보이지 않고 신목(神目)으로만 볼 수 있습니다. 바로 그 신목으로 본래 그러한 결, 곧 소가 생겨먹은 대로의 자연을 따라 소를 잡습니다. 그것이 인기고연(因其固然)입니다.

이렇게 한바탕의 춤과 음악이 끝난 뒤 포정은 '사방을 돌아보며 머뭇거리다가 제정신이 돌아오면 칼을 닦아서 간직한다'고 말합니다. '위지사고 위지주저(爲之四顧 爲之躊躇)'는 현실의 세계에 익숙하지 않아 머뭇거리는 동작입니다. 곧 도의 세계에서 노닐다가 현실의 세계로 돌아오면 평소 익숙했던 현실이 오히려 생경하게 느껴진다는 겁니다. 만지(滿志)는 제정신으로 돌아온다는 뜻으로 현실의 세계로 돌아와 일상의 모습이 익숙해진 것을 말합니다.

앞에서 말씀 드린 것처럼 포정은 고대사회에서 신분이 가장 비천한 사람이고 소 잡는 일은 천한 일입니다. 소를 죽이는 일은 생명을 죽이는 일이기 때문에 아무도 하려 하지 않기 때문이죠. 그런데 포정은 운명적으로 그런 일을 하도록 타고난 사람입니다. 운명일 수밖에 없는 것이, 현실적으로는 벗어날 수 없다는 것을 뜻하기 때문입니다. 그런데 그런 운명에서 구원받을 수 있는 유일한 방법이 바로 소 잡는 일에 몰입하는 것입니다. 억압된 상태를 벗어나기 위해 자유를 추구하는 것, 그것을 우리는 예술이라고 하죠. 소 잡는 일에 몰입하여 현실의 고통을 넘어서는 것 그것이 《장자》 〈포정해우〉 장의 대의라 할 수 있습니다. 어떤 상황에 놓이더라도 인간은 인간이니까요.

문혜군은 포정의 그런 모습을 보고 삶의 도리, 양생의 도를 배웁니다. 양생의 도는 인기고연(因其固然)과 의호천리(依乎天理)를 말합니다. 모두 있는 그대로의 자연을 따른다는 뜻이지요. 그렇다면 억지로 삶을 연장시키는 것은 양생이 아니라고 해야겠지요.

3 장

불편하지만 자유로운 삶

세상에는 다리가 둘인 사람도 있고 다리가 하나인 사람도 있다

인간은 누구나 화를 피하고 복을 구하려 합니다. 하지만 장자는 그 둘을 똑같이 자연으로 받아들여야 한다고 이야기합니다. 이 이야기의 주인공 우사는 우사 벼슬을 하다가 죄를 지어 한쪽 다리가 잘린 사람입니다. 공문헌이라는 권력자가 길에서 그를 만나 왜 다리가 하나밖에 없느냐고 묻습니다. 그러자 우사는 하늘이 그렇게 만든 것일 뿐이라고 말합니다. 이어서 권력자의 삶을 새장 안의 새에 빗대어 권력의 부자유를 풍자합니다. 흔히 권력자는 자유롭고 권력을 얻지 못한 자는 자유롭지 못하다고 생각하지만 장자는 양생의 측면에서 볼 때 권력이야 말로 자유를 방해하는 것이라고 이야기합니다.

공문헌이 우사를 만나보고 놀라서 물었다.
"이 사람이 누구인가? 어찌하여 발이 하나뿐인가? 하늘이 그렇게 만든 것인가? 아니면 사람이 그렇게 만든 것인가?"
우사가 말했다.

"하늘이 한 것이지 사람이 한 것이 아니다. 하늘이 나를 낳을 때 외발이 되게 한 것이다. 사람의 용모는 하늘이 부여한 것이다. 이로써 내가 외발이 된 것은 하늘이 한 것이지 사람이 한 것이 아님을 알 수 있다. 못가에 사는 꿩은 열 걸음 만에 한 입 쪼아 먹으며, 백 걸음 만에 한 모금 마시지만 새장 속에서 길러지기를 바라지 않는다. 정신은 비록 육체가 왕성해진다 하더라도 그것을 좋은 것으로 여기지 않기 때문이다."

公文軒이 見右師하고 而驚曰 是何人也오 惡乎介也요 天與아 其人與아 曰 天也라 非人也니라 天之生是 使獨也로다 人之貌는 有與也니 以是로 知其天也라 非人也하노라 澤雉 十步에야 一啄하며 百步에야 一飮호대 不蘄畜乎樊中하나니 神雖王이나 不善也하나니라

공문헌(公文軒)의 문헌(文軒)은 아름다운 장식을 새긴 수레고 공은 존칭입니다. 그래서 아카츠카 기요시는 공문헌이란 이름은 '화려한 무늬로 치장된 수레인 문헌을 타고 다니며 부귀영화를 누리는 사람'을 뜻하는 '문헌공'을 거꾸로 '공문헌'이라고 우의를 담아 표현한 것이라고 풀이했습니다. 그 공문헌이 길에서 다리가 하나밖에 없는 우사를 보고 놀라 묻습니다. 우사는 본래 벼슬 이름인데 여기서는 과거에 우사 벼슬한 사람을 우사라고 부른 것입니다. 권력을 추구하다가 화를 당한 그는 이제 권력을 버리고 양생을 추구하는 사람으로 나옵니다. 공문헌이 왜 다리가 하나밖에 없느냐고 묻자

우사는 하늘이 그렇게 만든 것이라고 이야기합니다. 사실은 권력자인 사람에 의해 다리가 잘린 것인데 이렇게 말한 것입니다. 형벌을 받아 외다리가 되었지만 그런 사실을 비관하지 않고 자연으로 받아들이는 우사의 태도를 알 수 있습니다.

우사는 이어서 사람들이 두 다리를 갖고 있는 것이 하늘이 그렇게 만든 것이라면 같은 논리로 자신이 다리를 하나밖에 가지고 있지 않은 것도 하늘이 만든 것이라고 말합니다. 무슨 뜻일까요?

연암 박지원의 글에는 이런 이야기가 나옵니다.

> 까마귀는 온갖 새가 다 검은 줄 알고, 백로는 다른 새가 희지 않은 것을 이상하게 여기는구나. 흰 새와 검은 새가 각기 옳다고 우기면 하늘도 그 송사에 싫증내겠구나. 사람은 모두 두 눈이 갖춰져 있지만 한 눈을 감아도 잘 보인다. 어찌 꼭 두 눈이라야 밝게 본다 하겠는가. 한 눈뿐인 사람들 사는 나라도 있다하네. 두 눈도 오히려 적다고 의심하여 도리어 이마에 덧붙이기도 하고, 다시 저 관음불은 모습을 바꾸면 눈이 천 개나 되는구나. 천 개의 눈이 다시 필요할 것인가? 장님도 검은 것은 볼 수 있다네.〔烏信百鳥黑 鷺訝他不白 白黑各自是 天應厭訟獄 人皆兩目俱 矉一目亦覩 何必雙後明 亦有一目國 兩目猶嫌小 還有眼添額 復有觀音佛 變相目千隻 千目更何有 瞽者亦觀黑〕《燕岩集》, 〈髮僧菴記〉

박지원의 이 글과 장자의 이 대목을 같이 읽고 생각해보면 공문헌이 우사의 다리가 하나밖에 없는 것을 보고 놀란 것은 마치 까마귀가 다른 새가 검지 않다고 이상하게 여긴 것이나 마찬가지라고 할 수 있습니다. 세상에는 다리가 둘인 사람도 있고 다리가 하나인 사람도 있습니다. 그런데 자신의 다리가 둘이라는 이유로 다리가 하나인 사람을 이상하게 여기면 어떨까요?

우사는 한쪽 다리를 잃었지만 그보다 더 소중한 것을 얻었습니다. 바로 자유입니다. 그래서 그는, 못가에서 자유롭게 사는 꿩은 열 걸음 만에 한 입 쪼아 먹고, 백 걸음 만에 한 모금 마시지만 새장 속에서 길러지는 것을 원치 않는다고 말합니다. 공문헌처럼 안온하게 벼슬을 하며 사는 것보다 외발이로 곤궁하게 살더라도 자유롭게 사는 것이 더 낫다는 우화입니다.

◎

4장

노자의 죽음

태어날 때가 되면 태어나고
죽을 때가 되면 죽는다

이번 이야기에는 노자가 등장합니다. 그런데 살아서 등장하는 것이 아니라 죽어서 등장합니다. 사실 장자 못지않게 노자의 신상도 오리무중입니다. 《사기》 〈공자세가〉에는 공자가 주나라로 가서 노자에게 예를 물었다는 기록이 나옵니다. 그리고 〈노자열전〉에는 노자의 전기가 기록되어 있는데 겨우 454자에 지나지 않는데다 세 명의 노자가 등장합니다. 먼저 성이 이씨(李氏)이고 이름이 이(耳), 자(字)가 담(聃)인 사람으로 이 사람은 공자보다 앞선 인물로 그려져 있습니다. 그리고 공자와 동시대 인물로 초나라의 노래자(老萊子)를 노자라 하기도 하고, 공자 사후 129년 뒤의 인물인 주나라 태사 담〔周太史儋〕을 노자라 하기도 합니다. 그리고 전해오기를 노자는 도를 닦아서 장수했다〔脩道而養壽〕고 하는데 160세를 살았다고 하기도 하고 200세를 살았다고 하기도 합니다. 그러니 노자가 닦은 도는 수명을 연장하는 의미의 양생술이라고 전해지는 것이죠. 노자를 만나고 난 뒤에 공자가 용을 보았다고 하면서 노자를 띄우는 대목도 나옵니다. 어쨌든 노자는 사마천이 은군자(隱君子)라고 한 것처럼 신비의 인물입니다. 게다가 지금 전해지는 《도덕경》에는 시대를 나타내는 단어가 보이지 않고 사람 이름을 비롯한 고유명사가 전혀 나오지 않습니다. 그러니 의도적으로 그렇게 글을 썼다고 보아야 합니다. 왜냐하면 '누가' '언제' '어디서'를 빼고 글을 쓴다는 건 거의 불가능하기 때문입니다.

그 때문에 노자가 어떤 인물인지 정확하게 밝히는 것은 대단히 어려운 일입니다. 다만 현재 전해지는 노자 텍스트, 곧 《도덕경》은 《장자》보다 더 늦게 나온 것으로 추정되기 때문에 《장자》에 나오는 노자, 곧 노담(老聃)은 공자보다 선배인 이이(李耳)라고 해야 할 것입니다. 아마도 《도덕경》을 지은 사람은 《장자》에 나오는 노담의 말을 가져다 썼지 않을까 싶습니다.

이 장에서 장자는 노자의 친구인 진일(陳失)이라는 인물을 등장시켜 노자의 죽음을 슬퍼하는 사람들에게 삶과 죽음을 초연히 넘어선 안시처순(安時處順)의 우화를 이야기하고 있습니다. 안시처순은 삶에 집착하지도 않고 죽음을 두려워하지도 않는 경지로 양생의 비결이기도 합니다.

노담이 죽자 진일이 조문하러 가서 세 번 곡하고 나와버렸다.

제자가 물었다.

"선생님의 친구가 아니십니까?"

진일이 대답했다.

"그렇다."

제자가 말했다.

"그런데 조문을 이렇게 해도 됩니까?" 진일이 말했다.

"그렇다. 처음에 나는 그가 사람이라고 생각했는데 지금 보니 아니다. 조금 전 내가 들어가 조문했는데, 늙은이는 마치 자기 자식을 잃은 듯 울며, 어린 아이들은 마치 자기 어미를 잃은 듯 울었다. 저들이 모인 까닭은 반드시 위로하는 말을 하고 싶어 하지 않으면서도 억지로 하고, 울기를 바라지 않으면서 억지로 우는 경우가 있을 것이니 그런 행위는 천리를 저버리고 인정에 어긋나 하늘로부터 받은 것을 잃어버린 것이다. 옛날에는 이것을 두고 천리를 저버리는 죄라고 했다. 때마침 이 세상에 태어난 것은 태어날 때를 따른 것이고, 때마침 세상을 떠난 것은 갈 때를 따른 것이니, 태어날 때를 편안히 맞이하고 죽을 때를 편안히 따르면 슬픔이나 즐거움이 마음에 침입할 수 없다. 옛날에는 이것을 '꼭지에 거꾸로 매달렸다가 풀려난 것'이라고 했다. 이 말이 가리키는 뜻은 땔나무가 다 타버려도 불은 다른 나무로 옮겨가기 때문에 결코 꺼질 줄을 모른다는 뜻이다.

老聃이 死어늘 秦失(일)이 弔之호대 三號而出한대 弟子曰 非夫子之友邪아 曰然하다 然則弔焉호대 若此可乎아 曰 然하다 始也에 吾以爲其人也러니 而今에 非也로다 向吾入而弔焉한대 有老者哭之호대 如哭其子하며 少者哭之호대 如哭其母하니 彼其所以會之에 必有不蘄言而言하며 不蘄哭而哭者하니 是遁(遁)天倍情하

야 忘其所受니 古者에 謂之遁天之刑이라하더니라 適來는 夫子時也요 適去는 夫子順也니 安時而處順이면 哀樂이 不能入也하노니 古者에 謂是를 帝之縣解라하더니라 指는 窮於爲薪이어니와 火는 傳也라 不知其盡也니라

노자가 죽자 친구였던 진일이 조문하러 가서 세 번 형식적으로 곡하고 그냥 나와버립니다. 그러자 진일의 제자(혹은 노자의 제자일 수도 있습니다만 어느 쪽이든 상관없습니다)가 묻습니다. 선생님(이 선생님 또한 노자를 가리킨 말일 수도 있고 진일을 가리킨 말일 수도 있습니다)의 친구인데 이렇게 형식적으로 조문해도 되느냐고요. 본래 유가의 예법에 따르면 조문할 때 조문하는 사람이 망자를 알지 못하고 상주만 알면 곡은 하지 않고 상주를 위로하기만 하고, 조문하는 사람이 망자를 알고 평소 관계를 맺었다면 곡을 합니다. 더욱이 친구라면 슬피 울어야 할 텐데 진일은 그렇게 하지 않고 형식적인 예만 갖추고 나온 것입니다. 그래서 제자가 이상하게 여겨 물은 것이 당연합니다.

제자의 물음에 진일은 이렇게 대답합니다. 나는 처음에 노자가 사람이라고 생각했는데 지금 보니 사람이 아니라고(始也 吾以爲其人也 而今非也) 이야기하는 것이죠. 사실 이 대목 '始也 吾以爲其人也 而今非也'에 대해서는 이설이 분분합니다. 대체로 이 부분을 "노담이 훌륭한 사람인줄 알았는데 지금 보니 그런 사람이 아니다"는 식으로 이해하여 진일이 노담을 비판하는 내용으로 풀이하는 경우가 많습니다. 곧 노담의 평소 행동이 사람들을 불러 모아 자신의 죽

음을 슬퍼하게 했다는 것이죠. '其人'을 '至人(지인)' 곧 훌륭한 사람이라는 뜻으로 본 것인데 '其人'이 '至人'으로 표기된 판본도 있으니 근거 없는 풀이는 아닙니다. 하지만 곽상은 '其人'을 '모여서 곡하는 사람들'로 해석하고 있습니다. 곽상의 해석에 의하면 중인들이 노담의 죽음을 슬퍼하며 모여 곡을 하였지만 노담은 결코 죽음 따위를 슬퍼하지 않고 오히려 생사를 초월한 심경에 있었다고 하여 진일이 노담을 칭찬하는 내용으로 보아야 합니다. 또 일본의 카나야 오사무(金谷治)는 처음에는 노자를 세속의 사람으로 생각했는데 지금 보니 아니라는 식으로 해석했습니다. 곽상과 카나야 오사무의 해석이 더 타당하다고 할 수 있습니다. 왜냐하면 조문하러 간 사람이 슬퍼하지 않은 까닭은 〈지락〉 편에서 장자가 아내가 죽었을 때 슬퍼하지 않는 이유를 이야기하는 맥락과 통하기도 하고 표현도 유사하기 때문입니다.

〈지락〉 편에는 이런 이야기가 실려 있습니다.

장자의 아내가 죽어서 혜자가 조문하러 갔더니 장자가 다리를 뻗고 앉아 동이를 두드리며 노래를 부르고 있었다. 혜자가 말했다. "아내와 함께 살면서 자식까지 키우고 함께 늙어가다가 그 아내가 죽었는데 곡을 하지 않는 것만으로도 충분할 텐데 동이를 두드리며 노래까지 하는 것은 너무 심하지 않은가." 장자가 대답했다. "그렇지 않다. 이 사람이 처음 죽었을 때에 난들 어찌 슬프지 않았겠는가마는 그 처음을 살펴보았더니 본래 삶이 없었고, 삶만 없었을 뿐 아니라 본래 형체도 없었고, 형체만 없었을 뿐 아니라 본래 기(氣)조차 없었다. 황홀한 가운데 섞여서 변화하여 기가 있게 되고 기가 변화하여 형체가 있게 되고 형체가 변화하여 삶이 있게 되었다. 그러다가 지금 또 변화해서 죽음으로 갔으니 이것은 서로 봄·여름·가을·겨울이 되어 사계절이 운행되는 것과 같다. 저 사람이 천지의 큰 집에서 편안히 쉬고 있는데 내가 시끄럽게 떠들면서 울어댄다면 이는 스스로 천명을 알지 못하는 것이라고 여겼기 때문에 그만두었다.〔莊子妻死 惠子弔之 莊子則方箕踞 鼓盆而歌 惠子曰 與人居 長子 老身 死 不哭 亦足矣 又鼓盆而歌 不亦甚乎 莊子曰 不然 是其始死也 我獨何能無概(慨)然 察其始而本無生 非徒無生也 而本無形 非徒無形也 而本無氣 雜乎芒芴之間 變而有氣 氣變而有形 形變而有生 今又變而之死 是相與爲春秋冬夏 四時行也 人且偃然寢於巨室 而我噭噭然隨而哭之 自以爲不通乎命 故止也〕

〈지락〉 편의 이 대목을 같이 읽어보면 진일은 노자의 죽음을 슬퍼하여 시끄럽게 울어대는 것은 천명을 알지 못하는 것이라고 여겼기 때문에 그렇게 하지 않았다는 뜻으로 이해할 수 있습니다. 이어지는 대목에서 진일은, 늙은이는 마치 자기 자식을 잃은 듯 울며, 어린아이들은 마치 자기 어미를 잃은 듯 울지만 사실은 말하고 싶지 않은데 억지로 말하고, 울고 싶지 않은데 억지로 우는 사람들이 있을 것이라고 하면서, 그런 행위는 천리를 저버리고 인정을 배신하는 것으로 천리를 저버리는 죄라고 비판합니다. 그러고는 태어날 때를 편안히 맞이하고 죽는 때를 편안히 따르면 슬픔과 즐거움이 그 사람의 마음에 들어갈 수 없다고 이야기합니다. 둔천배정(遯天倍情)의 '遯'은 둔천지형(遁天之刑)의 '遁'과 같이 둔으로 읽습니다. 글자 그대로 풀이하면 '하늘로부터 도망친 사람에 대한 형벌'이라는 뜻입니다. 이 같은 형벌을 범하지 않고 태어날 때 태어나고 죽을 때 죽는 것이 안시처순(安時處順)입니다. 안시처순(安時處順)에서 '時'는 태어날 때를 의미하고 '順'은 죽을 때를 말합니다. '安'과 '處'는 모두 편안하게 맞이한다는 뜻입니다. 대만학자 왕숙민(王叔岷, 왕슈민, 1914~2008)은 이 대목을 풀이하면서 "이른바 양생은 생사의 자연스러움을 따르는 것이지 장생불사를 추구하는 것이 아니다(所謂養生乃順生死之自然 非以求長生不死也)"라고 했는데 맥락을 잘 짚었다고 할 만합니다.

진일은 계속해서 안시처순의 비유를 듭니다. 옛날에는 사람이 죽음으로 돌아가는 것을 일러 '꼭지에 거꾸로 매달렸다가 풀려난 것(帝之縣解)'처럼 자연스럽게 받아들였다는 것이지요. 살아 있는 자가 죽은 사람에 대한 추모의 감정을 다스리는 여러 가지 방법 중의 하나입니다. 이 대목 '제지현해(帝之縣解)'는 대부분의 주석가들이 '帝'를 상제(上帝)로 보고 "상제가 인간에게 내린 거꾸로 매다는 형벌에서 해방된 것이다"로 풀이합니다. 하지만 갑자기 《장자》에는 한 번도 나오지 않는 상제가 등장하는 것도 그렇고 뜻도 불분명합니다. 따라서 제(帝)를 상제(上帝)로 볼 것이 아니라 '蒂(체)'의 가차로 보아야 합니다.

송나라 정초(鄭樵)의 《이아주(爾雅注)》에 보면 제(帝) 자의 자의(字

義)를 '꽃과 꼭지(花蒂 華蔕)의 상형'으로 보았습니다. 그리고 청나라의 오대징(吳大澂)도 제(帝)를 체(蒂)로 풀이한 글이 있습니다. 체(蒂)는 꼭지를 뜻하는데, 꽃이 꼭지에 매달려 있는 모습이 거꾸로 매달려 있는 모양(倒縣)이므로, 이 구절을 '꽃이 꼭지에 거꾸로 매달렸다가 떨어지는 것'으로 해석하여 인간의 생사(生死)는 마치 초목의 생성·영락처럼 자연스러운 일임을 비유한 표현으로 보는 것이 타당합니다. 《장자》에는 이처럼 구체적인 자연현상에 인간의 삶을 비유한 경우가 많기 때문입니다. 예를 들어 〈인간세(人間世)〉 편의 미양(迷陽)도 곽상을 비롯한 주석가들은 '거짓 미친 척함' 또는 '움직이지 않음' 등으로 풀이한 경우가 많지만 '가시풀'로 해석하는 것이 간명합니다.

꼭지 이야기만으로는 안시처순의 비유로 부족하다고 여겼는지 진일은 마지막으로 죽은 사람이 완전히 사라지는 것이 아니라 다른 존재로 이어질 수 있다는 여운을 남깁니다. 땔나무가 다 타버려도 불은 다른 나무로 옮겨가기 때문에 결코 꺼질 줄을 모른다는 말은 죽는다고 해서 사람의 영혼이 완전히 사라지는 것이 아니라 다른 존재에 붙어서 지속된다는 맥락으로 이해할 수 있습니다. 하지만 불의 비유를 꼭 사람의 영혼으로 이해해야 하는지 대해서는 논의의 여지가 있습니다. 사람으로 태어났던 존재가 다른 사물로 변하고 그 사물이 또 다른 사물로 변한다는 만물의 유전 변화에 대한 장자의 사유는 〈대종사〉 편에 본격적으로 등장합니다. 남은 이야기는 〈대종사〉 편을 읽을 때 말씀드리겠습니다.

대부분의 사람이 어떻게 하면 남을 죽이고 내가 살아남을 것인가에 골몰하는 시대에 장자는 나도 살고 남도 살 수 있는 방법을 고민합니다. 그렇다고 해서 얄팍한 처세를 말하는 것도 아니고 공맹처럼 나서서 천하를 어떻게 다스릴 것인가 하고 거창한 명분을 내걸지도 않습니다. 어디까지나 인간 세상에 대한 통찰을 통해 자신을 보존하고 다른 사람과 함께 할 수 있는 방법을 고민한 사람이 장자입니다.

제 4 편

◎

인간세

人間世

◎

1장

나도 살고 남도 사는 법

험한 세상에서 살아남으려면

인류가 이 지구상에 생존하는 일은 예나 지금이나 쉽지 않습니다. 더욱이 전쟁과 폭력의 시대를 살았던 장자야 오죽했겠습니까? 대부분의 사람이 어떻게 하면 남을 죽이고 내가 살아남을 것인가에 골몰하는 시대에 장자는 나도 살고 남도 살 수 있는 방법을 고민합니다. 그렇다고 해서 얄팍한 처세를 말하는 것도 아니고 공맹처럼 나서서 천하를 어떻게 다스릴 것인가 하고 거창한 명분을 내걸지도 않습니다. 어디까지나 인간 세상에 대한 통찰을 통해 자신을 보존하고 다른 사람과 함께 할 수 있는 방법을 고민한 사람이 장자입니다.

나 혼자 살아남는 것이 아니라 나도 살고 남도 같이 살려면 어떻게 해야 할까요? 그리고 왜 꼭 그렇게 해야 할까요? 같은 질문을 역시 험한 시대를 살았던 곽상도 던졌던 모양입니다. 그는 "타인과 무리지어 사는 사람은 타인을 떠나서 살 수 없다. 그러나 인간 세상의 변화는 시대마다 기준이 다르기 때문에 오직 무심히 스스로의 지혜를 쓰지 않는 자만이 변화가 나아가는 바를 따라 얽매이지 않을 수 있다〔與人群者 不得離人 然人間之變故 世世異宜 唯無心而不自用者 爲能隨變所適 而不荷其累也〕"고 했습니다. 또 남송의 임희일(林希逸)도 "앞에서는 양생을 말했고 여기서는 인간 세상을 말하고 있다. 이미 이 몸을 지니고 이 세상에 살고 있으니 어찌 인간사를 모두 끊을 수 있겠는가. 다만 사람들이 잘 지내기를 바랄 뿐〔前言養生 此言人間世 蓋謂旣有此身 豈能盡絶人事 但要人處得好耳〕"이라고 했습니다. 그리고 명말청초의 왕부지(王夫之)는 "이 편은 난세를 넘어 스스로를 보존하고 남을 보전하는 묘술을 추구한 것이니 군자가 깊이 취할 점이 있다〔此篇爲涉亂世 以自全而全人之妙術 君子深有取焉〕"고 했는데 모두 탁견으로 음미할 만합니다.

덕은 명예 때문에 어지러워지고 지식은 다툼에서 나온다

장자는 〈1장〉과 〈2장〉의 주인공으로 안회와 공자를 등장시켜 어지러운 세상에서 살아나가는 것이 얼마나 위험한지, 그리고 삶을 보존하는 것이 얼마나 어려운지 이야기합니다. 〈인간세〉 편의 등장 인물인 공자, 남백자기, 지리소, 접여 등은 모두 인간 세상에 애정을 가지고 있으면서도 동시에 인간 세상과 일정한 거리를 두고 있는 인물들입니다. 장자는 이들을 통해 세상과 대화합니다. 그중에서 대표자라 할 수 있는 공자를 통해 자신의 뜻을 이야기합니다. 공자가 장자의 대변자 역할을 하는 것이지요. 물론 〈5장〉에서는 도리어 접여를 내세워 공자를 비판하기도 합니다만 공자를 통해 세상을 바라본 것만은 분명합니다. 공자와 함께 득도자로서의 안회가 등장하는 것도 중요한 의미가 있습니다. 장자가 안회 계열의 유학자라는 단서도 이런 데서 찾을 수 있기 때문입니다.

안회가 중니를 뵙고 떠날 것을 청하자 중니가 말했다.
"어디로 가는가?"

안회가 말했다.

"위나라로 가려고 합니다."

중니가 말했다.

"가서 무엇을 하려하느냐?"

안회가 말했다.

"제가 들으니 위나라 임금이 나이가 젊고 행동이 독단적이어서 나라를 함부로 다스리고 자신의 잘못을 알지 못하며, 백성들을 함부로 죽여서 나라 안에 죽은 사람들이 연못에 넘칠 정도로 많아 마치 못가의 수풀을 태운 것처럼 지독하여 백성들이 갈 곳이 없다고 합니다.

저는 일찍이 선생님께 '다스려진 나라는 떠나고 어지러운 나라로 나아가야 할 것이니, 의원의 집에는 병든 사람이 많은 법'이라고 배웠습니다. 선생님께 배운 대로 실천한다면 아마도 그 나라를 치유할 수 있을 겁니다."

중니가 말했다.

"아! 네가 가면 아마도 형벌을 받고 말 것이다. 무릇 도란 섞이는 것을 바람직하게 여기지 않으니 섞이면 흔들리게 되고 흔들리면 근심하게 되고 근심하면 남을 구원할 수 없다. 옛날 지인은 먼저 자기가 도를 지킨 뒤에 다른 사람으로 하여금 도를 지키게 하였다. 자기 안에 지키는 도가 아직 단단하지 않다면 어느 겨를에 포악한 사람의 소행을 바로잡는 데에 이를 수 있겠는가. 뿐만 아니라 너도 덕이 어지러워지는 까닭과 지식이 어디에서 나오는지 알고 있지 않은가. 덕은 명예 때문에 어지러워지고, 지식은 다툼에서 나오는 것이다. 명예라는 것은 서로 싸우는 것이고 지식은 다툼에서 이기기 위한 도구이다. 이 두 가지는 흉기인지라, 끝까지 추구할 만한 가치가 아니다."

顔回 見仲尼하야 請行한대 曰 奚之오 曰 將之衛니이다 曰 奚爲焉고 曰 回는 聞호니 衛君이 其年이 壯하고 其行이 獨하야 輕用其國하고 而不見其過하며 輕用民死라 死者以國에 量乎澤하야 若蕉하야 民其無如矣라 호이다

回는 嘗聞之夫子호대 曰 治國去之하고 亂國就之니 醫門多疾이라 호니 願以所聞으로 思其則하면 庶幾其國이 有瘳乎인저 仲尼曰 譆라 若이 殆往이면 而刑耳리라 夫道는 不欲雜이니 雜則多하고 多則擾하고 擾則憂하리니 憂면 而不救하리라 古之至人은 先存諸己코 而後存諸人하더니 所存於己者 未定이면 何暇에 至於暴人之所行이리오 且若은 亦知夫德之所蕩 而知之所爲出乎哉아 德은 蕩乎名하고 知는 出乎爭하나니 名也者는 相札(軋)也요 知也者는 爭之器也니 二者는 凶器라 非所以盡行也니라

안회가 이웃 위나라가 어지러운 것을 보고 자신이 가서 위나라 임금을 설득하겠다고 하자 공자가 말립니다. 위나라 임금은 영공(靈公)의 아들인 괴외(蒯聵)라는 주장도 있고 괴외의 아들이자 영공의 손자인 첩(輒)이라는 주장도 있습니다만, 두 사람 모두 인륜을 저버

리고 자신의 아버지를 거부한 폭군이기 때문에 이 이야기의 등장 인물이 될 만합니다. 물론 나이가 30대(其年 壯)라고 하는 걸로 보아서 손자인 첩으로 보는 것이 더 타당하겠지만 어차피 빗대서 이야기한 것이기 때문에 누가 되든 상관없습니다. 위나라에 죽은 사람들이 연못에 넘칠 정도로 많아서 마치 못가의 수풀을 태운 것 같다는 말은 폭정의 가혹함을 비유한 것입니다.

안회는 위나라로 가는 명분을 공자의 가르침에서 찾습니다. 의사의 집에 병든 사람이 많은 것처럼 군자는 어지러운 나라로 가서 그 나라를 다스려야 한다고요. 나라가 어지러운 것을 사람의 몸에 병이 난 것으로 비유한 것은 유가의 '수양론'과 장자의 '양생론'이 접목되는 지점입니다. 물론 공자가 이렇게 말한 대목이 《논어》나 다른 유가 문헌에 직접적으로 나오지는 않습니다. 다만 《논어》에는 공자가 세상이 어지럽다는 이유로 세상을 피해 사는 은자(隱者)들의 태도를 비판하면서 세상이 어지럽기 때문에 오히려 나아가야 한다는 취지로 말하는 내용이 나오기 때문에 공자의 가르침과 어긋나지는 않습니다. 안회는 공자에게 배운 대로 실천하겠다는 것입니다. 따라서 공자가 안회의 말을 그르다고 반박하기는 어렵습니다. 하지만 공자는 안회를 말립니다. 가면 목적을 이루지도 못하고 폭군에 의해 희생될 것이라고 본 것입니다.

공자는 우선 도에 뭔가 끼어들면 문제가 생긴다고 말합니다. 도가 섞이는 것이 바람직하지 않다는 말은 어떤 가치를 추구하는 일이 그 자체로 의미를 갖지 못하고 다른 목적의 수단으로 전락할 때

위험하다는 뜻입니다. 여기서 다른 목적은 군주를 설득하는 일입니다. 안회의 목적은 도탄에 빠진 백성들을 구하는 데 있죠. 하지만 그렇게 하려면 먼저 위나라 임금을 설득해야 합니다. 그러려면 임금이 무엇을 좋아하고 무엇을 싫어하는지 살펴서 맞춰가야 하는데 그러다 보면 결국 기준이 흔들리고, 기준이 흔들리면 걱정이 생기게 되어서 끝내 상대를 바로잡을 수 없게 됩니다. 나의 안전이 흔들리는 상황에서는 절대 상대를 바로잡을 수 없다는 것이죠. 그래서 옛날 훌륭한 사람(至人)은 먼저 자기를 보전하고 나서 다른 사람을 챙겼다고 말합니다. 《대학》에도 "자신에게 아름다운 가치가 있고 나서 다른 사람에게 그 가치를 지키라고 요구하고, 자신에게 악이 없고 나서 다른 사람에게 악을 없애라고 요구한다(有諸己而後 求諸人 無諸己而後 非諸人)"는 말이 나오는데 맥락은 다소 다르지만 논리는 같습니다. 수기(修己)가 안 된 사람이 치인(治人)을 할 수 없다는 것은 《대학》에서 말하는 수기치인의 원칙인데, 안회의 행동은 이런 대원칙에 위배된다고 지적한 겁니다.

이어서 공자는 안회에게 덕이 어지러워지는 까닭과 지식이 어디에서 나오는지 알지 않느냐고 묻습니다. 덕은 명예 때문에 어지러워지고 지식은 분쟁에서 비롯된 것입니다. 그리고 이 둘은 흉기입니다. 흉(凶)은 구덩이 속에 사람이 들어가 있는 형상을 그린 글자입니다. 죽을 수도 있다는 겁니다. 그러니 여기에 인생을 걸어서는 안 된다고 말립니다.

“뿐만 아니라 네가 덕이 두텁고 진실함이 단단하더라도 아직 다른 사람의 기분을 잘 알지 못하며, 명예를 다투지는 않더라도 아직 다른 사람의 마음을 잘 알지 못하는데, 힘써 인의의 주장과 도리에 맞는 말을 가지고 포악한 사람 앞에서 설교한다면, 이는 남의 악행을 이용해서 자신의 아름다움을 뽐내는 것이니 이런 사람을 두고 재앙을 끼치는 사람이라고 한다.

남에게 재앙을 끼치면 다른 사람 또한 반드시 거꾸로 그에게 재앙을 끼칠 것이니 너는 아무래도 남에게 재앙을 당할 것이다. 또 위나라 임금이 참으로 어진 사람을 좋아하고 어리석은 사람을 싫어한다면 무엇 때문에 너를 등용하여 특이한 정치를 추구하겠는가.

너는 오직 아무 말도 하지 말아야 할 것이다. 위나라 임금은 왕공의 권력으로 반드시 사람의 약점을 틈타 논쟁에서 이기려 할 것이니, 그렇게 되면 너의 눈은 휘둥그레 어지러워질 것이고, 안색은 억지로 평온하게 꾸밀 것이고, 입으로는 변명을 늘어놓을 것이며, 용모는 거짓으로 꾸며서 마침내 마음으로 상대의 악을 이루어줄 것이다. 이것은 불로 불을 끄려 하고 물로 물을 구제하려는 것이다. 이것을 일러 악을 더 보태준다고 한다. 처음부터 순종하게 되면 끝이 없을 것이니 네가 상대방이 믿지 않는데 진실한 말을 두터이 하면 반드시 포악한 임금 앞에서 죽게 될 것이다.”

且德厚信矼이라도 未達人氣하며 名聞不爭이라도 未達人心이오 而强以仁義繩墨之言으로 術暴人之前者면 是는 以人惡으로 有其美也니 命之曰菑人이라하리니 菑人者는 人이 必反菑之하나니 若이 殆爲人菑夫인저 且苟爲悅賢而惡不肖인댄 惡用而하야 求有以異리오 若은 唯無詔어다 王公으로 必將乘人而鬪其捷하리니 而目將熒之하며 而色將平之하며 口將營之하며 容將形之하야 心且成之하리니 是는 以火로 救火며 以水로 救水라 名之曰 益多라하노니 順始면 無窮하리니 若이 殆以不信으로 厚言이면 必死於暴人之前矣니라

유가의 수양을 기준으로 이야기하면 사실 안회야말로 수기가 제대로 된 사람입니다. 그러니 공자가 평소 이야기하던 대로라면 덕이 두텁고 진실한 안회는 다른 사람을 설득할 만한 자격이 충분합니다. 하지만 권력자의 악행을 바로잡는 일은 그런 도덕적 자격만 가지고 성공할 수 없습니다. 아무리 자신이 옳다 하더라도 권력자의 기분이나 마음을 잘 읽지 못하면 실패할 수밖에 없기 때문이죠. 인기(人氣)와 인심(人心)은 상대방의 기분이나 심리 상태를 말합니다. 사실 이런 분야의 전문가는 한비자입니다. 그는《한비자》〈세난(說難)〉편에서 임금을 설득하는 것이 얼마나 어려운지 이야기했는데, 성공의 가장 큰 요인은 임금의 마음(人心)을 알아서 내가 하는 말을 그에게 맞추는 데 있다(在知所說之心 可以吾說當之)고 했습니다. 예를 들어 명예를 추구하는 임금에게 이익으로 유세하면 하절(下節)

로 여겨져 천한 자로 무시당하고, 실리를 추구하는 임금에게 명예로운 일로 유세하면 현실을 모르는 한심한 자로 여겨집니다. 또 임금이 속으로는 이익을 추구하면서 겉으로는 명예를 내세우는 경우에 명예로운 일로 유세하면 겉으로는 받아들이는 척하면서 실제로는 멀리하고, 이런 임금에게 이익으로 유세하면 몰래 그 계책을 쓰면서도 겉으로는 버립니다. 또 임금의 신임이 지극하지 않은 경우에는 유세한 말이 시행되어 공을 세우게 되어도 잊혀지기 마련이고, 반대로 실패하게 되면 의심을 받게 됩니다. 그러니 단순히 어떻게 유세하면 성공한다는 식의 일정한 규칙이 없습니다. 참으로 잘 갖추어진 유세법이라고 할 수 있는데 막상 한비자 본인은 이러한 어려움을 잘 알고 있었음에도 진나라에서 억울하게 죽음을 당하고 말죠.

한비자의 유세법과 여기 나오는 공자의 이야기를 기준으로 안회를 평가하면 안회는 아직 임금의 마음〔人心〕을 잘 알지 못합니다. 그러니 그 마음에 맞춰서 말할 수가 없습니다. 또 아직 임금의 신임이 두텁지 않기 때문에 뜻을 이루기가 어렵습니다. 자칫 임금의 악행을 들추어내서 자신의 아름다움을 뽐내는 것으로 의심받게 되면 남을 헐뜯는 사람, 곧 남에게 재앙을 끼치는 사람〔菑人〕으로 간주되겠죠. 재인(菑人)의 '菑'는 본디 윗부분의 '艸(艹)'가 없는 글자로, '巛'는 물이 범람하는 모양을 그린 것이고 '田'은 농토를 의미합니다. 그래서 재(菑)는 농토를 휩쓸어버리는 홍수를 그린 글자로 재앙을 뜻합니다.

다른 사람에게 재앙을 끼치는 자는 다른 사람 또한 그에게 재앙을 끼칩니다. 보복의 불문율이죠. 결국 안회가 할 수 있는 것은 극히 제한된 범위에 지나지 않습니다. 그래서 공자는 안회에게 이렇게 제안합니다. 위나라 임금의 신임을 얻기 전까지는 아무 말도 하지 말라는 거죠. 만약 처음부터 진실한 말을 하게 되면 상대가 권력을 이용해서 그를 굴복시킬 것이고 그렇게 되면 죽게 될 것이라는 겁니다. 그러고는 진실한 말을 하다가 죽음을 당한 예를 듭니다.

"옛날에 걸왕은 관용봉을 죽였으며, 주왕은 왕자 비간을 죽였다. 이들은 모두 자신을 수양해서 아랫사람으로서 다른 사람의 백성을 어루만졌으니 아랫사람으로서 윗사람을 거역한 자들이다. 그 때문에 그 임금은 그들이 수양을 빌미로 도리어 그들을 죽음으로 떠밀었으니 이는 명예를 좋아했기 때문이다.
옛날에 요임금은 총나라, 지나라, 서오족을 공격하였으며, 우임금은 유호씨를 공격해서, 이들의 국도는 폐허가 되고 임금은 형륙을 당했으니 이는 전쟁을 그치지 않고 실리를 끝없이 탐냈기 때문이다. 이들은 모두 명예와 실리를 구하다가 멸망한 경우인데 너만 유독 그 이야기를 듣지 못했는가. 명예와 실리는 성인도 감당하지 못하는데 하물며 너이겠는가. 비록 그렇지만 너에게는 반드시 방법이 있을 것이니, 시험 삼아 나에게 말해보라."

且昔者에 桀이 殺關龍逢하며 紂殺王子比干하니 是는 皆修其身하야 以下로 傴拊人之民하니 以下로 拂其上者也라 故로 其君이 因其修하야 以擠之하니 是는 好名者也라 昔者에 堯攻叢枝胥敖하며 禹攻有扈하야 國爲虛厲하고 身爲刑戮하니 其用兵이 不止며 其求實이 無已일새니 是皆求名實者也니 而獨不聞之乎아 名實者는 聖人之所不能勝也온 而況若乎따녀 雖然이나 若이 必有以也니 嘗以語我來하라

걸왕은 중국 고대 전설상의 왕조인 하나라의 마지막 임금으로 《한시외전(韓詩外傳)》에 의하면 술로 못을 만든 다음에 배를 띄우고 무고한 사람을 수없이 죽인 폭군으로 알려져 있습니다. 관용봉이 말리자 그의 머리를 베어 죽입니다. 그리고 주왕 또한 은나라의 마지막 임금으로 주지육림(酒池肉林)의 사치를 부렸는데 숙부였던 비간이 말리자 그의 심장을 갈라 죽입니다. 주왕이 비간의 심장을 갈라 죽였다는 이야기는《장자》에도 여러 차례 나올 정도로 널리 알려져 있는데, 사마천의《사기》〈은본기〉에 의하면 비간이 좋은 말로 계속 간하자 주왕은 "내 듣자하니 성인의 심장에는 구멍이 일곱 개가 있다더라" 하고는 비간의 가슴을 갈라 심장을 구경했다(吾聞聖人心有七竅 剖比干 觀其心)고 합니다. 어쨌든 이 두 사람은 세상에서는 충신으로 칭송을 받는데 여기서는 이들이 신하로서 임금을 거역하다가 자신을 해친 자로 비판받습니다. 그들이 유가적 의미의 수양이 잘 된 사람인 것은 틀림없는데 권력자들은 오히려 그것을 빌미

로 삼아 그들을 죽음으로 몰아넣었다는 것이죠. 결국 그들은 명예를 탐내다가 명예보다 더 소중한 자신의 생명을 해쳤기 때문에 옳지 않다는 겁니다. 여기서 유가적 의미의 수양과 장자가 말하는 양생의 차이점을 읽어낼 수 있습니다.

흔히 명예는 아름다운 가치고 이익은 탐욕으로 비난받는데, 그것이 둘 다 삶을 해친다는 점에서는 같다고 장자는 이야기합니다. 상당히 과격한 주장이죠.

비슷한 이야기가 〈변무(駢拇)〉 편에도 나옵니다. 장(臧)과 곡(穀) 두 사람이 양을 치다가 양을 잃어버렸는데 장은 책을 읽다가 양을 잃어버렸고 곡은 도박을 하고 놀다가 양을 잃어버립니다. 하지만 둘 다 양을 잃어버린 것은 같습니다. 마찬가지로 백이는 명예를 지키다가 수양산 아래서 굶어 죽었고 도척은 이익을 좇다가 동릉산 위에서 죽었지만 외물을 좇다가 생명을 해친 것은 같다고 합니다. 요컨대 세상 사람들은 백이는 성인으로 칭송하고 도척은 도둑이라고 비난하는데 장자는 그 둘이 모두 외물에 마음을 빼앗겨 지나친 행위를 한 사람들이라는 점에서 마찬가지라고 합니다. 물론 장자의 이런 주장은 어떻게든 자신의 삶만 보전하면 된다는 기회주의로 비판받기도 합니다. 후세의 사람들이 관용봉이나 비간, 백이와 숙제를 칭송하는 것을 보면 그들이 명예를 얻은 것은 분명하지만 그들이 과연 처음부터 명예를 추구한 것인지는 알 수 없다는 점도 생각해봐야겠지요.

대만학자 왕숙민은 장자의 이 같은 관점을 기회주의적 인생관

일 뿐만 아니라 불륜불류(不倫不類)의 비인륜적 사고방식이라고 격렬하게 비판합니다. 물론 그런 측면이 있죠. 예를 들어 우리도 어떤 사람을 평가할 때 어떤 사람이 선행을 했느냐 악행을 저질렀느냐 이걸 보지 않고 그 동기의 이기성을 기준으로 똑같다고 얘기를 하면 선행이나 악행이나 똑같다는 물타기가 되죠. 그런데 결과가 다르잖아요. 동기가 다같이 이기적이라 하더라도 이익을 직접 추구하는 것과 자신의 이익을 배제함으로써 이차적으로 주어지는 명예를 추구하는 것은 구분해야 하지 않겠습니까. 이런 식의 논의는 군자와 소인의 차이를 이데올로기적으로 강요하는 억압성을 비판할 때는 유효할지 몰라도, 인간 행위의 전반을 같은 기준으로 비판하면 사실 비판이 딛고 서 있을 수 있는 건강한 지평 자체가 사라져버리는 거죠. 이렇게 되면 선행을 하다 죽으나 악행을 저지르다 죽으나 어차피 죽었다는 점에서는 같다고 이야기할 수 있습니다. 이렇게 되면 사람의 삶을 평가할 수가 없습니다. 누구나 태어나서 살다가 죽죠.

예를 들어 하이데거는 나치에 협력했잖아요. 그러다 보니까 하이데거가 아리스토텔레스의 삶을 기술할 때 그러죠. "그는 태어나서 살다가 죽었다." 이런 기술은 어떤 철학자가 태어나서 어떻게 살다가 죽었느냐는 것은 그렇게 중요한 게 아니고, 그 사람이 남긴 철학적 사유, 하이데거 자신의 표현을 따르면 자신의 '존재에 대한 사유'가 어떤지를 봐 달라, 내가 나치에 협력했건 말건 그건 나의 삶을 평가하는데 그렇게 중요한 기준이 아니라는 식의 이야기입니다.

하지만 하이데거가 그렇게 존중했던 아리스토텔레스는 막상 "나는 용기(勇氣)가 무엇인지 알고 싶은 것이 아니라 용기 있게 행동하고 싶다"고 이야기했습니다. 말하자면 어떻게 행동하는 것이 윤리적으로 올바른가를 아는 것보다 올바르게 사는 것이 더 중요하다고 이야기한 겁니다. 이렇게 본다면 《장자》의 이 부분도 〈양생주〉 편 〈1장〉과 마찬가지로 비판받을 소지가 많습니다. 장자처럼 주장하게 되면 선행을 하다 죽거나 악행을 하다 죽거나 죽었다는 점에서는 다 똑같다고 이야기할 수 있습니다. 그렇게 되면 인간의 삶 자체를 평가할 수 없게 되기 때문에 취약한 논리라고 할 수 있습니다. 게다가 장자는 총나라, 지나라, 서오족, 유호씨 등을 거론하면서 이들은 명예와 실리를 탐내다가 멸망 당했는데, 그것은 명예와 실리를 탐하는 것은 요임금이나 우임금 같은 성인들도 용납할 수 없었기 때문이라고 이야기합니다. 논점을 너무 확대한 감이 있죠.

물론 장자는 누구나 옳다고 생각하는 윤리적 행위, 나아가서는 윤리 규범 자체의 정당성을 의심하는 지평에서 이야기한 것입니다. 곧 장자의 의도는 관용봉이나 비간, 또는 백이와 숙제의 개인적인 행위를 비판하는 데 있다기보다, 그런 사람을 내세워 생명을 경시하는 이데올로기를 정당화하는 구조적 기만성을 폭로하는 데 있는 것이죠. 죽음을 무릅쓰고 권력자에게 저항하는 정신은 숭고한 것이지만 그런 정신이 또 다른 권력자, 심지어 해당 권력자에 의해 병 주고 약 주고 하는 식으로 이용당하는 경우를 보면 장자의 의심이 어느 정도 이해됩니다.

예컨대 고려의 정몽주를 간신으로 지목하여 자객을 보내 죽인 자는 이방원이죠. 그런데 막상 자신이 왕이 된 뒤에는 정몽주를 충신으로 표창합니다. 죽인 자와 표창한 자가 같은 겁니다. 뭔가 이상하지 않습니까. 또 장자에 의해 우언의 주인공이 된 공자는 위나라에 가지 말라고 안회를 말리면서 가면 죽게 될 것이라고 경계하지만, 현실의 공자는 위나라에 가면 "반드시 명분부터 바로잡겠다(必也正名乎)"고 이야기하죠. 위나라 임금을 바로잡겠다는 겁니다. 그러니 우언과 현실을 연결시키면 스스로는 위험을 자초하면서 안회가 따라 하려니까 말리는 격이 됩니다. 장자가 공자를 만나면 이런 아이러니가 연출됩니다.

안회가 말했다.
"몸가짐을 단정히 하고 마음을 비우며 힘써 노력하고 마음을 한결같이 하면 되겠습니까?"
공자가 말했다.
"아! 어찌 되겠는가. 위나라 임금은 사나움이 마음에 가득하여 그것이 밖으로 또렷하게 드러나며, 마음과 기색이 일정치 않고 사람들이 어기지 않는 것을 즐기며, 사람들의 감정을 억누르고 자기 마음대로 하는 것을 즐기니 이런 사람을 두고 날마다 조금씩 쌓아가는 작은 덕조차도 이루지 못할 것이라고 하는데 하물며 큰 덕이겠는가. 고집을 부리고 변하지 않아서 겉으로는 부합된 것처럼 보이나 속으로는 헤아리지도 않을 것이니 어찌 그 정도로 되겠는가."

"그렇다면 저는 안으로는 강직하지만 겉으로는 굽히고, 일정한 의견을 제시할 때는 옛사람과 나란히 하겠습니다. 안으로 강직한 사람은 하늘을 따르는 사람이니, 하늘을 따르는 사람은 천자와 자신이 모두 하늘이 낳은 줄 알 터인데, 유독 자기 말을 다른 사람이 좋게 평가하기를 바라며, 자기 말을 다른 사람이 좋지 않게 평가하기를 바라겠습니까. 이 같은 사람을 사람들이 어린아이라고 부르니 이를 두고 하늘을 따르는 무리라고 합니다.

또 겉으로 자신을 굽히는 사람은 사람을 따르는 무리이니, 홀을 높이 들거나 무릎 꿇고 절하거나 몸을 구부리는 동작은 신하가 지키는 예법이라 사람들이 모두 그렇게 하는데 저라고 감히 그렇게 하지 않겠습니까. 사람들이 하는 것을 똑같이 하는 사람은 사람들 또한 헐뜯지 않을 것이니 이것을 두고 사람을 따르는 무리라고 합니다.

또 일정한 의견을 제시할 때 옛사람과 나란히 하는 사람은 옛사람을 따르는 무리이니, 그 말은 비록 가르침이지만 실제로는 임금의 허물을 책망하는 것입니다. 그러나 예부터 있던 것이지 제가 지어낸 것이 아닙니다. 이 같은 사람은 비록 강직하나 자신을 해치지 않을 것이니 이를 두고 옛사람을 따르는 무리라고 합니다. 이와 같이 하면 되겠습니까?"

중니가 말했다.

"아! 어찌 되겠는가. 바로잡는 방법이 지나치게 많고 법도를 지키면서 치우치지 않으니 비록 진실로 죄는 없겠으나 그 정도에 그칠 뿐, 어찌 상대를 감화시키는 데까지 미칠 수 있겠는가. 여전히 자신의 일정한 마음을 따르기 때문이다."

顔回曰 端而虛하며 勉而一이면 則可乎잇가 曰 惡 惡可리오 夫以陽으로 爲充하야 孔揚하며 采色이 不定하며 常(嘗)人之所不違하며 因案人之所感하야 以求容與其心하나니 名之曰 日漸之德도 不成이온 而況大德乎아 將執而不化하야 外合而內不訾하리니 其庸詎可乎리오

然則我內直而外曲하며 成而上比홀지니 內直者는 與天爲徒니 與天爲徒者는 知天子之與己 皆天之所子이온 而獨以己言으로 蘄乎而人善之하며 蘄乎而人不善之邪아 若然者는 人이 謂之童子라하나니 是之謂與天爲徒니이다 外曲者는 與人之爲徒也니 擎跽曲拳은 人臣之禮也니 人皆爲之어늘 吾敢不爲邪아 爲人之所爲者는 人亦無疵焉하나니 是之謂與人爲徒니이다

成而上比者는 與古爲徒니 其言이 雖敎나 讁之實也니 古之有也라 非吾有也니이다 若然者는 雖直이나 而不病이니 是之謂與古爲徒니이다 若是則可乎잇가 仲尼曰 惡 惡可리오 大多政하고 法而不諜하니 雖固亦無罪나 雖然이나 止是耳矣니 夫胡可以及化리오 猶師心者也일새니라

안회가 임금을 설득하기 위한 첫 번째 방법은 몸가짐을 단정히

하고 마음을 비우며 힘써 노력하고 마음을 한결같이 하는 것입니다. 이 말은 단정한 태도, 사심 없는 마음, 그리고 근면성과 성실성을 다 갖추고 있습니다. 안회는 아마 이런 말을 공자에게서 배웠을 겁니다. 일찍이 공자의 제자 번지가 인(仁)이 무엇이냐고 여쭙자, 공자는 "평소에는 공손한 태도를 지키고, 일할 때는 공경하고, 사람을 대할 때는 진실해야 하니, 이런 태도는 비록 오랑캐 나라에 가서도 버려서는 안 된다(居處恭 執事敬 與人忠 雖之夷狄 不可棄也)"고 이야기한 적이 있습니다.《논어》〈자로〉 편에 나오는 이야기인데 지금 말씀드린 해석은 주희의《논어집주》에 근거한 해석입니다. 그런데 고주(古注)인 위(魏)나라 하안(何晏)의《논어집해》에는 마지막 두 구절 '雖之夷狄 不可棄也'를 '이런 사람은 비록 오랑캐 나라에 가더라도 버려지지 않을 것'이라고 풀이했습니다. 주희의 견해는 공자의 말씀을 자기 수양을 중심으로 풀어낸 것입니다. 이런 사람은 세상 어디를 가건 자신이 옳다고 생각하는 대로 행동할 뿐입니다. 성리학자답죠. 하지만 하안은 일종의 처세술로 이해했습니다. 하안의 이 견해를 따르면《장자》의 이 대목을 좀 더 쉽게 이해할 수 있습니다. 사실 모든 사람이 바람직하다고 여길 만한 이런 태도를 지키는 사람은 세상 어떤 곳에 가더라도 위태로울 일이 없을 것 같습니다. 그런데 상대가 폭군이라면 이야기가 달라집니다. 공자가 보기에 그런 태도는 개인적으로는 바람직하지만 절대 권력자를 변화시킬 수는 없다는 점에서 순진한 발상에 그칠 우려가 있습니다. 여기서 공자가 안회의 방법이 통하지 않을 것이라고 탄식하는 대목 '惡 惡可'는 이후 이럴 수도 없고 저럴 수도 없는 어려움에 처한 지식인들에게 깊은 감명을 주었습니다. 일례로 청말 민국초의 사상가 양계초(梁啓超, 량치차오, 1873~1929)는 《음빙실문집(飮氷室文集)》을 남겼는데, 서문에 보면 자신이 당면한 문제를 두고 고민하는 대목이 나옵니다. 거기서 몇 가지 해결책을 스스로 이야기한 다음에 "아! 어찌 이런 방법으로 되겠느냐?"고 탄식하면서 '惡 惡可(오, 오가)'라는 표현을 씁니다. 사실 《음빙실문집》에서 얼음을 마신다는 '음빙'이라는 말 자체가 바로 《장자》 〈인간세〉 편 〈2장〉에 나오는 말이기도 합니다. 몸속에서 열이 나 얼음을 마셔댄다는 말인데, 어려운 문제를 앞에 두고 해결할 방법을 몰라 애태운다는 뜻입니다. 양계초가 당면했던 근대 중국의 문제는 일개 지식인이 어떻게 할 수 있는 상황이 아니었기 때문이죠.

공자가 그런 방법으로는 안 된다고 하자 안회는 또 다른 방법을 이야기합니다. 곧 안으로는 강직함을 지키지만 겉으로는 자신을 굽혀 다른 사람과 같이 행동하는 것(內直而外曲)입니다. 처음의 고지식한 태도와는 상당히 다른 방법입니다. 그리고 일정한 의견을 제시할 때 자기 견해로 이야기하지 않고 옛사람의 견해를 따릅니다(成而上比). '上比(상비)'는 위로 올라가 옛사람과 사귄다는 뜻으로, '上'은 '尙'으로 옛날로 거슬러 올라간다는 뜻이고, '比'는 사귄다는 뜻으로 '友'와 같습니다. 곧 장자의 상비(上比)는 맹자의 상우(尙友)와 같습니다. 상비는 결국 자신의 의견을 이야기할 때 권력자조차 인정하는 옛사람의 입을 빌려 이야기한다는 뜻입니다. 자신의 견해를 직접 임금에게 이야기하는 것보다 훨씬 안전하죠. 이와 비슷한 방식으로 현실의 권력자를 직접 비판하지 않고 과거의 폭군을 비판하는 방식도 있습니다. 조선의 김종직 같은 유학자는 〈조의제문(弔義帝文)〉을 지었는데 초나라의 의제가 항우에게 시해당한 것을 슬퍼하는 내용입니다. 기원전 200년경 중국 초나라에서 일어난 일을 1600년 뒤 조선의 김종직이 왜 슬퍼할까요? 바로 세조가 단종을 죽인 사건을 의제 시해 사건에 빗대서 비판한 것입니다. 이런 일은 상비(上比)나 상우(尙友)가 아니라 상조(尙弔)라고 해야겠지요. 어리석은 군주들은 과거의 폭군을 비판하니까 자신에 대한 비난이 아니라고 생각하겠지만 사실은 위험을 피하려고 에둘러 당시의 권력자를 비판한 것입니다.

하지만 공자는 이 방법도 한계가 있다고 이야기합니다. 겉으로 다른 사람과 같은 태도를 취한다고 하지만 여전히 자신이 가지고 있는 일정한 견해를 기준으로 행동하기 때문에 상대를 변화시킬 수 없다고 보았기 때문입니다.

이렇게 되자 안회는 더 이상의 방법이 없다고 이야기합니다.

안회가 말했다.

"저는 더 나은 방법이 없습니다. 감히 방도를 여쭙습니다."

중니가 말했다.

"재계하라. 그러면 내가 너에게 일러주겠다. 사심을 가지면 그런 일을 하는 것이 쉽겠는가. 그것을 쉽게 하려는 자는 밝은 하늘이 마땅하게 여기지 않을 것이다."

안회가 말했다.

"저는 집안이 가난하여 술을 마시지 않고 훈채를 먹지 못한 지 몇 달이 되었으니 이와 같이 하면 재계했다고 할 만하지 않겠습니까?"

중니가 말했다.

"그것은 제사 지낼 때 하는 재계이지 마음을 재계하는 것이 아니다."

안회가 말했다.

"감히 마음을 재계하는 것이 무엇인지 여쭙습니다."

중니가 말했다.

"너는 뜻을 한결같이 해서 귀로 듣지 말고 마음으로 들으며, 또 마음으로 듣지 말고 기(氣)로 들어야 할 것이다. 귀로 듣는 것은 귀로 들을 수 있는 것에 그치고 마음으로 듣는 것은 지각되는 것에서 멈추지만 기로 듣는 것은 텅 빈 채로 사물을 기다리는 것이다. 도는 오직 텅 빈 곳에 모이니 마음을 비우는 것이 마음을 재계하는 것이다."

안회가 말했다.

"제가 처음에 아직 재계하도록 하지 않았을 때에는 실로 제 자신 안회가 있었는데 마음을 재계하도록 한 뒤에는 처음부터 아예 안회가 있지 않게 되었습니다. 이 정도면 마음을 비웠다고 말할 수 있겠습니까."

顔回曰 吾는 無以進矣로소니 敢問其方하노이다 仲尼曰 齋하라 吾將語若호리라 有而爲之 其易邪아 易之者는 暤天이 不宜하나니라 顔回曰 回之家貧하야 唯不飮酒하며 不茹葷者 數月矣로니 如此면 則可以爲齋乎잇가 曰 是는 祭祀之齋라 非心齋也니라 回曰 敢問心齋하노이다 仲尼曰 若이 一志하야 無聽之以耳하고 而聽之以心하며 無聽之以心하고 而聽之以氣니 聽은 止於耳오 心은 止於符어니와 氣也者는 虛而待物者也니 唯道集虛하나니 虛者心齋也니라 顔回曰 回之未始得使엔 實自回也러니 得使之也에는 未始有回也로소니 可謂虛乎잇가

안회가 지금까지 말한 것보다 더 나은 방법이 없다고 말하면서 공자에게 방도를 묻습니다. 더 나은 방법이 없다(無以進矣)는 표현에 '進(진)' 자가 들어가 있죠. 〈양생주〉 편 〈포정해우〉 장에서 포정이 자신이 추구하는 것은 기술보다 더 나은 경지인 '도(道)'라고 이야기하면서 '進乎技(진호기)'라는 표현을 쓰는데 여기의 진(進)도 같은 뜻입니다. 안회가 알고 있었던 방법은 말하자면 '기술(技)'의 수준이라면 이제 공자에게 묻는 것은 도(道)라는 겁니다. 그러자 공자는 안회에게 먼저 마음을 재계하라고 주문합니다. 도는 말로 전할 수 없는 것이라는 암시가 있죠.

그러자 안회는 자신은 이미 재계한 상태라고 이야기합니다. 본래 재계란 제사를 지내기 7일 전부터 술을 마시거나 냄새나는 음식을 입에 대지 않는 것입니다. 여훈(茹葷)은 훈채를 먹는다는 뜻인

데, '茹'는 먹는다는 뜻이고 '葷'은 훈채 곧 갖은 양념을 말합니다. 훈채는 음식의 맛을 내는 재료인데 냄새가 나기 때문에 몸을 깨끗하게 하기 위해 먹지 않는 겁니다. 그런데 안회는 어차피 집이 가난해서 술이나 훈채를 먹을 수가 없습니다. 안회는 쌀독이 자주 빌 정도로 가난하게 살았고 평소에 밥 한 그릇과 물을 마시면서 좁은 골목길에서 살았다(一簞食 一瓢飮 在陋巷)고 《논어》에 나올 정도인데, 안회는 그것을 즐겼다(回也不改其樂)고 합니다. 그러므로 안회는 평소의 삶이 재계의 삶이라고 할 만합니다. 공자도 잘 알고 있었겠지요. 하지만 공자는 안회의 그런 삶은 제사 지낼 때의 재계로서는 충분하지만 마음을 재계하는 것이 아니라고 합니다. 안회가 어떻게 해야 마음을 재계할 수 있느냐고 묻자, 사물을 대할 때 귀와 같은 감각기관에 의존하지 말고 마음으로 대하고, 또 마음으로 대하는 데 그치지 말고 기(氣)로 들어야 한다고 조언합니다. 기(氣)는 여기서 텅 빈 상태, 곧 허(虛)를 의미합니다. 《장자》에서 '기'는 때로 물리적인 것으로 표현되기도 하고 비물리적인 것으로 표현되기도 해서 실체가 있는 것도 아니고 없는 것도 아니지만 여기서처럼 '허'라고 보면 텅 빈 공간, 즉 공간성을 뜻합니다. 지금 안회가 원하는 것은 도(道)인데 도라는 것은 빈 곳에 모이기 때문에 마음을 비워야 도를 터득할 수 있다는 겁니다. 안회는 공자의 말에 따라 마음을 비우는 재계를 수행하고 나서 "마음을 제계하지 않았을 때에는 안회인 자신이 있었지만 마음을 재계하고 난 뒤에는 안회가 없어졌다"고 말합니다.

공자가 말했다.

“극진하다. 내가 너에게 일러주겠다. 너는 그 울타리 속에 들어가 노닐면서도 명예 따위에 마음이 움직이는 일이 없어야 하며, 받아들여지면 말을 하고 받아들이지 않으면 그만두어야 하며, 문을 열어 인도하는 일도 없고 담장을 쳐서 막는 일도 없어서 한결같이 도에 머물러 어쩔 수 없는 경우에만 말해야 할 것이니 그렇게 하면 가까울 것이다.

자취를 끊는 것은 쉽지만 땅 위를 걸어 다니는 일이 없기는 어렵다. 사람의 부림을 받는 처지가 되면 거짓을 저지르기 쉽고 하늘의 부림을 받게 되면 거짓을 저지르기 어렵다. 날개를 가지고 난다는 이야기는 들었어도 날개 없이 난다는 이야기는 아직 듣지 못했고, 지식을 가지고 안다는 이야기는 들었어도 무지함으로써 안다는 이야기는 아직 듣지 못했다. 저 문 닫힌 집을 보라. 빈 방에 밝은 빛이 비치니 길상은 고요한 곳에 머무는 법이다. 무릇 마음이 고요히 머물지 않는지라 가만히 앉아 있어도 마음이 치닫는다고 한다.”

夫子曰 盡矣로다 吾語若호리라 若이 能入遊其樊이오 而無感其名하며 入則鳴하고 不入則止하며 無門無毒(도, 壔)하야 一宅而寓於不得已면 則幾矣리라 絶迹은 易커니와 無行地는 難하니라 爲人使면 易以僞어니와 爲天使면 難以僞니라 聞以有翼으로 飛者矣오 未聞以無翼으로 飛者也케라 聞以有知로 知者矣오 未聞以無知로 知者也케라 瞻彼闋者하라 虛室에 生白하나니 吉祥이 止止로다

夫且不止할새 是之謂坐馳니라

안회가 자신의 존재가 사라졌다고 이야기하자 공자는 그 정도면 충분하다고 하면서 방도를 일러줍니다. 방도는 간단합니다. 상대가 받아들이면 말하고 받아들이지 않으면 말하지 말고 가만히 있는 것입니다. 이어서 무문무도(無門無毒)라는 표현이 나오는데 문(門)은 문을 열어 인도하는 것이고 '毒'는 '壔(도)'의 가차로 담장을 둘러쳐서 막는다는 뜻입니다. 곧 나서서 임금을 인도하거나 가로막지도 말고 가만히 도를 지키다가 부득이한 경우에만 말하면 위험을 피할 수 있다는 겁니다. 그런데 이게 생각보다 쉽지 않은 모양입니다.

일찍이 곽상은 《장자주(莊子注)》 서문에서 공자를 두고 '가만히 움직이지 않다가 부득이한 뒤에 일어나는 사람〔寂然不動 不得已而后起者〕'이라고 했는데 아마 〈인간세〉 편의 이 대목을 염두에 두고 쓴 듯합니다. '적연부동(寂然不動)'은 본래 《주역》 〈계사전〉에서 "주역의 도리에 통달한 성인이 가만히 움직이지 않고 있다가 외부의 사물과 감응하면 마침내 천하의 이치를 안다〔寂然不動 感而遂通天下之故〕"고 한 데서 유래한 말로, 곽상은 공자가 그런 도리에 통달한 사람이라고 본 것입니다. 그런데 재미있는 것은 곽상이 장자는 그렇게 하지 못한 인물이라고 하여 장자를 공자보다 아래에 두었다는 사실입니다. 《노자주(老子註)》를 남긴 왕필도 마찬가지입니다. "공자는 무(無)를 체득한 사람이기 때문에 무를 말하지 않았고 노자는 무를 체득하지 못했기 때문에 늘 무를 말했다"고 했습니다. 그러니 위진시대

현학가들이 노장을 숭상했다고 하지만 공자를 낮추어본 것은 아닙니다.

공자는 안회에게 자취를 끊어버리는 것은 쉽지만 땅위를 걸어 다니는 일이 없기는 어렵다고 이야기합니다. 이 세상을 떠나 은거하는 것은 오히려 쉽지만 이 세상에 살면서 사람들과 관계를 맺지 않는 것은 힘들다는 겁니다. 또 사람의 부림을 받게 되면 거짓을 저지르기 쉽고 하늘의 부림을 받게 되면 거짓을 저지르기 어렵다고 말합니다. 사람은 권력자나 세상 사람들이죠. 권력자의 신하가 되면 권력자의 뜻에 따라 일하기 때문에 거짓을 저지르기 쉽습니다. 하지만 하늘의 명령을 따르면 권력자나 세상 사람들의 기준에 맞출 필요가 없기 때문에 자신의 뜻대로 행동할 수 있습니다. 예컨대 국가나 민족 등 자신이 속한 공동체를 위해서 일하는 것도 사람의 부림을 받는 처지라 할 수 있습니다. 국가나 민족의 이름으로 얼마나 많은 거짓이 저질러지고 있는지 일일이 예를 들 필요는 없겠지요.

그리고 "날개를 가지고 난다는 이야기는 들었어도(聞) 날개 없이 난다는 이야기는 아직 듣지 못했다(未聞)"는 대목은 이설이 분분합니다. 흔히 '聞A 未聞B'와 같은 형식의 구문은 'A가 옳고 B가 그르다'는 뜻으로 쓰입니다. 그렇게 보면 날개를 가지고 난다는 이야기는 말이 되지만 날개 없이 난다는 이야기는 허황되다는 뜻으로 이해해야 합니다. 곽상이나 일본학자 이케다 토모히사(池田知久) 등이 이런 입장에 서서, 도를 이루려면 반드시 그에 합당한 도구가 있어야 한다고 풀이했습니다. 하지만 송 대의 임희일은 "새는 반드시 날개를 가지고 날지만, 날개 없이 날 수 있어야 빨리 가려 하지 않아도 저절로 빠르게 가고 걷지 않아도 저절로 도달할 수 있다. 이것이 이른바 신(神)의 경지다〔鳥之飛 必以翼也 無翼而飛 便是不疾而速 不行而至 此所謂神也〕"라고 풀이했는데, 앞의 '절적이 무행지난(絶迹易 無行地難)'이나 뒤의 '허실생백 길상지지(虛室生白 吉祥止止)' 등의 뜻과 이어서 생각해보면 이 견해가 유력합니다. 곧 날개에 의지하지 않고 자연에 맡겨 나는 것이 '무익이비(無翼而飛)'라고 할 수 있습니다. 또 지식을 가지고 안다는 이야기는 들었어도 무지(無知)함으로써 안다는 이야기는 아직 듣지 못했다고 했는데 이 대목도 무지를 통하여 알 수 있어야 신인의 경지에 도달할 수 있다는 뜻으로 이해하는 것이 타당합니다.

문 닫힌 집의 비유는 물욕을 탐하지 않는 상태를 비유한 것이고, 텅 빈 방에 빛이 비친다는 것은 욕심이 없는 텅 빈 마음에 길상, 곧 삶의 진리가 깃든다는 뜻입니다. 하지만 세상 사람들은 그렇게 하지 못합니다. 그래서 가만히 앉아 있어도 욕심이 이리저리 치닫는 좌치(坐馳)의 상태에 놓입니다.

"이목의 감각을 따라 사물을 안으로 받아들이기만 하고 욕심과 지혜〔心知〕를 버리면 귀신도 와서 머물 것인데 하물며 사람이겠는가. 이것이 만물을 감화시키는 방법이다. 우임금과 순임금이 붙잡았던 것이고 복희씨와 궤거씨가 죽을 때까지 실천했던 일인데 하물며 이들만 못한 사람이겠는가."

夫徇耳目하야 內通하나 而外於心知하면 鬼神도 將來舍온 而況人乎따녀 是萬物之化也니라 禹舜之所紐也며 伏戲几蘧之所行終이온 而況散焉者乎따녀

물욕을 탐하지 않는다는 것은 외부와의 관계를 차단한다는 뜻이 아니라 외부의 물욕을 나서서 맞이하지 않는다는 뜻입니다. 사람들이 가만히 머물지 못하는 것은 이목의 욕망을 따라 마음을 가만히 두지 못하기 때문입니다. 곧 이목의 감각을 닫아서 외부의 자극을 차단하라는 것이 아니라 그런 자극을 그대로 두되 그것을 따라가려는 심지(心知)의 욕망에 휘둘리지 말라는 것이죠. 그렇게 하면 귀신도 찾아와서 머물고 사람은 말할 것도 없다는 겁니다. 고대의 성왕인 우임금과 순임금, 그리고 전설의 주인공 복희씨와 궤거씨는 모두 이런 방법으로 천하를 다스렸다고 하면서 이야기를 마무리합니다.

◎

2 장

제후의 마음을 움직이는 법

떳떳한 진실만 전하고
넘치는 말을 하지 마라

〈2장〉은 공자와 섭공자고의 대화입니다. '葉'은 지명이기 때문에 '엽'으로 읽지 않고 '섭'으로 읽습니다. 섭공자고는 심저량(沈諸梁)이란 사람으로 초나라 대부였는데 섭(葉)이란 고을에 봉해졌기 때문에 섭공이라 했고 자고(子高)는 자(字)입니다. 일찍이 초나라에서 반란을 일으킨 백공승(伯公勝)을 죽이고 나라를 안정시킨 적이 있습니다. 섭공자고는 《논어》에 세 차례 나오는데 두 번은 공자와 대화하는 상대로 나오고 한 번은 자로에게 공자의 사람됨을 묻는 대목에서 등장합니다. 따라서 역사적으로 실재했던 인물입니다. 이 대화는 장자의 창작일 수도 있고, 실제 이야기를 각색한 것일 수도 있습니다.

섭공자고가 초나라 임금의 명령으로 제나라에 사신으로 가게 되었는데 일의 성공 여부를 장담할 수 없자 공자를 찾아와 어떻게 해야 사람들의 비난도 받지 않고 몸을 해치는 일도 없게 되는지 방도를 묻습니다.

섭공자고가 제나라에 사신으로 가기 전에 중니에게 이렇게 물었다.

"초나라 왕이 저를 사신으로 보내는 것은 일이 매우 중대하다고 여겨서입니다. 그리고 제나라에서는 사신을 무척 공경하는 태도로 응대하겠지만 급한 일로 여기지는 않을 것입니다. 보통 사람의 마음도 움직이기가 어려운데 하물며 제후이겠습니까. 저는 이것이 매우 두렵습니다.

선생께서는 일찍이 저에게 이르시길 '무릇 일이란 작든 크든 도리를 어기고서는 만족스럽게 이루기가 어렵다. 일을 이루지 못하면 반드시 사람들의 비난이 따를 것이고, 일을 이루면 반드시 음양의 재앙이 생길 것이니 이루든 이루지 못하든 뒤탈이 없게 하는 것은 오직 덕 있는 이라야 할 수 있다'고 하셨습니다. 그런데 저는 밥 먹을 때는 거친 것을 먹고 입맛에 맞는 것을 먹지 않으며, 밥을 지을 때에도 시원하기를 바라는 사람이 없을 정도로 불을 거의 쓰지 않았는데, 지금 제가 아침에 명령을 받고 나서 저녁에 얼음을 들이키니 아무래도 몸 안에 열이 있는 것 같습니다. 저는 아직 일의 실상에 부딪치지도 않고서 이미 음양의 재앙이 생겼는데, 일을 이루지 못하면 사람들의 비난이 있게 될 것이니 이는 재앙이 겹치는 것입니다. 신하된 이로 족히 감당할 수 없으니 선생께서는 저에게 어떻게 하면 좋을지 일러주시기 바랍니다."

葉公子高 將使於齊할새 問於仲尼曰 王이 使諸梁也는 甚重하고

齊之待使者는 蓋將甚敬이나 而不急하리니 匹夫도 猶未可動이온 而況諸侯乎따녀 吾는 甚慄之하노라

子常(嘗)語諸梁也하야 曰 凡事 若小若大에 寡不道以懽成하나니 事若不成이면 則必有人道之患이오 事若成이면 則必有陰陽之患하리니 若成若不成에 而後無患者는 唯有德者야 能之라하더시니 吾食也에 執粗하고 而不臧하며 爨에 無欲淸之人이어늘 今에 吾朝受命이오 而夕飮氷호니 我는 其內熱與인저 吾未至乎事之情하야서 而旣有陰陽之患矣로니 事若不成이면 必有人道之患하리니 是는 兩也라 爲人臣者 不足以任之로소니 子는 其有以語我來하라

섭공자고가 걱정하는 말 중에 '인도의 재앙(人道之患)'이라는 말이 나오는데, 일을 성사시키지 못할 경우 사람들로부터 비난받는 것을 말합니다. 또 '음양의 재앙(陰陽之患)'은 일을 성사시키려고 무리하여 몸에 음양의 부조화가 일어나 병이 생기는 겁니다. 섭공자고는 이미 몸에서 열이 나서 얼음을 들이킬 정도로 건강에 문제가 생겼습니다. 이 대목에서 '음빙(飮氷)'이라는 말이 나오는데 얼음을 들이킨다는 뜻으로 몸에서 일어나는 불같은 스트레스를 해소하기 위해 얼음을 들이킨다는 뜻입니다. 앞서 말씀드렸던 것처럼 근대 중국의 양계초라는 학자가 자신의 호를 음빙실(飮氷室)이라 했는데 바로 《장자》의 이 대목에서 딴 것입니다. 양계초는 조국이 겪는 어려움을 목격하면서 분노하지 않을 수 없었고 그런 분노를 표현하기 위해 호를 음빙실이라 한 것이지요.

섭공자고는 공자에게 자문을 하면서 자신은 일을 감당할 수 없을 것 같은데 어떻게 하면 좋으냐고 묻습니다.

중니가 말했다.
"천하에는 반드시 지켜야 할 일이 두 가지 일이 있으니, 하나는 천명이고 또 하나는 군신 간의 의리입니다. 자식이 어버이를 사랑하는 것은 천명인지라 마음에 버릴 수 없으며, 신하가 임금을 섬기는 것은 의리이니 어디에 간들 임금 없는 곳이 없는지라 천지 사이에 도망갈 곳이 없습니다. 이를 두고 반드시 지켜야 할 일이라 합니다. 이 때문에 어버이를 섬기는 자는 처지를 가리지 않고 어버이를 편안하게 해드려야 하니 이것이 지극한 효입니다. 또 임금을 섬기는 자는 일을 가리지 않고 임금을 편안히 섬겨야 하니 이것이 성대한 충입니다. 스스로 자신의 마음을 섬기는 자는 슬퍼하고 즐거워하는 감정에 따라 목전의 일을 바꾸지 않고 어찌할 수 없다는 것을 알아서 그것을 천명으로 여겨 편안히 받아들이니 지극한 덕입니다. 신하가 되고 자식된 자는 이처럼 본디 그만둘 수 없는 일이 있으니 일을 실상 그대로 처리하고 자기 몸의 안위를 잊을지언정 어느 겨를에 삶을 좋아하고 죽음을 싫어하는 데 이를 수 있겠습니까. 당신은 가는 것이 옳습니다."

仲尼曰 天下에 有大戒二하니 其一은 命也요 其一은 義也라 子之愛親은 命也라 不可解於心이며 臣之事君은 義也니 無適而非君

也니 無所逃於天地之間이라 是之謂大戒니라 是以로 夫事其親者는 不擇地而安之하나니 孝之至也라 夫事其君者는 不擇事而安之하나니 忠之盛也니라 自事其心者는 哀樂에 不易施乎前하야 知其不可奈何而安之若命하나니 德之至也니라 爲人臣子者는 固有所不得已라 行事之情이오 而忘其身이언정 何暇에 至於悅生而惡死리오 夫子는 其行이 可矣니라

공자는 섭공자고의 어려운 처지를 충분히 이해하고 있는 것 같습니다. 군주의 명령으로 이웃나라에 사신으로 가게 된 일은 마치 자식이 어버이를 모시는 것처럼 피할 수 없는 직분이라고 인정합니다. 섭공자고가 병이 난 이유도 그것 때문이겠지요. 장자가 보기에 공자는 군신 관계의 절대성을 부자 관계에 견주어 이야기한다고 생각하는 것 같습니다. 하지만 정말 공자라면 어땠을까요? 아마 다른 방식으로 이야기했을 겁니다. 군신 관계가 중요하다고는 하나 부자 관계와 같다고 이야기하지는 않기 때문입니다. 예를 들어 제나라 선왕이 맹자에게 훌륭한 신하(大臣)에 대해 묻자 맹자는 이렇게 대답합니다.

"훌륭한 신하는 임금이 잘못을 저지르면 말립니다. 그리고 세 차례 말렸는데도 듣지 않으면 임금을 바꿉니다."

이게 정통 유학자들의 군신 관계에 대한 정의입니다. 그런데 부

자 관계에 대해서는 조금 다릅니다. 《예기》에는 같은 경우를 조금 다르게 표현하고 있습니다.

> "군주에게 세 차례 간했는데 듣지 않으면 떠나고, 어버이에게 세 차례 간했는데 듣지 않으면 눈물을 흘리며 따른다."

군신 관계는 깰 수 있어도 부자 관계는 깰 수 없다는 입장입니다. 따라서 장자가 바라보는 공자는 정통적 유가 입장은 아니라고 할 수 있겠습니다. 그렇다 하더라도 유가에서 군신 관계를 중시하는 것은 틀림없으니 장자의 입장에서 볼 때는 이렇게 표현할 수 있겠지요. 어쨌든 여기서 장자가 그려낸 공자는 군신 관계의 절대성을 강조하는 입장에 서서 섭공자고에게 어버이를 모시는 것처럼 임금을 모셔야 한다고 강조합니다. 그리고 조언합니다.

> "제가 들은 것을 일러주겠습니다. 무릇 외교는 가까우면 반드시 서로 신의로 맺고 멀면 반드시 말로써 진실하게 해야 하는데, 말이란 반드시 누군가가 전달해야 하니 양쪽이 모두 기뻐하고 모두 성나게 할 말을 전하는 것은 천하에서 가장 어려운 일입니다. 양쪽을 모두 기쁘게 하자면 반드시 칭찬하는 말을 넘치게 하기 마련이고, 모두 성나게 하려는 경우는 반드시 비난하는 말을 넘치게 하기 마련입니다. 무릇 넘치게 하는 것은 거짓이니, 거짓을 저지르면 믿음이 막연해지고, 믿

음이 막연해지면 말을 전한 사람이 화를 당하게 됩니다. 그 때문에 법언에 이르길 '떳떳한 진실을 전할지언정 넘치는 말을 전하지 않으면 온전함에 가까울 것이다'라고 한 것입니다. 또 장난삼아 힘을 겨루는 경우에 즐거운 마음으로 시작했다가 늘 노여워하는 마음으로 끝나니, 감정이 지나치게 되면 온갖 수단을 다 쓰게 됩니다. 예의를 갖추어 술을 마실 때에도 올바른 정신에서 시작했다가 항상 어지러워지는 것으로 끝나니 즐거움이 지나치게 되면 괴상한 노래나 춤을 추게 됩니다. 모든 일이 또한 그와 같아서 좋은 마음에서 시작했다가 항상 비루하게 끝나며, 시작할 때에는 간단했던 일이 끝날 때가 되면 반드시 커지고 맙니다."

丘는 請復以所聞하노라 凡交近이면 則必相靡(縻)以信하고 遠이면 則必忠之以言하나니 言은 必或이 傳之하나니 夫傳兩喜兩怒之言이 天下之難者也라 夫兩喜는 必多溢美之言하고 兩怒는 必多溢惡之言하나니 凡溢之類는 妄이니 妄이면 則其信之也 莫하고 莫이면 則傳言者 殃하나니라 故法言曰 傳其常情이언정 無傳其溢言이면 則幾乎全이라하도다 且以巧로 鬪力者는 始乎陽이라가 常卒乎陰하나니 大(泰)至면 則多奇巧하나니라 以禮로 飮酒者는 始乎治라가 常卒乎亂하나니 大(泰)至면 則多奇樂하나니라 凡事 亦然하야 始乎諒이라가 常卒乎鄙하며 其作始也簡코 其將畢也에 必巨하나니라

공자의 조언은 특별한 게 없습니다. 우선 국가 관계에서 우호적인 관계를 유지하는 것이 얼마나 어려운지부터 이야기합니다. 국가 간의 거리가 가까우면 상대가 신의를 지키는지 확인하기가 쉽지만 거리가 멀면 부득이 말로 진실하다는 것을 입증해야 합니다. 그런데 말이란 것은 반드시 누군가를 통해서 간접적으로 전달해야 하므로 그 과정에서 문제가 발생하기 쉽다는 겁니다. 왜냐하면 전달하는 임무를 받은 사람이 일을 성사시키려는 욕심 때문에 있지도 않은 이야기를 전하기 마련이고 그렇게 되면 결국 신의를 지키기 어렵게 된다는 겁니다. 좋은 뜻에서 시작했지만 결과는 좋을 수 없다는 뜻인데 공자는 그러한 예로 장난삼아 힘을 겨루는 것이 끝내 진짜 싸움이 되는 경우, 서로 우호적인 관계를 맺기 위해 술을 마시다가 결국 어지러워지는 경우를 듭니다. 좋은 의도가 반드시 좋은 결과를 가져오는 것은 아니라는 것이죠.

"말이란 바람이 일으킨 물결처럼 일정함이 없고 행동에는 득과 실이 있습니다. 바람이 일으킨 물결은 쉽게 동요되고 득과 실이 있는 행동은 쉽게 위태로워집니다. 그 때문에 분노가 일어나는 것은 다른 이유가 없으니 교묘한 말과 치우친 말 때문입니다. 짐승이 죽을 때가 되면 마구 짖어대서 숨이 거칠어지는데 이때 거친 마음이 아울러 생깁니다. 과실을 따지는 문책이 정도에 지나치면 반드시 어리석은 마음으로 대응하면서도 스스로 그런 줄 모르니, 만약 참으로 그런 줄 모른다면 그 결과를 누가 알겠습니까. 그 때문에 법언에 이르길 '명령을 멋대로 바꾸지 말며 억지로 이루려고 하지 말아야 할 것이니 한도를 넘어서면 넘치게 된다'고 한 것입니다. 명령을 바꾸고 억지로 이루는 것은 위태로운 일입니다. 일이 잘 이루어지는 데에는 오랜 시간이 걸리고 한 번 잘못된 일은 미처 고칠 수 없으니 삼가지 않을 수 있겠습니까.
또 사물의 자연스러움을 타고 마음을 자유롭게 노닐게 해서 어쩔 수 없음에 맡겨 마음을 기르면 지극할 것이니 어찌 꾸며서 보고하겠습니까. 군주의 명령을 그대로 전하는 것보다 좋은 방법이 없으니, 이것이 뭐 그리 어려운 일이겠습니까."
夫言者는 風波也요 行者는 實喪也이라 風波는 易以動하고 實喪은 易以危하나니 故忿設이 無由하니 巧言偏辭로다 獸死에 不擇音하야 氣息이 茀然하야 於是에 竝生心厲하나니 剋核大(泰)至하면 則必有不肖之心으로 應之하야 而不知其然也하나니 苟爲不知其然也면 孰知其所終이리오 故法言曰 無遷令하며 無勸成하리니 過度면 益(일, 溢)也라하니라 遷令과 勸成은 殆事니라 美成은 在久하고 惡成은 不及改하나니 可不愼與아 且夫乘物以遊心하야 託不得已하야 以養中하면 至矣니 何作爲하야 報也리오 莫若爲致命이니 此其難者아

그러고는 말의 한계를 이야기하면서 절대 자기 멋대로 말을 꾸며서 상대에게 전하지 말고 군주의 명령을 그대로 정직하게 전달하

는 것이 가장 좋은 방법이라고 조언합니다. 얼핏 보면 공자의 조언은 아무 도움이 되지 않을 것 같습니다. 그러나 사실 이 방법이 아니면 술수를 부리는 수밖에 없습니다.《맹자》에 보면 등나라 문공이 맹자에게 외교 관계를 어떻게 해야 하는지 묻는 대목이 있습니다. 당시 등나라는 강대국인 제나라와 초나라 사이에 끼어 있었는데 제나라를 섬기면 초나라가 미워할 것이고 초나라를 섬기면 제나라가 미워할 것이 분명하니 어떻게 하면 좋겠느냐는 것이 질문이었습니다. 맹자는 간단하게 등나라의 성을 높이 쌓고 못을 깊이 판 다음 백성들과 함께 목숨을 걸고 지키라고 대답합니다. 두 강대국과 목숨 걸고 맞서 싸우라는 것인데 사실 굉장히 무모한 이야기라고 혹평할 수도 있습니다. 그런데 사실 도리상 할 수 있는 게 그것밖에 없는 것이죠. 아마 소진이나 장의 같은 사람이라면 제후국을 돌아다니면서 유세하는 방식으로 문제를 해결하려고 했을 것이고, 손자나 오자 같은 병법가들이라면 불리한 상황을 유리한 상황으로 바꾸는 비책을 통해 생존을 도모하겠죠.

하지만 맹자의 방식을 무모하다고만 할 수는 없습니다. 목숨을 걸고 끝까지 저항하려는 의지 없이는 어떤 침략도 효과적으로 제지하기 어렵다는 사실은 역사가 알려주는 교훈이기도 하니까요. 여기의 공자는 장자가 지어낸 인물이지만 그런 원칙을 지킨다는 점에서만은 공자를 제대로 그려냈다고 할 수 있겠습니다.

사실 어떻게 해야 권력자의 마음을 움직일 수 있는지 가장 잘 알고 있었던 사람은 앞서 말씀 드렸던 한비자라고 할 수 있습니다.

《한비자》〈세난〉 편에는 제후의 마음을 얻을 수 있는 기술을 자세히 이야기하고 있습니다. 그는 군주를 설득하는 유세의 어려움은 유세하는 사람의 지식이나 말재주 따위가 부족한 데 있는 것이 아니라 상대 군주의 마음을 알아서 내 말을 그에 합당하게 하는 데 있다고 했습니다. 예를 들어 상대의 군주가 명예를 중시하는데 이익으로 유세하면 하절(下節)로 여겨져 버림받고, 상대 군주가 이익을 좋아하는데 명예를 가지고 유세하면 현실을 모르는 자로 여겨져 버림받는다고 했습니다. 상대 군주가 뭘 좋아하는지만 알면 유세에 성공할 수 있느냐 하면 이게 그렇게 간단하지 않습니다. 상대 군주가 이익을 좋아하면서도 겉으로는 명예를 중시하는 척하는 사람일 경우에 명예를 가지고 유세하면 겉으로는 받아들이는 척하면서 실제로는 멀리하고, 반대로 이런 군주에게 이익으로 유세하면 몰래 그 계책을 받아들이지만 겉으로는 그를 버리는데, 모름지기 유세하는 자는 이런 이치를 알아야 한다고 했습니다.〔所說出於爲名高者也 而說之以厚利 則見下節而遇卑賤 必棄遠矣 所說出於厚利者也 而說之以名高 則見無心而遠事情 必不收矣 所說實爲厚利而顯爲名高者也 而說之以名高 則陽收其身而實疏之 若說之以厚利 則陰用其言而顯棄其身 此之不可不知也〕 권력자들의 생리를 참으로 잘 알았다고 할 수 있는데, 막상 그 자신은 그 술(術)을 한번 제대로 펼쳐보지도 못하고 진나라 옥에 갇혀 죽고 말았지요.

◎

3 장

잔인한 권력자로부터 자신을 지키는 법

수레바퀴에 맞선 사마귀

노나라의 현자 안합과 위나라의 현자 거백옥의 대화입니다. 안합은 〈양왕〉 편과 〈열어구〉 편에도 등장합니다. 〈양왕〉 편의 내용은 대략 다음과 같습니다.

노나라 임금이 안합이 도를 안다는 이야기를 듣고 사람을 보내 초빙하려고 합니다. 임금이 보낸 사신이 오자 안합은 아무래도 사람을 잘못 찾아온 것 같으니 가서 한 번만 확인해보고 다시 오라고 이야기합니다. 사신이 돌아가서 확인한 다음 다시 안합의 집으로 갔더니 안합은 이미 떠나고 없었다는 이야기입니다. 장자는 이 대목에서 안합은 참으로 도를 알았던 사람이라고 평가합니다. 그러고는 자신의 생명을 소진시키면서 부귀를 좇는 행위는 마치 수후의 구슬을 가지고 참새를 쏘는 것처럼 어리석은 일이라고 풍자하면서 생명은 단지 수후의 구슬 정도일 뿐이 아니라고 이야기합니다. 수후의 구슬은 춘추전국시대의 수(隨)나라 제후가 상처 입은 뱀을 구해준 보답으로 받은 야광주(夜光珠)를 가리키는데 이른바 화씨지벽(和氏之璧)과 함께 수주화벽(隨珠和璧)이라 일컬을 정도로 천하제일의 보물입니다. 그리고 여기 나오는 고사가 이른바 수주탄작(隨珠彈雀)인데 수후(隨侯)의 구슬로 참새를 쏜다는 뜻으로 작은 것을 얻기 위하여 귀한 것을 버리는 일을 비유한 것입니다.

이렇게 높은 평가를 받는 안합이 위나라의 현자인 거백옥을 찾아와 자문하는 이야기입니다.

안합이 막 위령공의 태자부가 되었을 적에 거백옥에게 물었다.

"여기에 어떤 사람이 있는데 그 성품이 타고나면서부터 살인을 즐깁니다. 만약 그와 더불어 옳지 못한 일을 저지르면 나라를 위태롭게 할 것이고, 그와 함께 도리에 맞는 일을 실천하면 내 몸을 위태롭게 할 것입니다. 그 사람의 지혜는 단지 다른 사람의 잘못을 족히 알 뿐이고 그가 잘못한 줄은 모릅니다. 이런 경우에 내가 어떻게 하는 것이 좋겠습니까?"

거백옥이 이렇게 말했다.

"좋은 질문이다. 경계하고 삼가서 네 몸을 바로잡아야 할 것이다. 겉으로는 따르는 것이 가장 좋고, 마음으로는 화합하는 것이 가장 좋다. 비록 그렇지만 이 두 가지 태도에도 재앙이 따를 것이다. 겉으로 그를 따르더라도 빠져들지 않으려 해야 하고 마음으로 화합하더라도 속마음이 겉으로 드러나지 않도록 해야 할 것이다. 겉으로 따르다가 빠져들면 뒤집히고 소멸되며 무너지고 자빠질 것이고, 마음으로 화합하다가 속마음이 겉으로 드러나면 명성이 쌓여서 불길한 일을 당할 것이다. 그가 막 갓난아이처럼 행동하면 그대 또한 그와 더불어 갓난아이처럼 행동하고, 그가 막 법도에 맞지 않게 행동하면 그대 또한 그와 함께 법도에 맞지 않게 행동하고, 그가 방탕하게 행동하면 그대도 그와 함께 방탕하게 행동해야 할 것이다. 이런 방법을 터득하면 허물이 없는 경지에 들어갈 것이다."

顔闔이 將傅衛靈公의 太子할새 而問於蘧伯玉하야 曰 有人於此하니 其德이 天殺이라 與之爲無方인댄 則危吾國하며 與之爲有方인댄 則危吾身하리라 其知適足以知人之過하고 而不知其所以過하나니 若然者는 吾奈之何오 蘧伯玉曰 善哉라 問乎여 戒之愼之하야 正女身也哉어다 形은 莫若就오 心은 莫若和니 雖然이나 之二者도 有患하니 就不欲入이오 和不欲出호리니 形就而入이면 且爲顚爲滅하며 爲崩爲蹶하며 心和而出이면 且爲聲爲名하며 爲妖爲孽하리니 彼且爲嬰兒어든 亦與之爲嬰兒하고 彼且爲無町畦어든 亦與之爲無町畦하며 彼且爲無崖어든 亦與之爲無崖하야 達之하면 入於無疵하리라

안합이 위나라의 현자 거백옥을 찾아와 묻습니다. 자신이 위나라 태자의 스승이 되었는데 그 태자라는 자가 천성이 잔인해서 사람을 잘 죽이는데 어떻게 하면 좋겠느냐는 겁니다. 사실 〈양왕〉 편의 등장인물인 안합은 제후의 초빙을 수락할 사람이 아니기 때문에 여기서처럼 위나라 태자의 스승이 되는 일도 없었겠지요. 이 이

야기가 사실이라면 뒤의 이야기가 지어낸 이야기일 것이고, 뒤의 이야기가 사실이라면 이 이야기가 지어낸 말이겠지요. 물론 둘 다 지어낸 이야기일 가능성이 더 많습니다. 장자는 우언이니까 역사적으로 실재했던 인물을 통해 자기가 하고 싶은 말을 한 것으로 이해하시면 됩니다.

여기서 안합은 거백옥에게 위나라 태자의 잔인한 성품과 자신을 돌아볼 줄 모르는 어리석음을 이야기하면서 어떻게 하면 무사할 수 있겠느냐고 묻습니다. 거백옥은 '형막약취(形莫若就) 심막약화(心莫若和)'가 가장 좋은 방법이라고 일러줍니다. 곧 겉으로 태자의 행동을 따르고 마음으로 태자와 화합하는 것입니다. 위험을 피하기 위해서는 상대의 잘못을 지적하기보다는 그대로 따르는 것이 좋다고 조언한 것이죠. 그런데 조심해야 할 것이 있다고 덧붙입니다. 바로 '취불욕입(就不欲入) 화불욕출(和不欲出)'입니다. 겉으로 태자의 악행을 따르다 보면 자신도 그런 사람이 되기 쉽기 때문에 빠져들어서는 안 된다는 겁니다. 악행을 저지르면 악에 물들기 쉽다는 해설을 따로 할 필요는 없겠지요. 또 마음으로 태자와 화합하면서 사실은 태자를 바로잡으려는 내심이 겉으로 드러나면 위험하다는 겁니다. 그런 마음이 태자에게 발각되면 위험해질 수 있겠지요. 그런데 여기서 거백옥이 강조하는 것은 그보다 더 큰 위험입니다. 이를테면 안합이 사나운 권력자를 바로잡으려 했다는 이야기가 세상에 알려지면 명성이 쌓일 것이고 그렇게 되면 명성에 구속되어 자신을 망치게 된다는 것이지요. 이어서 권력자를 바로잡으려는 시도가 얼마나 무모한 짓인지 비유를 들어 이야기합니다.

"그대도 사마귀를 알고 있겠지? 사마귀는 앞발을 힘껏 쳐들고 수레바퀴에 맞서면서 자신이 이기지 못할 것을 알지 못하니 이것은 그 재능이 뛰어나기 때문이다. 경계하고 삼가야 할 것이다. 공을 자랑하는 일을 아름답게 여기는 자는 위험을 범하는지라 위태롭다. 그대도 범을 사육하는 이를 알고 있겠지? 감히 먹이를 산 채로 주지 않는 것은 죽이려는 사나움을 일깨울까 해서다. 또 감히 한 마리를 통째로 주지 않는 것은 찢어발기려는 사나움을 일깨울까 해서다. 먹이를 줄 때 배부른 정도에 꼭 맞추어서 사나움이 흩어지게 하면, 범과 사람이 종류가 다른데도 범이 자기를 기르는 사람을 잘 따르게 되니, 이는 범의 자연스런 본성을 따랐기 때문이다.
그 때문에 범이 사육하는 사람을 죽이는 것은 그가 범의 자연스런 본성을 거슬렀기 때문이다. 무릇 말을 아끼는 자는 네모난 대광주리에 말똥을 담고 조개껍질에 말 오줌을 담는다. 그러다가 마침 모기나 등에가 말 등에 붙어 있는 것을 보고 불시에 말을 때리면 말이 재갈을 물어뜯고 기르는 사람의 머리와 가슴을 들이받아 부술 것이다. 이처럼 뜻이 한 가지에만 몰두하게 되면 아끼는 방법을 잃어버리니 삼가지 않을 수 있겠는가."

汝는 不知夫螳蜋乎아 怒其臂하야 以當車轍하야 不知其不勝任

也하나니 是其才之美者也니라 戒之愼之하라 積伐而美者는 以犯之라 幾矣니라 汝는 不知夫養虎者乎아 不敢以生物로 與之는 爲其殺之之怒也요 不敢以全物로 與之는 爲其決之之怒也니라 時其飢飽하야 達其怒心이면 虎之與人이 異類로대 而媚養己者는 順也일새니 故其殺者는 逆也라 夫愛馬者 以筐으로 盛矢(屎)코 以蜄으로 盛溺(뇨, 尿)하다가 適有蚊虻이 僕緣커든 而拊之不時하면 則缺銜하며 毀首하며 碎胸하나니 意有所至하면 而愛有所亡하나니 可不愼邪아

유명한 당랑거철의 고사입니다. 당랑(螳螂)은 사마귀죠. 당 대의 성현영은 사마귀를 부충(斧蟲)이라고 했는데 앞다리가 마치 도끼(斧)처럼 생겼기 때문에 붙은 이름입니다. 사마귀는 자신의 앞다리가 강하다고 자부하기 때문에 수레바퀴가 다가와도 피하지 않고 맞섭니다. 결과는 죽음이겠죠. 자신의 재능을 믿고 사나운 권력자와 맞서는 무모한 경우를 비유한 것입니다. 이어서 비슷한 비유를 들고 있는데 하나는 성공 사례이고 또 하나는 실패한 경우입니다.

범을 사육하는 사람이 범에게 먹이를 줄 때 짐승을 산 채로 주지 않는데 그 이유는 짐승을 찢어발기는 범의 사나운 본성을 일깨울까 두려워하기 때문이라고 합니다. 그 때문에 사나운 범이 자기를 사육하는 사람에게 잘 보이는 것은 사육하는 사람이 범의 자연스러운 성질을 잘 알고 거기에 맞춰서 사나운 마음이 다른 곳으로 발산되게 했기 때문이라는 겁니다. 반면 말을 기르는 사람이 말똥

을 네모난 대광주리에 담고 오줌을 커다란 조개껍질에 담을 정도로 극진히 보살피더라도 자칫 모기나 등에가 말 등에 붙어 있는 것을 보고 갑자기 후려치면 말이 깜짝 놀라 자기를 극진히 보살펴주는 사람을 해치게 됩니다. 따라서 어떤 대상과 공존하려면 대상을 사랑하는 것도 중요하지만 대상의 자연스러운 성질을 얼마나 잘 알고 거기에 맞게 대처하느냐가 중요하다는 조언입니다.

◎

4장

쓸모없는 나무의 큰 쓸모

상수리 나무와 상구의 대목

이번에는 나무 이야기가 이어집니다. 이 장에서 먼저 나오는 두 이야기에서 등장하는 커다란 나무는 모두 쓸모없는 나무로 천수를 누립니다. 그리고 뒤에 나오는 이야기의 나무들은 모두 쓸모 있는 나무들인데 적당한 크기가 되면 베입니다. 이 세 이야기를 함께 묶어서 읽어보겠습니다.

> 장석이 제나라에 갈 적에 곡원에 이르러 사(社)에 심어진 상수리나무를 보았는데, 그 크기가 수천 마리 소를 가릴 만하고 둘레는 백 아름을 헤아리며, 높이는 산을 내려다볼 정도라 열 길 위에 비로소 가지가 있어서 거의 수십 척의 배를 만들 수 있을 정도이니 구경하는 사람들이 마치 저잣거리처럼 많았다. 그런데도 장석은 돌아보지 않고 그대로 가는 걸음을 멈추지 않았다.
> 장석의 제자가 그 나무를 실컷 구경한 다음 장석에게 달려가 이렇게 말했다.

"제가 도끼를 가지고 선생님을 따라다닌 이래로 이토록 아름다운 재목은 아직 본 적이 없습니다. 그런데도 선생께서는 살펴보려 하지 않으시고 걸음을 멈추지 않는 것은 무엇 때문입니까?"

장석은 이렇게 대답했다.

"잠자코 아무 말도 하지 마라. 쓸모없는 나무다. 배를 만들면 가라앉고, 관(棺)이나 곽(槨)을 만들면 빨리 썩고, 그릇을 만들면 쉽게 부서지고, 대문이나 방문을 만들면 수액이 흘러나오고, 기둥을 만들면 좀이 먹으니 이 나무는 쓸모없는 나무다. 쓸 만한 구석이 없기 때문에 이처럼 수를 누릴 수 있는 것이다."

匠石이 之齊할새 至於曲轅하야 見櫟社樹한대 其大蔽數千牛하고 絜之百圍오 其高臨山하야 十仞而後에 有枝하고 其可以爲舟者旁十數러니 觀者如市하더라 匠伯이 不顧하고 遂行不輟이어늘 弟子厭觀之하고 走及匠石하야 曰 自吾執斧斤하야 以隨夫子로 未嘗見材如此其美也어늘 先生이 不肯視하시고 行不輟은 何邪잇고 曰 已矣라 勿言之矣하라 散木也니라 以爲舟則沈하고 以爲棺槨則速腐하고 以爲器則速毁하고 以爲門戶則液樠하고 以爲柱則蠹하나니 是不材之木也라 無所可用이라 故로 能若是之壽하니라

토지신의 사당〔社〕에 심어진 상수리나무〔櫟社樹〕 이야기입니다. 그런데 이름난 목수 장석이 이 나무를 거들떠보지도 않고 지나가

자 제자가 이렇게 좋은 나무를 본 적이 없는데 왜 그냥 지나가시느냐고 묻습니다. 이 물음에 장석은 이 나무를 쓸모없는 나무, 산목(散木)이라고 딱지를 붙입니다. 그런데 나무가 장석의 꿈에 나타나 장석을 꾸짖습니다. 너야말로 쓸모없는 인간, 산인(散人)인데 어찌 나를 쓸모없다 하느냐고요. 역사수(櫟社樹)는 토지신을 모시는 사당인 사(社)에 심어진 상수리나무를 의인화한 것입니다. 본래 사(社)는 토지신에게 제사지내는 곳이고, 직(稷)은 곡물 신에게 제사지내는 곳을 가리킵니다. 같은 장소에 있기 때문에 사직(社稷)으로 붙여 씁니다. 임산(臨山)이란 표현이 나오는데, 임(臨)은 위에서 아래로 내려다본다(自上而視下)는 뜻입니다. 나무가 산보다 더 높다는 뜻인데 앞의 다른 나무와 마찬가지로 나무의 크기를 과장해서 표현한 것이죠. 그런데 이 나무를 장석이 쓸모없다고 이야기합니다. 어디에 쓸모가 없느냐? 당연히 인간의 기준, 그것도 유용성을 기준으로 쓸모없다고 한 것이죠.

> 장석이 돌아왔는데 상수리나무가 꿈에 나타나 이렇게 말했다. “그대는 어디에 나를 견주려 하는가? 그대는 나를 문목(文木)에 견주려 하는가? 아가위나무, 배나무, 귤나무, 유자나무는 나무 과실이나 열매가 익으면 잡아 채이고, 잡아 채이면 욕을 당해서, 큰 가지는 꺾이고 작은 가지는 찢기니, 이것은 그 잘난 능력으로 자신의 삶을 괴롭히는 것이다. 그 때문에 천수를 마치지 못하고 중도에 요절해서 스스로 세속 사람들에

게 공격을 받게 되는 것이니, 모든 사물이 이와 같지 않음이 없다. "또한 나는 쓸 만한 구석이 없어지기를 바란 지 오래되었는데, 거의 죽을 뻔했다가 이제 비로소 그 방도를 얻었으니, 이야말로 나의 큰 쓸모다. 가령 나에게 쓸모가 있었더라면 이처럼 크게 자랄 수 있었겠는가? 뿐만 아니라 그대와 나도 모두 사물일 뿐인데, 어찌하여 상대를 사물로 대하는가? 그대도 거의 죽어가는 쓸모없는 사람인데 또 어찌 쓸모없는 나무를 알아볼 수 있겠는가?"

匠石이 歸커늘 櫟社見夢하야 曰 女는 將惡乎에 比予哉오 若은 將比予於文木邪아 夫相梨橘柚는 果蓏之屬이 實熟則剝하고 剝則辱하야 大枝는 折하고 小枝는 泄하나니 此以其能으로 苦其生者也라 故로 不終其天年而中道夭하야 自掊擊於世俗者也니 物이 莫不若是하니라

且予는 求無所可用이 久矣어늘 幾死아 乃今에 得之하니 爲予의 大用이로다 使予也而有用이런들 且得有此大也邪아 且也若與予也 皆物也어니 奈何哉로 其相物也리오 而도 幾死之散人이어니 又惡知散木이리오

그래서 역사수가 장석의 꿈에 나타나 따집니다. 그리고 사람들이 쓸모 있다고 이야기하는 문목(文木)의 비참한 말로를 예로 들며, 문목이야말로 자신들의 쓸모 때문에 자신의 삶을 괴롭히는 존재들이라고 이야기합니다. 그리고 자신은 쓸모없기를 바란 지 오래되었

는데 장석이 확인해줘서 비로소 바라던 것을 얻었다고 말합니다. 그러고는 장석 당신이야말로 쓸모없는 인간인데 어찌 나를 두고 쓸모없다 하느냐고 따집니다. 장석이 한 방 세게 맞았죠. 상물(相物)은 서로 사물로 대한다는 뜻인데 여기서 '상(相)' 자가 들어가 있다고 해서 상수리나무도 장석을 사물로 대했다는 것은 아닙니다. 상(相) 자는 두 존재 사이에 어떤 일이 일어나면 상투적으로 붙일 수 있는 표현입니다. 상수리나무의 말은 어떤 존재가 같은 처지에 있는 다른 존재를 사물로, 곧 수단이나 객체로 대해서는 안 된다는 뜻입니다. 우리가 사람을 대할 때 수단으로만 대해서는 안 되는 이유이기도 하죠.

거의 죽을 뻔했다가 비로소 방도를 얻었다고 한 대목은 장석의 제자가 한참 바라보고 있었을 때를 가리킵니다. 장석의 제자도 목수였을 테니 좋은 나무라고 생각했으면 도끼로 베려고 했을 테니까요. 그때 역사수가 혹시라도 장석의 제자가 자신을 베어낼까 싶어서 두려워했겠죠.

장석이 깨어나 꿈의 길흉을 점치고 있는데 제자가 이렇게 말했다.

"취향이 쓸모없음을 취하는 데 있었다면 사(社)의 나무가 된 것은 왜일까요?"

장석이 이렇게 대답했다.

"쉿! 너는 말하지 마라. 저 나무는 단지 사(社)에 몸을 맡겼을

뿐인데 네가 그렇게 말하면 자기를 알아주지 않는 자의 욕지기 정도로 생각할 것이다. 사(社)에 몸을 맡기지 않았다 하더라도 어찌 잘리는 일이 있겠는가. 뿐만 아니라 저 나무는 지키려 하는 것이 여러 사람들과는 다른데 세상의 의리를 가지고 평가한다면 또한 먼 이야기가 아니겠는가."

匠石이 覺而診其夢한대 弟子曰 趣取無用인댄 則爲社는 何邪잇고 曰 密 若無言하라 彼亦直寄焉이어늘 以爲不知己者의 詬厲也로다 不爲社者인들 且幾有翦(剪)乎아 且也彼其所保與衆으로 異어늘 而以義譽之면 不亦遠乎아

제자의 질문이 재미있습니다. 쓸모없기를 바란다면서 왜 토지신을 모시는 사당의 나무가 되었느냐고 했죠. 그런데 이게 웃기는 질문입니다. 왜냐하면 사(社)가 상수리나무에게 해준 것이 없는데도 왜 하필 여기서 살고 있느냐고 따지는 셈인데, 우리 사회에서 흔히 자신과 취향이나 생각이 다른 사람들에게, 그럼 왜 여기서 사느냐, 다른 곳으로 가라는 식으로 비난하는 식과 같은 겁니다. 너도 결국 세상에 의지하고 있는 것 아니냐, 그렇다면 세상의 논리를 따라야 한다는 식으로 강요하는 거죠. 그런 세상은 끔찍하지 않을까요.

조금 다른 예이지만 왕벚나무가 한국산이라고 강조하면서 자랑하는 것도 비슷한 점이 있습니다. 왕벚나무 입장에서 생각하면 어이가 없죠. 한국이 왕벚나무에게 해준 게 뭐가 있는지 물어봐야 할 겁니다. 마찬가지로 사에 심어졌지만 사가 이 상수리나무에게 해준

것이 없습니다. 그저 우연히 그곳에서 자라게 된 것일 뿐이지요.

마지막에 장자가 "저 나무는 지키려 하는 것이 여러 사람들과는 다른데 세상의 의리를 가지고 평가한다면 또한 먼 이야기가 아니겠는가(彼其所保與衆異 而以義譽之 不亦遠乎)"라고 한 대목이 핵심입니다. 세상 사람들이 추구하는 가치와 다른 것을 추구하는데 세상의 논리를 들이밀며 비난하는 것은 헛발질이라는 겁니다. 조선의 박지원은 이 대목을 활용하여 괴짜였던 김홍연의 일대기를 남겼는데 그게 바로 앞서 〈양생주〉 편에서 말씀드렸던 《발승암기(髮僧菴記)》입니다. 거기 보면 이런 내용이 있습니다.

> 까마귀는 온갖 새가 다 검은 줄 알고, 백로는 다른 새가 희지 않은 것을 이상하게 여기는구나. 흰 새와 검은 새가 각기 옳다고 우기면 하늘도 그 송사에 싫증 내겠구나 (…) 세상 사람들은 각자 만족하면서 살아가니 억지로 서로 배우라고 할 것이 없다. 대심(김홍연의 자)은 이미 세상 사람들과 취향이 다른데 이런 논리로 이상하게 여기는구나.(烏信百鳥黑 鷺訝他不白 白黑各自是 天應厭訟獄… 衆生各自得 不必强相學 大深旣異衆 以玆相訝惑)《燕岩集》, 〈髮僧菴記〉

여기서 '대심기이중(大深旣異衆)'이라고 한 표현이 《장자》의 이 대목에서 착안한 것입니다. 한마디로 다른 것을 인정하고 차별하지 않아야 함께 살 수 있다는 거죠. 박지원이 "흰 새와 검은 새가 각기 옳다고 우기면 하늘도 그 송사에 싫증 내겠구나"라고 한 대목에서 자연은 차별하지 않는데 인간이 차별한다는 걸 읽을 수 있습니다. 박지원이 장자의 표현만 참고한 것이 아니라 생각도 같았다는 걸 알 수 있습니다.

계속해서 커다란 나무 이야기인데 이번에는 상구라는 언덕에 자라고 있는 대목(大木)입니다.

남백자기가 상구에서 노닐 때 커다란 나무를 보았는데 특이함이 있었다. 그 나무는 말 네 필씩을 묶은 수레 천 대를 그늘에 덮어 가릴 만했다. 남백자기가 이렇게 말했다.
"이것은 무슨 나무인가? 이 나무는 반드시 특이한 쓸모가 있을 것이다." 하고는,
우러러 작은 가지를 살펴보았더니 구불구불해서 마룻대나 대들보로 쓸 수 없고, 굽어서 커다란 뿌리를 살펴보았더니 가운데가 갈라져 관을 만들 수도 없고, 혀로 잎사귀를 핥아 보았더니 불에 덴 것처럼 상처가 나며, 냄새를 맡았더니 사람이 미친 것처럼 취해 사흘이 지나도록 낫지 않았다. 자기는 이렇게 말했다.
"이 나무는 과연 쓸모없는 나무로구나. 그로써 이처럼 크게 자라게 되었구나. 아! 신인도 이처럼 쓸모없음으로써 삶을 지켰을 것이다."
南伯子綦 遊乎商之丘할새 見大木焉하니 有異하더니 結駟千乘을 隱將芘其所藾어늘 子綦曰 此는 何木也哉오 此必有異材夫

인저 하고 仰而視其細枝한대 則拳曲하야 而不可以爲棟梁이오 俯而見其大根한대 則軸解하야 而不可以爲棺槨이오 咶其葉한대 則口爛而爲傷이며 嗅之則使人으로 狂酲三日而不已하더라 子綦曰 此果不材之木也라 以至於此其大也로다 嗟乎라 神人도 以此不材하나니라

남백자기는 남곽자기와 동일 인물로 추정합니다. 상구(商丘)는 상나라의 도읍지입니다. 장자가 살았던 시대를 기준으로 따져보면 800년도 더 오래된 옛날 상나라의 도읍지입니다. 그런데 이곳에서 도를 아는 현자인 남백자기가 놀다가 커다란 나무를 만납니다. 여러 차례 나온 것처럼 《장자》에 나오는 큰 나무는 삶의 가장 중요한 가치인 양생을 이룬 존재입니다. 이 나무 또한 앞에 나왔던 나무들과 비슷한 정도의 크기를 지니고 있는, 그만큼 오래 산 나무입니다. 분명 볼만한 구경거리였겠지만, 남백자기는 나무가 쓸모없다는 것을 알아차린 뒤에 이렇게 말하죠. "이 나무는 과연 쓸모없는 나무로구나. 그로써 이처럼 크게 자라게 되었구나. 아! 신인도 이처럼 쓸모없음으로써 삶을 지켰을 것이다."

《장자》에 나온 나무들은 남백자기의 이 말처럼 모두 쓸모가 없다는 점에서 일치합니다. 그렇다면 사람도 마찬가지라고 상상할 수 있겠지요. 남백자기가 말한 신인은 〈소요유〉 편에 나온 막고야산의 신인과 같이 영원한 생명을 얻은 사람이라고 생각하면 됩니다. 신인들의 공통점은 세상을 위해 자신을 희생하지 않는 것입니다. 장

자는 이어지는 이야기를 통해 쓸모 있는 나무들이 어떻게 재앙을 초래하는지 이야기하고 있습니다.

송나라에 형씨라는 땅이 있는데 가래나무, 잣나무, 뽕나무가 잘 자랐다. 그중에서 둘레가 한두 줌 더 되는 것은 원숭이 말뚝을 찾는 사람이 베어가고, 세 아름 네 아름 정도로 자란 나무는 높고 큰 집의 대들보를 찾는 사람이 베어가고, 일곱 아름 여덟 아름 정도로 자란 나무는 부귀한 사람의 집안에서 관 옆에 붙이는 판목을 찾는 사람들이 베어간다. 그 때문에 천수를 마치지 못하고 중도에 도끼와 자귀에 요절하게 되니 이것이 쓸모의 재앙이다. 그 때문에 해제사를 지낼 적에, 이마가 흰 소와 들창코인 돼지와 치질이 있는 사람은 황하의 신에게 맞는 제물이 될 수 없다고 하는데, 이런 사실은 무당들이 모두 알고 있으니 불길하다고 여겨서이다. 그러나 신인은 이것을 크게 길하다고 여긴다.

宋에 有荊氏者 宜楸柏桑이러니 其拱把而上者란 求狙猴之杙者斬之하고 三圍四圍란 求高名之麗(欐)者斬之하고 七圍八圍란 貴人富商之家에 求樿傍者斬之라 故로 未終其天年하야 而中道之夭於斧斤하나니 此材之患也라 故로 解之에 以牛之白顙者와 與豚之亢鼻者와 與人이 有痔病者와는 不可以適河라하니 此皆巫祝이 以知之矣라 所以爲不祥也나 此乃神人之所以爲大祥也니라

송나라 형씨가 나오는데 원래 우리가 성씨라고 할 때의 씨는 지명에서 따온 이름을 가리킵니다. 성은 물론 종족의 이름에서 유래한 것이고요. 그래서 지명 뒤에 씨가 붙은 경우가 《춘추좌씨전》을 비롯한 고전에 자주 보입니다.

아무튼 이곳의 토질에 잘 맞는 나무가 가래나무, 잣나무, 뽕나무였나 봅니다. 토질에 잘 맞으면 그만큼 잘 자랄 것이고 또 오래 살 수 있을 텐데 이야기를 읽어보면 그게 아닙니다. 왜냐하면 쓸모가 있어서 사람들이 베어가기 때문이죠. 그러니 쓸모란 게 사람들 입장에서 볼 때나 쓸모인 거지 나무 입장에서 보면 쓸모가 아니라 재앙인 셈입니다. 앞서 나온 상구의 나무와 정반대의 경우입니다.

이어서 장자는 세상 사람들의 입장에서 볼 때 쓸모없는 것들이 도리어 천수를 누리는 예를 듭니다. 이를테면 고대에 해제사(解祭祀)를 지낼 때 소, 돼지, 인신(人身)을 황하의 신에게 바쳐 범람이 없기를 기원했는데, 희생물을 고를 때 이마가 흰 소와 들창코 돼지, 그리고 치질에 걸린 사람은 불길하다고 하여 쓰지 않았다고 합니다. 사람들은 이런 희생물이 불길하다고 쓰지 않았지만 사실은 그런 불길함 때문에 도리어 제사에 희생되는 일도 없는 것이죠. 그렇다면 결국 사람들에게는 불길하지만 당사자에게는 대길(大吉)이라 해야 할 것입니다. 장자식으로 표현하면 대길불길(大吉不吉)이라 할 수 있겠죠. 여기서 흰 소가 불길하다고 여긴 까닭은 하나라 시대에는 검은색을 숭상했기 때문에 흰색은 불길하다고 여겼던 풍습에서 기원한 것입니다. 그리고 들창코 돼지와 치질에 걸린 사람은 모두 외형에 문제가 있기 때문에 제사에 쓰지 않았던 것으로 추정합니다. 아무튼 이런 문제가 있기 때문에 도리어 가장 중요한 생명을 지킬 수 있었다는 것이 이 이야기의 핵심입니다.

장자는 계속해서 총체적인 기형인인 지리소를 들어서 행복을 이야기하고 있습니다.

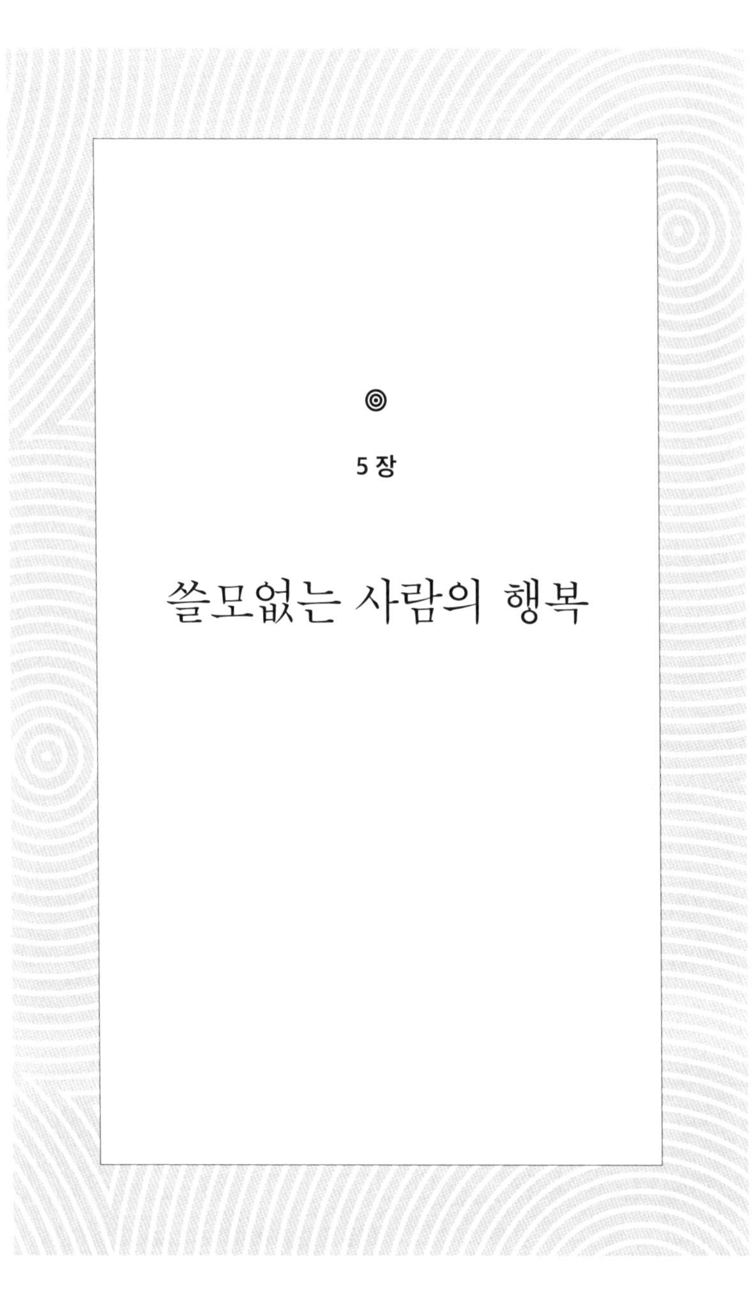

5 장

쓸모없는 사람의 행복

지리소의 행복과 공자의 불행

이 장의 첫 번째는 지리소의 작은 행복을 이야기하고 있습니다. 지리소는 형용이 불가능할 정도로 기형불구의 신체를 지닌 사람인데 먹고 사는 데 큰 문제가 없을 뿐 아니라, 험한 세상에서 자신을 잘 보존하여 천수를 누립니다. 반면 이어지는 이야기에서 공자는 천하를 주유하다가 접여를 만나는데, 그로부터 땅덩어리보다 무거운 재앙을 짊어지고 다니는 사람이라고 타박을 받습니다. 전쟁과 폭력의 시대를 살아가는 공자와 장자의 각기 다른 삶의 태도가 보이는 대목입니다. 그리고 이 장의 마지막 이야기는 〈인간세〉 편의 결론에 해당하는 부분입니다. 세 이야기를 한데 묶어서 읽어보겠습니다.

> 지리소는 턱이 배꼽 아래에 숨어 있고, 어깨는 이마보다 높고, 상투는 하늘을 가리키고, 오장이 위에 있으며, 두 넓적다리는 옆구리에 붙어 있는데, 바느질과 세탁으로 입에 풀칠하기에 충분하며, 키를 까불고 쌀을 골라내 열 사람을 충분히

먹여 살린다. 나라에서 무사를 징집하게 되면 지리소는 팔뚝을 걷어 부치고 그 사이를 돌아다니고, 나라에서 큰 부역이 있으면 지리소는 일정한 병이 있으므로 일을 받지 않고, 나라에서 병자에게 곡식을 나눠주게 되면 3종(鍾)의 곡식과 열 묶음의 땔나무를 받는다. 그 몸을 지리하게 한 사람도 충분히 자기 몸을 잘 기르고 천수를 마치는데, 하물며 그 덕을 지리하게 한 사람이겠는가.

支離疏者는 頤隱於臍하며 肩高於頂하며 會撮(괄최, 髻撮)指天하며 五管在上하며 兩髀爲脇이로대 挫鍼治繲하야 足以餬口하며 鼓筴播精하야 足以食十人이러니 上徵武士어든 則支離攘臂而遊於其間코 上有大役이어든 則支離以有常疾이라 不受功하고 上與病者粟이어든 則受三鍾과 與十束薪이러라 夫支離其形者도 猶足以養其身하며 終其天年이온 又況支離其德者乎아

지리소 이야기입니다. 기술되어 있는 그대로 상상을 하면 그 모습을 짐작하기 어려울 정도로 기형불구의 인간입니다. 어떤 이는 이 모습을 두고 인도의 요가 자세와 비슷하다는 점에 착안해서 장자가 요가와 비슷한 체조를 하는 사람의 모습을 표현한 것이라고 주장하는데 난센스입니다. 보통 용모를 가진 사람이 요가 자세를 해서 이상하게 보인다면 이 이야기는 전혀 엉뚱하게 해석될 수밖에 없겠지요. 앞의 여러 이야기에 등장하는 주인공들은 모두 결핍을 가지고 있고, 여기의 지리소는 총체적인 결핍을 보여주는 예로 이

해하는 것이 타당합니다.

장자의 마지막 주장은 새롭게 음미할 만합니다. 뒤에 읽을 〈덕충부〉 편에서 장자는 대체로 외형의 결핍이 사실은 내면의 충족이 표현된 것이라는 식으로 내면의 덕과 외형을 대립시키는 방식으로 이야기를 풀어나가는데, 여기서는 내외를 막론하고 세상의 가치에 부합하느냐 아니냐를 기준으로 행불행을 나누었습니다. 그 때문에 이 대목은《장자》의 일반적인 서사 구조와 다릅니다. 이 대목은 지리소와 같은 부류, 곧 외형에 결함이 있는 자가 세상에서 쓸모없는 존재로 여겨져 천수를 누리지만, 내면의 결함을 가진 자는 더 큰 결함을 가지고 있기 때문에 자신의 삶을 더 잘 누릴 수 있다는 맥락이기 때문입니다.

'會撮'는 '괄최'로 읽는데 괄은 髻(괄)의 가차로 상투를 가리키는 글자입니다.

공자가 초나라에 갔는데 초나라의 미치광이 접여가 공자가 묵고 있던 숙소의 문 앞에서 노닐며 이렇게 노래했다.
봉새여! 봉새여! 어쩌면 이렇게도 덕이 미약해졌는가.
앞으로 오는 세상도 기다릴 수 없고, 지나간 옛날도 쫓아갈 수 없네.
천하에 도가 있으면 성인은 그것을 이루고,
천하에 도가 없으면 성인은 자신의 생명이나 지키며,
지금같은 때를 만나서는 겨우 형벌을 면할 뿐이네.

복은 깃털보다 가벼운데 실을 줄 모르며,
재앙은 땅덩어리보다 무거운데 피할 줄 모르는구나.
그만 두어라 그만 두어라. 도덕으로 세상 사람들에게 나아감이여.
위태롭구나! 위태롭구나! 땅에 금을 그어 놓고 달려가는구나.
가시풀이여! 가시풀이여! 내 다리를 찌르지 마라.
내 물러나기도 하고 돌아가기도 하여 내 발을 다치게 하지 않으리.

孔子 適楚하야늘 楚狂接輿 遊其門曰 鳳兮鳳兮여 何如德之衰也오 來世도 不可待며 往世도 不可追也니라 天下有道어든 聖人成焉하고 天下無道어든 聖人生焉하나니 方今之時하야는 僅免刑焉이니라 福輕乎羽어늘 莫之知載하고 禍重乎地어늘 莫之知避로다 已乎已乎인저 臨人以德이여 殆乎殆乎인저 畫地而趨로다 迷陽迷陽이여 無傷吾行(胻)이어다 吾行卻曲하야 無傷吾足하리라

공자와 접여의 만남은 《논어》에도 나오는데 〈미자〉 편에 이렇게 기록되어 있습니다.

초나라 광인 접여가 공자를 지나가면서 이렇게 노래했다.
"봉새여! 봉새여! 어찌 그리 덕이 미약해졌는가. 지나간 일은 말릴 수 없거니와 앞으로의 일은 쫓아갈 수 있으니 그만 두어라 그만 두어라. 요즘 같은 세상에 정치를 하면 위태로울 뿐이다." 공자가 수레

에서 내려 이야기를 나누려 했으나 종종 걸음으로 피하여 함께 이야기하지 못했다.〔楚狂接輿 歌而過孔子曰 鳳兮鳳兮 何德之衰 往者不可諫 來者猶可追 已而已而 今之從政者 殆而 孔子下 欲與之言 趨而辟之 不得與之言〕

내용이 비슷합니다. 논어에는 공자가 타고 가던 수레 앞에서 노래한 것으로 되어 있고, 《장자》에는 공자가 묵고 있던 숙소 앞에서 노래한 것으로 되어 있는데 노래의 내용은 《장자》가 더 자세합니다. 둘 다 접여가 공자를 풍자한 내용인데, 사실 장자 같은 입장에서 공자의 태도를 긍정하기는 쉽지 않습니다. 공자는 세상이 아무리 어지럽고 위험하다 하더라도 피하는 사람이 아니기 때문에 장자 입장에서 보면 어리석고 무모하게 보일 수 있기 때문이죠. 하지만 그런 공자가 이 〈인간세〉 편에 자주 등장하는 걸 보면 장자도 공자와 같은 삶의 태도를 완전히 부정한 것은 아니라고 보아야 할 것입니다.

공자는 천하를 주유하면서 은자들을 자주 만납니다. 그들은 한결같이 공자를 두고 '안 되는 줄 알면서 하는 사람〔知其不可而爲之者〕'으로 비판합니다. 그런데 사실 그 말이 공자의 마음을 정확하게 포착한 것이기도 합니다. 안 되는 줄 알면서도, 실패할 줄 뻔히 알면서도 하는 사람이 바로 공자고 그게 사람을 감동시킵니다. 공자의 삶을 들여다보면 실패가 예정되어 있는 경우에도 끝까지 희망을 버리지 않습니다. 걸닉이라는 은자가 "천하가 무도함이 도도히 흘러가는 탁류와 같은데 누가 이 흐름을 바꿀 수 있겠느냐?〔滔滔者 天下

皆是也 而誰以易之]"고 공자의 어리석음을 비판하자, 공자는 "천하에 도가 있다면 내가 바꾸려 하지 않을 것[天下有道 丘不與易也]"이라는 말로 응수합니다. 세상이 혼란하면 세상을 피해 산다는 말이 공자에게는 통하지 않습니다. 사실 맹자도 그렇죠. 제나라 선왕과의 만남을 보면 도무지 벼슬할 생각이 있는 것 같지 않습니다. 사실 벼슬을 해야 자신의 뜻을 이룰 수 있는데도 절대 타협하지 않죠.

장자는 여기서 접여를 내세워 그런 사람을 풍자하고 있습니다. 특히 "복은 깃털보다 가벼운데 실을 줄 모르며, 재앙은 땅덩어리보다 무거운데 피할 줄 모르는구나"라고 노래한 대목을 보면 길 가는 사람이 가벼운 복은 싣지 않고 도리어 무거운 재앙을 짊어지고 가는 어리석은 태도를 비유한 것입니다.

그런데 아쉽게도 접여가 도망치는 바람에 공자가 이야기를 나누지 못했습니다. 그래서 장자가 이 대목에서 접여와 공자가 만나서 이야기하는 장면을 우언으로 창작했으면 좋았겠다 싶습니다.

> 산의 나무는 스스로 해치며, 기름 등잔불은 스스로 태우며, 계피는 먹을 수 있기 때문에 사람들이 베어 가며, 옻나무는 쓸모가 있기 때문에 사람들이 가른다. 사람들은 모두 쓸모 있음의 쓸모만 알고, 쓸모없음의 쓸모는 아무도 알지 못하는구나.
>
> 山木自寇也며 膏火自煎也하며 桂可食故로 伐之하며 漆可用故로 割之하나니 人이 皆知有用之用이오 而莫知無用之用也하나다

〈인간세〉 편의 결론이라고 할 수 있는 대목입니다. 세상 사람들은 유용이 가치 있는 줄만 아는데 막상 유용 때문에 가장 중요한 가치인 생명을 잃어버리는 일이 많다는 사실을 망각하고 있다는 겁니다. 여기서 예로 든 산목, 기름 등잔불, 계피, 옻나무는 모두 인간 세상의 쓸모에 부합하는 유용 때문에 도리어 자신을 해칩니다.《한비자》에도 비슷한 이야기가 나옵니다. 적나라 사람〔翟人〕이 꼬리가 화려한 여우와 검은 표범 가죽을 진나라 문공에게 바쳤는데, 문공이 그것을 받고 이렇게 탄식합니다. "이들은 아름다운 가죽을 가졌기 때문에 화를 초래한 것이다." 문공의 말은《장자》의 이 대목과 비슷한 맥락입니다.

앞서 말씀드린 것처럼 〈인간세〉 편의 취지는 어떻게 하면 남을 죽이고 내가 살아남을 것인가에 있는 것이 아니라 나도 살고 남도 살 수 있는 방법을 찾는 데 있습니다. 그런 점에서 명말부터 청초의 사상가 왕부지(王夫之)가 "이 편은 난세를 넘어 스스로를 보존하고 남을 보전하는 묘술을 추구한 것이니 군자가 깊이 취할 점이 있다〔此篇爲涉亂世 以自全而全人之妙術 君子深有取焉〕"고 한 말을 다시 한 번 음미할 만합니다.

《장자》의 다섯째 편 이름은 〈덕충부(德充符)〉입니다. '덕충부'란 덕충지부(德充之符), 곧 어떤 사람의 내면에 덕이 충일(充溢)하다는 사실을 겉으로 드러내주는 부호(符號)라는 뜻입니다. 도(道)와 덕을 이야기할 때 '도는 밖에 있는 것이고 덕은 그 도가 어떤 사람의 내면에 체득된 것'을 가리킵니다. 도를 체득해서 내면화한 사람, 그런 사람은 그 내면의 덕에 부합하는 형상을 갖춘다는 것이 〈덕충부〉 편에서 장자가 하는 이야기입니다.

제5편 ◎ 덕충부 德充符

◎

1장

성자(聖者)의 조건

내면의 덕에 부합하는 형상

《장자》의 다섯째 편 이름은 〈덕충부(德充符)〉입니다. '덕충부'란 덕충지부(德充之符), 곧 어떤 사람의 내면에 덕이 충일(充溢)하다는 사실을 겉으로 드러내주는 부호(符號)라는 뜻입니다. 도(道)와 덕을 이야기할 때 '도는 밖에 있는 것이고 덕은 그 도가 어떤 사람의 내면에 체득된 것'을 가리킵니다. 도를 체득해서 내면화한 사람, 그런 사람은 그 내면의 덕에 부합하는 형상을 갖춘다는 것이 〈덕충부〉 편에서 장자가 하는 이야기입니다. 어떤 모습을 상상할 수 있을까요?

덕충(德充)의 充(충) 자를 살펴보면 문자가 형성되던 시기의 사람들이 '충만한 상태'를 어떤 모습으로 그렸는지 알 수 있습니다. 充(충)이라는 글자는 자식을 뜻하는 子 자를 거꾸로 뒤집은 亠 자와 사람을 뜻하는 人 자가 위 아래로 배치된 모양입니다. 子 자가 거꾸로 뒤집힌 모습은 출산 직전의 태아를 그린 문자입니다. 그러니 충만(充滿)을 뜻하는 充 자는 출산 직전의 여성을 형상화한 글자로 뱃속에 아이가 가득 찬 상태, 곧 생명에 대한 사랑이 가득 찬 상태를 말합니다. 맹자는 "충실한 것을 일러 아름답다고 한다〔充實之謂美〕"

고 했는데 인간에 대한 사랑이 가득 차 있는 상태를 아름다움의 기원으로 본 것이죠.

장자는 덕이 충실한 사람을 어떤 모습으로 그려냈을까요? 〈덕충부〉 편의 주인공이 어떤 사람들인지 살펴보면 바로 알 수 있습니다. 그들의 모습과 여러분들이 상상하는 모습이 어떻게 다르고 같은지 생각해보시기 바랍니다.

〈덕충부〉 편의 첫 번째 주인공은 올자(兀者), 곧 절름발이 왕태입니다. 兀 자는 글자의 형태가 왼쪽에 있는 획은 짧고 오른쪽에 있는 획은 긴데 그 이유는 형벌을 받아 한쪽 다리가 잘린 사람을 형상화했기 때문입니다. 절름발이 왕태는 노나라 사람인데 그를 따라 배우는 제자의 수가 공자와 같았다고 합니다. 더욱이 그는 제자들을 가르치지도 않았는데 배우는 이들은 텅 빈 채로 가서 가득 채워 돌아온다고 했습니다. 무엇을 채워 돌아왔을까요?

두 번째 주인공은 신도가(申徒嘉)인데 그 또한 절름발이입니다. 신도가는 춘추시대의 유명한 정치인인 정나라 자산과 함께 백혼무인(伯昏無人)을 스승으로 모시고 배웠습니다. 자산이 신도가 같은 절름발이와 함께 배우는 것을 부끄러워하자 신도가는 선생의 문하에서도 절름발이니 재상이니 하는 구분이 있느냐고 묻습니다. 그렇다면 우리와 자산은 얼마나 다를까요?

세 번째 주인공은 숙산무지(叔山無趾)입니다. 그의 이름 무지(無趾)의 지(趾)는 발의 복사뼈 아랫부분을 뜻합니다. 문자 그대로 앞의 두 사람처럼 절름발이입니다. 그는 노자의 제자로 공자에게 깨우침을 주는 인물로 등장합니다. 공자는 그에게서 무엇을 배웠을까요?

네 번째 주인공 애태타(哀駘它)는 절름발이에다 곱사등이인 장애인으로, 보는 사람으로 하여금 저절로 불쌍함을 느끼게 하는 추한 용모의 소유자로 묘사됩니다. 그런데 노나라의 많은 사람들이 그를 따릅니다. 남자들 중에 그와 함께 지내본 사람은 그를 사모하여 떠나지 못한다고 합니다. 심지어 여자들은 그를 만나보고 나면 부모에게 '다른 사람의 아내가 되느니 차라리 그의 첩이 되겠다'고 청했다고 합니다. 또 그와 함께 생활해본 노나라 애공은 그에게 나라를 물려주려 합니다. 애태타는 어떤 매력을 가지고 있었을까요?

이어서 등장하는 인기지리무순(闉跂支離無脹)은 발이 굽은〔闉跂〕 절름발이에다가 사지가 지리멸렬하며〔支離〕, 게다가 입술이 없는〔無脹〕 언청이입니다. 그런데 위나라 영공은 그의 매력에 빠져 그와 대화를 나누고 난 다음에 보통 사람들을 보면 보통 사람들이 이상하게 보였다고 합니다. 또 옹앙대영(甕甇大癭)은 항아리만한〔甕甇〕 커다란 혹〔大癭〕을 달고 있는 기형인인데 제나라 환공이 그와 대화한 뒤 역시 보통 사람들을 이상하게 여겼다고 합니다. 우리가 생각하는 정상과 비정상은 얼마나 정상적일까요?

가만히 살펴보면 《장자》에는 〈덕충부〉 편 뿐만 아니라 도를 아는 사람들 대부분이 정상적인 사회활동을 하는 사람이 아닙니다. 앞서 읽어보았던 〈제물론〉 편에서 도를 아는 인물로 나오는 남곽자기(南郭子綦)는 성곽의 남쪽에 사는 천민입니다. 〈양생주〉 편에서 일국의 군주인 문혜군(文惠君)에게 양생의 도를 가르쳐주는 인물로 묘사된 포정(庖丁)도 가장 천한 신분인 백정이었죠. 또 누구보다 행복한 삶을 살아가는 지리소(支離疏)는 턱이 배꼽 아래에 숨어 있고, 어깨가 이마보다도 높이 솟아 있는, 그야말로 지리멸렬한 신체를 가진 형용불가한 기형인이었습니다.

이처럼 장자는 자신의 글 속에서 세속 인간들의 육체적 조건에 대한 집착을 타파하고 참다운 덕은 형상을 초월한 내면성에 있음을 밝히기 위해 세속의 사람들이 가장 추하다고 여기는 절름발이, 꼽추, 언청이 같은 불구자들을 들어 그들로 하여금 도를 말하게 한 것입니다. 그렇게 함으로써 장자는 형체에 구애받고 외형적인 것, 외적인 권력 등에 집착하는 세속 인간들의 어리석음을 비웃고 있는 것입니다. 우리는 장자의 비웃음으로부터 자유로울 수 있을까요?

덕이 충만해 있으면 외형의 결핍은 보이지 않는다는 것이《장자》〈덕충부〉 편의 핵심입니다. 하지만 세상 사람들은 그걸 모릅니다. 오히려 외형의 결핍 때문에 내면의 충만한 덕을 보지 못합니다. 그러니 장자의 비웃음을 당하기에 충분하다고 해야 할까요?

노나라에 절름발이 왕태가 있었는데, 그를 따라 배우는 자의 수가 중니와 같았다. 상계가 중니에게 물었다.
"왕태는 절름발이인데 그를 따라 배우는 이가 선생님과 함께 노나라를 반분하고 있습니다. 그는 서 있을 때 가르치지도 않고 앉아서 이야기를 나누지도 않는데 사람들이 텅 빈 채로 가서 가득 채워 돌아옵니다. 참으로 말하지 않는 가르침과 겉으로 드러남이 없으면서 마음으로 이루는 것이 있는 것인가요. 이 사람은 어떤 사람입니까?"

중니가 말했다.

"선생은 성인이다. 나는 다만 뒤처져 아직 가지 못했을 뿐이다. 나도 그를 스승으로 삼으려 하는데 하물며 나만 못한 사람이겠는가. 어찌 다만 노나라뿐이겠는가? 나는 온 천하 사람을 이끌고 그를 따를 것이다."

魯에 有兀者王駘어늘 從之遊者 與仲尼로 相若하더니 常季問於仲尼曰 王駘는 兀者也로대 從之遊者與夫子로 中分魯하야 立不教하며 坐不議호대 虛而往하야 實而歸하나니 固有不言之教와 無形而心成者邪인저 是何人也오 仲尼曰 夫子는 聖人也니 丘也는 直後而未往耳로라 丘도 將以爲師온 而況不若丘者乎따녀 奚假魯國이리오 丘는 將引天下하야 而與從之호리라

〈덕충부〉 편의 첫 번째는 절름발이 왕태의 이야기입니다. 올자(兀者)는 앞서 말씀드린 것처럼 형벌을 받아 한쪽 다리가 잘린 절름발이입니다. 그런데 이 절름발이 왕태를 따르는 제자의 수가 공자와 같았다고 되어 있습니다. 공자는 제자가 3000명에 이르렀다고 하죠. 물론 3000명은 확인되는 숫자가 아니기 때문에 그냥 헤아릴 수 없을 정도로 많았다고 생각하면 됩니다. 그리고 공자의 제자로 상계라는 인물이 등장하는데 《사기》 〈중니제자열전〉이나 《공자가어》에 보이지 않는 인명인 걸로 보아 실제 공자의 제자는 아니고

장자가 평범한 사람(常)이라는 뜻으로 지어낸 인물인 듯합니다.

상계가 묻습니다. 왕태는 절름발이인데도 그를 따르는 제자가 선생님만큼 많다, 그런데 이상한 것은 그가 가르치는 게 없다는 점입니다. 서서(立) 가르치지도 않고 앉아 있을 때(坐)도 가르치지 않는다고 했는데 여기서 서고 앉는 것은 특정한 두 가지 상황을 뜻하는 것이 아니라 모든 상황을 가리킵니다. 앉으나 서나 가르치는 게 아니라, 앉으나 서나 절대로 가르치는 법이 없는, 하나도 안 가르치는 선생인 거죠. 상계의 표현에 따르면 가르치지 않는데도 사람들이 텅 빈 채로 가서 가득 채워서 돌아옵니다. 참으로 이상하죠. 말로 하지 않는 가르침이 있고 겉으로 드러나는 것이 없어도 마음으로 이루는 경우가 있는 것이냐고 상계가 묻습니다.

그런데 공자의 대답은 상계의 생각을 한 걸음 더 앞서 갑니다. 공자는 자신도 왕태를 스승으로 모시고 싶은데 아직 가지 못한 것일 뿐이다, 앞으로 온 천하 사람들을 데리고 왕태를 찾아가 배울 것이라고 합니다. 이 대목을 두고 어떤 학자들은 장자가 왕태를 내세워 공자를 조롱하고 야유하는 것이라고 해석합니다. 그러나 반드시 그렇게만 볼 수 없습니다. 앞서 〈인간세〉 편에서 살펴보았듯이 장자는 즐겨 공자를 내세워 자신의 생각을 대신 이야기하게 합니다. 이 대목 또한 장자가 공자를 통해 참된 가르침에 대한 자신의 생각을 이야기한 것이라고 볼 수 있습니다. 장자는 독백만으로 자신의 이야기를 세상 사람들에게 들려줄 만한 위치에 있지 않았기 때문에 모든 이들이 인정하는 공자를 내세웠다고 보는 것이죠. 이를테면 자신의 글에 공자의 추천사를 배치한 것이라고 볼 수 있습니다. 사람의 마음에 이야기를 들여놓는 게 그리 쉬운 일이 아니거든요. 그리고 내용상 조롱하는 맥락이 있다 하더라도 공자를 직접 조롱한 것이 아니라 공자를 맹목적으로 숭배하는 추종자들을 조롱한 것으로 보는 것이 정확할 겁니다.

상계가 말했다.

"저 사람은 절름발이인데도 선생님보다 훌륭하다고 하니, 보통 사람보다 훨씬 뛰어난 분이겠습니다. 그 같은 사람은 마음 씀씀이가 도대체 어떠합니까?"

중니가 말했다.

"죽고 사는 문제 또한 중대한 것이지만, 그 때문에 변하지 않는다. 비록 하늘이 무너지고 땅이 꺼지더라도 그와 함께 떨어지지 않으며, 거짓 없는 도를 잘 살펴서 사물과 함께 변하지 않고, 만물의 변화를 명으로 받아들여 근본인 도를 지킨다."

상계가 말했다.

"무슨 말씀이십니까?"

常季曰 彼는 兀者也로대 而王先生하니 其與庸으로 亦遠矣로소이다 若然者는 其用心也 獨若之何잇고 仲尼曰 死生이 亦大矣나 而不得與之變하나니라 雖天地覆墜하야도 亦將不與之遺하며 審乎無假하야 而不與物로 遷이오 命物之化하야 而守其宗也하나니라 常季曰 何謂也잇고

상계가 다시 왕태와 보통 사람들과의 차이가 무엇인지 묻는데, 여기서 주목해야 할 것은 마음 씀씀이〔用心〕에 대해 물었다는 점입니다. 왕태는 절름발이이기 때문에 외형은 오히려 보통 사람보다 결여된 상태라는 걸 전제한 겁니다. 그런데도 사람들의 매력을 끄는 이유는 바로 외형이 아닌 마음 씀씀이 때문이고, 마음 씀씀이를 다른 말로 하면 덕이 될 겁니다. 곧 상계는 왕태의 덕이 어떠하냐고 물은 것입니다. 상계의 물음에 공자는 '왕태는 삶과 죽음에 동요되지 않을 뿐 아니라 천지가 뒤집히는 일이 있다 하더라도 함께 사라지지 않는다'고 대답합니다. 여기서 삶과 죽음은 자신의 생성 소멸을 말하고, 천지가 뒤집힌다는 것은 외부 세계의 생성 소멸을 가리킵니다. 곧 자아와 세계를 포괄하는 모든 존재의 변화에 동요되지 않는다는 것입니다. 어떻게 그럴 수 있느냐 하면 바로 대종(大宗)인 도를 터득했기〔守其宗〕 때문입니다. 종(宗)은 바로 '대종사(大宗師)'의 종입니다. 대종은 모든 가치의 뿌리에 있는 도를 가리키는데 바로 다음 편에 나오니 그때 가서 말씀드리겠습니다.

중니가 말했다.
"다른 것을 기준으로 견주면 간과 쓸개도 초나라와 월나라처럼 멀고, 같은 것을 기준으로 견주면 만물이 모두 하나다."
仲尼曰 自其異者로 視之컨댄 肝膽이 楚越也요 自其同者로 視之컨댄 萬物이 皆一也니라

상계가 앞에서 공자가 한 말이 무슨 뜻이냐고 물었죠. 공자는 우선 같은 것과 다른 것에 대해 이야기합니다. 상계가 앞서 왕태와 보통 사람의 차이에 대해 물었기 때문입니다. 그러자 공자는 다른 것을 기준으로 따지면 간과 담의 사이가 초나라와 월나라만큼이나 멀고, 같은 것을 기준으로 보면 만물이 모두 같다고 이야기합니다. 차이를 찾는 것만으로 왕태의 마음 씀씀이를 이해하기 어렵다는 점을 지적한 것입니다. 이어서 이렇게 왕태의 마음 씀씀이를 표현합니다.

"그 같은 사람은 또한 귀나 눈이 좋아하는 것을 알지 못하고, 덕이 조화된 상태에 마음을 노닐게 한다. 만물을 한 가지로 바라보고, 잃어버린 것을 보지 않아서, 자기 발 잃어버리는 것을 마치 흙덩어리 버리는 것과 같이 여긴다."

상계가 말했다.

"그렇다면 그는 자기를 위해 공부를 한 것이군요. 그 지(知)를 가지고 그 마음을 터득하고, 그 마음을 가지고 변하지 않는 마음을 터득한 것인데, 다른 사람들이 무엇 때문에 그에게 몰려듭니까?"

夫若然者는 且不知耳目之所宜하고 而遊心乎德之和하니니라 物을 視其所一하고 而不見其所喪하야 視喪其足호대 猶遺土也하나니라 常季曰 彼爲己라 以其知로 得其心하고 以其心으로 得其常心이어늘 物이 何爲最之哉오

우선 공자는 왕태 같은 사람은 귀나 눈 같은 감각기관의 호오(好惡)에 따르지 않는다고 말합니다. 감각기관을 통해 파악할 수 있는 것은 외형에 지나지 않기 때문에 덕을 살펴볼 수 없습니다. 덕이 조화된 상태에 마음을 놓아둔다는 말은 상대의 내면에 있는 덕을 살펴보려면 먼저 자신이 덕을 지니고 있어야 한다는 말입니다. 이어지는 문단에 "오직 멈추어 있어야 멈춤을 구하는 여러 사물을 멈출 수 있다"고 했는데 상대의 본래 모습을 비추려면 자신이 먼저 본래의 모습을 갖추어야 하는 것처럼 상대의 덕을 보려면 자신도 덕을 지니고 있어야 한다는 맥락입니다.

이처럼 왕태는 만물이 모두 동일하다는 기준으로 대상을 봅니다. 그래서 자신을 바라볼 때도 자신에 결여된 외형이 무엇인지 알지 못합니다. '기소상(其所喪)'은 왕태가 다리를 잃어버린 것을 말하는데, 자기 발 잃어버리는 것을 마치 흙덩어리 버리는 것과 같이 여길 만큼 왕태 스스로는 자신에게 다리 하나가 없다는 사실을 모릅니다. 논리의 비약으로 보이지만 자신을 차별하지 않는 사람이 남을 차별하지 않을 수 있다고 이해할 수 있습니다. 비슷한 맥락이 뒤에 신도가와 자산의 대화에도 등장합니다. 신도가와 자산이 함께 스승으로 섬기는 백혼무인(伯昏無人)이 바로 왕태와 같은 시선을 가진 사람이겠죠.

상계가 공자의 말을 듣고 나름대로 정리한 다음 다시 묻습니다. 선생님 말씀을 들어보면 왕태는 결국 자기를 위해(爲己) 산 셈인데, 왜 사람들이 그에게 모여드는지 모르겠다고 합니다. 상계의 말을 자세히 따져보면 위기(爲己) → 이기지득기심(以其知得其心) → 이기심득기상심(以其心得其常心)으로 이어지는데 《논어》에서 위기지학(爲己之學)과 위인지학(爲人之學)을 말하는 맥락과 유사합니다. 위기지학은 자신을 위한 학문이고 위인지학은 남에게 보이기 위한 학문입니다. 이 대목에 대한 풀이는 북송의 정이가 남긴 풀이가 탁월합니다. '옛사람은 자기를 위해 공부하여 마침내 남을 이루어주는 데까지 이르렀지만 요즘 사람들은 남을 위해 공부하여 끝내 자신을 잃어버리게 되었다.'〔古之學者 爲己 其終至於成物 今之學者 爲人 其終至於喪己〕 이 말에 비추어보더라도 왕태는 위기를 통해서 끝내 남을 이루어주는 경지에 이르렀다고 할 수 있습니다. 사람들이 모여든 까닭은 왕태가 자기들도 이루어주리라고 기대했기 때문이겠죠.

> 중니가 말했다.
> "사람은 흐르는 물에 비추어보지 않고 멈추어 있는 물에 비추어보는데, 오직 멈추어 있어야 멈춤을 구하는 여러 사물을 멈출 수 있다. 땅에서 생명을 받는 것 중에서는 오직 소나무와 잣나무만이 올바르니, 겨울이나 여름 모두 푸르고, 하늘에서 생명을 받는 것 중에서는 오직 요임금 순임금만이 올바르니, 만물의 으뜸이 되어 다행히 자신의 삶을 바로 세워 중생을 바로잡을 수 있었다. 처음의 도가 보존되어 있다는 증거는 두려워하지 않는 모습으로 나타난다. 용사 한 명이 용감하게 대군 속으로 쳐들어가니, 명성을 바라고 스스로에게

요구할 줄 아는 자도 오히려 이와 같은데, 하물며 천지를 마음대로 부리고 만물을 어루만져서, 일신을 단지 잠깐 머물다 가는 곳으로 여기며, 이목의 감각을 허상으로 여기며 지식으로 아는 대상을 모두 하나로 여기고, 마음이 사멸된 적이 없는 사람이겠는가. 그는 또 언젠가 날을 가려서 도의 경지에 올라갈 것이다. 사람들은 바로 이러한 점을 따르는 것이니, 그가 어찌 또 기꺼이 세상의 일 따위를 일삼겠는가."

仲尼曰 人이 莫鑑於流水요 而鑑於止水하나니 唯止아 能止衆止하나니라 受命於地는 唯松柏이 獨也正하니 在冬夏青青하고 受命於天은 唯堯舜이 獨也正하시니 在萬物之首하사 幸能正生하사 以正衆生하시니라 夫保始之徵은 不懼之實이니라 勇士一人이 雄入於九軍하야 將求名而能自要者도 而猶若是온 而況官天地하며 府萬物하야 直寓六骸하며 象耳目하야 一知之所知하고 而心이 未嘗死者乎따녀 彼는 且擇日하야 而登假(하)리니 人則從是也하나니 彼且何肯以物로 爲事乎리오

멈춤을 구하는 여러 사물은 자신의 본모습을 알고 싶어 하는 많은 사람들을 가리킵니다. 자신의 본래 모습을 찾고 싶어 하는 많은 사람들이 왕태를 찾는 이유는 그를 만나면 자신을 찾을 수 있었기 때문입니다. 정이(程頤)가 이야기했던 성물(成物)의 경지라고 할 수 있습니다.

그런데 사람들이 본모습을 찾고 싶어 하는 이유가 어디에 있을

까요? 본래 모습을 지니고 있다면 찾을 필요가 없겠죠. 잃어버렸으니까 찾는 겁니다. 그런데 자신은 이미 잃어버렸지만 그것을 보존하고 있는 사람이 어딘가에 있다면 그를 찾아가서 자신의 모습을 찾을 수 있습니다. 그래서 공자는 하늘과 땅을 대표하는 두 부류의 존재, 곧 송백(松柏)과 요순을 들어 변함없이 자신의 모습을 지키는 존재를 이야기합니다. 이 두 존재는 자신의 삶을 올바르게 함으로써〔正生〕 다른 사람의 삶을 바로잡아 줍니다〔正衆生〕. 이게 바로 남을 이루어주는 경지, 성물(成物)의 경지입니다.《논어》에 "날씨가 추워진 뒤에 소나무와 잣나무가 늦게 시든다는 것을 알 수 있다〔歲寒然後 知松柏之後彫(凋)也〕"고 했는데《장자》의 이 대목과 같은 비유입니다. 조선 후기의 추사 김정희가 제자 이상적(李尙迪)에게 그려주었던 세한도(歲寒圖)는 바로 이 내용을 담은 그림이죠. 세한도에는 발문(跋文)이 붙어 있는데 일부를 소개합니다.

> 공자께서 이르시길 "날씨가 추워진 뒤에야 소나무와 잣나무가 늦게 시든다는 것을 알게 된다"고 하셨다. 소나무와 잣나무는 사계절을 통틀어 시들지 않으니 날씨가 추워지기 전에도 그대로 똑같은 소나무와 잣나무일 뿐이고 날씨가 추워진 뒤에도 그대로 똑같은 소나무와 잣나무일 뿐이다. 그런데 성인께서는 단지 날씨가 추워진 뒤의 소나무와 잣나무만을 칭찬하셨다. 지금 그대가 나를 대하는 것이 이전에 더 잘해준 것이 없었고 이후로 더 덜어진 것이 없다. 그렇다면 이전의 그대는 칭찬할 것이 없겠거니와 이후의 그대는 또한

성인에게 칭찬을 받을 수 있을 것인가? 성인께서 특별히 칭찬하신 것은 한갓 늦게 시드는 굳센 절개 때문만이 아니라 또한 날씨가 추워진 뒤에 감동한 점이 있어서일 것이다.〔孔子曰 歲寒然後 知松柏之後凋 松柏 是貫四時而不凋者 歲寒以前一松柏也 歲寒以後一松柏也 聖人特稱之於歲寒之後 今君之於我 由前而無加焉 由後而無損焉 然由前之君 無可稱 由後之君 亦可見稱於聖人也耶〕

〈세한도〉는 1844년에 완성되었는데 김정희가 제주도에 유배된 지 다섯 해가 지났을 때입니다. 이미 정치적 생명이 끝났기 때문에 평소에 절친했던 사람들도 소식이 끊어진 지 오래되었습니다. 제자 이상적(李尙迪)이 중국에 가서 귀한 책을 구해서 바다 밖에 있는 김정희에게 보내줍니다. 모든 사람이 다 떠났는데 이상적만은 옛정을 잊지 않고 끝까지 정성을 다한 것이죠. 김정희는 그를 칭찬하는 뜻에서 갈라진 붓으로 그림을 그렸는데 그 그림이 바로 조선 문인화의 최고 걸작으로 손꼽히는 〈세한도〉입니다.

발문에 나와 있다시피 세한의 기상은 세상이 아무리 험해도 믿음을 저버리지 않는 사람을 가리켜 한 말입니다. 많은 사람들이 세상의 권세와 이익 때문에 배신하는데, 이상적은 그렇게 하지 않았던 거죠. 김정희가 보기에 이상적은 〈덕충부〉 편의 주인공 왕태와 같은 면모가 있었다고 생각했을 겁니다. 이 대목에서 공자가 "처음의 도가 보존되어 있다는 증거는 두려워하지 않는 모습으로 나타난다"고 했는데, 처음의 마음은 곧 날씨가 추워지지 않았을 때의 마음이고, 두려워하지 않는 모습이란 아무리 세상이 불리하게 돌아가도 변하지 않는 마음을 지키는 거죠. 곧 상계가 말한 상심(常心)을 얻은 사람이었다고 할 수 있습니다.

이어서 전쟁터에 나서는 용사의 용기를 비유로 드는데 비록 명예를 위한 것이긴 하지만 두려워하지 않는다는 점에서 같은 미덕을 가지고 있는 겁니다. 왕태는 이보다 훨씬 위에 있는 존재입니다. 마음이 사멸된 적이 없는 사람이라고 표현했는데, 여기서의 마음이 상심(常心)입니다. 그가 아무것도 가르치지 않는데 사람들 따르는 이유는 육체인 발은 잃었어도 이 상심(常心)을 잃어버린 적이 없기 때문입니다.

등하(登假)라는 말이 나오는데 저 멀리 하늘로 올라간다는 뜻입니다. 하늘은 도를 가리키고요. 그런데 본래 등(登)은 올라간다는 뜻이고 하(假)는 遐(하)로 멀리 떨어진다는 뜻입니다. 비슷한 말로 척방(陟方)이나 조락(徂落)이 있는데 《서경》에서 순임금의 죽음을 척방내사(陟方乃死)라 했고, 《맹자》에서는 요임금의 죽음을 방훈내조락(放勳乃徂落)이라 했는데 척방의 척(陟)과 조락의 조(徂)는 모두 올라간다는 뜻이고, 방(方)과 낙(落)은 모두 떨어진다는 뜻입니다. 고대 동아시아인들이 혼승백강(魂昇魄降)이라고 하여, 사람이 죽으면 영혼은 위로 올라가고 체백은 아래로 떨어져 땅에 묻힌다고 생각했기 때문에 죽는 것을 이렇게 표현한 겁니다.

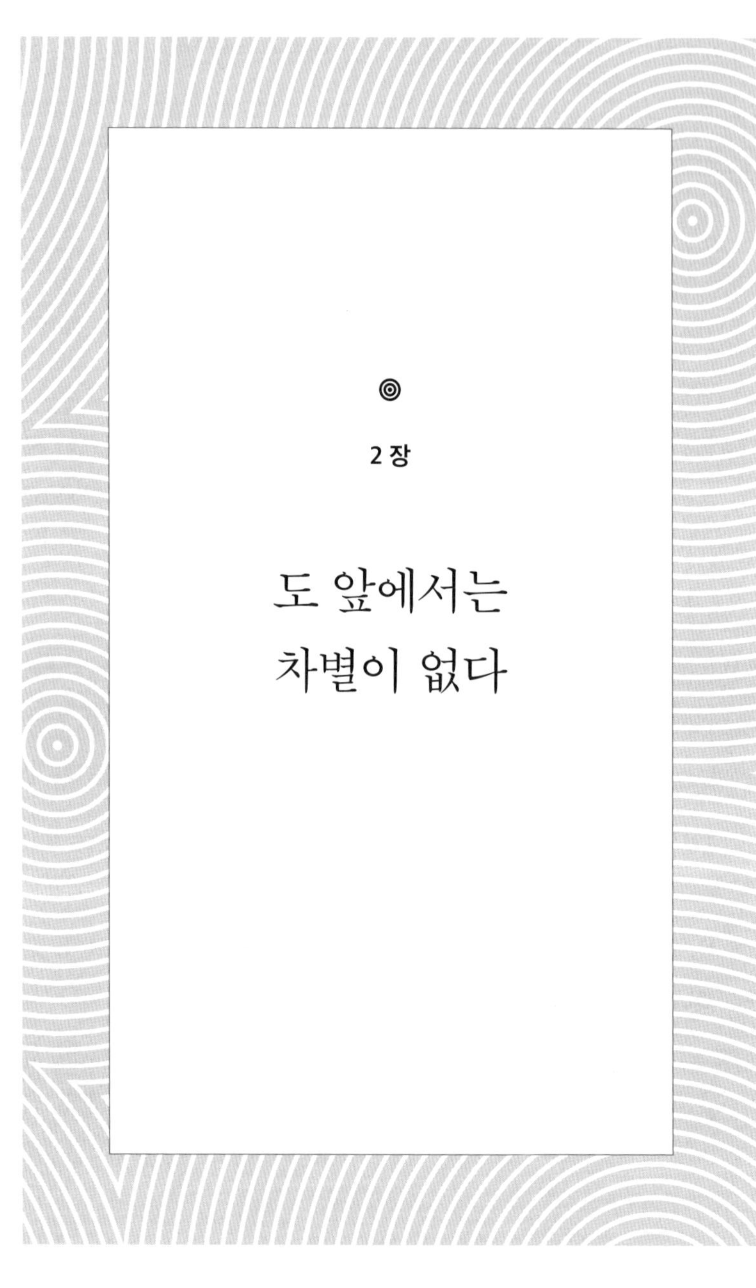

2 장

도 앞에서는 차별이 없다

다리가 하나인 사람과 다리가 둘인 사람

〈2장〉의 주인공은 신도가와 정나라 자산입니다. 자산은 말할 것도 없이 정나라의 재상이자 명성이 높은 정치인이고 신도가는 무명의 절름발이입니다. 여기서 자산은 부귀라는 세속적 가치의 상징이고, 절름발이 신도가는 천한 신분과 욕된 삶의 상징입니다. 장자는 이 두 사람을 초월자인 백혼무인 앞에 세워놓고, 참으로 덕이 충실한 사람은 귀천을 다 잊고, 미추를 다 포용하고, 만물을 자신의 품에 노닐게 하는 사람이라고 말합니다.

> 신도가는 절름발이인데 정나라 자산과 함께 백혼무인을 스승으로 모셨다. 자산이 신도가에게 이렇게 말했다.
> "내가 먼저 나가면 자네가 남아 있고, 자네가 먼저 나가면 내가 남아 있겠네."
> 그 다음 날 또 같은 집 같은 자리에 앉아 있었는데, 자산이 신도가에게 이렇게 말했다.
> "내가 먼저 나가면 자네가 남아 있고, 자네가 먼저 나가면

내가 남아 있겠다고 했는데, 지금 내가 나갈 것이니 자네는 남아 있겠는가? 아니면 그렇게 하지 않겠는가? 또 자네는 집정자를 보고도 피하지 않으니, 자네는 집정자와 동등한가?"

申徒嘉는 兀者也니 而與鄭子産으로 同師於伯昏無人이러니 子産이 謂申徒嘉曰 我先出則子止하고 子先出則我止호리라 其明日에 又與合堂同席而坐하야 子産이 謂申徒嘉曰 我先出則子止하고 子先出則我止라 호니 今我將出하노니 子는 可以止乎아 其未邪아 且子見執政而不違하나니 子 齊執政乎아

자산이 신도가와 함께 나가려 하지 않는 이유는 뻔합니다. 자신은 부귀한 자인데 신도가는 천합니다. 나란히 나가는 것을 부끄러워해서 늘 신도가가 나가고 나면 한참 있다가 나갑니다. 자산이 머물러 있다가 나중에 나가는 것은 자산 마음대로 할 수 있지만, 자산이 먼저 나가는데 신도가가 따라 나오지 않게 하려면 미리 말을 해야겠지요. 자신이 먼저 나갈 테니 신도가더러 나중에 나오라고 이야기합니다. 그리고 말이 나온 김에 신도가에게 자신은 집정자인데 왜 알아서 피하지 않느냐고 따집니다. 신도가가 이렇게 말합니다.

신도가가 말했다.

"선생의 문하에서도 본디 이 같은 집정자니 뭐니 하는 구분이 있는가? 그대는 자신이 집정자라는 권력을 믿고 남을 업

신여기는 사람이다. 내가 들으니, '거울이 깨끗하면 티끌이나 때가 붙지 않는다. 티끌이나 때가 붙으면 밝게 비추지 못한다'고 했는데, 오랫동안 현인과 함께 있으면 잘못이 없어진다는 뜻이다. 지금 그대가 크게 여겨서 본받으려는 사람은 선생님인데, 아직도 말을 이같이 하니 또한 잘못이 아닌가."

申徒嘉曰 先生之門에 固有執政焉이 如此哉아 子而說子之執政하야 而後人者也로다 聞之호니 曰 鑑明則塵垢不止하나니 止則不明也라호니 久與賢人으로 處하면 則無過라 今子之所取大者는 先生也로대 而猶出言이 若是하니 不亦過乎아

신도가는 선생의 문하에서는 본디 이 같은 집정자니 뭐니 하는 구분은 없다고 말합니다. 사실 같은 선생에게 배우는 학생이 신분과 상관없이 서로 대등하게 교유하는 전통은 공자 때부터 시작된 것입니다. 《논어》 첫 문장이 "배우고 때로 익히면 또한 기쁘지 않은가!(學而時習之 不亦說乎)" 하고 시작하죠. 그런데 공자 이전에는 '학(學)'이라는 게 사실 귀족들의 전유물이었습니다. 애초에 신분에 구애되지 않고 교유한다는 게 성립될 수 없습니다. 어차피 귀족들만 '학(學)' 할 수 있었으니까요. 그런데 공자가 그걸 깨버린 겁니다. 이른바 《논어》에 나오는 '유교무류(有教無類)'라는 말은 가르침이 있을 뿐 부류를 가림이 없다는 말인데 부류는 신분을 뜻합니다. 곧 귀족이든 평민이든 가리지 않고 가르쳤기 때문에 공자의 제자 중에는 맹무백이나 남궁괄 같은 노나라 최고 권력자의 자제들뿐 아니라

일반 평민들, 농부의 자식들, 심지어 천민 출신까지 모두 와서 배울 수 있었습니다. 이 때문에 공자의 교육을 차별 없는 교육이라고 이야기하는 것이고, 공자가 위대한 교육자인 이유도 여기에 있는 겁니다. 아무튼 그런 전통이《장자》가 성립된 전국시대에는 이미 일반화되어 있었다고 할 수 있습니다. 하지만 자산 같은 권력자는 내심 반기지 않았겠죠. 그래서 신도가의 질책을 듣고서도 상당히 야비한 방식으로 반박합니다.

자산이 말했다.

"자네는 이미 그런 처지가 되었는데도 여전히 요임금과 훌륭함을 다투려 드는구나. 자네의 덕을 헤아려본다면 스스로 반성하기에 충분치 않은가."

신도가가 말했다.

"스스로 자신의 잘못을 꾸며 발이 없어진 것을 부당하다고 여기는 이는 많고, 자신의 잘못을 꾸미지 않고 발이 남아 있는 것이 부당하다고 여기는 사람은 적다. 어쩔 수 없다는 것을 알아 마치 운명처럼 그것을 편안히 여기는 것은 오직 덕이 있는 사람만 할 수 있다. 예가 활 쏘는 사정권 안에서 놀면, 그 한가운데는 화살이 맞는 자리이다. 그런데도 화살에 맞지 않는 것은 운명이다. 사람들 중에는 자신의 온전한 발을 가지고 온전치 못한 내 발을 비웃는 자들이 많다. 나는 발끈하고 성을 내다가도 선생이 계신 곳에 가면 깡그리 잊어버리고 본래의 마음으로 돌아오게 되니, 알 수 없구나, 선생께서 훌륭한 도로 나를 씻어주신 것인지 아니면 내가 스스로 깨우친 것인지. 내가 선생과 노닌 지 19년이 되었는데, 아직 한 번도 내가 절름발이라는 것을 몰랐다. 지금 그대는 나와 육체의 내면에서 교유하고 있는데도, 그대는 나를 육체의 바깥 모습에서 찾고 있으니, 또한 잘못이 아닌가."

자산이 깜짝 놀라 얼굴색을 바꾸고 태도를 고치고 말했다.

"자네는 더 이상 말하지 않아도 되네."

子産曰 子旣若是矣어늘 猶與堯로 爭善이로다 計子之德혼댄 不足以自反邪아

申徒嘉曰 自狀其過하야 以不當亡者衆하고 不狀其過하야 以不當存者寡하니 知不可奈何하야 而安之若命은 唯有德者야 能之하나니라 遊於羿之彀中하면 中央者는 中地也라 然而不中者는 命也라 人이 以其全足으로 笑吾의 不全足者 多矣어든 我 怫然而怒하다가 而適先生之所하야는 則廢然而反하노니 不知케라 先生之洗我以善邪아 吾之自寤邪아 吾與夫子로 遊十九年矣로대 而未嘗知吾의 兀者也러니 今에 子與我로 遊於形骸之內호대 而子索我於形骸之外하나니 不亦過乎아

子産이 蹵然改容更貌曰 子는 無乃稱하라

자산이 지적한 '그런 처지'란 신도가가 다리를 잘린 것을 빗댄 것입니다. 그리고 신도가가 스스로 자신의 덕을 헤아려보지 않는다

고 비난합니다. 자산은 외형의 결핍이 곧 덕의 결핍을 보여주는 것이라고 생각한 것이죠.

그런데 신도가가 대꾸하는 말 중에는 생각해볼 문제가 많습니다. 우선 활 쏘는 사정거리 안에 있는데 화살에 맞지 않는 것은 운명, 곧 요행이라고 한 대목입니다. 죄를 지어 다리가 잘리게 된 억울함을 이야기하는 것이 아니라, 죄를 짓지 않은 사람들이 사실은 요행히 죄를 면한 것임을 지적했다는 점에서 신랄합니다.

장자가 살았던 살육의 시대, 전국시대도 다르지 않았겠지요. 맹자의 표현에 따르면 당시 제후들은 성을 빼앗기 위해 전쟁을 저질러 죽은 시신이 성에 가득했고, 땅을 빼앗기 위해 전쟁을 하여 죽은 시신이 땅 위에 가득했다고 했습니다. 그런 상황에서 살아남는다는 것은 요행 이외에 다른 무엇으로 설명할 수 없습니다. 죄를 짓고 안 짓고는 다른 문제 아니냐고 생각할 수 있습니다. 하지만 감옥에 갇힌 자들이 모두 범죄자라고 생각하면 정말 어리석은 겁니다. 18세기 초 영국에서 시행한 구빈법(救貧法) 조문에 따르면, 일할 의지도 있고 몸도 건강한 사람은 일자리를 알선해주고, 일할 의지는 있지만 몸이 약한 자는 병원에 보내 치료하게 하고, 일할 의지도 약하고 몸도 약한 사람은 감옥에 보낸다고 기록되어 있습니다. 일종의 사회복지제도라고 할 수 있는 구빈법이 이러니 다른 제도는 어떻겠습니까. 언제 어디서나 가장 가난한 자, 가장 약한 자들이 감옥에 갇혀 있습니다. 그런데 가난하게 태어나느냐 부유하게 태어나느냐는 우연에 의해 결정되죠. 화살에 맞고 안 맞고의 차이입니다.

또 한 가지 생각해볼 문제는 신도가가 백혼무인에게 배우면서 19년 동안 자신이 절름발이라는 사실을 몰랐다고 한 대목입니다. 신도가는 백혼무인 앞에서나 자산 앞에서나 절름발이가 틀림없습니다. 그런데 어떻게 자산 앞에서는 절름발이가 되고 백혼무인 앞에서는 아닐 수 있을까요? 간단합니다. 백혼무인은 절름발이를 차별하지 않고 똑같이 대했고, 자산은 차별했기 때문입니다. 그런데 그런 차별을 하는 사람은 그걸 차별이라고 생각하지 않고 당연한 행위라고 생각합니다.

마이클 샌델의 《생명의 윤리를 말하다》를 보면 샤론 더치스노와 캔디 매컬로라는 레즈비언 커플의 이야기가 나옵니다. 아이를 원하던 그들은 이왕이면 자기들처럼 소리를 듣지 못하는 아이를 갖기로 작정합니다. 그들은 모두 청각 장애인입니다. 그들은 자기들이 듣지 못한다는 사실을 자랑스럽게 여겼고 듣지 못하는 것을 문화적 정체성의 하나라고 보았습니다. 그들은 자신들과 같은 아이를 갖고자 하는 일념으로 5대째 청각 장애인 가족 중에서 정자 공여자를 찾아 청각 장애를 가진 아들을 얻습니다. 이 사실이 신문을 통해 알려지자 수많은 사람들이 격렬하게 비난합니다. 그러나 그들은 이렇게 말합니다. 듣지 못하는 것은 장애가 아니며, 자신들과 같은 아이를 갖고 싶었을 뿐이라고요. 우리가 청각 장애라고 부르는 것을 장애가 아니라고 하는 이들의 말을 어떻게 이해할 수 있을까요? 우리 사회에서 이해하기는 쉽지 않을 것 같습니다. 일단 레즈비언 커플 자체를 이해하기 어려운데, 게다가 아이를 원한다는 이야기를 들으면 대부분의 사람들이 펄쩍 뛸 테니까요.

하지만 신도가가 한 말을 깊이 생각해보면 이해할 수 있습니다. 백혼무인 앞에서 신도가가 자신이 절름발이라는 사실을 잊을 수 있었던 것은 백혼무인이 신도가의 외형을 기준으로 다르게 대하지 않았기 때문입니다. 신도가가 백혼무인을 대할 때 절름발이라는 사실이 아무 장애가 되지 않았다면 그에게 장애는 없는 것입니다. 장애는 두렵지 않으나, 장애를 보는 시선이 두렵다고 장애인들이 말합니다. 장애가 문제되는 것이 아니라 차별적인 시선이 문제입니다. 장애를 가진 사람이 극복해야 할 것은 장애가 아니라 장애를 바라보는 차별적인 시선이라고 해야 할 겁니다. 신도가와 샤론, 캔디는 모두 그런 시선을 이겨낸 사람입니다.

〈양생주〉 편 〈3장〉의 주인공 우사(右師)가 했던 이야기를 다시 생각해보는 것도 좋은 방법입니다. 세상에는 다리가 하나인 사람도 있고 다리가 둘인 사람도 있습니다. 듣지 못하는 사람도 있고 듣는 사람도 있습니다. 길은 걸어 다니다 보니 생긴 것이고 사물의 이름은 그렇게 부르다 보니 그렇게 붙여진 것처럼.

다행히 자산은 신도가의 말을 바로 알아듣습니다. 역시 훌륭한 정치인다운 마무리입니다. 이 나라 정치인들 중에 자산처럼 신도가의 말을 알아듣는 자가 얼마나 될까요.

◎

3 장

삶과 죽음은 하나로 꿰어져 있다

발(足)보다 더 중요한 것

〈3장〉의 주인공은 숙산무지와 공자, 그리고 노자가 등장합니다. 숙산무지의 무지(無趾)가 발이 없다는 뜻인 만큼 절름발이입니다. 그러니까 절름발이 숙산무지가 공자를 찾아 가르침을 청하는 이야기입니다.

노나라에 절름발이 숙산무지가 있었는데 중니를 찾아와 뵈었다. 중니가 말했다.
"그대는 이전에 행실을 삼가지 않아 이미 재앙을 범해 이 지경이 되었으니, 이제 나를 찾아온들 어찌 미칠 수 있겠는가."
숙산무지가 말했다.
"나는 다만 세상일에 힘쓸 줄 몰라 내 몸을 함부로 쓰다가 발을 잃어버렸거니와, 지금 내가 온 것은 아직 발보다 더 중요한 것이 남아 있기 때문입니다. 나는 이런 까닭으로 그것을 보존하려고 힘씁니다. 하늘은 덮어주지 아니함이 없으며, 땅은 실어주지 아니함이 없는데, 나는 선생을 하늘과 땅이라고 여겼더니 어찌 선생님이 이같이 대할 줄 알았겠습니까?"

공자가 말했다.

"제가 생각이 짧았습니다. 선생께서는 어찌 들어오시지 않습니까. 청컨대 제가 들은 것을 말씀드려보겠습니다."

魯有兀者叔山無趾하더니 踵見仲尼한대 仲尼曰 子不謹前하야 旣犯患이 若是矣로소니 雖今에 來한들 何及矣리오

無趾曰 吾唯不知務하야 而輕用吾身하야 吾是以亡足이어니와 今吾來也는 猶有尊足者存하니 吾是以로 務全之也하노라 夫天無不覆하며 地無不載하나니 吾以夫子로 爲天地러니 安知夫子之猶若是也리오

孔子曰 丘則陋矣라 夫子는 胡不入乎아 請講以所聞호리라

숙산무지(叔山無趾) 또한 신도가와 마찬가지로 무명의 절름발이이고, 공자는 세상에 이름 높은 스승입니다. 그런데 숙산무지가 공자를 찾아가 가르침을 청하자 공자가 숙산무지가 전에 잘못을 저질러 신체의 일부를 잃었는데 이제 와서 자신을 찾아온들 무슨 소용이냐며 거절합니다. 그러자 숙산무지가 아직 발보다 더 중요한 것이 남아있기 때문에 찾아온 것이라고 이야기하며 공자가 자신을 받아들이지 않는 태도를 비판합니다. 그러자 공자가 자신의 생각이 짧았다고 사과하고 안으로 들어오라고 이야기합니다. 사실《논어》에는 공자가 아무리 세상의 평가가 좋지 않은 사람이라도 거절하지 않고 받아들였다고 되어 있고, 실제로 공자의 문하에는 절름발

이 민자건이나 천민 출신인 염옹까지 있었기 때문에 공자가 사람을 가려서 받았다고 볼 수는 없습니다. 여기서 이른바 공자는 실제 역사상의 공자가 아니라 일종의 권위적인 스승으로 세속화된 인물로 설정한 것이죠. 그렇더라도 바로 자신의 잘못을 깨닫고 숙산무지를 받아들인 것을 보면 공자의 일면을 제대로 그려냈다고 할 수 있습니다. 다만 여기서는 장자가 공자를 조롱하고 있는 것이 분명합니다.

숙산무지가 나간 뒤 공자가 말했다.
"제자들은 힘쓸지어다. 숙산무지는 절름발이인데도 오히려 배움에 힘써 다시 이전에 저지른 과오를 보완하려 하는데 하물며 덕이 온전한 사람이겠는가."

無趾出커늘 孔子曰 弟子아 勉之어다 夫無趾는 兀者也로대 猶務學하야 以復補前行之惡이온 而況全德之人乎따녀

이 대목에서는 대체로 숙산무지가 공자가 들어오라고 했는데 들어가지 않고 그냥 가버렸다고 풀이하는 견해가 우세합니다. 공자와 숙산무지가 나눈 대화가 기록되어 있지 않기 때문에 이렇게 볼 수도 있습니다. 그러나 《논어》에는 의봉인의 경우처럼 공자를 찾아와 이야기를 나눈 뒤에 떠났지만 대화 내용이 기록되어 있지 않은 경우가 있습니다. 따라서 두 사람의 대화 내용이 기록되어 있지 않다고 해서 그냥 가버렸다고 보기는 어렵습니다. 또 출(出)이라는 표

현은 일단 들어왔다가 나갔다는 표현입니다. 만약 숙산무지가 들어오지도 않고 가버린 것이라면 불입(不入)이나 거(去) 자를 썼을 겁니다. 이어지는 공자의 말에 숙산무지를 칭찬하고 있는 내용이 있는 걸로 보아 숙산무지가 공자의 이야기를 듣고 난 뒤에 나갔다고 보아야 할 것입니다. 그리고 전덕지인(全德之人)을 전형지인(全形之人)으로 보고 절름발이(兀者)와 신체가 온전한 사람(全體·全形)을 대비한 것으로 보는 견해가 우세한데, 이 또한 맥락을 놓친 견해입니다. 여기서 전덕지인은 앞의 지리소 이야기에서 지리기신(支離其身)과 지리기덕(支離其德)을 대비한 것처럼, 신체의 일부가 손상된 사람과 신체와 덕이 모두 온전한 사람을 대비한 것으로 보아야 장자가 이야기하고자 하는 공자의 한계가 드러납니다. 장자가 볼 때 공자의 이 말은 신체가 완전한 사람은 덕 또한 완전하다고 생각한 것인데, 사실은 그 반대라는 것을 암시하기 때문입니다. 이렇게 보아야 〈덕충부〉편 전체의 맥락과 이어집니다.

숙산무지가 노담에게 말했다.
"공구는 지인과 견주면 아직 멀었습니다. 그는 어찌하여 자꾸 선생을 배우려고 할까요. 또 수수께끼나 속임수 따위의 명성으로 명성이 알려지기를 바라는데, 지인은 그런 것을 자신의 질곡으로 여긴다는 것을 모르고 있습니다."
無趾 語老聃하야 曰 孔丘之於至人에 其未邪인저 彼何賓賓以學子爲오 彼且蘄以諔詭幻怪之名으로 聞이오 不知至人之以是

로 爲己의 桎梏邪따녀

노자가 등장하는 걸로 보아 숙산무지는 노자의 제자이거나 그와 대등한 인물로 설정되었다고 할 수 있습니다. 숙궤(諔詭)라는 표현이 나오는데 〈제물론〉 편에 나온 적궤(弔詭)와 같은 뜻으로 사람들이 이해하기 어려운 수수께끼 같은 말을 뜻합니다. 환괴(幻怪)는 속임수이고요. 숙산무지가 보기에 공자는 적궤와 환궤라고 하는 족쇄와 수갑을 차고 세상에서 헛된 명성을 얻은 인물이라고 비판합니다. 참된 사람, 곧 지인은 그런 헛된 명성을 족쇄나 수갑 같은 질곡으로 여긴다고 말합니다.

노담이 말했다.
"어찌 다만 그로 하여금 죽고 사는 것을 같은 가지로 여기며, 옳고 옳지 않은 것이 같은 이치로 꿰어져 있다는 것을 알게 하여 질곡을 풀어주지 않는가."
무지가 말했다.
"하늘이 형벌을 내렸는데, 어찌 풀 수 있겠습니까?"
老聃曰 胡不直使彼로 以死生으로 爲一條하며 以可不可로 爲一貫者하야 解其桎梏이 其可乎오
無趾曰 天刑之어늘 安可解리오

노자가 숙산무지에게 왜 공자를 깨우쳐주지 않았느냐고 이야기

하면서 삶과 죽음이 같은 가지(條)이고 옳은 것과 옳지 않은 것이 같은 이치로 꿰어져 있다고 말합니다. 일조(一條)와 일관(一貫)은 합쳐서 조관(條貫)으로 쓰이는데, 하나의 가지에 붙어 있는 사물, 또 하나의 꼬챙이로 꿰어져 있는 사물을 가리킵니다. 삶과 죽음, 옳음과 그름은 같은 근원을 가지고 있다는 뜻입니다. 숙산무지가 대답하기를 공자가 그렇게 된 것은 하늘이 내린 형벌, 천형이라 풀어줄 수 없다고 했는데, 천형(天刑)은 〈양생주〉 편에 나왔던 둔천지형(遁天之刑)과 유사한 의미로 '하늘을 배반한 죄', '진리 도피의 죄'라고 할 수 있습니다. 하늘이 내려준 형벌이기 때문에 운명적으로 풀 수 없다는 뜻이 아니라, 공자 스스로 하늘의 뜻을 저버린 것이기 때문에 풀려날 수 없다는 맥락입니다. 여기서 하늘의 뜻이란 신체적인 결손 또한 삶의 한 부분으로 받아들이는 것인데, 공자는 그걸 이해하지 못하고 신체의 결손을 덕의 결함이라고 차별했기 때문에 하늘의 뜻을 저버렸다고 비판한 것입니다.

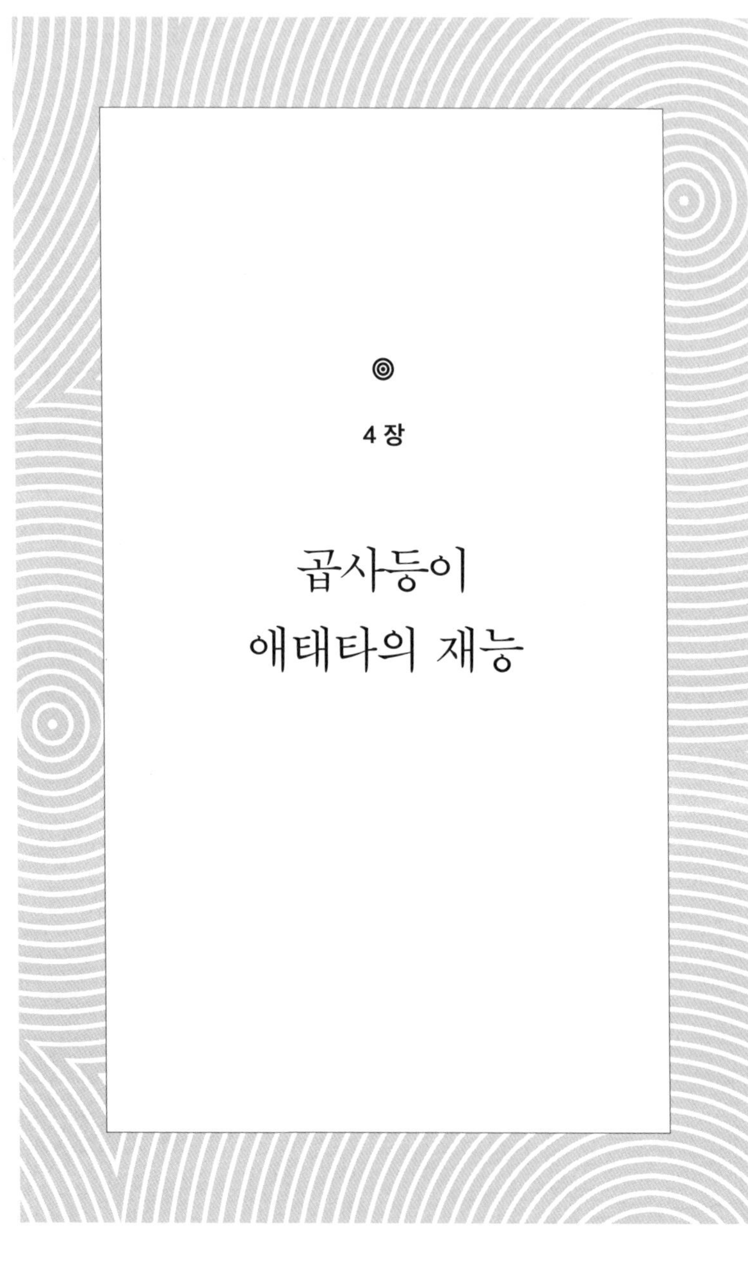

4 장

곱사등이 애태타의 재능

만물과 더불어 따뜻한 봄과 같은 관계를 이루다

〈4장〉의 주인공은 애태타(哀駘它)인데, 명말청초의 방이지는 它(타)를 駝(타)의 가차로 보고 등이 낙타처럼 불룩한 곱사등이를 지칭한 것이라고 풀이했습니다. 〈덕충부〉 편의 다른 주인공들이 대부분 장애를 가진 사람들인 걸로 보아 방이지의 견해가 유력합니다. 여기서도 공자가 등장하는데 장자는 공자의 입을 빌려 애태타를 절대자로 묘사하고 있습니다. 결국 세속의 사람으로서 곱사등이 애태타가 덕이 완전한 사람임을 알아보는 유일한 사람으로 공자를 내세운 셈이고, 장자는 공자의 입을 빌려서 자신이 하고 싶은 이야기를 하는 겁니다. 여기서 장자가 말하는 절대자는 겉으로 드러나는 형상은 추하고 기형이지만 형상을 초월하여 도와 일체가 된 사람입니다. 그 때문에 세상의 온갖 변화에 마음이 흔들리지 않습니다.

노나라 애공이 공자에게 물었다.
"위나라에 용모가 추악한 사람이 있는데, 애태타라고 합니다. 남자들 중에 그와 함께 지내본 사람은 그를 사모하여 떠나지 못하며, 그를 만나보고 나면 부모에게 '다른 사람의 아내가 되느니 차라리 그의 첩이 되겠다'고 청하는 여자들이 몇 십 명인데도 그치지 않습니다. 그런데 아직 그가 사람을 앞서 인도하는 것을 들어본 적도 없고, 늘 다른 사람을 따라갈 뿐입니다.

사람을 죽음에서 구제할 수 있는 임금의 지위도 없고, 사람들의 배를 채워주기 위해 모아둔 재물도 없으며, 게다가 그 추악한 용모는 천하의 모든 사람들을 놀라게 할 만하고, 남을 따르기만 하고 앞서 인도하지 않으며, 지식이 주변 사람들보다 뛰어난 것도 아닌데 남녀가 그 앞에 모여드니 이 사람은 반드시 보통 사람과는 다른 사람일 것입니다. 과인이 불러서 살펴보았더니 과연 추한 용모로 천하를 놀라게 할 만합디다.

그가 과인과 함께 지낸 지 한 달을 헤아리기도 전에 그 사람됨에 마음이 끌리더니, 일 년이 되기 전에 그를 믿게 되었습니다. 나라에 재상이 없어서 과인이 그에게 국정을 맡기려 하였더니, 무심히 있다가 응낙했는데 얽매임이 없어서 마치 사양하는 듯했습니다. 그래서 과인이 그에게 갑자기 국정을 맡기려 한 것이 추하게 여겨졌는데 얼마 안 되어 과인을 버리고 떠나버렸습니다. 과인이 슬퍼서 마치 무엇을 잃어버린 것 같았으며, 이 나라의 즐거움을 함께 할 사람이 없는 듯했습니다. 이 사람은 어떤 사람입니까?"

魯哀公이 問於仲尼하야 曰 衛에 有惡人焉하니 曰哀駘它니 丈夫與之處者 思而不能去也하며 婦人이 見之하고 請於父母하야 曰與爲人妻론 寧爲夫子妾者 十數而未止也로대 未嘗有聞其唱者也요 常和人而已矣며 無君人之位하야 以濟乎人之死하며 無聚祿하야 以望人之腹하며 又以惡으로 駭天下하고 和而不唱하며 知不出乎四域호대 且而雌雄이 合乎前하노소니 是必有異乎人者也로다 寡人이 召而觀之호니 果以惡으로 駭天下하더라
與寡人으로 處호대 不至以月로 數로대 而寡人이 有意乎其爲人也러니 不至乎期年하야 而寡人이 信之호라 國無宰커늘 寡人이 傳國焉호니 悶然而後에 應코 氾而若辭하니 寡人이 醜乎卒授之國호니 無幾何也오 去寡人而行하니 寡人이 卹焉하야 若有亡也하며 若無與樂是國也하나니 是는 何人者也오

당나라의 성현영은 여기서 절대자로 묘사된 애태타는 첫째, 권세가 없고, 둘째, 이익이나 재산이 없으며, 셋째, 매력적인 외모가 없고, 넷째, 뛰어난 언변이 없으며, 다섯째, 지적인 능력이 없다(一無權勢 二無利祿 三無色貌 四無言說 五無知慮)고 했는데 본문에 나온 애태타의 용모와 노나라 애공이 애태타를 두고 한 말을 그대로 옮긴 것입니다. 아무튼 애태타는 세속에서 높이 평가하는 능력이 전무함에도 불구하고 수많은 사람들이 그 앞에 모여듭니다. 그런데 애태타는 〈덕충부〉 편 〈1장〉의 주인공 왕태와 마찬가지로 누군가를 가르치는 법이 없고 늘 다른 사람을 따라가는 사람입니다. 그런데도 사

람들이 그에게 모여드니까, 그 소문을 들은 노나라 애공이 애태타를 불러 만나봅니다. 과연 놀랄 만큼 추한 용모를 지닌 사람이었지만 애공이 얼마 안 되어 애태타에게 매료되었고, 결국 그에게 나라를 맡기려 합니다. 하지만 애태타는 아무 말 없이 있다가 애공을 떠나버립니다. 그가 떠난 뒤 애공은 슬픔에 빠져 있다가 공자를 불러 애태타가 어떤 사람인지 물어봅니다.

중니가 말했다.
"제가 초나라에 사신으로 간 적이 있었는데 마침 새끼 돼지들이 죽은 어미 돼지의 젖을 빨고 있는 것을 보았습니다. 잠시 후에는 깜짝 놀라 모두 그 어미 돼지를 버리고 달아났습니다. 어미 돼지가 자기들을 보지 않고 있었기 때문이며 어미와 비슷하지 않았기 때문입니다. 새끼 돼지가 어미 돼지를 사랑하는 것은 그 형체를 사랑하는 것이 아니라, 그 형체를 부리는 것을 사랑하는 것입니다.
전쟁터에서 싸우다 죽으면 그 사람을 매장할 때 운삽으로 장식하지 않으며, 발 잘린 사람은 신발을 아끼지 않습니다. 모두 그 근본이 없어져버렸기 때문입니다.
천자의 후궁이 된 사람들은 손톱을 깎지 않고, 귀를 뚫지 않으며, 아내를 맞이한 사람은 궁전 밖에 머물게 해서 다시 숙직을 시키지 못합니다. 육체가 완전한 사람도 이와 같이 대하는데 하물며 덕이 완전한 사람이겠습니까.

지금 애태타는 말을 하지 않아도 사람들이 믿으며, 공이 없어도 임금이 친애해서, 사람으로 하여금 자기 나라를 맡기게 하면서도 오직 그가 받지 않을까 염려하게 하니, 이 사람은 틀림없이 재능이 완전하여 덕이 밖으로 드러나지 않은 사람일 것입니다."

仲尼曰 丘也 嘗使於楚矣러니 適見㹠子 食於其死母者호니 少焉코 眴若皆棄之而走하더니 不見己焉爾며 不得類焉爾할새니라

所愛其母者는 非愛其形也라 愛使其形者也니라

戰而死者를 其人之葬也에 不以翣으로 資하며 刖者之屨를 無爲愛之하나니 皆無其本矣일새니라

爲天子之諸御하얀 不爪翦(剪)하며 不穿耳하며 取妻者 止於外하며 不得復使하나니 形全하야도 猶足以爲爾온 而況全德之人乎따녀 今에 哀駘它 未言而信하며 無功而親하야 使人으로 授己國호대 唯恐其不受也케 하니 是는 必才全而德不形者也로소이다

애공의 질문에 공자는 몇 가지 비유를 듭니다. 첫째가 새끼 돼지들이 죽은 어미 돼지의 젖을 빨다가 달아나는 모습을 이야기합니다. 처음에 새끼들이 어미의 겉모습만 보고 젖을 빨다가 어미 돼지가 자기들을 보지 않고 있다는 것을 알아채고 도망칩니다. 그리고 공자는 새끼 돼지가 어미 돼지를 사랑하는 것은 겉모습이 아니라 그 겉모습을 움직이는 것을 사랑하는 것이라고 풀이합니다. 곧 죽은 어미 돼지의 겉모습, 형체는 살아 있을 때와 다를 바 없지만,

새끼 돼지를 사랑하는 마음, 덕은 이미 사라졌기 때문에 새끼 돼지들이 도망쳤다는 것이죠.

이어지는 비유에서 전쟁터에서 싸우다 죽은 사람의 시신을 매장하는 장례를 치를 때 보통 사람을 매장할 때 쓰는 구름무늬가 그려진 운삽(雲翣)을 쓰지 않는다고 이야기합니다. 전쟁터에서 싸우다 죽은 사람은 시신이 온전치 않기 때문에 시신을 넣는 관을 꾸미지 않는다는 뜻입니다. 근본이 없어지면 근본을 장식하는 액세서리는 아무 의미가 없기 때문이죠. 이어서 발 잘린 사람이 신발을 아끼지 않는다는 이야기를 하는데 마찬가지로 발을 보호하기 위해 신는 신발은 근본인 발이 없으면 아무리 좋은 물건이라도 소용이 없다는 비유로 든 것입니다.

신체가 온전한 사람들의 비유로 천자의 후궁이나 아내를 맞이한 사람을 예로 들고 이들은 신체가 온전하기 때문에 몸을 함부로 부리지 못하는 것이라고 이야기합니다. 마지막으로 신체가 온전한 사람도 이렇게 대하는데 하물며 덕이 온전한 사람은 말할 것도 없다고 설명합니다. 결국 몸뚱이보다 덕이 더 중요하다는 것을 강조한 것입니다.

여기서 주의해야 할 것은 관의 장식과 신발은 각각의 근본인 시신과 발의 가치보다 못하고, 신체를 보호하기 위한 여러 가지 조치는 온전한 신체의 가치보다 못하다는 것을 말하고 있는데, 그렇다고 해서 신체가 중요하다는 것을 이야기하는 데 목적이 있는 게 아니라는 점입니다. 관 장식이나 신발, 신체를 보호하기 위한 여러 가지 조치는 결국 온전한 육체를 위한 부수물들입니다. 같은 논리로 육체라는 것은 덕의 부수물이므로, 궁극적으로는 덕의 가치를 드러내기 위해 여러 가지 비유를 든 것입니다.

그러고는 애태타는 바로 덕이 완전한 사람이라고 이야기합니다. 여기서 또 주의해야 할 대목이 있습니다. 공자가 애태타를 두고 재능이 완전하고 덕이 드러나지 않는 자〔才全而德不形者〕라고 했는데, 흔히 재능과 덕은 상반되는 가치로 표현되지만 여기서는 같은 가치를 가리킵니다. 예를 들어 사마광은《자치통감》에서 재능과 덕망이 모두 온전한 사람은 성인이고, 재능과 덕망이 모두 없는 자는 어리석은 사람이며, 덕이 재능을 이기는 자는 군자, 재능이 덕을 이기는 자는 소인이라고 했습니다. 이처럼 재능과 덕은 상반되는 가치로 흔히 쓰입니다. 그런데 여기서는 재능이 드러나지 않는 덕을 가리킵니다. 본래 한자의 才(재) 자는 땅〔一〕 밑에 풀〔亻〕이 그려진 글자로 아직 싹이 땅 위로 올라오지 않은 잠재된 상태, 잠재력을 가리키는 글자입니다. 여기서는 문자 그대로 밖으로 드러나지 않는 덕〔不形之德〕을 가리킨 것이 재능입니다.

애공이 물었다.
"무엇을 일러 재능이 완전하다고 합니까?"
공자가 말했다.
"죽음과 삶, 보존과 패망, 곤궁과 영달, 가난과 부유함, 현명함과 어리석음, 치욕과 명예, 배고픔과 목마름, 추위와 더위 따위는 사물의 변화이며 천명의 유행인지라 밤낮으로 앞에서 교대하는데, 사람의 지능으로는 그 시작을 헤아릴 수 없습니다. 그 때문에 이런 것들은 마음의 평화를 어지럽히기에 부족하니 마음에 들어오지 않게 해야 합니다. 그런 변화로 하여금 조화되고 즐겁게 하여 막힘없이 통하게 하여 기쁨을 잃어버리지 않게 해야 하며, 밤낮으로 쉴 새 없이 만물과 더불어 따뜻한 봄과 같은 관계를 이루어야 합니다. 이것은 만물과 접촉하여 마음에서 때를 만들어내는 것이니 이것을 일러 재능이 완전하다고 합니다."

"무엇을 일러 덕이 밖으로 드러나지 않는다고 합니까?"

중니가 말했다.

"평평한 것으로는 정지하고 있는 물이 가장 성대합니다. 그것을 본보기로 삼을 수 있으니, 안에서 잘 보전하고, 밖으로 일렁이지 않기 때문입니다. 덕이란 평화를 완전하게 닦은 것입니다. 덕이 밖으로 드러나지 않는 사람은 다른 사람들이 떠날 수 없습니다."

哀公曰 何謂才全고 仲尼曰 死生存亡과 窮達貧富와 賢與不肖와 毁譽飢渴과 寒暑는 是事之變이며 命之行也라 日夜에 相代乎前이어든 而知不能規乎其始者也라 故不足以滑和며 不可入於靈府요 使之로 和豫通而不失於兌하며 使日夜에 無郤而與物로 爲春하나니 是 接而生時於心者也니 是之謂才全이니이다

何謂德不形고 曰 平者는 水停之盛也라 其可以爲法也니 內保

之하고 而外不蕩也할새니라 德者成和之脩也라 德不形者는 物不能離也하나니라

애태타의 재능, 곧 덕이 완전하다는 것을 공자는 죽음과 삶, 보존과 패망, 곤궁과 영달, 가난과 부유함 등등 본래 시시각각 멈춤이 없는 일체만상의 변화가 우리 앞에서 교대로 나타나 사람들을 어지럽게 하는데, 애태타는 그런 것 때문에 마음을 어지럽히지 않고 만물과 늘 따뜻한 봄과 같은 관계를 이루기 때문이라고 이야기합니다. 애태타는 자신의 형상을 초월하여 끊임없이 변화하는 세계에 자신을 맡겨 그것과 일체가 되기 때문에 만상의 변화가 마음의 평안을 어지럽히지 못하는 겁니다. 사람들은 누구나 그런 평화를 원하기 때문에 당 대의 성현영이 말한 것처럼 첫째, 권세도 없고, 둘째, 이익이나 재산도 없으며, 셋째, 매력적인 외모가 없고, 넷째, 뛰어난 언변이 없으며, 다섯째, 지적인 능력이 없는데도(一無權勢 二無利祿 三無色貌 四無言說 五無知慮) 수많은 남녀들이 그 앞에 모여드는 겁니다.

이어서 애공이 드러나지 않는 덕이 무엇이냐고 묻습니다. 공자는 정지하고 있는 물을 비유로 들어 마음의 평화를 완전하게 닦은 상태가 바로 그런 모습이라고 이야기합니다. 덕이 밖으로 드러나지 않는다는 표현은 앞서 말씀드린 것처럼 덕이 잠재되어 있어서 겉으로 드러나지 않는 상태를 가리킵니다.

애공이 다른 날에 이 말을 민자에게 알리면서 말했다.

"처음에 나는 남면하는 임금으로 천하에 군림하여 백성들을 다스리는 권력을 잡고서는 백성들이 죽을까 근심하였소. 나는 스스로 이것이 지극한 도리라고 생각했는데, 지금 내가 지인에 관한 말을 듣고 나서는 내가 실제의 덕은 아무것도 없이 내 몸을 함부로 움직여 나라를 망칠까 두려워하게 되었소. 나는 공구와 임금과 신하의 사이가 아니라 덕으로 맺어진 벗일 따름이오."

哀公이 異日에 以告閔子하야 曰 始也에 吾以南面而君天下하야 執民之紀하야 而憂其死하야 吾自以爲至通矣러니 今에 吾聞至人之言하고 恐吾無其實하야 輕用吾身하야 而亡其國하노니 吾與孔丘로 非君臣也라 德友而已矣니라

민자(閔子)가 등장하는데, 공자의 제자 중에 안연 다음으로 덕이 훌륭한 사람으로 지목되었던 사람이 민자건입니다. 민자건은 절름발이였던 걸로 추정됩니다. 민자건의 자(字)인 '건(騫)'은 '蹇(건)' 자와 통하는 글자로 '절름발이'라는 뜻입니다. 또 이름은 '손(損)'인데 손은 신체적인 결손을 뜻합니다. 이름도 자도 모두 절름발이, 불구자라는 뜻이죠. 《손자병법》 아닌 《손빈병법》으로 유명한 손빈(孫臏)의 이름인 '빈(臏)'도 앉은뱅이라는 뜻이고 그가 실제로 앉은뱅이였던 것처럼 민자건은 자신의 신체적 결손을 그대로 이름과 자로 삼았다고 할 수 있습니다.

《논어》를 보면 민자건은 일찍이 노나라의 실력자인 계손씨가 제멋대로 비(費) 땅의 읍재로 임명하고 사신을 보내오자 한 번 더 자신을 데리러 오면 노나라 북쪽의 문수를 넘어 제나라로 떠날 것〔季氏使閔子騫 爲費宰 閔子騫曰 善爲我辭焉 如有復我者 則吾必在汶上矣〕이라고 하며 단호하게 벼슬을 거절한 것으로 유명합니다. 크고 작고를 떠나서 한 고을을 다스리는 자에게 공통적으로 요구되는 것은 말할 것도 없이 '덕'입니다. 민자건의 훌륭한 덕은 공문에서 뿐만 아니라 대외적으로도 널리 알려졌던 모양이고 그 때문에 〈덕충부〉 편의 주인공 중 한 명이 된 것으로 추정됩니다.

여기서 애공이 공자를 '덕우'라고 표현한 내용을 두고 논란이 있습니다. 일본학자 후쿠나가 미쓰지는 공자의 애제자인 민자건 앞에서 공자를 덕우(德友)라고까지 부르게 한 장자는, 세속적 권력에 대한 도덕적 가치의 우위를 강하게 강조하고 있으나, 더 나아가 공자로 하여금 애태타의 위대함을 찬송하게 함으로써 공자식 도덕을 야유하고 조소한 것이라고 했습니다.

하지만 여러 차례 말씀드렸듯이 《장자》에 나오는 공자가 비록 야유와 조소의 대상이 되는 경우가 많지만, 때로는 장자의 대변자가 되기 때문에 〈덕충부〉 편의 이 글까지 공자에 대한 야유와 도전이라고 말하는 데는 동의하기 어려운 점이 있습니다. 유가에서는 인간의 왜소성을 반성하면서 도덕의 완성을 통하여 왜소한 인간의 거인화를 시도합니다. 중용의 여천지삼(與天地參)처럼 천지와 대등한 존재가 된다고 한 것이나 맹자가 독행기도(獨行其道)라고 하여 홀로 올바른 도리를 실천한다고 강조한 맥락은 바로 그런 기획에서 나온 것입니다. 그리고 장자는 바로 다음 이야기에 등장하는 '독성기천(獨成其天)'을 통하여 거인화를 시도하고 있다는 점에서 서로 일치점을 찾을 수 있습니다. 애공이 공자를 덕우라고 한 것은 군신 관계를 넘어서는 태도를 보인 것이므로 결과적으로 공자를 낮춘 표현이 아니라 더 높인 것으로 해석하는 것이 옳을 것입니다.

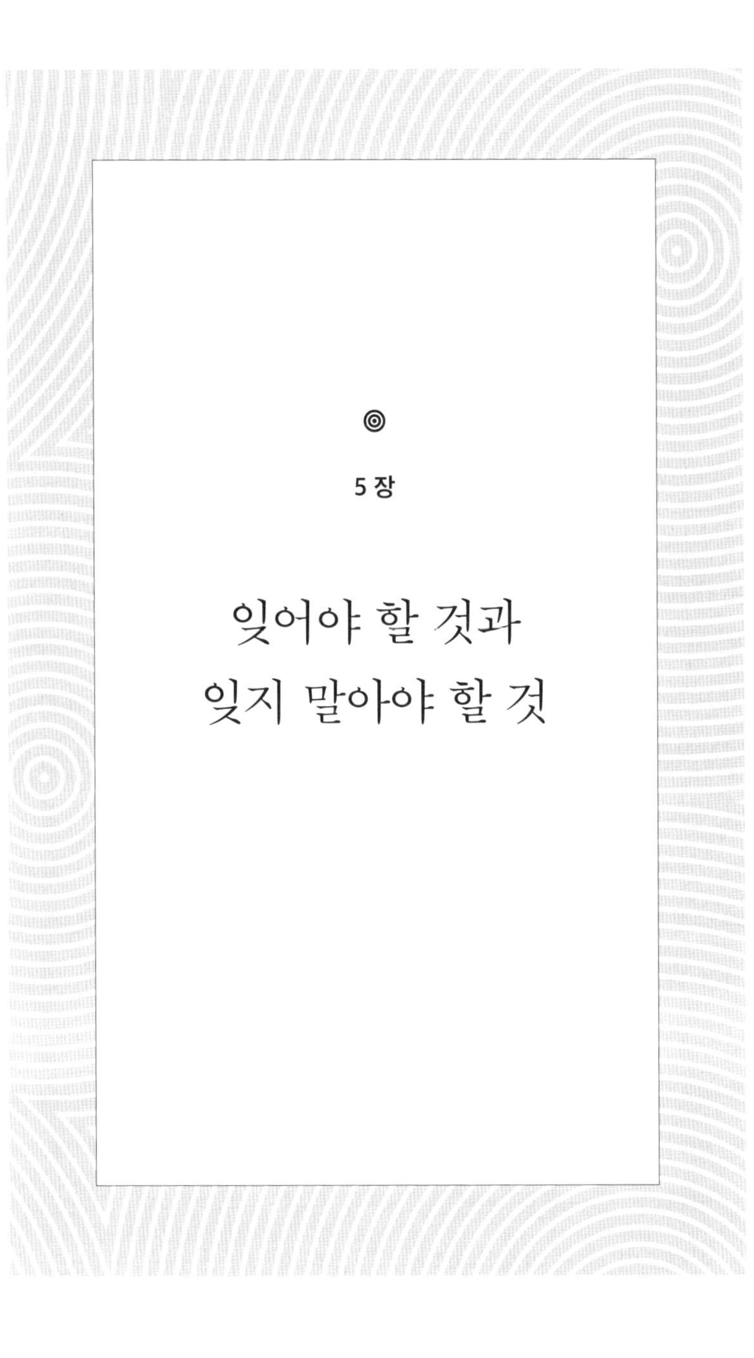

5 장

잊어야 할 것과 잊지 말아야 할 것

정상과 비정상의 기준

이 장에서 먼저 나오는 이야기에는 두 명의 기형인이 등장합니다. 인기지리무순은 절름발이, 곱사등이, 언청이를 형용한 기형인이고 옹앙대영은 항아리만한 커다란 혹이 붙어 있는 사람입니다. 이 두 사람이 각각 위나라 영공과 제나라 환공을 만나는데, 두 임금이 이들을 만나 한참 이야기를 나눈 뒤 보통 사람을 만나면 오히려 이상하게 보였다는 게 이야기의 핵심입니다. 정상과 비정상의 기준이 따로 있는 것이 아니라는 암시가 담겨 있는 이야기입니다. 장자는 이 두 기형인을 성인(聖人)으로 상정합니다. 사람의 감정이 없기 때문에 시비가 몸에 침범하지 못한다고 말합니다. 그 때문에 이어지는 다음 이야기에서 혜시가 사람이 어떻게 감정이 없을 수 있느냐고 논쟁을 걸어옵니다. 두 이야기를 한데 묶어 읽겠습니다.

> 인기지리무순이 위나라 영공과 이야기를 나누자 영공이 기뻐하여 그 이후로 온전한 사람을 보면 목이 가늘고 길다고 여겼으며, 옹앙대영이 제나라 환공과 이야기를 나누자 환공

이 기뻐하여 그 이후로 온전한 사람을 보면 목이 가늘고 길다고 여겼다. 그러므로 덕이 뛰어나면 외형은 잊어버리는데, 세상 사람들은 잊어버려야 할 것은 잊지 않고 잊지 말아야 할 것을 잊어버리니, 이것을 일러 정말 잊어버렸다고 한다. 그러므로 성인은 자유롭게 노니는 데가 있는지라 지식을 쓸데없이 붙어 있는 것으로 여기며, 사람을 구속하는 예의를 아교풀로 여기며, 세속의 덕을 접붙이는 것으로 여기며, 기술을 장삿속이라고 생각한다. 성인은 도모하지 않으니 어디에 지식을 쓰겠으며, 깎아 장식하지 않으니 어디에 아교풀을 쓰겠으며, 자신을 잃어버리는 일이 없으니 어디에 세속의 덕을 쓰겠으며, 팔지 않으니 어디에 장삿속을 쓰겠는가. 이 네 가지는 자연이 길러주는 것이니, 자연이 길러준다는 것은 하늘이 먹여주는 것이다. 이미 자연에서 먹을 것을 받았으니 또 어디에다 사람이 만든 기술을 쓰겠는가. 사람의 몸뚱이를 가지고 있지만, 사람의 감정은 없다. 사람의 몸뚱이를 가지고 있기 때문에 사람들과 무리지어 살고, 사람의 감정이 없기 때문에 시비가 몸에 침범하지 못한다. 아득히 작구나! 인간에 속한 것이여. 놀랄 만큼 크구나! 홀로 자연의 덕을 이룸이여.

闉跂支離無脤(脣)이 說衛靈公한대 靈公이 說之하야 而視全人호대 其脰肩肩하며 甕盎大癭이 說齊桓公한대 桓公이 說之하야 而視全人호대 其脰肩肩이러라 故로 德有所長이면 而形有所忘이어늘 人이 不忘其所忘하고 而忘其所不忘하나니 此謂誠忘이니라 故

로 聖人은 有所遊라 而知를 爲孽하며 約을 爲膠하며 德을 爲接(棱)하며 工을 爲商하나니 聖人은 不謀어니 惡用知며 不斲이어니 惡用膠며 無喪이어니 惡用德이며 不貨어니 惡用商이리오 四者는 天鬻也니 天鬻者는 天食也라 旣受食於天이어니 又惡用人이리오 有人之形하고 無人之情하니라 有人之形이론 故로 羣於人하고 無人之情이론 故로 是非不得於身하나니라 眇乎小哉라 所以屬於人也여 謷乎大哉라 獨成其天이여

인기지리무순〔闉跂支離無脤(脣)〕은 절름발이, 곱사등이, 언청이를 형용한 기형인을 말합니다. 인(闉)은 굽었다는 뜻이고 기(跂)는 肢(지)의 가차입니다. 따라서 인기(闉跂)는 절름발이라는 뜻입니다. 그리고 지리(支離)는 사지가 지리멸렬하다는 뜻으로 〈인간세〉 편의 지리소와 같은 기형불구의 용모를 말합니다. 또 순(脤)은 脣(순)과 같은 글자이기 때문에 무순(無脤)은 입술이 없는 언청이를 뜻합니다. 따라서 인기지리무순은 온갖 추한 용모를 모두 가진 가공의 인물을 지칭하는 말입니다.

그리고 옹앙대영(甕㼜大癭)이 나오는데 이 또한 항아리만한 큰 혹이 붙어 있는 가공의 인물입니다. 옹(甕)과 앙(㼜)은 모두 항아리〔瓦器〕라는 뜻입니다. 이들은 세상의 기준으로 보면 모두 기형인 사람들인데, 이들이 왕을 만납니다. 물론 실제로는 그런 일이 일어나지 않습니다. 군왕들이 이런 사람들을 만날 이유가 없죠. 그런데 장자가 바라는 것은 이들이 왕을 만나 이야기를 나눌 수 있는 세상입

니다. 〈양생주〉 편에 문혜군이 백정에게 가르침을 받는 것으로 설정된 것과 마찬가지죠. 사실 공자의 덕치나 맹자의 왕도도 이와 다르지 않습니다. 맹자가 왕도를 이야기할 때 가장 먼저 배려해야 할 사람으로 환과고독(鰥寡孤獨 · 홀아비, 과부, 고아, 홀로 사는 노인)을 들잖아요. 모두 세상에 하소연할 곳 없는 사람들입니다. 이런 사람들의 이야기가 왕에게 전달되는 그런 사회가 공자의 덕치, 맹자의 왕도가 추구하는 이상입니다.

이런 맥락에서 인기지리무순이 위나라 영공을 만나고, 옹앙대영이 제나라 환공을 만나는 이야기가 나오게 된 것입니다. 인기지리무순을 만난 영공이 그의 이야기를 듣고 기뻐했는데 그날 이후로 온전한 사람을 보면 오히려 목이 가늘고 길어 이상하게 여겼고, 옹앙대영이 제나라 환공과 이야기를 나누었는데 환공이 그 후 다른 사람들을 보면 목이 가늘고 길어 보여 이상하게 여겼다는 것이 이야기의 줄기입니다. 인기지리무순과 옹앙대영은 세상 사람들의 기준으로 보면 정상이 아닌 사람들 곧 기형인들입니다. 그런데 그들과 함께 이야기를 나누다가 다른 사람들을 보면 오히려 다른 정상적인 사람들이 이상하게 보였다는 거죠. 정상, 비정상이라는 게 본래 정해진 기준이 있는 것이 아니라는 말입니다. 〈제물론〉 편에 피(彼)와 시(是)의 상대성을 이야기한 대목이 있었죠. 이것을 정상이라고 생각하는 입장에서 보면 저것이 이상하게 보이지만 저것의 입장에서 바라보면 이것이 오히려 이상하게 보일 수 있습니다. 정상 비정상의 기준은 상대적이라는 거죠.

그런데 장자는 〈제물론〉 편에서 그런 상대성마저 넘어서야 한다고 이야기합니다. 여기서도 마찬가지입니다. 바로 "덕이 뛰어나면 외형은 잊어버린다"는 말이 그런 뜻입니다. 장자가 이 우화를 통해 말하고자 하는 것은 단순히 비정상의 입장에서 바라보면 정상이 비정상으로 보인다고 이야기하는 데 있는 것이 아니라, 어떤 사람의 내면에 있는 가치를 기준으로 그 사람과 사귀면 그 사람의 외형은 잊어버리게 된다는 겁니다.

맹자가 벗을 사귀는 도리를 묻는 제자에게 "벗을 사귄다는 것은 그 덕을 사귀는 것〔友也者 友其德也〕"이라고 이야기하는데 역시 부귀나 권세, 나이, 용모 등 세상의 기준을 떠나 사귀는 것이 벗이라는 뜻입니다. 고대 그리스의 아리스토텔레스도 필리아(philia)를 이야기하면서 덕(Arete)을 보고 친구를 사귀는 것이 최고의 우정이라고 했죠. 이를테면 유익함이나 즐거움을 기준으로 사귀는 것은 유익함이나 즐거움이 사라지면 끝나지만, 덕은 변하지 않기 때문에 영원한 우정이 될 수 있다고 이야기합니다. 모두 장자와 통하는 부분이 있습니다. 그런데 다같이 이야기하는 것이 세상 사람들은 그렇지 않다는 겁니다. 장자의 표현을 빌리면 세상 사람들은 잊어야 할 것은 잊지 않고 도리어 잊지 말아야 할 것을 잊어버립니다. 그러니 장자의 말대로 정말 중요한 것을 잊어버린 어리석은 사람들이라고 할 수 있습니다.

자연의 도를 따라 사는 성인, 곧 인기지리무순과 옹앙대영은 그렇게 하지 않습니다. 성인은 지식을 재앙으로 여깁니다. 대상을 차별하지 않으므로 지식을 쓸데가 없기 때문입니다. 또 예를 아교풀로 여깁니다. 꾸미는 일이 없고 자연 그대로를 따르기 때문입니다. 또 세상 사람들이 좋다고 하는 덕은 접붙이는 것으로 여깁니다. 도와 한 몸인지라 도를 찾기 위해 필요한 덕도 필요 없습니다. 그리고 치부하려는 욕심이 없기 때문에 장삿속이 필요치 않습니다. 성인이 추구하는 이 네 가지 삶의 태도는 인간 세상에 속하는 것이 아니라 자연에 속하는 것입니다. 성인은 사람의 모습을 지니고 있지만 사실은 사람의 감정이라고 할 만한 것이 없다고 합니다. 그리고 형체를 지니고 있기 때문에 함께 어울리고 사람의 감정을 가지고 있지 않기 때문에 시비가 몸에 침범하지 못합니다. 마지막으로 장자는 세상 사람들과 이 두 사람들을 대비하면서 감탄합니다. "아득히 작구나! 인간에 속한 것이여. 놀랄 만큼 크구나! 홀로 자연의 덕을 이룸이여(獨成其天)." 여기서 독성기천(獨成其天)이 나오는데 앞서 말씀드린 것처럼 맹자 대장부론에 나오는 독행기도(獨行其道)와 짝을 이룬다고 할 만합니다. 맹자의 경우는 세상 사람들과 대장부, 군자를 대비시켜서 말한 것이라면, 장자는 세속의 가치를 중시하는 세상 사람들과 자연의 도를 중시하는 성인을 대비시킨 것이라 할 수 있습니다. 누가 세속의 가치를 중시했을까요? 짐작컨대 장자의 친구 혜시였을 가능성이 큽니다. 바로 다음에 혜시가 세상에 장자가 이야기하는 그런 사람이 어디 있느냐고 따지는 이야기가 나오기 때문입니다.

혜자가 장자에게 물었다.

"사람이 감정이 없을 수 있는가?"

장자가 말했다.

"그렇다."

혜자가 말했다.

"사람이면서 감정이 없다면 어떻게 사람이라 할 수 있겠는가?"

장자가 말했다.

"도가 용모를 주었고 하늘이 몸을 주었으니 어찌 사람이라 하지 않겠는가?"

혜자가 말했다.

"이미 사람이라고 말한다면 어떻게 감정이 없을 수 있겠는가?"

장자가 말했다.

"그것은 내가 말하는 감정이 아니다. 내가 이른바 감정이 없다고 한 것은 사람이 좋아하고 싫어하는 감정을 가지고 안으로 자신을 해치지 않고, 항상 자연을 따라 억지로 삶을 연장하려 하지 않는 것이다."

혜자가 말했다.

"삶을 연장하려 하지 않으면 어떻게 그 몸을 보존할 수 있겠는가?"

장자가 말했다.

"도가 용모를 주었고 하늘이 몸뚱이를 주었으면, 좋아하고 싫어하는 감정 때문에 안으로 자신을 해치지 않아야 할 텐데, 지금 그대는 그대의 마음을 밖으로 내돌리며, 그대의 정신을 고달프게 해서, 나무에 기대 신음소리나 내고, 말라버린 오동나무 안석에 기대 졸기나 한다. 하늘이 그대의 몸뚱이를 잘 갖추어주었는데, 그대는 견백론이나 떠들어대고 있다."

惠子謂莊子曰 人이 故無情乎아 莊子曰 然하다 惠子曰 人而無情이면 何以謂之人이리오 莊子曰 道與之貌하며 天與之形이어니 惡得不謂之人이리오

惠子曰 旣謂之人이면 惡得無情이리오 莊子曰 是는 非吾所謂情也라 吾所謂無情者는 言人之不以好惡로 內傷其身하고 常因自然而不益生也니라

惠子曰 不益生이면 何以有其身이리오 莊子曰 道與之貌하며 天與之形이어든 無以好惡로 內傷其身이어늘 今子는 外乎子之神하며 勞乎子之精하야 倚樹而吟하며 據槁梧而瞑하나니 天이 選子之形하야늘 子以堅白으로 鳴하도다

장자와 혜시의 대화를 기록하고 있는 이 이야기는 바로 앞 이야기에 "사람의 몸뚱이를 가지고 있지만, 사람의 감정은 없다. 사람의 몸뚱이를 가지고 있기 때문에 사람들과 무리지어 살고, 사람의 감정이 없기 때문에 시비가 몸에 침범하지 못한다(有人之形 無人之情 有人之形 故羣於人 無人之情 故是非不得於身)"고 한 대목과 이어지는 내용입니다. 혜시가 장자에게 따지고 든 것이죠. 장자가 앞에서 한 이야기를 들었던 청중은 혜시 단 한 사람이었던 모양입니다. 그런데 혜

시의 반응이 시원찮았던 거죠. 혜시야 원래 〈소요유〉 편에서도 장자의 이야기를 두고 "크기만 하지 쓸모가 없다(大而無用)"고 비판했죠. 여기서는 좀 더 구체적으로 장자에게 딴죽을 겁니다. 장자가 인기지리무순이나 옹앙대영 같은 성인은 사람의 형체는 가지고 있지만 사람의 감정이 없다고 했죠. 그러자 혜시가 어떻게 사람이 감정이 없을 수 있느냐, 감정이 없다면 사람이라고 할 수 없는 것 아니냐고 따진 겁니다. 그러자 장자는 "내가 이른바 감정이 없다고 한 것은 사람이 좋아하고 싫어하는 감정을 가지고 안으로 자신을 해치지 않고, 항상 자연을 따라 억지로 삶을 연장하려 하지 않는 것이다"라고 반박합니다. 정말 감정이 없다고 말한 것이 아니라 감정으로 자신을 해치지 않는다는 뜻이라는 거죠. 그러자 다시 혜시가 "삶을 연장하려 하지 않는다면 어떻게 자신을 보존할 수 있겠느냐"고 따집니다. 장자는 다시 "하늘이 그대의 몸뚱이를 잘 갖추어주었는데, 그대는 견백론이나 떠들어대고 있다"고 마무리 짓습니다. 혜시가 장자의 말이 쓸모없다고 했지만 혜시의 견백론이야 말로 정말 쓸모없는 것이라고 이야기한 셈입니다. 늘 이렇게 혜시가 한 방 맞는 것으로 끝납니다. 이 책은 《장자》이니까요.

'대종(大宗)'은 본래 제사와 관련된 용어입니다. 제사는 조상에게 지내는 거죠. 그리고 시조부터 쭉 맏아들로만 이어져 내려오는 적장계(嫡長系)를 대종이라 하고, 거기서 갈라져 나간 방계를 소종이라 합니다. 보통 소종은 위로 4대까지 올라갑니다. 즉 나를 기준으로 위로 4대, 아래로 4대까지를 구족(九族)이라고 하여 일가를 이룹니다. 고조를 할아버지로 삼는 거죠. 대종은 이런 소종을 다 포함하고, 위로 시조까지 거슬러 올라가 씨족의 공통조상으로 이어지는 큰 뿌리를 가리킵니다.

제6편 ◎ 대종사 大宗師

◎

1장

세상 모든 가치의 근원

천학지어(泉涸之魚)와 강호의 물고기

〈대종사〉 편의 '대종(大宗)'은 본래 제사와 관련된 용어입니다. 제사는 조상에게 지내는 거죠. 그리고 시조부터 쭉 맏아들로만 이어져 내려오는 적장계(嫡長系)를 대종이라 하고, 거기서 갈라져 나간 방계를 소종이라 합니다. 보통 소종은 위로 4대까지 올라갑니다. 즉 나를 기준으로 위로 4대, 아래로 4대까지를 구족(九族)이라고 하여 일가를 이룹니다. 고조를 할아버지로 삼는 거죠. 대종은 이런 소종을 다 포함하고, 위로 시조까지 거슬러 올라가 씨족의 공통 조상으로 이어지는 큰 뿌리를 가리킵니다. 이런 체계는 이른바 주나라의 종법에 기원합니다.

종법은 주(周) 대에 이르러 형성되었는데, 가부장제의 성립과 때를 같이합니다. 맹자가 말한 오륜 중 하나인 부자유친(父子有親)에서 '친(親)'이란 본래 부자 관계를 나타내는 말이 아니라 모자 간의 관계를 규정한 것입니다. 은 대에는 친친(親親)이 강조되었고, 주나라 때는 존존(尊尊)이 강조되었는데 은 대는 상속에서부터 모계에 가까운 형식이 많았습니다. 왕위 계승에도 형제 상속이 많았는데, 형제 상속은 모계형 제도에서 비롯된 것입니다. 그리고 친(親)은 본래 피부에 닿는다는 뜻인 츤(儭)과 같은 뜻으로 육체적인 접촉을 말합니다. 그 때문에 친은 어머니의 사랑에서 기원했다고 보는 것이 정확합니다. 부자유친에서 친은 본래 어머니와 자식의 관계를 규정했던 개념이지만 주 대에 이르러 아버지와 아들의 관계에 적용되기 시작합니다. 이 또한 가부장제의 성립과 관련이 있습니다. 왜냐하면 모계형 가족에서는 부자유친을 하고 싶어도 불가능하기 때문입니다. 부자유친이 가능하려면 일단 아버지가 분명해야 하는데, 어머니는 늘 분명하지만 아버지는 불분명하기 때문입니다. 무슨 소린지 모르겠다고요? 지금도 마찬가지입니다. 친자 확인 소송에서 어머니와 자식의 관계를 확인해 달라고 하는 경우는 특별한 경우를 제외하고는 없습니다. 어머니는 자식을 직접 낳기 때문에 낳은 아이와 어머니의 관계는 예나 지금이나 분명하니까요. 그런데 아버지가 누군지 정확하게 알려면 유전자 검사를 해봐야 합니다. 왜 그럴까요? 아버지는 아이를 직접 낳지 않기 때문이죠. 그럼 주나라 시대에는 유전자 검사 같은 방법이 없었는데 어떻게 가부장제가 성립했느냐고요? 방법이 있습니다. 바로 《시경》에서부터 강조되기 시작한 일부일처제입니다. 일부일처제가 정착되면 부계를 기준으로 가족을 구성할 수 있습니다. 사실상의 감금 행위에 가까운 가옥 구조가 형성된 것도 이때부터라고 봅니다. 어떤 여성이 임신을 하고 아이를 낳기까지 일정한 장소에서 벗어난 적이 없다면, 그 아이의 아버지가 누구인지 분명해집니다. 이런 식으로 가부장제가 형성되면서 모자 간의 관계에서 바람직한 것으로 여겨졌던 친이 부자 간에도 적용된 것입니다. 아무튼 이런 식의 부계 가족 구조가 정착되면서 종법이 체계적으로 자리를 잡습니다.

제사도 이런 종법에 따라 시행됩니다. 제사는 사회경제적 맥락에서 유래한 것입니다. 곧 제사가 유지되는 사회는 제사를 지내는 것이 유리한 사회경제적 조건이 마련되어 있었다는 뜻입니다. 제사는 제사 지내는 대상인 조상과 후손의 관계를 기준으로 지냅니다. 이른바 종가(宗家)가 형성되고 종가의 시원이 '대종(大宗)'인 것입니다. 곧 여러 소종의 근원이 대종입니다.

장자는 이런 방식의 위계를 가치의 질서를 확인하는 데 도입하여 〈대종사〉 편을 지었습니다. 〈대종사〉 편에서 장자는 도를 터득한 인물을 진인(眞人)으로 표현합니다. 진(眞) 자는 직(直) 자와 인(人) 자를 위 아래로 배치한 글자로 곧은길을 걸어가는 사람의 모양을 그린 것입니다. 그러니 진인이 곧 도인인 것이죠. 장자는 대종이라는 말로 모든 작은 가치, 소종의 가치를 망라하여 가치의 근원에 이어져 있는 큰 뿌리를 표현한 것입니다. 가치의 줄기와 뿌리에 해당하는 것은 대종이고 곁가지에 해당하는 것은 소종인 것이죠. 결국 대종은 도(道)를, 소종은 세상의 질서를 뜻한다고 보시면 됩니다. 그러니 대종사는 모든 가치의 뿌리인 대종을 가진 사람입니다.

인물로서의 대종사는 〈5장〉에 비로소 등장합니다. 〈소요유〉 편에 요임금과 함께 나왔던 허유(許由)가 자신의 스승을 부르는 대목, '오사호(吾師乎)'에서 대종사가 나오니까요. 그런데 그 전에 이미

〈1장〉의 이야기, 일반 지(知)와 진지(眞知)를 구분하는 대목에서 대종의 실마리가 보입니다. 〈2장〉에서 도를 아는 인물인 남백자규가 여우(女偶)에게 도의 전수 과정을 묻는 데서 대종사가 어떤 사람인지 암시하고 있습니다. 여우는 부묵지자(副墨之子), 문자(文字)에게서 도를 들었고, 부묵지자는 낙송(落誦)에게서 나왔다고 하여 말을 문자의 기원으로 더듬어가는 방식으로 대종에 접근해갑니다. 세상의 모든 존재는 무엇인가에 의존해 있습니다. 그렇다면 장자가 말하는 절대 자유는 사실 존재할 수 없는 것이지요. 구만리장천을 날아가는 붕새조차도 바람과 구름이 없으면 날 수 없는 것과 같습니다. 그런데 모든 가치의 근원을 붙잡고 있는 대종사는 절대 자유를 누립니다.

《장자》의 〈대종사〉 편에는 여러 도인, 진인들이 등장합니다. 이들은 세상에 의지할 것이 아무것도 없는 자들로 바로 절대 자유를 얻은 사람들입니다. 물론 전부 우언으로 구성되어 있기 때문에 장자가 말한 뜻을 이해하려면 이 우언(寓言)에 붙어 있는 도(道)를 간파해내는 안목이 있어야 합니다.

한편 대만학자 왕숙민(王叔岷)은 이 편을 두고 "깊이는 있지만 순후하지 못해서 신선 사상이나 심지어 법가 사상까지 뒤섞여 있기 때문에 장자의 초기 작품이거나 장자를 배우는 무리들이 어지럽힌 바가 있는 것 같다〔此篇深而不淳 雜有神仙 甚至法家思想 疑是莊子早期作品 或學莊之徒 有所竄亂〕"고 비판했습니다. 사실 신선 설화집 《열선전》을 방불케 할 정도로 신선이 많이 나열되고, 군데군데 법가적 요소가 보이기 때문에 일면 타당한 지적이기도 합니다. 그러나 이 편의 우언이 장자가 〈제물론〉 편에서 이야기했던 내용과 부합하는 부분이 많고, 신선 사상과 법가적 요소 또한 장자가 이야기하고자 하는 대종의 맥락에 비추어볼 때 모순되지 않으므로 오히려 장자 사상의 정수를 보여주는 작품이라 할 수 있기 때문에 왕숙민의 견해는 지나친 면이 있습니다.

자연이 하는 일을 알고 사람이 해야 할 일을 아는 사람은 지극한 사람이다. 자연이 하는 일을 아는 사람은 자연을 따라 살고, 사람이 해야 할 일을 아는 사람은 그가 알고 있는 것으로 그가 알지 못하는 것을 길러 천수를 마쳐서 중도에 요절하지 않는다. 이런 사람은 앎이 성대한 사람이다. 비록 그러하나 근심이 있으니 앎이라는 것은 마주하는 것이 일정한 뒤라야 꼭 맞게 되는데 마주하는 것이 일정하지 않기 때문이다. 그러니 어찌 내가 자연이라고 생각한 것이 인간에 속한 것이 아닌 줄 알며, 내가 인간에 속한 것이라 여긴 것이 자연이 아닌 줄 알겠는가. 참다운 사람이 있은 뒤라야 참다운 앎이 있게 되는 것이다.

知天之所爲하며 知人之所爲者 至矣니라 知天之所爲者는 天而生也요 知人之所爲者는 以其知之所知로 以養其知之所不知하야 終其天年하야 而不中道夭者니 是는 知之盛也니라 雖然이나 有患하니 夫知는 有所待而後에야 當하나니 其所待者 特未定也니

라 庸詎知吾所謂天之非人乎며 所謂人之非天乎리오 且有眞人而後에야 有眞知니라

〈대종사〉 편 첫머리에서 장자는 참다운 사람〔眞人〕의 참다운 앎〔眞知〕을 이야기하면서 말문을 엽니다. 인간이 지식을 넓히는 방법은 간단합니다. 이미 아는 것을 가지고 아직 알지 못하는 것을 알아나가는 것이죠. 그렇게 앎을 확장시켜 나가서 자연의 이치와 사람의 이치를 모두 알게 된 사람은 앎이 지극하다 하겠지만, 본디 앎이라는 것은 대상이 분명해야 하는데 우리가 마주하는 대상은 밤낮 없이 시시각각으로 변하기 때문에 인간의 지혜로는 정확한 포착이 불가능합니다. 그 때문에 앎을 가지고 알지 못하는 것을 알아나가는 방법으로는 한계가 있습니다. 스스로 자연을 터득했다고 생각하더라도 사실은 자연이 아닐 수 있기 때문입니다. 장자는 이런 한계를 돌파하고 참다운 앎에 도달하기 위해 진인을 등장시킵니다.

"그가 알고 있는 것으로 그가 알지 못하는 것을 기른다"는 대목은 인식의 문제라기보다 통찰의 영역에 가깝습니다. 물론 방법론적으로도 타당합니다. 우리가 아직 알지 못하는 어떤 것을 알기 위해서는 이미 알고 있는 지식을 활용하는 수밖에 없습니다. 곧 모르는 것을 아는 것으로 환원해야 한다는 말이지요. 그런데 모르는 것을 설명할 때 모르는 것을 가지고 설명하면 여전히 모를 수밖에 없습니다. 어떤 사물이나 개념을 정의할 때 그 개념 밖의 것을 끌어다 설명하는데, 설명하는 내용이 알지 못하는 사물이나 개념이라

면 우리는 어떤 사물도 이해할 수 없습니다. 그런 것은 단지 이런 용어를 저런 용어로 바꾸어 놓은 것에 지나지 않기 때문입니다. 이미 알고 있는 어떤 사물이나 개념을 활용해야만 아직 모르는 사물을 알아 나갈 수 있습니다. 앎의 영역뿐 아니라 행위의 영역에서도 마찬가지입니다. 우리가 아직 경험해보지 못한 것을 알기 위해서는 이미 경험한 것을 활용해야 하는 것이죠. 물론 그렇다 하더라도 장자의 말처럼 한계가 있습니다. 죽음을 경험해보지 않은 상태에서 우리가 아무리 죽음과 가까운 경험을 활용한다 하더라도 죽음을 직접 경험하는 것과 같다고 할 수는 없겠죠. 다른 앎, 다른 삶을 이해하는 것은 생각만큼 쉽지 않습니다.

굳이 그런 경우가 아니더라도 앎은 한계가 있습니다. 장자가 "앎이라는 것은 마주하는 것이 일정한 뒤라야 꼭 맞게 된다"고 이야기한 것처럼, 앎이 분명하려면 대상이 분명해야 하는데 우리가 마주하는 대상은 늘 변하기 때문입니다. 늘 변함없는 모습으로 그 자리에 있는 물리적 대상이라 하더라도 사물의 성질은 끊임없이 변하기 때문에 정확하게 측정하기 어렵습니다. 마치 소립자의 세계에서 불확정성의 원리가 받아들여지는 것처럼 우리가 대상을 분명하게 파악하는 데 한계가 있지요. 흔히 보는 것이 믿는 것이라고 하는데 대부분의 사람은 보이는 대로 보지 못합니다. 화가들은 보이는 대로 보지요. 그래서 다른 사람들이 그렇게 보지 못하는 것을 이상하게 여길 수 있습니다. 마찬가지로 음악의 음계를 정확하게 알아듣는 음악가들은 다른 사람들이 그렇게 듣지 못하는 것을 이상하게 여깁니다. '라' 음을 '라' 음으로 듣지 못하는 게 이상한 거지요.

보이는 것을 보이는 대로 보지 못하는 이유는 여러 가지가 있습니다. 예를 들어 라디오로 축구 중계방송을 듣던 시절에는 아나운서가 계속 우리 편이 잘 하고 있다고 중계를 하는데 골은 우리 편이 계속 먹죠. 편파적으로 중계를 하기 때문입니다. 그런데 텔레비전이 등장하면 시청자들도 같은 화면을 보고 있으니까 달라질 줄 알았는데 마찬가지입니다. 분명 우리 편이 잘 못하고 있는데도 중계하는 사람들은 잘 하고 있다고 이야기하죠. 눈으로 보고 있으면서도 자신의 주관적 소망이나 편견에 가려 왜곡하는 겁니다.

이런 한계가 있기 때문에 우리가 자연이라고 생각하는 것이 사실은 인위적 조작의 결과이고, 인위적 조작이라고 생각한 것이 사실은 자연일 수도 있다고 이야기합니다. 이 대목은 〈제물론〉 편 〈3장〉에서 왕예가 "내가 이른바 안다고 하는 것이 알지 못하는 것이 아님을 어찌 알겠으며, 내가 이른바 알지 못한다고 하는 것이 아는 것이 아님을 어찌 알겠는가(庸詎知吾所謂知之 非不知邪 庸詎知吾所謂不知之 非知邪)?" 하고 말한 부분과 같은 논리를 구사하면서 앎의 한계를 이야기하고 있습니다. 표현도 '용거지오소위(庸詎知吾所謂)'로 꼭 같습니다.

마찬가지로 도덕이라는 것도 자연에 기원하고 있는 것이 아니라 우연히 형성된 것일 가능성이 많습니다. 니체가 《도덕의 계보학》에서 이야기하는 것도 비슷한 맥락입니다. 니체는 우리가 당연하다고 받아들이는 어떤 가치가 사실은 근본적 원인이 아니라 우연의 결과물이라고 지적합니다. '자연스럽다' 거나 '옳다'고 하는 것이 길들여진 가치관에 의존하여 판단한 결과일 뿐 실재 자연은 아니라는 거죠. 길들여진다는 것은 사실 자연스럽다고 말하기 어려운 것인데, 일단 길들여지고 나면 우리는 그것을 자연스럽다고 여기게 됩니다. 사실 장자를 비롯한 많은 철학자들은 이런 문제에 정답을 제시해주지 않습니다. 물리학자나 수학자는 정답을 제시할 수 있지만 철학자는 기존의 가치관을 흔들어놓을 뿐입니다. 그렇다고 장자가 상대론이나 회의론에 빠진 것은 아닙니다. 참다운 사람이 있은 뒤라야 참다운 앎이 있다고 이야기하니까요. 그럼 어떤 사람이 참다운 사람, 진인일까요?

> 어떤 사람을 참된 사람(眞人)이라 일컫는가. 옛날 참된 사람은 적다는 이유로 거절하지 않으며, 공을 앞서서 이루려 하지 않으며, 억지로 일을 도모하지 않았다. 그런 사람은 실패해도 후회하지 아니하며, 일이 꼭 맞게 이루어져도 으쓱거리지 않았다. 그런 사람은 높은 데 올라도 두려워 떨지 아니하고, 물속에 들어가도 젖지 아니하며, 불 속에 들어가도 뜨거워하지 않았으니, 이것은 앎이 도의 경지에 올랐기 때문에 이와 같았던 것이다.
>
> 옛날 참된 사람은 잠잘 때 꿈을 꾸지 않았고, 깨어 있을 때에는 근심이 없었으며, 먹을 때에는 달게 여기지 아니하였으며, 숨은 길고 길었다. 참된 사람의 숨은 발뒤꿈치까지 미치는데,

보통 사람의 숨은 목구멍에 미칠 뿐이다.

何謂眞人고 古之眞人은 不逆寡하며 不雄成하며 不謨士하더니 若然者는 過而弗悔하며 當而不自得也하나니라 若然者는 登高不慄하며 入水不濡하며 入火不熱하나니 是는 知之能登假(격)於道者也 若此하니라 古之眞人은 其寢不夢하며 其覺無憂하며 其食不甘하며 其息深深하니라 眞人之息은 以踵이오 衆人之息은 以喉라하나니라

참된 사람, 진인에 대한 설명이 장황합니다. 적다고 거절하지 않는다는 것은 대가가 적다고 해서 거절하지 않는다는 뜻입니다. 웅성(雄成)은 나서서 이룬다는 뜻으로 이렇게 하지 않는다는 것은 〈덕충부〉 편의 왕태나 애태타처럼 나서서 다른 사람을 인도하거나 가르치지 않고 따라가기만 한다는 뜻입니다. 불모사(不謨士)는 억지로 일을 꾸미지 않는다는 뜻으로 사(士) 자는 사(事) 자와 같은 뜻으로 쓰였습니다. 《시경》에 같은 용례가 나옵니다. 과(過)는 실패고 당(當)은 생각이 적중하여 일이 성공한 것을 말합니다. 보통 사람은 실패하면 후회하거나 좌절하고 성공하면 으스대는데, 참된 사람은 그런 일이 없다는 것이죠. 일의 성패에 따라 마음의 평정이 흔들리지 않는다는 겁니다. 사람은 높은 곳에 올라가면 두려워 떨게 되는데, 참된 사람은 떨지 않고, 물에 들어가도 젖지 않고 불에 들어가도 뜨거워하지 않는다고 합니다. 〈제물론〉 편에 설결과 왕예의 대화에 등장하는 지인(至人)에 대한 묘사와 일치합니다. 〈제물론〉 편에서는

왕예가 "지인은 신통한 존재다. 커다란 못이 불타올라도 뜨겁게 할 수 없으며, 황하나 한수가 얼어붙어도 춥게 할 수 없으며, 갑작스런 우레가 산을 쪼개고 거센 바람이 바다를 진동하더라도 놀라게 할 수 없다"고 했습니다.

등격어도(登假於道)가 나오는데 〈덕충부〉 편에서 왕태를 이야기할 때 택일이등하(擇日而登假)라고 하여 '登假(등하)'가 나왔죠. 그런데 〈덕충부〉 편에서는 저 멀리 하늘로 올라간다는 뜻으로 '등하'로 읽었는데 여기서는 바로 뒤에 도가 나오기 때문에 같은 뜻이기는 하지만 '등격'으로 읽습니다.

이어서 참된 사람은 꿈을 꾸지도 않고 걱정도 하지 않으며 음식을 먹을 때도 달게 여기지 않는다고 했습니다. 꿈이나 걱정은 모두 욕망에서 비롯되고 욕망은 외부의 사물을 매개로 하는데, 참된 사람은 외물에 이끌리지 않고 감각적인 욕망을 따르지 않기 때문에 꿈이나 걱정은 물론이고 음식의 단맛도 모른다는 맥락입니다. 단맛은 꼭 감함산신고(甘鹹酸辛苦)라는 오미(五味) 중의 한 가지를 가리키는 것이 아니라 모든 맛의 대표입니다. 곧 음식을 먹을 때 배만 채우지 맛을 탐닉하지 않는다는 맥락으로 이해할 수 있습니다. 《노자》에서 오미는 사람의 입맛을 해친다〔五味令人口爽〕고 한 이야기와 비슷하죠. 사실 요리에서 맛을 내기 위해 뭔가를 하는 것은 생존을 위한 기본적인 욕망이 아니라 조작된 욕망일 수 있는 것이죠. 참된 사람, 진인에 대한 묘사 중 특이한 것은 마지막 부분에 나오는 숨의 길이에 대한 묘사입니다. 보통 사람들의 숨은 목구멍에 미치지만 진인의 숨은 발뒤꿈치까지 미친다고 했는데, 그만큼 숨이 길다는 것을 말합니다. 간호학 쪽 이야기를 들어보면 보통 사람들의 분당 호흡수는 16~20회 정도라고 합니다. 사람의 평생 호흡수가 일정하게 정해져 있다고 생각하면 숨을 빨리 쉴수록 그만큼 빨리 죽는다는 이야기가 될 겁니다. 평생 동안 호흡하는 수가 일정하다는 것은 어느 정도 설득력이 있습니다. 쥐는 평균수명이 3년이고 코끼리는 평균수명이 60년인데, 평생 동안 호흡하는 수는 비슷하다고 합니다. 결국 숨을 천천히 쉴수록 양생에 더 도움이 된다는 이야기죠. 물론 장자의 이 대목은 그런 기술적인 양생을 이야기하는 것이 아니라 욕망을 따라 바쁘게 달려가는 삶에 대한 경계로 이해해야겠지만요.

> 굴복당하는 사람은 아첨하는 말소리가 마치 토하는 것 같고, 욕심이 깊은 사람은 자연의 틀이 얕다.
> 옛날 참된 사람은 삶을 기뻐할 줄 모르며 죽음을 싫어할 줄도 몰라서, 태어날 때 기뻐하지 않고 죽음을 거부하지 않아서 홀연히 떠나고 홀연히 태어날 뿐이다. 삶이 시작된 곳을 잊지 않지만, 그렇다고 해서 끝나는 곳을 알려고 하지 않아서, 삶을 받아서는 기뻐하고, 생명을 잃어서는 자연으로 돌아간다. 이것을 일컬어 욕심으로 도를 해치지 아니하고, 인위로 자연을 조장하지 않는다고 하니 이런 사람을 일러 참된 사람이라 한다.

屈服者는 其嗌言若哇하고 其耆欲深者는 其天機淺하니라 古之眞人은 不知說生하며 不知惡死하야 其出不訢하며 其入不距하야 翛(소)然而往하며 翛然而來而已矣니라 不忘其所始하며 不求其所終하야 受而喜之하며 忘而復之하더니 是之謂不以心捐道하며 不以人助天이라하나니 是之謂眞人이니라

〈제물론〉 편에서 장자는 인간의 말이 과연 병아리 울음소리와 다른 점이 있는지 자문합니다. 인간의 말에는 뜻이 있기 때문에 바람소리 같은 자연의 소리와는 다르다고 하지만, 막상 그 말에 담긴 뜻이 일정하지 않은 경우가 많습니다. 어떤 사람이 말을 하는데 그 말이 아첨하는 말이라면 어떨까요? 무슨 말을 해도 아첨하는 말이라면 그 말의 본뜻과 부합한다고 할 수 없겠지요. 아무리 아름다운 말을 해도 아첨을 듣는 다른 사람은 구토가 밀려오게 됩니다. 물론 아첨을 받는 사람이야 좋아할 수도 있겠지만요. 그런데 아첨하는 자를 보고 구토가 치미는 다른 사람도 자신을 돌아볼 필요가 있습니다. 아무래도 아첨하는 자와 같은 욕망을 갖고 있기 때문에 구토감을 느끼는 것 아닐까요?

아첨하는 이유는 욕심을 채우기 위해서겠죠. 그래서 욕심이 깊은 사람은 자연의 틀이 얕다고 표현한 것이고요. 욕심이 많을수록 자연과 멀어지는 거죠. 참된 사람은 욕심이 없기 때문에 삶과 죽음에 대해서도 초연합니다.

조천(助天)이라는 말이 나오는데 맹자의 조장(助長)과 비슷한 맥

락입니다.《맹자》〈호연지기(浩然之氣)〉 장에 보면 송나라 사람이 곡식 싹이 자라지 않는 것을 답답하게 여긴 나머지 싹을 뽑아 올립니다. 자라는 것을 도와주기 위해서 그랬죠. 그렇지만 그 결과 곡식 싹이 말라죽습니다. 호연지기를 기르기 위해서는 오랜 수양이 필요한데 욕심 많은 사람들이 기다리지 못하고 인위적으로 조장하다가 결국 호연지기를 해친다는 걸 비유한 것입니다. 호연지기는 일종의 도덕적 용기라 할 수 있겠는데, 도덕의 힘이 어떤 사람의 내면에 자리 잡기 위해서는 오랜 시간 수양해야 한다는 맥락입니다. 장자의 이 대목은 도덕적 수양을 이야기하는 것은 아니지만 인위적으로 자연에 간섭하는 행위가 도리어 자연을 해친다고 경계한 것이므로 크게 보면 비슷한 맥락이라 할 수 있습니다.

> 그런 사람은 마음이 일정하고 용모가 고요하며, 이마는 평평하다. 서늘함은 가을 같고 따스함은 봄 같아서, 기뻐하고 성냄이 사계절과 통해서 사물과 의좋게 어울려 그 끝을 알 수 없다.
>
> 그 때문에 성인이 군사를 동원하면 나라를 멸망시켜도 인심을 잃지 아니하며, 이익과 덕택을 만세에 베풀어도 사람을 사랑했다고 느끼지 않는다. 그 때문에 사물과 통하는 것을 즐거워하면 성인이 아니며, 사랑함이 있으면 인인(仁人)이 아니며, 천시(天時)에 맞추려 하면 현인이 아니며, 이로움과 해로움을 하나로 여기지 않으면 군자가 아니며, 명예를 추구하

여 자기를 잃어버리면 선비가 아니며, 자기 몸을 죽여 참된 본성을 저버리면 남을 부리는 사람이 아니다.

호불해(狐不偕), 무광(務光), 백이(伯夷), 숙제(叔齊), 기자(箕子), 서여(胥餘), 기타(紀他), 신도적(申徒狄) 같은 이는 다른 사람이 할 일을 자신이 하고 다른 사람의 즐거움을 자신의 즐거움으로 여겼는지라 스스로 자기의 즐거움을 즐기지 못한 사람들이다.

若然者는 其心이 志하며 其容이 寂하며 其顙이 頯(규)하니 淒然似秋하고 煖(훤)然似春하야 喜怒通四時하야 與物有宜하야 而莫知其極이니라 故로 聖人之用兵也는 亡國하야도 而不失人心하며 利澤施乎萬世하야도 不爲愛人하나니라 故로 樂通物이 非聖人也며 有親이 非仁也며 天時 非賢也며 利害不通이 非君子也며 行名失己 非士也며 亡身不眞이 非役人也니 若狐不偕와 務光과 伯夷와 叔齊와 箕子와 胥餘와 紀他와 申徒狄은 是役人之役하며 適人之適이라 而不自適其適者也니라

지(志) 자는 본디 《설문해자》의 풀이에 따르면 마음이 가는 것을 말합니다.(心之所之謂之志) 마음이 일정한 방향으로 가서 다른 데로 가지 않는다는 의미인데, 여기서는 마음이 욕심을 따라 여기저기 왔다 갔다 하지 않고 한곳에 고요히 머물러 있다는 뜻으로 쓰였습니다. 용모는 움직임을 말합니다. 마음이 고요하니 움직임 또한 고요한 거죠. 그리고 이마가 평평하다고 했는데 주름이 없다는

뜻입니다. 걱정거리가 없기 때문에 주름이 생길 이유가 없는 거죠. 서늘한 모습은 가을과 같고 따뜻한 모습은 봄과 같다는 말은 진인의 용모를 자연의 모습에 빗대 표현한 것입니다. 희로애락의 감정 또한 사계절과 통하기 때문에 사물과 평화로운 관계를 유지합니다. 감정이 마치 사계절이 순환하는 것과 같다는 건데, 감정이 끝없이 일어나 마음을 어지럽힌다는 뜻이 아니라 계절의 변화처럼 자연스럽다는 뜻입니다. 유가적으로 해석하면 마땅히 기뻐할 때 기뻐하고 마땅히 노여워할 때 노여워하는 식으로 모든 감정이 중절(中節)한 상태를 말한다고 할 수 있습니다. 다만 유가의 절(節)이 예절(禮節)을 뜻한다면, 여기의 절(節)은 계절(季節)을 의미하는 것이 다르지요.

진인을 이야기하다가 슬그머니 성인 이야기로 바뀌는데요. 성인이라고 하면 유가, 도가 가릴 것 없이 모두 훌륭한 정치를 베푼 사람을 가리켜서 하는 말이라고 보면 됩니다. 성인이 군대를 이끌고 다른 나라를 정벌하여 그 나라를 멸망시키는데, 그래도 인심을 잃지 않는다는 내용이 이어집니다. 비슷한 이야기로 《맹자》에 고대의 탕임금이 동쪽을 정벌하면 서쪽 오랑캐가 원망하고, 북쪽을 정벌하면 남쪽 오랑캐가 원망했다는 얘기가 나오죠. 왜 자기들 먼저 정벌하지 않느냐는 겁니다. 믿기 어려운 이야기입니다만, 맹자의 논리를 따르면 지극한 인인(至仁)이 지극히 불인한 자(至不仁)를 정벌하는 경우, 인인(仁人)에게는 온 천하 사람들이 따르고, 불인한 자에게는 친척조차도 등을 돌리기 때문이라고 합니다.

이런 식의 논리를 이해하는 방법이 없는 것은 아닙니다. 마르크

스와 엥겔스가 지은《공산당 선언》에 "만국의 노동자여, 단결하라"고 했는데, 만국의 노동자를 대상으로 하는 이런 선언은 다른 민족, 다른 국가의 압제자뿐 아니라 자신들의 압제자에 대해서도 동일한 계급적 구분을 적용하여 적대시할 수 있을 때만 가능합니다. 현실적으로 전쟁을 수행하는 군대의 대부분은 기층민으로 채워져 있고, 다른 나라의 군대 또한 마찬가지지요. 전쟁이라는 게 계급적으로 따지면 같은 계급에 속하는 사람들끼리 서로 싸우고 죽이는 겁니다. 그런데 노동자 해방이라는 시선으로 보면 다른 나라 군대와 싸울 것이 아니라 각자의 나라에서 자신들의 압제자와 싸워야 적을 제대로 찾은 것이라 할 수 있습니다. 맹자가 이야기한 탕임금의 군대가 정벌 대상인 나라의 백성들을 상대로 전쟁하는 것이 아니라 그 백성들을 억압하는 압제자를 토벌하는 명분이 분명하다면 유사한 논리를 적용할 수 있겠지요. 그래서 탕임금이나 무왕이 다른 나라를 정벌하면서 "그 나라의 폭군을 죽이고 그 나라의 백성들을 위로한다(誅其君 弔其民)"든가 또는 "백성들을 위로하고 죄 지은 자를 처벌한다(弔民罰罪)"는 식의 프로파간다가 통하는 거죠.

이런 논리는 위험할 수 있습니다. 영국이 인도를 식민 지배하면서 자신들의 지배 방식이 기존 인도의 압제자들보다 훨씬 더 인간적이라고 주장했지요. 그 논리에 대해 간디는 "어떤 민족도 자기 나라의 압제자보다 나은 다른 나라의 선량한 통치자를 원하지 않는다"고 대꾸했습니다. 간디의 지적처럼 이런 논리는 자칫 제국주의의 식민지 문명화 정책을 합리화시킬 수 있습니다.

장자가 이 대목에서 이야기하는 성인도 그런 식으로 보면 비판의 소지가 없는 것은 아닙니다. 다만 나라를 멸망시키는 일뿐 아니라 은혜를 끼치는 경우에도 마찬가지라는 이야기는 새겨볼 만합니다. 흔히 제국주의 문명화 정책은 미개인들을 개화시킨다는 기만적 명분 아래 저질러지는데, 《장자》의 이 대목은 해를 끼치든 은혜를 베풀든 마찬가지라는 식으로 그런 싹을 잘라버린 셈이니까요.

사물과 통하는 것을 즐거워하면 성인이 아니라는 말도 그런 맥락으로 이해할 수 있습니다. 여기서 사물은 타자를 의미합니다. 타자와의 소통은 결국 타자로부터의 인정을 중시하는데 이 대목은 그런 소통 따위는 중요한 것이 아니며 삶의 목적이 될 수 없다는 겁니다. 다른 사람으로부터 인정받는 것을 추구하는 사람은 성인이 아니라는 것이죠. 《장자》를 소통의 철학으로 이해하는 것은 그래서 억지일 수 있습니다. 소통이 가치가 없다는 뜻이 아니라 애초 소통에 목적이 있는 것이 아니라는 거죠. 화가가 그림을 그릴 때 감상하는 사람에게 잘 보이기 위해서 그릴까요? 그렇지 않다고 대답할 화가가 더 많을 겁니다. 지금 우리가 열광하는 인상주의 화가들 작품은 당시에는 앙데팡당(independant)전에 출품되었던 낙선작들이 많습니다. 그 화가들이 소통을 중시했다면 낙선했겠습니까? 무작정 소통이 중요하다고 생각하는 것이야말로 예술의 목적을 협애화할 위험이 있지요.

이어서 친애와 어진 사람(仁人), 천시(天時)와 현인, 이해(利害)와 군자, 명예와 선비의 관계에 대한 짤막한 예가 나오는데 모두 참된 사람, 진인에 가까운 예를 든 것입니다. 마지막 부분에서 자기 몸을 죽여 참된 본성을 저버리면 남을 부리는 사람이 아니라고 한 대목이 나오는데, 얼핏 보면 유가의 살신성인 같은 경우를 비판한 맥락으로 이해되지만, 자세히 따져보면 도리어 유가식의 논리를 대상만 바꾸어서 적용한 것이기도 합니다. 다른 사람을 위해 자기를 죽이는 희생은 결국 자기를 위한 것이 아니라 다른 사람을 위해 일한 것이라고 비판하고 있는 셈인데, 이런 맥락은《논어》에서 공자가 위기지학과 위인지학을 나눈 것과 비슷한 논리입니다. 공자는 자신을 위해 배우라는 위기지학(爲己之學)을 강조했다면 장자는 자신을 위해 살라는 위지기역(爲己之役)을 강조했다고 할 수 있습니다.

이어서 위기지역을 하지 못하고 남을 위해 살아간, 위인지역(爲人之役)을 했던 사람들의 목록이 나옵니다. 호불해는 요임금이 천하를 물려주려고 하자 하수(河水)에 몸을 던져 죽은 사람이고, 무광은 탕임금이 천하를 물려주려고 하자 돌을 짊어지고 여수(廬水)에 빠져 죽었다고 합니다. 백이와 숙제는 의(義)를 위해 굶어 죽은 사람들이죠. 그리고 기자(箕子)는 주왕의 무도함을 말리다가 노예가 되었고, 서여는 누구인지 자세히 기록되어 있지 않습니다. 기타(紀他)는 앞의 무광 옆집에 살던 사람인데 탕이 무광에게 양위하려 했다는 소식을 듣고 다음에는 자기에게 찾아올 것이라고 두려워하여 미리 제자들을 이끌고 관수(窾水)에 빠져 죽었다고 합니다. 신도적(申徒狄) 또한 기타 옆집에 살던 사람인데 기타의 소식을 듣고 하수에 빠져 죽었다고 합니다.

이런 이야기를 사실이라고 믿을 수는 없지만 장자가 이런 식으로 출처가 불분명한 이야기를 나열하면서 백이·숙제 이야기까지 끼워 넣은 건, 사람은 모름지기 자신을 위해 살아야 하는데 이들은 그렇게 하지 못했기 때문에 진인이 될 수 없다고 비판하기 위한 것입니다. 사실 백이·숙제가 정말 자신들이 옳다고 생각하는 가치를 위해 굶어 죽었는지, 아니면 장자가 말하는 것처럼 남에게 잘 보이기 위해 그렇게 했는지 알 수야 없죠. 《사기》〈백이열전〉의 기록을 보면 적어도 사마천은 그들이 남에게 보이기 위해서 그렇게 산 것으로는 보지 않았다는 것을 알 수 있습니다. 그렇다면 남을 위해 살았다고 비웃을 수 없겠죠. 다만 그런 사람들이야 훌륭하다고 인정해주더라도 기타나 신도적처럼 탕임금이 찾아오지도 않았는데 미리 물에 빠져 죽는 사람이 있다면 실소를 면치 못하겠지요. 아무튼 이 대목은 쉽게 말하면 세상 사람들이 뭐라 해도 나는 나의 길을 가야 한다, 뭐 이런 태도가 진인의 조건이라는 겁니다.

적인지적(適人之適)이라는 말이 나오는데, 다른 사람의 즐거움을 자기의 즐거움으로 여겨 스스로 자기의 즐거움을 누리지 못한 사람들을 비판한 것입니다. 적(適)은 '꼭 맞는 것'을 의미하는데 여기서는 '즐거움'을 뜻합니다. 호불해를 비롯한 예의 인물들은 모두 자신의 참된 본성을 지키지 못하고 명예를 얻기 위해 목숨을 버렸기 때문에 세상 사람들을 부리는 사람〔役人〕이 되지 못하고 도리어 세상 사람들의 부림을 받는 수동적인 존재가 되고 말았다는 겁니다. 진대의 곽상(郭象)은 이들을 모두 타인을 따라서 자기를 해친 자들이라고〔徇彼傷我者也〕 풀이했습니다. 또 당 대의 성현영도 "이들은 중인들의 이목을 기쁘게 해주려고 했으니 어찌 스스로 자기 본성에 꼭 맞게 할 수 있었겠는가〔悅樂衆人之耳目 焉能自適其情性耶〕"라고 풀이했습니다. 여러 차례 말씀드렸던 것처럼 장자는 자유를 추구하는 인물입니다. 자유를 구속하는 것은 폭력적 억압뿐 아니라 타인의 시선이나 명예욕 등 때로 긍정적으로 보이는 가치들도 해당합니다. 장자가 보기에 오히려 그런 긍정적 가치들이 개인의 자유를 더 강하게 구속한다는 거죠. 여기서 장자가 말한 참된 사람, 진인은 참된 자신을 위해 사는 자유인이라는 뜻으로 이해할 수 있습니다.

> 옛날 참된 사람은, 그 모습이 산처럼 우뚝 솟아 있으면서도 무너지지 않으며, 부족한 것 같지만 남에게 받지 않으며, 몸가짐이 법도에 꼭 맞지만 고집하지 않으며, 텅 빈 것처럼 허술하지만 꾸미지 않았다. 환하게 밝아서 마치 기뻐하는 것 같고, 임박해서 움직여 마지못한 듯하며, 가득히 자기 안색을 나타내는 일도 있지만 몸가짐이 법도에 맞아 자신의 덕에 머물며, 넓은 마음으로 세속과 함께하는 것 같지만 오연히 제약받지 않으며, 아무 말도 하지 않아서 감추는 것을 좋아하는 것 같지만 무심히 말을 잊어버린다.
>
> 古之眞人은 其狀이 義(아, 峨)而不朋(崩)하야 若不足而不承하며 與乎其觚而不堅也하며 張乎其虛而不華也니라 邴邴乎其似喜乎하며 崔乎其不得已乎하며 滀乎進我色也로대 與乎止我德也며

厲(廣)乎其似世乎로대 謷乎其未可制也며 連乎其似好閉也로대 悗乎忘其言也니라

진인에 대한 묘사가 계속 이어집니다. 아이불붕(義而不朋), 부족이불승(不足而不承)처럼 '이(而)'로 연결된 문장은 양립하기 어려운 상반된 장점을 모두 가지고 있다는 것을 나타내기 위한 표현입니다. 이를테면 《서경》에서 구덕(九德)을 이야기할 때 관이율(寬而栗), 유이립(柔而立)이라고 했는데, 보통 사람들은 너그러우면〔寬〕 엄정하기〔栗〕 어렵고, 부드러우면〔柔〕 분명하기〔立〕 어려운데, 덕이 훌륭한 사람은 너그러우면서도 엄정하고, 부드러우면서도 분명하다는 겁니다. 《장자》의 이 대목도 한 가지 장점을 가지면 한 가지 단점이 있기 마련인데 참다운 사람은 그렇지 않다고 이야기하는 겁니다. 곧 산처럼 우뚝 솟으면 무너지기 쉬운데 참다운 사람은 그렇지 않고, 부족하면 남에게 빌붙는데 그렇게 하지 않고, 법도에 꼭 맞게 행동하지만 고집하지 않고, 텅 비어 있는데도 꾸미지 않는다는 식이죠.

고이불견(觚而不堅)에서 고(觚)는 모서리인데 여기서는 행동에 절도가 있다는 뜻입니다. 《논어》에 "모난 그릇이 모나지 않으면 모난 그릇이라 할 수 있겠는가(觚不觚 觚哉觚哉)"라고 할 때의 고(觚)와 같은 뜻입니다. 모가 있어야 모난 그릇이라고 할 수 있는 것처럼 사람의 행동에도 모름지기 마디가 있어야 한다는 비유입니다. 행동에 마디, 절도가 있는 사람을 모난 사람이라고 하는데, 요즘은 주로 부정적인 의미로 쓰이지요. 그런데 여기서는 모가 있으면서도 고집하

지 않는 사람을 고이불견(觚而不堅)이라 표현한 것입니다. 나머지 표현도 같은 맥락입니다.

마지막에 무심히 말을 잊어버린다는 표현이 나오는데 참된 사람은 언어를 수단으로 삼지 않는다는 함의가 들어 있습니다. 언어의 한계를 지적하는 이야기는 〈제물론〉 편에도 여러 차례 나왔지만, 이런 태도는 《노자》 〈56장〉과 《장자》 〈천도〉 편에 똑같이 나오는 "지혜로운 사람은 말하지 않고 말하는 자는 지혜롭지 못하다(知者不言 言者不知)", 또 〈지북유〉 편에 "최고의 말은 말을 배제하며 최고의 행위는 행위를 배제한다(至言去言 至爲去爲)"고 한 표현에서도 보입니다. 또 〈응제왕〉 편에서 왕예가 설결에게 네 차례 질문을 받고 네 번 다 모른다고 대답한 것(齧缺問於王倪 四問而四不知)이나, 〈지북유〉 편에서 광굴이 지(知)에게 "도가 무엇인지 말해주려다가 말하려던 것을 잊어버렸다(中欲言而忘其所欲言)"고 한 것도 모두 같은 태도에서 비롯된 것입니다. 훗날 도연명이 음주(飮酒)라는 시에서 "말하려다가 이미 말을 잊었다(欲辯已忘言)"고 표현한 것은 약간 다른 맥락이지만 어쨌든 이런 발상에서 유래한 것입니다.

형벌을 몸으로 삼고, 예를 날개로 삼고, 지식으로 때를 판단하고, 덕을 따라야 할 준칙으로 삼아야 한다. 형벌을 몸으로 삼는다는 것은 사형을 판결할 때 너그럽게 대하는 것이고, 예를 날개로 삼는다는 것은 세상에서 살아가기 위한 것이다. 지식으로 때를 판단한다는 것은 부득이 일을 해야 하기 때문이다. 덕을 따라야 할 준칙으로 삼는다는 것은 다리가 있는 보통 사람과 함께 걷다 보니 언덕에 이른 것과 같은데, 사람들은 참으로 부지런히 걸어서 이른 것으로 여긴다.

以刑爲體하며 以禮爲翼하며 以知爲時하고 以德爲循하더니 以刑爲體者는 綽乎其殺也요 以禮爲翼者는 所以行於世也요 以知爲時者는 不得已於事也요 以德爲循者는 言其與有足者로 至於丘也어든 而人은 眞以爲勤行者也라하나다

이 부분은 형벌과 예를 강조하는 내용이 있기 때문에 법가나 유가의 지향과 부합하고, 장자의 철학과는 맞지 않으므로 삭제해야 한다는 견해가 있지만, 고전을 읽을 때 특정 부분을 빼거나 보태는 것은 삼가야 합니다. 특히 《장자》 같은 경우는 우언이기 때문에 섣불리 장자 철학과 맞지 않는다고 판단해서 삭제하거나 해서는 안 됩니다. 예컨대 〈소요유〉 편에서 유용과 무용을 이야기할 때, 〈소요유〉 편 〈4장〉에 나오는 솜 빨래의 예와 〈5장〉에 나오는 큰 나무 이야기는 서로 모순되는 정도는 아니더라도 분명히 다른 기준을 적용하고 있습니다. 또 붕새의 이야기에서도 대붕의 절대 자유뿐 아니라 작은 것들의 가치를 함께 이야기하고 있습니다. 〈인간세〉 편처럼 공자를 대변자로 내세울 때도 있고, 〈어부〉 편처럼 공자를 비웃는 경우도 있습니다. 심지어 같은 이야기 안에서 서로 모순되는 주장이 나올 수도 있는 게 《장자》죠. 때문에 《장자》 텍스트의 진위를 판별할 때 획일적인 기준을 적용하는 것은 위험합니다.

작호기살(綽乎其殺)은 문자 그대로 풀이하면 너그럽게 사람을 죽인다는 뜻입니다. 그런데 사람을 어떻게 죽여야 너그럽게 죽이는 걸까요? 결국 죽이지 않는 거죠. 사형을 판결할 때 너그러운 기준을 가지고 가능하면 죽이지 않는 쪽으로 판결한다는 뜻입니다.

여기서 강조하는 형벌과 예, 지(知)와 덕은 세상에서 살아가기 위한 보조 수단에 지나지 않습니다. "형벌을 몸으로 삼고, 예를 날개로 삼는다"는 표현 때문에 형벌이 근본이고 나머지는 수단이라는 식으로 이해하기 쉬운데, 네 가지를 병렬하고 있기 때문에 모두 동일한 차원의 세속적 가치로 이해해야 합니다. 마지막 대목에서 "다리가 있는 보통 사람과 함께 걷다 보니 언덕에 이른다"고 한 것이 실마리입니다. 아무리 진인이라 해도 일단 세상에서 살아가기 때문에 보통 사람들과 함께 걸어갈 수밖에 없는데, 사실은 걸어가는 것이 아닙니다. 〈인간세〉 편에서 공자가 안회에게 "날개를 가지고 난다는 이야기는 들었어도 날개 없이 난다는 이야기는 아직 듣지 못했고, 지식을 가지고 안다는 이야기는 들었어도 무지(無知)함으로써 안다는 이야기는 아직 듣지 못했다"고 이야기 한 적이 있죠. 날개에 의지하지 않고 자연에 맡겨 나는 것이 '무익이비(無翼而飛)'이고, 무지(無知)를 통하여 알 수 있어야 신인의 경지에 도달할 수 있다는 뜻이라고 풀이했는데, 여기서도 마찬가지 맥락입니다. 걸어서 목적지(丘)에 도달하는 것은 누구나 할 수 있는 것이고, 걷지 않고도 목적지에 도달하는 것이 진인의 경지라는 거죠.

그 때문에 좋아하는 것도 한가지로 여기며 좋아하지 않는 것도 한가지로 여기며, 일치하는 것도 한가지로 여기며 일치하지 않는 것도 한가지로 여긴다. 한가지로 여기는 것은 하늘과 같은 무리가 되는 것이고, 한가지로 여기지 않는 것은 사람과 같은 무리가 되는 것이다. 하늘과 사람이 서로 이기지 않을 때 이런 사람을 일러 진인이라고 한다.

故로 其好之也도 一이며 其弗好之也도 一이며 其一也도 一이며 其不一也도 一이라 其一은 與天爲徒요 其不一은 與人爲徒니 天與人이 不相勝也할새 是之謂眞人이니라

참된 사람, 진인은 좋아하는 것도 한가지로 여기고 좋아하지 않는 것도 한가지로 여긴다고 했는데, 일종의 분석 명제입니다. 논리적으로 빠져나갈 구멍이 없도록 말한 것이죠. 사실 좋아하고 싫어하는 것(好惡)은 사람마다 다를 수 있습니다. 우리가 다른 사람을 배려할 때 어떻게 하면 상대가 좋아할지 정확하게 알 수 없습니다. 유가에서는 이런 문제를 해결하기 위해 "내가 바라지 않는 것을 남에게 베풀지 말라(己所不欲 勿施於人)"고 하죠. 남이 무엇을 싫어하는지 알려면 남에게 물어볼 것이 아니라 나 자신에게 물어보면 된다는 겁니다. 간단하죠. 그런데 이게 쉽지 않습니다. 내가 싫어하는 것을 남이 좋아할 수도 있고, 내가 좋아하는 것을 남이 싫어할 수도 있기 때문이죠. 그래서 이런 감정을 보편화하기 위해서 만들어낸 전제가 호선오악(好善惡惡)입니다. 사람은 누구나 선을 좋아하고 악

을 미워한다는 거죠. 《대학》에서 "악을 나쁜 냄새처럼 싫어하고 선을 아름다운 여인처럼 좋아한다(如惡惡臭 如好好色)"고 한 것도 호오(好惡)의 보편성을 감각의 일치를 통해 확인하기 위한 시도입니다. 그런데 이런 시도는 동일한 감각을 가진 존재에게만 의미가 있습니다. 감각이 다른 존재의 경우는 이마저 통하지 않죠.

이를테면 벌레를 해충과 익충으로 구분하는 것은 사람의 기준으로 볼 때 그런 것이죠. 하늘이 해로운 벌레를 왜 만들겠습니까? '한가지로 여기지 않는 것은 사람과 같은 무리가 되는 것'이라는 말은 사람은 대상을 차별한다는 뜻입니다. 이때 차별의 기준은 유용성이고, 유용 여부를 판단하는 기준은 욕망입니다. 욕망은 때에 따라 바뀌는 것이고요. 진인은 욕망에 따라 마음의 평정이 흔들리지 않기 때문에 유용성을 기준으로 대상을 차별하지 않습니다. 하지만 진인도 세상에서 살아가는 존재이기 때문에 세상의 기준을 따릅니다. 하늘과 사람이 서로 이기지 않게 한다는 말은 그런 맥락으로 이해할 수 있습니다.

> 죽거나 태어나는 것은 명이다. 밤낮처럼 일정함이 있는 것이 자연인지라 사람이 관여하지 못하니 이것이 사물의 본모습이다. 저들은 단지 하늘을 부모로 여겨 온몸으로 사랑하는데 하물며 그보다 더 높은 대상이겠는가. 사람들은 단지 세상의 군주가 자기보다 낫다고 여겨 온몸을 바치는데 하물며 참다운 군주이겠는가.

死生이 命也니 其有夜旦之常은 天也라 人之有所不得與(예)니 皆物之情也니라 彼特以天爲父하야 而身猶愛之온 而況其卓乎따녀 人이 特以有君으로 爲愈乎己라하야 而身猶死之온 而況其眞乎따녀

첫 구절 '사생명야(死生命也)'를 간단하게 죽고 사는 것은 운명이라고 번역하면 되겠지만 그 정도로는 뜻이 미진합니다. 왜냐하면 여기서의 사생(死生)은 사람이 죽느냐 사느냐의 문제가 우연히 결정된다는 뜻이 아니라, 죽고 사는 것이 마치 밤낮이 일정하게 교대하는 것처럼 필연적으로 일어나는 자연의 작용으로 인간이 관여할 수 없는 영역임을 강조한 것이기 때문입니다. 그냥 죽고 사는 것이라면 인간이 개입할 수 있죠. 임금이라는 존재는 사람의 목숨을 빼앗을 수 있는 권력자니까요. 하늘을 부모로 여긴다는 말은 결국 생명을 받고 돌려주는 존재가 하늘이라고 생각한 것이죠. 그리고 임금이 나오는데 임금 또한 생살여탈의 권한을 가지고 있는 세속의 권력자이기 때문에 그 명령에 따르는 겁니다. 그런데 진인이 추구하는 도는 하늘보다 높기 때문에 사랑하지 않을 수 없고 현실의 군주보다 영원한 존재이기 때문에 그 명령에 따르지 않을 수 없습니다.

샘이 마르면 물고기들이 땅위에 함께 남아 서로 물기를 뿜어내며 서로 거품으로 적셔 주지만 강호에서 서로를 잊고 사느니만 못하다. 요임금을 찬양하고 걸왕을 비난하는 것은 둘

다 잊고 도(道)와 일체가 되느니만 못하다.

泉涸이어든 魚相與處於陸하야 相呴以濕하며 相濡以沫하나니 不如相忘於江湖하니라 與其譽堯而非桀也론 不如兩忘而化其道니라

말라가는 샘의 물고기, 천학지어(泉涸之魚) 이야기입니다. 짧은 문장이지만 장자의 인생관이 극명하게 드러나는 부분입니다. 샘이 마른다는 것은 물고기가 살 수 있는 조건이 사라지는 것을 말하죠. 그렇게 되면 물고기들이 서로 물기를 뿜어내고 거품으로 적셔주는 것처럼, 사람들도 재앙을 당하면 살아남기 위해 서로 협력하고 배려하지만 득도자의 입장에서 볼 때 어지러운 세상에서 인간들이 서로 감싸주는 행위는 결국 부자유의 굴레를 피할 수 없는 하찮은 몸부림에 지나지 않는다는 겁니다. 차라리 서로 잊고 지낼지언정 강과 호수에서 자유롭게 사는 것이 낫다는 거죠. 이 편 〈3장〉에 "물고기는 강과 호수에서 서로 잊고 지내고 사람은 도술에서 서로 잊고 지낸다(魚相忘乎江湖 人相忘乎道術)"고 이야기하는 맥락도 마찬가지입니다.

요임금을 찬양하고 걸왕을 비난하는 것은 둘 다 잊고 '도'와 일체가 되는 것만 못하다고 했는데, 요임금은 물기를 뿜어서 돌봐주는 사람을 비유한 것이고 걸왕은 그나마 못살게 하는 사람을 빗댄 것입니다. 그러나 요임금에 대한 칭송은 걸왕이라는 악역이 있기 때문에 가능한 것이죠. 세상에서는 요임금과 걸왕을 선과 악의

대립으로 보지만 진인의 입장에서는 모두 하찮은 몸부림에 지나지 않기 때문에 굳이 구분할 필요가 없다는 맥락입니다.

이 천학지어(泉涸之魚) 이야기를 부연한 우언이 〈외물〉 편에 나오는 학철부어(涸轍鮒魚)입니다. 학철부어는 수레바퀴 자국에 고인 물에 있는 붕어로 천학지어와 마찬가지로 곤궁한 처지에 놓인 사람을 비유한 것입니다. 천학지어든 학철부어든 모두 유가적 삶의 태도라고 할 수 있습니다.

장자의 입장에서 보면 인간의 삶은 잠시 뭍에 나온 물고기와 같습니다. 물속으로 돌아가야 자유로워지는 거죠. 그런데 유가적 삶은 잠시의 삶을 끝까지 붙잡으려 합니다. 이를테면 "내 죽음을 알리지 말라"고 이야기하는 것, 죽어서도 임금에게 올바른 도리를 간하는 시간(屍諫), 무덤에서 간하는 묘간(墓諫), 신하가 죽기 전 마지막으로 올리는 표문인 유표(遺表) 등은 모두 유가적 삶의 표현입니다. '막내딸 울음소리는 무덤에서도 들린다'는 정서도 마찬가지인데 죽어서도 삶을 놓지 못합니다. 삶을 죽음보다 무겁게 여기니까요.

그런데 장자는 좀 다릅니다. 뭍에 잠시 나온 것이 삶인데 이건 마치 몸에 붙어 있는 사마귀처럼 쓸데없는 거라고 여깁니다. 그래서 물속으로 돌아가는 것, 죽음을 삶의 구속에서 벗어나 자연으로 돌아가 자유를 얻는 것으로 여깁니다. 어떤 삶이 올바른 삶의 태도인지 알 수 없습니다. 쇼펜하우어가 인간들이 함께 사는 것은 마치 고슴도치가 겨울을 보내는 것과 같다고 했죠. 너무 가까이하면 가시에 찔려 아프고 너무 멀리 떨어지면 춥고 외롭습니다. 그러니 적당한 거리를 유지해야겠죠. 그 적당한 거리를 장자식으로 표현하면 48분간의 시간 거리를 뜻하는 소요(逍遙)가 될 겁니다. 상망강호(相忘江湖)가 장자적 삶의 태도인 것은 분명하지만 소요와 연결시켜 생각하면 살아 있으면서도 자유를 얻는 방법이 전혀 없다고는 할 수 없겠죠. 또 유가식의 삶을 지향하면서도 자유를 누릴 수 없는 것도 아닙니다. 어려운 처지에 놓여 있으면서도 순간의 기쁨을 놓치지 않는다면 왕발이 《등왕각서(滕王閣序)》에서 말라가는 수레바퀴 자국에 고인 물속에서도 여전히 기뻐할 줄 아는 학철유환(涸轍猶歡)의 경지에 도달했다 할 수 있을 겁니다.

> 큰 땅덩어리는 몸을 주어 나를 이 세상에 살게 하며, 삶을 주어 나를 수고롭게 하며, 늙음으로 나를 편안하게 하며, 죽음으로 나를 쉬게 한다. 그 때문에 나의 삶을 좋은 것으로 여기는 것은 바로 나의 죽음을 좋은 것으로 여기기 위한 것이다.
>
> 夫大塊 載我以形하며 勞我以生하며 佚我以老하며 息我以死하나니 故로 善吾生者 乃所以善吾死也니라

커다란 땅덩어리 대괴(大塊)는 대지(大地)와 같은데 대자연, 곧 도를 상징합니다. 〈제물론〉 편에 같은 표현이 나왔고, 이 편의 〈3장〉에도 같은 내용이 반복됩니다. 죽음을 쉬는 것(息)으로 표현한 데서 알 수 있듯이, 인간의 생로병사는 모두 자연의 작용이기 때문에 어

느 것도 부정할 수 없습니다. 만약 삶을 좋은 것으로 여긴다면 같은 이유로 죽음 또한 좋은 것으로 여겨야 한다는 거죠. 그런데 세상 사람들은 삶을 좋아하고 죽음을 싫어합니다. 그래서 삶을 연장시키기 위해서 기상천외한 일을 저지릅니다.

산골짜기에 배를 감추며 연못에 산을 감추고서 단단히 감추었다고 말한다. 그러나 한밤중에 힘센 자가 등에 지고 도망치면 잠자는 사람은 알지 못한다. 작은 것과 큰 것을 감추는 데는 각기 마땅한 곳이 있다 하나 여전히 훔쳐서 도망칠 곳이 있지만, 천하를 천하에 감추면 훔쳐서 도망칠 곳이 없다. 이것이 만물의 변치 않는 커다란 진실인데 사람의 몸을 범하면 유독 기뻐하니 사람의 몸과 같은 것은 만 가지로 변화하여 처음부터 끝이 있지 않으니 그 즐거움을 이루 헤아릴 수 있겠는가. 그 때문에 성인은 사물을 훔쳐서 도망칠 수 없는 곳에 노닐어 모두 보존한다. 일찍 죽는 것도 좋은 것으로 여기고 오래 사는 것도 좋은 것으로 여기며, 태어나는 것도 좋은 것으로 여기고 죽는 것도 좋은 것으로 여겨 사람들이 본받는데, 하물며 만물이 매달려 있고 일체의 변화가 의지하는 도(道)이겠는가.

夫藏舟於壑하며 藏山於澤하고 謂之固矣라하나 然而夜半에 有力者 負之而走하면 昧者不知也하나다 藏小大有宜하나 猶有所遯이어니와 若夫藏天下於天下면 而不得所遯하리니 是恒物之大情

也어늘 特犯人之形하야 而猶喜之하나니 若人之形者는 萬化而未始有極也니 其爲樂은 可勝計邪아 故로 聖人은 將遊於物之所不得遯하야 而皆存하나니라 善妖(夭)善老하며 善始善終은 人猶效之온 又況萬物之所係며 而一化之所待乎따녀

배나 산은 모두 커다란 이익이나 욕망을 충족시킬 수 있는 수단입니다. 맹자가 말한 것처럼 이익을 우선시하는 세상에서는 결국 남의 것을 빼앗지 않으면 만족하지 않습니다. 모든 사람들이 이익과 욕망을 다투는 세상에서 욕망을 충족시킬 수 있는 중요한 수단을 어떻게 하면 탈취당하지 않고 지킬 수 있을까요. 별의별 기상천외한 방법을 동원하다 보니 배를 산골짜기에다 감추고 산을 연못에 감추기에 이릅니다. 그런데 배를 골짜기에 감추는 것〔藏舟於壑〕은 상상이 되는데, 산을 연못에 감추는 것〔藏山於澤〕은 상상이 잘 되지 않습니다. 그래서 산(山)을 산(汕)의 가차로 보고 오구〔汕〕라고 풀이하는 견해가 있습니다. 오구는 물고기를 잡는 통발 비슷한 도구입니다. 그러면 장산어택(藏山於澤)이라는 구는 쉽게 이해가 되지만 너무 상식적이라 앞의 장주어학(藏舟於壑) 같은 기상천외한 맥락과 달라집니다. 대만학자 왕숙민은 산(山) 자를 수레 거(車) 자가 깨져서 일부분만 남아 산(山) 자가 된 것이라고 풀이합니다. 그렇게 보면 배를 산골짜기에 감추고, 수레를 연못에 감춘다는 뜻이 됩니다. 이 또한 뜻은 쉽게 이해되지만 너무 대구가 잘 이루어져서 오히려 어색합니다. 원문 그대로 보면 상식적으로 잘 납득이 안 되지만 그래도

인간들이 권력을 빼앗기기 않기 위해 정말 별짓 다한다는 뜻으로 이해하는 데는 무리가 없습니다.

이처럼 욕망 충족 수단을 빼앗기지 않기 위해서 별의별 방법을 다 쓰지만 어쨌든 힘센 자가 빼앗아 가는 것을 막을 수 없습니다. 〈거협〉 편에 보면 "작은 상자를 열고 주머니를 뒤지고 궤짝을 뜯는 도둑을 염려하여 그로부터 지키고 방비하기 위해서는 반드시 끈이나 줄을 당겨 단단히 묶고 빗장과 자물쇠를 튼튼히 채운다. 이것이 세상에서 이른바 도둑을 방비하는 지혜다. 그러나 큰 도둑이 오면, 궤짝을 통째로 등에 지고 상자를 손에 들고 주머니를 어깨에 메고 달아나면서 오직 끈이나 줄, 빗장이나 자물쇠가 견고하지 못할까 두려워한다"고 한 대목이 있습니다. 마찬가지로 아무리 기상천외한 방법을 쓰더라도 큰 도둑이 훔쳐가는 것을 막을 수 없습니다. 그래서 장자는 천하를 천하에 감추는 방법을 제안합니다. 아무리 도망쳐 봤자 천하라는 공간에서 벗어날 수 없기 때문에 훔쳐갈 수 없다는 거죠. 물론 천하에 간직한다는 것은 자신의 것으로 차지하지 않는다는 뜻이지 천하의 어떤 곳에 숨겨놓는다는 뜻이 아닙니다. 성인은 권력이라는 수단을 가지고 천하를 다스리지 않고 천하에 맡겨 놓는다는 거죠. 그러면 빼앗길 염려도 없고 천하가 저절로 잘 다스려질 것이니 자신도 천하도 모두 보존(皆存)될 수 있습니다. 결국 장천하어천하(藏天下於天下)는 무위(無爲)의 정치를 달리 표현한 말로 이해할 수 있습니다.

2003년 미국에서 나온 장자 연구서 《Hiding the World in the

World: Uneven Discourses on the Zhuangzi》는 이 대목, 장천하어천하(藏天下於天下)를 장자 철학의 요체로 보고 제목을 지은 겁니다.

계속해서 만물이 매달려 있고 일체의 변화가 의지하는 도(道)에 관한 이야기가 이어집니다.

> 도는 제 모습과 분명함은 있지만 작용이 없고 눈에 보이는 형체가 없는지라, 전해줄 수는 있지만 받을 수는 없으며, 터득할 수는 있지만 볼 수는 없으니, 스스로 뿌리가 되어 하늘과 땅이 아직 있기 이전에 예로부터 분명히 있어 온 것이다. 귀신과 상제를 신령하게 하고, 하늘과 땅을 만들며, 태극보다 앞서 존재하면서도 높은 체하지 않으며, 육극 아래에 머물면서도 깊은 체하지 않으며, 하늘과 땅보다 앞서 있으면서도 오래된 체하지 않으며, 상고보다 오래되었으면서도 늙은 체하지 않는다.
>
> 夫道는 有情有信하며 無爲無形이라 可傳而不可受며 可得而不可見이니 自本自根하야 未有天地로 自古以固存하니라 神鬼神帝하며 生天生地하며 在太極之先而不爲高며 在六極之下而不爲深이며 先天地生而不爲久며 長於上古而不爲老니라

먼저 도의 전수에 관한 이야기입니다. 도는 전해줄 수는 있지만 받을 수는 없다(可傳而不可受)고 말합니다. 모순되는 진술 같지만 이게 도의 특징입니다. 도를 지니고 있는 사람이라면 그 도를 다른 사

람에게 전해줄 수는 있겠죠. 하지만 아직 도를 모르는 사람이 그것을 받을 수는 없다는 말입니다. 불가수(不可受)의 수(受)는 손으로 물건을 받는다는 뜻입니다. 위에 있는 爪(조) 자도 손이고 아래에 있는 又(우) 자도 손을 그린 글자입니다. 가득이불가견(可得而不可見)도 마찬가지입니다. 곧 도는 깨우침을 통해 알 수는 있지만 물건을 주고받는 것처럼 지식으로 전달받을 수는 없다는 거죠. 결정적으로 유가의 학(學)과 다른 점입니다.

공자가 그토록 강조한 '학(學)'은 장자가 강조하는 도(道)나 각(覺)과는 다릅니다. 도나 각은 여기서 말하고 있는 것처럼 아무나 터득하거나 깨우칠 수 있는 것이 아니기 때문입니다. 어떤 사람은 되고 어떤 사람은 안 되는 것, 그게 도의 세계입니다. 각의 세계도 마찬가지입니다. 육조 혜능이 저잣거리를 지나다가 어떤 사람이 암송하는《금강경》을 듣고 깨닫습니다. 막상 그《금강경》을 외우고 있었던 사람은 죽을 때까지 깨닫지 못했습니다. 어떤 사람은 단박에 깨우치고 어떤 사람은 평생을 노력해도 안 되는 것이 각입니다.

그런데 학은 도나 각과는 달리 반드시 실현 됩니다. '청출어람(青出於藍)'이라는 말이 있는데요, 이 말은 공자의 계승자를 자처했던 순자가 학(學)의 중요성을 강조하기 위해 '청출어람이청어람(青出於藍而青於藍)'이라고 한 말을 줄인 것이죠. 푸른색은 쪽에서 나왔지만 쪽보다 더 푸르다는 뜻입니다. 쪽은 본디 초록색입니다. 그런데 거기서 뽑아낸 푸른색은 초록색보다 더 푸릅니다. 제자가 스승보다 낫다는 비유이기도 하지요. 스승이 제대로 가르치고 제자가 제대로 배웠다면 틀림없이 제자가 스승보다 나은 것, 그것이 학의 세계입니다.

그러고 보니 《장자》 강의가 아니라 《논어》 강의가 된 느낌인데, 아무튼 도는 학의 방법으로는 접근할 수 없다는 점을 확인하면 충분하겠죠. 도가 전수되기 어려운 이유는 도 자체가 겉으로 드러나는 작용이나 형체가 없어서 우리의 감각으로 포착할 수 없기 때문입니다. 하지만 우리가 포착할 수 있는 것들, 하늘과 땅, 귀신과 상제 등 모든 것들의 근원이 된다고 말합니다. 보이는 세계의 근거는 보이지 않는다는 이야기라 할 수 있습니다.

> 시위씨는 그것을 얻어 천지를 손에 쥐었고, 복희씨는 그것을 얻어 기의 근원을 취했으며, 북두성은 그것을 얻어 영원토록 어긋나지 아니하고, 일월은 그것을 얻어 영원토록 쉬지 아니하며, 감배는 그것을 얻어 곤륜산을 받아들였고, 풍이는 그것을 얻어 황하에서 노닐었으며, 견오는 그것을 얻어 태산에 머물렀고, 황제는 그것을 얻어 운천에 올랐으며, 전욱은 그것을 얻어 현궁에 거처하였고, 우강은 그것을 얻어 북극의 바다에 섰으며, 서왕모는 그것을 얻어 소광산에 앉아 그 시작을 알 수 없고 그 마침을 알 수 없고, 팽조는 그것을 얻어 위로는 유우씨에게 미치고 아래로는 오패에 미쳤으며, 부열은 그것을 얻어 무정을 도와 천하를 모두 소유하였고 동유성을 타고 기성(箕星)과 미성(尾星)을 몰아 열성(列星)과 나란하게

되었다.

狶韋氏得之하야 以挈天地하며 伏戲氏得之하야 以襲氣母하며 維斗得之하야 終古不忒하며 日月이 得之하야 終古不息하며 堪坏得之하야 以襲崐崘하며 馮夷得之하야 以遊大川하며 肩吾得之하야 以處大山하며 黃帝得之하야 以登雲天하며 顓頊得之하야 以處玄宮하며 禺强得之하야 立乎北極하며 西王母得之하야 坐乎少廣하야 莫知其始하며 莫知其終하며 彭祖得之하야 上及有虞하고 下及五伯하며 傅說得之하야 以相武丁하야 奄有天下코 乘東維하며 騎箕尾하야 而比於列星하니라

그야말로《열선전》을 방불할 정도로 다양한 인물이 등장합니다. 상고시대의 통치자 제(帝)에 해당하는 시위씨(狶韋氏), 복희(伏戲), 황제(黃帝), 전욱(顓頊), 그리고 귀(鬼)에 해당하는 감배(堪坏)와 풍이(馮夷), 북두성과 해와 달 따위의 천체를 신선화한 유두(維斗)와 일월(日月), 하나라의 견오(肩吾), 우강(禺强), 서왕모(西王母), 800년을 살았다고 하는 팽조(彭祖), 은나라의 현자 부열(傅說) 등은 모두 도를 얻어 영원한 삶을 얻은 사람들입니다.

시위씨(狶韋氏)는 전설 속의 제왕으로 은나라의 패자 중의 한 사람인 시위(豕韋)가 후손일 것이라고 추정합니다. 주희의《맹자집주》에도 오패를 풀이하면서, 정공저(丁公著)가 한 말을 인용하여 "하나라의 곤오, 상나라의 대팽과 시위, 주나라의 제환공과 진문공을 오패라 한다〔丁氏曰 夏昆吾 商大彭豕韋 周齊桓晉文 謂之五霸〕"고 한 내용이 보

입니다. 복희씨(伏戲氏) 역시 상고시대의 제왕으로 〈인간세〉 편에 이미 나왔습니다. 유두(維斗)는 북두성을 가리키는데 유(維)는 한 글자로 된 명사 앞에 붙이는 어조사로 보는 것이 타당합니다. 주석가들이 유(維) 자를 두고 천하의 중심축〔天下綱維〕이라느니, 뭇별의 중심축〔衆星綱維〕이라느니, '세계를 매달아 떨어지지 않게 하는 밧줄'이라고 하는 등 이설이 분분하지만 모두 견강부회입니다. 유(維) 자가 명사 앞에 붙는 어조사로 쓰이는 경우는 《시경》에 '유삼여묘(維參與昴)'라는 구에서 삼(參)과 묘(昴)가 별자리 명칭인데 이 또한 앞에 유(維) 자를 붙여서 글자 수를 맞춘 경우입니다. 감배(堪坏)는 곤륜산의 산신인데 사람의 얼굴에 짐승의 몸을 가지고 있는〔人面獸形〕 반인반수의 신입니다. 풍이(馮夷)는 황하의 신 하백(河伯)을 가리킵니다. 견오(肩吾)는 태산의 산신인데 〈소요유〉 편에 이미 나왔습니다. 전욱(顓頊) 또한 전설 속의 제왕으로 북방의 신으로 일컬어지며 소호(少昊), 제곡(帝嚳), 제요(帝堯), 제순(帝舜)과 함께 오제(五帝) 중 한 사람입니다. 전욱이 머무는 곳인 현궁(玄宮)은 오행으로 따지면 북방의 색이 검은 색이기 때문에 붙여진 명칭입니다. 우강(禺强)은 《산해경》에도 보이는데 사람의 얼굴에 새의 몸을 가진〔人面鳥身〕 북해의 신입니다. 서왕모(西王母)는 여신(女神)으로 역시 《산해경》에 "서왕모는 모습은 사람과 같은데 표범의 꼬리에 범의 이빨을 지니고 있었으며 휘파람을 잘 불고 쑥대강이 모양으로 머리를 장식하였다〔西王母 其狀如人 豹尾虎齒而善嘯 蓬髮戴勝〕"고 되어 있습니다. 팽조(彭祖)는 〈소요유〉 편에 나왔죠. 800년을 살았다고 합니다. 부열(傅說)은 은나라 고종의 신하로 《서경》 〈열명(說命)〉 편에 은나라 고종인 무정(武丁)이 꿈에 상제가 내려준 훌륭한 신하를 본 뒤, 그림을 그려서 그를 찾게 하였는데 부암(傅巖)에 살고 있던 부열이 그 그림과 닮았기 때문에 등용했다는 기록이 전합니다.

이상의 인물들은 모두 도를 터득하여 영원한 삶을 얻은 것으로 기술되어 있습니다. 이때 영원한 삶은 사실상 그만큼 오래 살았다는 뜻이 아니라는 점에 유의해야 합니다. 오히려 죽고 사는 것이 마치 밤낮이 일정하게 교대하는 것처럼 필연적으로 일어난다는 것을 체득함으로써 그로 인해 마음의 평정을 흐트러뜨리지 않고 자연과 하나가 되었다는 맥락으로 이해해야 할 것입니다.

2 장

도의 계보

도를 배울 수 있는 사람

남백자규가 도를 아는 여우를 찾아가 도를 배울 수 있느냐고 묻습니다. 여우는 당신 같은 경우는 안 된다고 합니다. 바로 앞 이야기에서 도는 전해줄 수는 있지만 받을 수는 없다(可傳而不可受)고 했지요. 그래서 어떤 사람은 되고 어떤 사람은 안 되는 게 도입니다. 여기의 도는 성인의 도입니다. 그런데 여우 또한 도를 지니고는 있지만 스스로 성인이 되지 못합니다. 여우에게는 성인의 재능이 없기 때문입니다. 성인의 재능을 가지고 있는 사람으로 복량기를 지목합니다. 그에게 도를 전수하는데 그 과정이 흥미롭습니다.

남백자규가 여우(女偊)에게 물었다.
"당신은 나이가 많은데 안색이 어린아이같은 것은 어째서입니까?"
여우가 말했다.
"도를 들었기 때문이다."
남백자규가 말했다.

"도는 배울 수 있는 것입니까?"

여우가 말했다.

"아! 어찌 배울 수 있겠는가. 그대는 그에 해당하는 사람이 아니다. 저 복량기 같은 사람은 성인의 재능은 가지고 있지만 성인의 도는 없고, 나는 성인의 도는 지니고 있지만 성인의 재능은 없다. 내가 복량기에게 가르쳐주고 싶은데, 바라노니 그가 과연 성인이 될 수 있을 것인가. 비록 그렇게 되지 않는다 하더라도 성인의 도를 성인의 재능이 있는 사람에게 일러주는 것은 또한 쉽다."

南伯子葵 問乎女偊曰 子之年이 長矣로대 而色若孺子는 何也오 曰 吾는 聞道矣로라 南伯子葵曰 道可得學邪아 曰 惡라 惡可리오 子는 非其人也니라 夫卜梁倚는 有聖人之才코 而無聖人之道하며 我는 有聖人之道코 而無聖人之才호니 吾欲以教之하노니 庶幾其果爲聖人乎인저 不然이라도 以聖人之道로 告聖人之才 亦易矣로다

남백자규는 〈제물론〉 편의 남곽자기와 같은 인물입니다. 〈제물론〉 편에서는 도를 아는 인물로 나오는데 여기서는 여우에게 도를 배울 수 있느냐고 묻는 학생으로 나옵니다. 그런데 여우의 대답은 부정적입니다. 남백자규에게는 그런 재능과 잠재력이 없다는 거죠. 그렇지만 남백자규는 도의 끄트머리에 있는 사람이라 할 수는 있습니다. 적어도 도가 누구에게 있는지는 아는 사람이니까요. 여우

가 나이가 많은데 얼굴이 어린아이같다는 말은 어린아이의 피부나 용모를 가리킨다기보다는 어린아이의 천진성을 잃지 않았다는 맥락으로 이해해야 합니다. 장자가 말하는 도가 성형 수술로 얻을 수 있는 것은 아닐 테니까요.

여우가 자신에 대해 이야기하는 내용을 보면 여우조차도 도를 완전히 체득한 것은 아닙니다. 자신은 비록 성인의 도를 지니고 있지만 성인의 재능은 없다는 겁니다. 그래서 성인의 재능이 있는 사람을 찾았는데 그 사람이 바로 복량기입니다. 그런데 복량기가 어떤 사람인지 알 수 있는 기록이 없습니다. 이이(李頤)는 복량(卜梁)은 성이고 기(倚)는 이름이라고 하나마나한 주석을 달았고, 당 대의 성현영은 '복량은 희성이고 기는 이름〔卜梁姬姓 倚名也〕'이라고 했지만 어디에 근거한 것인지 모르겠습니다. 아무래도 장자가 지어낸 인물인 것 같은데 우의(寓意)가 분명치 않습니다.

"내가 그를 지켜보면서 일러주었더니, 3일이 지난 뒤에 천하를 도외시했고, 이미 천하를 도외시하거늘 내가 그를 또 지켜보았더니 7일이 지난 뒤에 모든 사물을 도외시했고, 이미 모든 사물을 도외시하거늘 내가 또 그를 지켜보았더니 9일이 지난 뒤에 자기의 삶을 도외시했고, 이미 삶을 도외시한 이후에 아침이 밝아오는 것 같은 경지에 도달하였고, 아침 햇살과 같은 경지에 도달한 이후에는 홀로 우뚝 선 도를 볼 수 있었고, 홀로 우뚝 선 도를 본 뒤에는 시간의 흐름을 다 잊을

수 있었고, 시간의 흐름을 잊은 이후에는 죽지도 살지도 않는 경지에 들어갈 수 있었다."

吾猶守而告之하니 參日而後에 能外天下코 已外天下矣어늘 吾又守之호니 七日而後에 能外物코 已外物矣어늘 吾又守之호니 九日而後에 能外生코 已外生矣而後에 能朝徹하고 朝徹而後에 能見獨코 見獨而後에 能無古今코 無古今而後에 能入於不死不生하니라

수이고지(守而告之)는 일반적인 구문과 다른 점이 있어서 이설이 분분합니다만, 이어지는 내용을 미루어볼 때 여우가 복량기에게 도를 곧바로 일러주지 않고 진전하는 과정을 지켜보면서 단계별로 수행 방법을 일러주는 것으로 이해하는 것이 적절합니다. 여기서 여우는 외천하(外天下) → 외물(外物) → 외생(外生) → 조철(朝徹) → 견독(見獨) → 무고금(無古今) → 입어불사불생(入於不死不生)의 차례로 도를 터득하는 과정을 이야기하고 있습니다. 조철과 견독을 이해하기 어려운데, 조철(朝徹)은 아침 해가 환히 밝아오는 것처럼 도를 환하게 알게 되었다는 비유고, 견독(見獨)은 홀로 우뚝 선 도를 볼 수 있게 되었다는 뜻입니다. 《노자》 〈25장〉에서 도를 말하면서 "혼돈으로 이루어진 물건이 있는데 천지보다 앞서 생겨났다. 고요하고 적막하며 홀로 서서 변하지 않는다(有物混成 先天地生 寂兮寥兮 獨立不改)"고 했는데 같은 맥락으로 이해할 수 있습니다.

〈우언〉 편에는 안성자유가 동곽자기에게 "제가 선생의 가르침을

들은 지 1년이 지나서는 소박한 사람이 되었고, 2년이 지나서는 세속의 풍습을 따르게 되었고, 3년이 지나서는 나와 남이 하나임을 통달하게 되었고, 4년이 지나서는 사물처럼 지각이 없게 되었고, 5년이 지나서는 사람들이 찾아왔고, 6년이 지나서는 귀신이 들어왔고, 7년이 지나서는 자연(天)이 완성되었고, 8년이 지나서는 죽음도 삶도 알지 못하게 되었고, 9년이 지나서는 크게 신묘해졌습니다(自吾 聞子之言 一年而野 二年而從 三年而通 四年而物 五年而來 六年而鬼入 七年而天成 八年而不知死不知生 九年而大妙)"라고 이야기하는 내용이 나오는데, 구체적인 수행 내용은 조금 다른 점이 있지만 도를 터득하는 단계별 수행을 이야기하고 있다는 점에서 〈대종사〉 편의 이 이야기를 부연한 것이라 할 수 있습니다.

> "살아 있는 것을 죽이는 존재는 사멸하지 않고, 살아 있는 것을 생성하는 존재는 생성되지 않는다. 사물을 대함에 보내지 않음이 없고 맞이하지 않음이 없으며 허물지 않음이 없고 이루지 않음이 없으니 그 이름을 영녕(攖寧)이라 한다. 영녕이란 어지럽게 어울린 뒤에 평화를 이루는 것이다."
>
> 殺生者 不死하며 生生者 不生이니라 其爲物이 無不將也하며 無不迎也하며 無不毁也하며 無不成也하니 其名이 爲攖寧이니 攖寧也者는 攖而後에 成者也니라

도에 관한 설명입니다. 사물을 생멸하는 도는 무엇에 의해 생멸

하지 않는다는 뜻인데 이 편 〈1장〉에서 도를 두고 '스스로 뿌리가 된다(自本自根)'고 말한 것과 같은 맥락입니다.《노자》〈7장〉에도 천지를 이야기하면서 천지가 장구한 까닭을 '스스로 생성하지 않기 때문(天地所以能長且久者 以其不自生 故能長生)'이라 했는데 같은 논리입니다.

영녕(攖寧)이라는 말이 나오는데, 영(攖)은 외부의 사물과 어지럽게 얽히고설켜서 함께 어울린다는 뜻이고, 녕(寧)은 그렇게 함으로써 외부의 사물과 평화로운 관계를 유지한다는 뜻입니다. 이설이 분분하지만 곽상(郭象)이 攖을 縈(영)으로 풀이하고 "사물이 어지러우면 나 또한 함께 어지러워져서 편안하지 않음이 없다(物縈亦縈 未始不寧也)"고 한 견해가 적절합니다.

남백자규가 물었다.

"선생은 도대체 어디서 그런 이야기를 들었습니까?"

여우가 대답했다.

"나는 그것을 부묵(副墨)의 아들에게서 들었다. 부묵의 아들은 그것을 낙송(洛誦)의 손자에게서 들었고, 낙송의 손자는 그것을 첨명(瞻明)에게서 들었고, 첨명은 그것을 섭허(聶許)에게서 들었고, 섭허는 그것을 수역(需役)에게서 들었고, 수역은 그것을 오구(於謳)에게서 들었고, 오구는 그것을 현명(玄冥)에게서 들었고, 현명은 그것을 참료(參寥)에게서 들었고, 참료는 그것을 의시(疑始)에게서 들었다."

南伯子葵曰 子獨惡乎에 聞之오 曰 聞諸副墨之子호라 副墨之子는 聞諸洛誦之孫하고 洛誦之孫은 聞之瞻明하고 瞻明은 聞之聶許코 聶許는 聞之需役하고 需役은 聞之於謳하고 於謳는 聞之玄冥하고 玄冥은 聞之參寥하고 參寥는 聞之疑始하니라

남백자규가 도에 관한 이야기를 어디서 들었느냐고 묻자 여우가 도의 전수 과정을 부묵(副墨)의 아들, 낙송(洛誦)의 손자, 첨명(瞻明), 섭허(聶許), 수역(需役), 오구(於謳), 현명(玄冥), 참료(參寥), 의시(疑始) 순으로 이야기합니다. 모두 인명인 것처럼 되어 있지만 실제의 사람은 아니고 장자가 우의를 담아 창작한 가공의 인물입니다.

부묵의 아들에서 부묵(副墨)은 먹에 붙어서 드러나는 존재, 도를 기록한 문자입니다. 그리고 낙송(洛誦)의 손자는 말, 도를 말로 표현한 것입니다. 낙(洛)은 絡(낙)의 가차로 연락부절(連絡不絶), 곧 줄줄 외운다는 뜻입니다. 당 대의 성현영은 "책을 보고 읽는 것을 부묵이라 하고 책을 등지고 암송하는 것을 낙송이라 한다〔臨本謂之副墨 背文謂之洛誦〕" 했는데 꼭 맞는 풀이입니다. 첨명(瞻明)의 첨(瞻)은 본다는 뜻이고, 명(明)은 분명하다는 뜻이니 도를 환하게 본 사람입니다. 섭허(聶許)의 섭(聶)은 귀 이(耳)자가 세 개죠. 듣고, 듣고, 또 들어서 도를 깨달았다는 뜻입니다. 허(許) 자가 붙어 있으니 도를 바로 알아듣는 사람이라는 뜻도 됩니다. 수역(需役)의 수(需)는 기다린다는 뜻과 기른다는 뜻이 같이 들어 있습니다. 도를 기다렸다 터득했다는 뜻도 되고 자기 안에 있는 도를 기른다는 뜻도 됩니다. 오구

(於謳)의 오(於)는 감탄하는 소리이고, 구(謳)는 노래한다는 뜻이므로 도를 즐기는 사람을 가리킵니다. 현명(玄冥)은 깊고 어두워 알 수 없는 사람인데 도의 모습을 눈으로 볼 수 없기 때문에 이렇게 표현한 것이죠. 또 현명(玄冥)을 거꾸로 하면 명현(冥玄)인데, 명현은 독한 약을 먹었을 때 어지러워서 아무것도 보이지 않는 블랙아웃 상태를 말합니다. 참료(參寥)는 고요하고 적막하다는 뜻인데 텅 비어 있는 도(道)에 참여하는 사람을 가리킵니다. 의시(疑始)는 시작을 알 수 없는 사람인데, 부묵의 아들에서부터 근원을 계속 따져 올라가면 의시가 바로 '대종사'라 할 수 있겠습니다.

◎

3 장

죽음을 노래하는 막역지우(莫逆之友)

삶과 죽음은 신체의 일부처럼 이어져 있다

〈대종사〉 편 〈3장〉에는 두 그룹의 막역지우가 나옵니다. 자사(子祀), 자여(子輿), 자리(子犂), 자래(子來) 네 사람이 첫 번째 그룹이고, 자상호(子桑戶), 맹자반(孟子反), 자금장(子琴張)이 두 번째 그룹인데 마지막 이야기에서 자여와 자상호가 만나는 것을 보면 이 일곱 사람이 모두 벗으로 사귀었다는 걸 알 수 있습니다. 이들은 곱사등이가 되기도 하고, 일찍 죽기도 하는데, 슬퍼하거나 고통스러워하지 않고 자연의 변화를 그대로 받아들입니다. 장자가 그려내는 참다운 우정이 어떤 것인지 두 이야기를 한데 묶어 읽어보겠습니다.

> 자사, 자여, 자리, 자래 네 사람이 함께 이야기를 나누었다.
> "누가 무(無)를 머리로 삼고 삶(生)을 등뼈로 삼고 죽음(死)을 꽁무니로 삼을 수 있으며, 누가 삶(生)과 죽음(死), 있음(存)과 없음(亡)이 한 몸임을 아는가? 나는 그런 사람과 벗이 되고자 한다."
> 네 사람이 서로 쳐다보면서 빙그레 웃고 마음에 거슬리는 것

이 없자 마침내 서로 벗이 되었다.

얼마 있다가 자여가 병에 걸리자, 자사가 문병을 가서 이렇게 말했다.

"아름답구나! 저 조물자가 그대를 이렇게 구부러지게 했구나."

구부러진 곱사등이 등에 생겨 오장이 위에 붙고, 턱은 배꼽 아래에 숨고, 어깨가 이마보다 높고, 상투는 하늘을 가리키는데, 음양의 기가 어긋났는데도 마음은 한가로이 아무 일이 없었다.

자여가 비틀거리며 걸어가 우물에 자기 모습을 비춰보고 말했다.

"아! 조물자여, 또 나를 이처럼 구부러지게 하려 했구나."

子祀와 子輿와 子犂와 子來 四人이 相與語하야 曰 孰能以無로 爲首하고 以生으로 爲脊하고 以死로 爲尻며 孰知死生存亡之一體者오 吾 與之友矣로리라 四人이 相視而笑하야 莫逆於心이어늘 遂相與爲友러니 俄而오 子輿有病이어늘 子祀 往問之曰 偉哉라 夫造物者 將以予(子)로 爲此拘拘也여 曲僂發背하야 上有五管하며 頤隱於齊(臍)하고 肩高於頂하며 句贅指天하더니 陰陽之氣有沴(려)호대 其心은 閒而無事하더라 跰䠥而鑑於井하야 曰 嗟乎라 夫造物者여 又將以予로 爲此拘拘也여

자사, 자여, 자리, 자래 네 사람이 등장하는데, 이 글에 나오는 내용 이외에 고찰할 만한 자료가 거의 없습니다. 다만 자사는《회

남자》에 나오는 자구(子求)와 동일 인물로 추정됩니다. 《회남자》 〈정신훈(精神訓)〉 편에 "자구는 54년을 살다가 곱사등이 병을 앓았는데 등뼈와 오장이 정수리보다 높았고 가슴이 턱 아래에 붙어 있었으며, 두 넓적다리가 위에 있었고 항문이 하늘을 향해 치솟았다. 우물로 기어가서 스스로 비추어보고는 '아름답구나, 조화여! 나를 이렇게 구부러지게 했구나'〔子求行年五十有四 而病傴僂 脊管高于頂 腸(예)下迫頤 兩髀在上 燭營指天 匍匐自闚於井 曰 偉哉造化者 其以我爲此拘拘邪〕라는 기록이 있는데, 《장자》의 이 대목과 거의 비슷합니다. 따라서 자여는 《회남자》에 나오는 자구와 같은 사람으로 보입니다.

막역(莫逆)이라는 말이 나오죠. 막역지우(莫逆之友)는 여기에서 비롯된 고사입니다. 서로 어떤 이야기를 해도 거스름이 없는 관계라는 뜻입니다. 무(無), 생(生), 사(死)를 머리, 척추, 꼬리뼈로 비유한 것은 삶과 죽음이 신체의 일부처럼 이어져 있다는 것을 진실로 받아들인다는 뜻인데, 사생과 존망이 하나라는 인식에 바탕하고 있습니다. 〈경상초〉 편에도 "있는 것이 없다는 것을 머리로 삼고 삶을 몸체로 삼고 죽음을 꽁무니로 삼으니 누가 죽음과 삶이 한 가지임을 아는가. 나는 그와 벗이 될 것이다〔以無有爲首 以生爲體 以死爲尻 孰知有無死生之一守者 吾與之爲友〕'라고 같은 표현이 나옵니다. 삶의 전후는 모두 무(無)라는 것을 상징적으로 표현한 대목이죠.

이렇게 서로 이야기를 하고 벗이 되었는데, 얼마 뒤 자여가 병에 걸려 곱사등이가 됩니다. 자사가 문병을 가서 보니 그 용모가 〈인간세〉 편에 나온 지리소와 비슷합니다. '장이여 위차구구야(將以予 爲此

拘拘也)'가 두 번 나오는데, 뒤 구절의 경우는 자여가 자신의 용모를 보고 탄식한 말이기 때문에 여(予) 자를 그대로 두고 읽으면 되지만, 앞 구절은 자사가 자여를 보고 하는 말이기 때문에 나라는 뜻인 여(予) 자를 그대로 읽으면 말이 안 됩니다. 차주환(車柱環)이 옮긴 《장자》에서 '여(予)는 자(子)의 오자'라고 풀이했는데, 자(子)로 읽으면 이인칭이 되기 때문에 뜻이 자연스럽게 통합니다. 대만의 왕숙민도 차주환의 풀이가 탁견이라고 특별히 강조했습니다.

자사가 자여의 모습을 보고 아름답다고 감탄했는데, 자여가 우물에 가서 자기 모습을 비춰보고는 똑같은 말을 하며 탄식합니다.

자사가 말했다.

"그대는 그것이 싫은가?"

자여가 말했다.

"아니, 내가 어찌 싫어하겠는가. 가령 나의 왼팔이 차차 바뀌어 닭이 된다면, 나는 그대로 밤이 물러가는 때에 맞추어 울 것이고, 가령 나의 오른팔이 차차 바뀌어 탄환이 된다면 나는 그대로 새 구이를 구할 것이며, 가령 나의 궁둥이가 차차 바뀌어 수레바퀴가 되고 나의 신(神)이 말[馬]이 되면, 나는 그대로 수레를 탈 것이니 어찌 따로 탈 것을 구하겠는가. 더욱이 삶을 얻는 것도 때를 따르는 것이며, 삶을 잃는 것도 때를 따르는 것이니, 태어나는 때를 편안히 맞이하고 죽는 때를 거스르지 않으면 슬픔이나 즐거움이 내 마음에 들어올 수 없다. 이것이 옛날 이른바 '거꾸로 매달렸다가 풀려난다'는 것이다. 그런데도 스스로 풀려나지 못하는 것은, 사물이 그것을 묶어놓았기 때문이다. 더욱이 사물이 자연〔天〕을 이기지 못한 지 오래되었는데 내가 또 어찌 싫어하겠는가."

子祀曰 汝는 惡之乎아 曰 亡(무)라 予何惡호리오 浸假而化予之左臂하야 以爲雞인댄 予因以求時夜하며 浸假而化予之右臂하야 以爲彈인댄 予因以求鴞炙하며 浸假而化予之尻하야 以爲輪코 以神으로 爲馬인댄 予因而乘之하리니 豈更駕哉요 且夫得者도 時也며 失者도 順也니 安時而處順이면 哀樂이 不能入也하나니 此古之所謂縣解也니 而不能自解者는 物有結之니 且夫物이 不勝天이 久矣온 吾又何惡焉이리오

자여가 자신의 모습을 보고 탄식하자 자사가 그 모습이 싫으냐고 묻습니다. 그러자 자여는 자신의 변화를 자연스럽게 받아들이고 변화에 따라 할 일을 하겠다고 말합니다. 닭이 되면 새벽이 될 때 울고, 탄환이 되면 새를 잡겠다는 거죠. 또 바퀴가 되고 말이 되면 그것을 타고 돌아다니겠다고 합니다. 앞서 말씀드렸던 자여와 동일 인물로 추정되는 자구 또한 《회남자》에서 "변화를 같은 것으로 여겼다〔其視變化亦同矣〕"고 했는데, 같은 맥락입니다.

안시이처순(安時而處順)이라는 말이 나오는데 안시이생(安時而生)과 처순이사(處順而死)를 줄인 표현으로, 의미는 때에 따라 태어나고〔順時而生〕, 때에 따라 죽는다〔順時而死〕는 뜻입니다. 앞의 〈양생주〉

편에도 비슷한 대목이 나왔죠. 사람으로 태어나는 것도 태어날 때가 되어서 태어나는 것이고, 사람으로 태어났다가 사람의 모습을 잃어버리는 것도 때가 되어서 그런 건데, 그런 변화를 자연스럽게 받아들이고 따르는 것이 안시이처순(安時而處順)입니다. 죽어서 신체의 일부가 닭이 되기도 하고 쥐가 되고 말이 되기도 하고, 다시 그런 모습을 잃어버리는 것도 모두 때를 따르는 것이라는 겁니다. 때를 따라 태어나고 때를 따라 죽는데, 순시이생(順時而生)은 '얻음〔得〕'이고 순시이사(順時而死)는 '잃음〔失〕'입니다. 사람의 입장에서 보면 그렇지만 사람이 변해서 닭이 되었다면 사람이 죽는 것〔失〕이 닭의 입장에서는 태어남〔生〕이 되겠죠. 사람으로 태어났다가 사람의 모습을 잃어버리고 죽게 되면 닭이 될 수도 있고, 쥐의 간이 될 수도 있고, 말이 될 수도 있고, 새가 될 수도 있다는 겁니다.

이런 태도를 지니게 되면 죽음과 삶으로 인해 슬퍼하거나 기뻐하지 않을 수 있다는 것이 애락불능입(哀樂不能入)입니다. 입(入)은 침입(侵入)이라는 뜻입니다. 옛사람들은 사람으로 태어났다 죽는 것을 현해(縣解)라고 했다는데, 현해는 거꾸로 매달려 있다가 풀려났다는 뜻으로 〈양생주〉 편에 나왔던 제지현해(帝之縣解)와 같은 맥락입니다. 사람이 죽는 것은 마치 열매가 꼭지에 매달려 있다가 풀려나는 것처럼 자연스러운 일이라는 거죠. 그런데도 스스로 풀려나지 못하는 까닭은 외물이, 다른 사물이 그것을 묶어두고 있기 때문이라고 했는데 이때의 외물은 사람이죠. 사람의 모습으로 태어났다고 하는 것은 사람의 모습에 묶여 있는 겁니다. 그러다가 죽으면 풀려

나는 거예요. '세상에 태어난 모든 존재, 사물은 자연의 변화를 이기지 못한 지가 이미 오래 되었는데 내가 또 어찌하여 그것을 싫어하겠는가.' 자사가 자신의 변화를 자연스럽게 받아들이겠다는 말입니다.

또 얼마 있다가 자래가 병에 걸려 숨을 헐떡거리며 곧 죽게 되자 아내와 자식들이 빙 둘러싸고 울고 있었는데, 자리가 가서 문병하고 이렇게 말했다.

"쉿! 저리들 비키시오! 변화의 순간을 놀라게 하지 마시오."

자리가 문에 기대 자래에게 말했다.

"아름답구나! 조화여. 또 그대를 무엇으로 만들려 하며, 그대를 어디로 가게 하려는가. 쥐의 간으로 만들 것인가. 벌레의 다리로 만들 것인가."

자래가 말했다.

"부모란 자식에게 동서남북 어디든 명령에 따라야 하는 존재다. 음양은 사람에게 단지 부모일 뿐만이 아니다. 저 음양이 나를 죽음에 가까이 가게 하는데, 만약 내가 따르지 않는다면 나는 버릇없는 자가 될 뿐이니 저 음양에 무슨 죄가 있겠는가. 큰 땅덩어리는 몸을 주어 나를 이 세상에 살게 하며, 삶을 주어 나를 수고롭게 하며, 늙음으로 나를 편안하게 하며, 죽음으로 나를 쉬게 한다. 그 때문에 나의 삶을 좋은 것으로 여기는 것은 바로 나의 죽음을 좋은 것으로 여기기 위한 것이다."

俄而오 子來有病하야 喘喘然將死어늘 其妻子環而泣之하더니 子犁往問之하고 曰 叱避하야 無怛化하라 倚其戶하야 與之語하야 曰 偉哉라 造化여 又將奚以汝爲며 將奚以汝適고 以汝로 爲鼠肝乎아 以汝로 爲蟲臂乎아 子來曰 父母於子에 東西南北에 惟命之從하나니 陰陽은 於人에 不翅於父母라 彼 近吾死어든 而我不聽이면 我則悍矣라 彼何罪焉이리오

夫大塊 載我以形하며 勞我以生하며 佚我以老하며 息我以死하나니 故로 善吾生者 乃所以善吾死也니라

비슷한 이야기가 이어집니다. 이번에는 자래가 죽게 되었는데 자리가 문병을 갑니다.

사람이 죽는 것을 화(化)로 표현하고 있는데, 〈소요유〉 편에서 말씀드린 것처럼 화(化) 자는 산 사람〔人〕과 죽은 사람〔匕〕을 좌우로 배치한 글자입니다. 이 글자는 술어 동사로 쓰이는 경우가 많지만 《장자》에서는 개념어로 쓰입니다. 그래서 '장자의 화(化)'라는 주제로 글을 쓴 논문들이 여러 편이 있습니다. 물고기 곤(鯤)이 붕새로 변하는 것도 화라고 하고, 팔뚝이 변해서 닭이 되는 것도 화라고 하고, 여기서처럼 사람이 죽는 것도 화라고 합니다. 무달화(無怛化)는 변화를 방해하지 말라, 또는 변화를 두려워하지 말라는 뜻입니다. 이어지는 내용은 앞에 나온 이야기와 같습니다. 다만 앞의 자여가 자신이 변하는 것을 두고 '거꾸로 매달렸다가 풀려난다'고 표현

했는데, 여기의 자래는 자연의 변화에 따르는 것은 자식이 부모의 명령에 따르는 것과 같다는 식으로 표현한 것이 다릅니다. 자식이 부모를 따라야 한다는 것은 인륜상의 도리를 말하는 것이라기보다 부모가 자식을 낳았기에, 생명을 준 존재이기에 따라야 한다는 맥락으로 이해해야 합니다. 그런데 음양은 부모가 생명을 준 것 이상으로 만물에 생명을 주는 존재이기 때문에 더더욱 명령에 따라야 한다는 거죠. 음양은 자연입니다. 자연을 남녀로 나눈 게 음양이죠.

본래 양(陽)은 볕이 드는 곳이고 음은 그늘진 곳이죠. 그런데 점점 추상적인 의미를 가지면서 자연 전체를 대표하는 두 가지 범주로 바뀐 게 음양(陰陽)입니다. 《주역》도 이 두 범주를 조합하여 만든 것이죠. 음과 양을 인간사에 빗대면 부(父)가 양이 되고, 모(母)가 음이 됩니다. 부와 모가 사람의 아버지와 어머니라면 양과 음은 자연 전체의 아버지와 어머니가 됩니다. 때문에 《장자》에서 음양을 달리 천기(天機)로 표현하기도 합니다.

부대괴재아이형(夫大塊載我以形)에서부터 내소이선오사야(乃所以善吾死也)까지는 이 편 〈1장〉에 나온 내용과 같습니다.

"지금 위대한 대장장이가 쇠붙이를 녹여 도구를 만드는데, 쇠붙이가 뛰어올라 '나는 또 반드시 막야가 되겠다'고 말한다면, 대장장이는 반드시 불길한 쇠붙이라고 여길 것이다. 이제 한번 사람의 몸을 타고 태어나 만약 '언제까지나 사람으로만 살겠다'고 말한다면, 저 조화자도 반드시 불길한 사람이라고 여길 것이니, 지금 한번 하늘과 땅을 커다란 화로로 삼고, 조화를 대장장이로 삼았으니, 어디로 가서 무엇이 된들 좋지 않겠는가? 편안히 잠들었다가 화들짝 깨어날 것이다."

今에 大冶 鑄金커든 金이 踊躍하야 曰 我且必爲鏌鋣라하면 大冶 必以爲不祥之金이라하리니 今一犯人之形하야 而曰 人耳人耳라하면 夫造化者도 必以爲不祥之人이라하리니 今一以天地로 爲大鑪하고 以造化로 爲大冶하니 惡乎에 往而不可哉리오 成然寐코 蘧然覺(교)어니따녀

위대한 대장장이는 조물자를 비유한 표현입니다. 이 대장장이는 하늘과 땅을 화로로 삼아 만물을 주조합니다. 그런데 어떤 쇠붙이가 뛰어오르면서 '나를 반드시 막야 같은 명검으로 만들어 달라'고 말한다면, 대장장이가 버릇없는 쇠붙이라고 생각하겠죠. 쇠를 녹여 호미를 만들면 호미가 되는 거고, 칼로 만들면 칼이 되는 건데 그건 대장장이, 곧 조물자의 선택이지, 피조물이 선택할 수 있는 게 아니라는 겁니다. 막야(鏌鋣)는 칼 이름입니다. 《순자》에는 오나라 왕 합려가 간장과 막야 두 검을 가지고 있었다(闔閭之干將莫邪)고 했고, 《오월춘추》와 《세설신어》 등에는 오나라 왕 합려가 간장이라는 사람을 시켜서 칼을 만들고는 하나를 간장이라 했고, 또 하나는 막야라 했다고 하는데, 막야는 간장의 아내 이름이었다고 합니다.

쇠붙이가 스스로 막야 같은 명검으로 만들어달라고 요구하면 버릇없는 쇠붙이라고 생각하는 것처럼, 지금 만약 어떤 사람이 사

람으로 태어났다고 해서 "나는 계속 사람으로만 살겠다"고 한다면 역시 버릇없는 사람이 될 뿐입니다.

하늘과 땅을 화로로 삼고, 조화를 대장장이로 삼는다는 말이 나오는데, 마치 조화를 부리는 어떤 주체가 있는 것처럼 표현되어 있지만, 《장자》에는 그런 사람이 나오지는 않습니다. 어디까지나 비유일 뿐입니다.

자래 또한 앞의 자여와 마찬가지로 어디로 가서 무엇이 되더라도 다 받아들이겠다고 하면서 이야기를 마무리합니다.

> 자상호, 맹자반, 자금장 세 사람이 서로 벗으로 사귀면서 말했다.
>
> "누가 서로 사귐이 없는 것을 서로 사귀는 것으로 여기며, 누가 서로 도와줌이 없는 것을 서로 도와주는 것으로 여길 수 있는가. 누가 하늘에 올라 안개 속에 노닐어 한없이 넓은 세계에서 자유롭게 움직여 삶을 잊어서 끝나고 다하는 바가 없게 할 수 있는가."
>
> 세 사람이 서로 쳐다보고 웃으면서, 마음에 거슬림이 없자 마침내 서로 벗이 되었다.
>
> 아무 일 없이 얼마 지난 뒤 자상호가 죽었다. 아직 장례를 치르지 않았는데, 공자가 소식을 듣고 자공을 보내 장례를 도와주게 하였더니, 한 사람은 노래를 부르고, 나머지 한 사람은 거문고를 타면서 서로 화답하면서 노래하고 있었다.

"아! 상호여. 아! 상호여. 그대는 이미 참된 세계로 돌아갔는데 우리는 여전히 사람으로 남아 있구나!"

자공이 종종걸음으로 나아가 말했다.

"감히 묻습니다. 시신을 앞에 두고 노래하는 것이 예입니까?"

두 사람이 서로 쳐다보고 웃으면서 말했다.

"이 사람이 어찌 예의 본뜻을 알겠는가?"

子桑戶와 孟子反과 子琴張 三人이 相與友하야 曰 孰能相與於無相與며 相爲於無相爲오 孰能登天遊霧하야 撓挑無極하야 相忘以生하야 無所終窮고 하야 三人이 相視而笑하야 莫逆於心할새 遂相與爲友러니 莫然有間코 而子桑戶 死하야 未葬이어늘 孔子聞之하고 使子貢으로 往侍事焉하니 或編曲하며 或鼓琴하야 相和而歌하야 曰 嗟來桑戶乎여 嗟來桑戶乎여 而已反其眞이어늘 而我는 猶爲人猗라 커늘 子貢이 趨而進하야 曰 敢問하노라 臨尸而歌 禮乎아 二人이 相視而笑하야 曰 是는 惡知禮意리오

앞에서 네 사람이 서로 막역지우가 되는 이야기가 나오는데, 대의는 같습니다. 다만 주인공의 수가 이번에는 세 사람입니다. 또 뒤에 공자와 자공 이야기가 연결되어 있는 게 다른 점입니다.

자상호(子桑戶)는 《논어》에 나오는 자상백자(子桑伯子)와 같은 인물로 추정됩니다. 《논어집주》에 보면 호명중(胡明仲)이 자상백자는 노나라 사람으로 장주(莊周)가 말한 자상호라고 풀이한 주석이 있습니다. 그리고 맹자반(孟子反)도 《논어》에 나오는 노나라 대부 맹지

반과 같은 인물이고, 자금장(子琴張)은《맹자》에 "금장, 증석, 목피 같은 사람이 공자께서 말씀하신 광자들이다(如琴張曾晳牧皮者 孔子之所謂狂矣)"라고 한 대목에 이름이 열거되어 있습니다. 세 사람의 이름을 떼지 않고 그냥 두면 '子桑戶孟子反子琴張'이 됩니다.《장자》를 제대로 읽지 않고 다른 책에 인용된 세 사람의 이름을 읽게 되면 자상호, 맹자, 반자, 금장으로 읽기 쉽습니다. 실제로 제가 대전본《맹자집주》를 처음 읽을 때 해당 대목의 세주(細注)에 나오는 '子桑戶孟子反子琴張'을 그렇게 잘못 읽은 적이 있습니다. 자상호는《논어》에 자상백자로 나오니까 아는 사람이고, 맹자야 당연히 알고, 금장은《맹자》에 나오니까 사람이름인 줄 알았는데 반자(反子)가 누군지 끝내 알아내지 못했습니다. 나중에 알고 보니, 제가 구두(句讀)를 잘못 떼었던 것입니다.

이 세 사람이 하는 말이 재미있습니다. 누가 서로 사귀지 않는 것을 사귀는 것으로 여기고, 서로 도와주지 않는 것을 서로 도와주는 것과 같이 여길 수 있느냐, 누가 하늘에 올라 안개 속에 노닐어 한없이 넓은 세계에서 자유롭게 움직여 삶을 잊어서 끝나고 다하는 바가 없게 할 수 있느냐고 묻습니다. 그러고는 서로 마주보면서 웃고 벗이 됩니다. 상대가 바로 그런 사람, 곧 상반되는 현상을 같은 것으로 여기는 사람, 삶과 죽음을 같은 것으로 여기는 사람이라고 인정한 거죠.

얼마 있다가 자상호가 죽습니다. 아직 장례를 치르지 않았는데 공자가 소식을 듣고 자공을 보내 장례를 돕게 합니다. 그런데 자공이 가서 보니 한 사람은 노래를 하고 또 한 사람은 거문고를 연주합니다. 노래하는 사람은 맹자반이나 자금장 둘 중 한 사람일 텐데 맹자반일 가능성이 높습니다. 자금장은 이름 자체가 거문고의 당겨진 줄을 뜻하니까 자금장이 거문고 연주의 명인일 가능성이 높으니까요. 아무튼 이들이 “자상호는 이미 참된 세상으로 갔는데, 우리는 여전히 사람으로 남아 있다”고 노래하고 연주합니다. 벗의 죽음을 슬퍼하는 것이 아니라 오히려 자신들이 아직 죽지 않은 것을 탄식한 거죠. 그러자 자공이 죽은 사람 앞에서 노래하는 것이 예에 합당하냐고 묻습니다. 자공은 노래의 내용은 듣지도 않았나 봅니다. 만약 들었다면 그렇게 물을 수 없었겠죠.

그러자 두 사람이 서로 마주보고 “이 사람이 어찌 예의 본뜻을 알겠는가?” 하고 말하면서 웃습니다. 자공이 생각하는 예와 이 두 사람이 생각하는 예는 어떻게 다를까요? 자공이 말하는 예는 사람이 죽으면 울어야 되는 거죠. 그런데 두 사람은 울지 않죠. 울기는 커녕 오히려 노래하면서 벗의 죽음을 기립니다. 그리고 아직 죽지 않은 자신들의 처지를 탄식합니다. 이미 죽은 자상호는 참된 세계로 돌아갔고, 우리는 아직 세상 사람의 처지에 놓여 있다, 결국 돌아가야 할 곳인데 우린 아직 못 돌아가고 있다, 이렇게 노래합니다. 죽음을 어떤 형식으로 처리하느냐, 그게 예라고 한다면, 처리하는 형식이 다른 겁니다. 이 두 사람이 보기에는 자공이 죽은 사람을 슬퍼하는 것이 오히려 죽음을 제대로 바라보지 못하고 있다고 보는 겁니다.

자공이 돌아와 공자에게 일러 이렇게 말했다.

“저들은 어떤 사람입니까? 수행하는 일이 없고, 육체를 도외시하여 시신 앞에서 노래하면서도 낯빛이 변하지 않았습니다. 무어라 이름을 붙일 수 없으니 저들은 어떤 사람입니까?”

공자가 대답했다.

“저들은 예법 밖에서 노니는 사람들이고 나는 예법 안에서 살아가는 사람이다. 밖에 노니는 사람과 안에서 사는 사람은 서로 상관하지 않는데 내가 너로 하여금 가서 조문하게 했으니, 내 생각이 얕았다. 저들은 바야흐로 조물자와 벗이 되어 천지 사이에서 노닌다. 저들은 삶을 쓸데없이 붙어 있는 사마귀로 여기고, 죽음을 종기가 터지는 일로 생각한다. 그 같은 사람들이 또 어찌 삶과 죽음이 앞서고 뒤처지는 곳을 알려 하겠는가. 다른 사물을 빌려 한 몸에 의탁하여 간과 담을 잊어버리며, 귀와 눈의 감각을 버려서 삶과 죽음을 되풀이하여 끝을 알 수 없다. 아득히 때 묻은 세상 밖에서 방황하며 아무것도 하지 않는 일에 소요하니 저들이 또 어찌 번거롭게 세속의 예를 갖추어 세상 사람들의 귀와 눈에 구경거리가 되겠는가.”

子貢이 反하야 以告孔子하야 曰 彼는 何人者邪잇고 修行無有하고 而外其形骸하야 臨尸而歌호되 顔色이 不變하나니 無以命之로소니 彼는 何人者邪잇고 孔子曰 彼는 遊方之外者也요 而丘는 遊方之內者也로라 外內不相及이어늘 而丘使女往弔之호니 丘則陋矣

> 어니따녀 彼方且與造物者로 為人하야 而遊乎天地之一氣하야 彼以生으로 為附贅縣疣하고 以死為決疾潰癰하나니 夫若然者는 又惡知死生先後之所在리오 假於異物하야 託於同體하야 忘其肝膽하며 遺其耳目하야 反覆終始혼댄 不知端倪로다 芒然彷徨乎塵垢之外하며 逍遙乎無為之業이어니 彼又惡能憒憒然為世俗之禮하야 以觀衆人之耳目哉리오

자공이 충격을 받은 모양입니다. 돌아와서 도대체 저 사람들은 어떤 사람이냐고 공자에게 묻습니다. 그랬더니 공자는 저들은 예법 밖에 노니는 사람들이고 우리는 예법 안에 사는 사람들이라고 대답합니다. 방(方)은 법(法)과 같은 뜻으로 여기서는 예법을 말합니다. 사실 예라는 게 일종의 풍습인데 풍습은 때에 따라, 지역에 따라 다르기 마련이죠. 그러니 어느 한 시기, 한 지역의 풍습을 기준으로 다른 시기, 다른 곳의 풍습을 옳다 그르다 평가하는 것은 옳지 않습니다. 그게 문화의 다양성을 인정하는 태도죠. 그런데 여기서 장자가 이야기하고자 하는 것은 한갓 문화의 다양성이 아니라, 그런 다양성조차도 넘어서 자유롭게 노니는 세계를 그린 것입니다.

이런 지점을 공자가 정확하게 지적했습니다. 불상급(不相及)은 서로 미치지 않는다는 뜻으로 서로 상관치 않는 것이 원칙이라는 것이지만, 사실상 서로 이해할 수 없다는 것을 인정하는 것입니다. 이해할 수 없는 것을 이해하려고 애를 쓰는 것이 아니라 '이해할 수 없다'고 인정하는 것이 제대로 이해하는 겁니다. 그게 공자거든요.

《장자》에서 공자가 등장인물로 자주 불려 나오는 것은 바로 이런 점 때문입니다. 공자는 방내의 세계와 방외의 세계에 모두 초대받는 인물인 거죠.

공자의 말에 따르면 세 사람은 조물자, 곧 자연과 벗이 된 사람입니다. 여조물자위인(與造物者爲人)에서 인(人)은 벗(友)입니다. 〈응제왕〉 편에도 같은 표현이 나오고 〈천운〉 편에는 여화위인(與化爲人)으로 나오는데 모두 〈인간세〉 편에 나왔던 여천위도(與天爲徒)와 같은 뜻입니다.

이어서 천지의 일기에 노닌다(遊乎天地之一氣)는 표현이 나오는데 일기(一氣)라고 하는 것은 만물이 기로 이루어져 있다는 사유가 깔려 있는 거죠. 물론 장자가 기를 체계적으로 설명하지는 않습니다. 북송 시대의 장재는 기 철학자인데, 기의 부침승강(浮沈乘降)으로 만물의 생성과 소멸을 이야기합니다. 사사물물(事事物物)이 모두 기에서 나온다는 거죠. 곧 기가 모이면 어떤 일이나 물건이 생기고 흩어지면 소멸하는데, 소멸하면 일기(一氣)의 상태로 돌아간다고 했습니다. 장자가 그런 식의 구체적인 과정을 이야기하지는 않지만 이런 대목에서 천지 사이에 기가 가득 차 있다고 생각했다는 것을 짐작할 수 있습니다. 중요한 것은 이런 식의 사유가 만물에 차별이 없다는 입장과 통한다는 겁니다. 만물만사(萬物萬事)는 다 같은 데서 나왔으니까 근원적으로 차별이 없는 겁니다. 그리고 일기의 상태로 돌아가는 것이 참모습이라는 이야기도 이런 사유 때문에 가능한 겁니다. 왜 이게 참모습이냐면 일기의 상태는 지속적이고 항구적이기 때문입니다. 반면 사사물물은 잠시 왔다 가는 존재니까 임시적 존재(客)일 뿐 참모습이 아닙니다. 그래서 삶을 쓸데없이 붙어 있는 사마귀나 종기에 빗댄 것입니다. 사람의 입장에서 생각하면 삶은 아주 소중한 것이지만 자연의 입장에서 바라보면 인간의 삶이란 것은 군더더기에 지나지 않는다는 것이지요. 그러니 집착할 만한 대상이 아닙니다.

당연히 이런 생각을 가진 사람은 살고 죽는 것이 앞서고 뒤처지는 일에 관심이 없겠죠. 그저 어떤 사물을 빌려서 잠시 몸뚱이에 자신을 의탁할 뿐입니다. 그러니 굳이 예법을 지켜 사람들에게 구경거리를 만들어주는 일을 하지 않습니다. 방황과 소요가 나오는데, 〈소요유〉 편에서 충분히 설명했으니 여기서 반복하지는 않겠습니다.

자공이 물었다.

"그렇다면 선생님께서는 어느 세계에 의지하시렵니까?"

공자가 말했다.

"나는 하늘로부터 형륙을 받은 사람이다. 그러하나 나는 그대들과 그것을 함께 할 것이다."

자공이 말했다.

"감히 그 이치를 여쭙습니다."

공자가 말했다.

"물고기는 함께 물에 나아가고 사람은 함께 도에 나아간다.

함께 물에 나아가는 경우에는 못을 깊이 파주면 넉넉히 기를 수 있고, 함께 도에 나아가는 경우에는 간섭하는 일이 없으면 삶이 안정된다. 그 때문에 '물고기는 강과 호수에서 서로를 잊는다면, 사람은 도술에서 서로 잊는다'고 말하는 것이다."

자공이 말했다.

"감히 기인(畸人)에 대해 여쭙습니다."

공자가 말했다.

"기인이란 사람들에게는 이상하게 보이지만 하늘과 닮아 있다. 그 때문에 하늘의 소인은 인간 세상의 군자이고 하늘의 군자는 인간 세상의 소인이라고 한다."

子貢曰 然則夫子는 何方之依리잇고 孔子曰 丘는 天之戮民也로라 雖然이나 吾與汝共之호리라 子貢曰 敢問其方하나이다 孔子曰 魚相造乎水하고 人相造乎道하나니라 相造乎水者는 穿池而養給하고 相造乎道者는 無事而生定하나니 故曰 魚相忘乎江湖커든 人相忘乎道術이라하노라 子貢曰 敢問畸人하노이다 曰 畸人者는 畸於人而侔於天하니 故曰 天之小人은 人之君子요 人(天)之君子는 天(人)之小人也라하노라

세 사람이 방외의 사람이라는 공자의 설명을 듣고 나서, 자공이 선생께서는 어느 쪽에 사실 거냐고 묻습니다. 그러자 공자는 자신은 하늘의 형륙을 받은 사람이라고 합니다. 하늘로부터 벌을 받아

서 어쩔 수 없이 방내의 세상에 살고 있다는 암시입니다. 하지만 공자는 그래도 너희와 방외의 삶을 함께 하겠다고 말합니다. 결국 방내에 살면서 방외의 도리를 실천하겠다는 것인데, 그렇게 하려면 특별한 방법이 있어야겠죠. 그래서 그렇게 할 수 있는 이치를 자공이 묻습니다.

공자가 비유를 들어 대답하는데, 이 편 〈1장〉의 천학지어(泉涸之魚)에 나왔던 내용을 살짝 변형시켜서 말합니다. 물고기가 물로 나아가는 것처럼 사람은 함께 도에 나아가야 편안한데, 물고기의 경우 못을 깊게 파주면 편안하게 기를 수 있는 것처럼, 사람의 경우도 서로 간섭하는 일이 없게 하면 서로 해치지 않고 살게 될 것이라는 거죠. 못을 깊게 파주면 비록 강과 호수에서 사는 물고기 정도로 서로 잊고 지내지는 못하더라도 넉넉하게 기를 수 있는 것처럼 인간 세상에 살더라도 서로 간섭하지 않으면 비록 방외에서 사는 사람들처럼 자유롭지는 못하더라도 서로 불편함을 잊고 살 수 있다는 뜻입니다. 여기서 공자가 잊는다고 한 것은 상대의 존재를 완전히 잊어버린다는 뜻이라기보다 선악(善惡)이나 미추(美醜)의 차별을 잊고 산다는 뜻으로 볼 수 있습니다. 완전히 방외의 삶을 사는 것과는 다르지만 그래도 인간 세상의 차별을 어느 정도 극복했다고 할 수 있겠습니다. 장자가 공자를 내세워 이야기한 만큼 이 대목이 공자와 장자가 만나는 지점이라고 할 수 있습니다. 그리고 실제로 그렇게 행한 예가 다음 〈4장〉에 나오는 이야기의 주인공 맹손재(孟孫才)라고 할 수 있습니다.

자공이 계속해서 말을 하는데, 기인(畸人)의 기(畸)자는 정전제도에서 정전을 구획하고 남은 자투리땅을 말합니다. 구획 밖에 있는 땅을 사람으로 비유한 셈이니까, 세상의 예법에 구속되지 않는 사람을 가리키는 것이죠. 바로 이 이야기의 주인공인 자상호, 맹자반, 자금장 같은 이들을 말합니다.

공자는 이들 기인은 세상 사람들의 입장에서는 문제가 있는 사람, 불필요한 사람이지만 하늘과 닮은 존재라고 말합니다. 곧 사람의 입장에서 볼 때는 결핍된 존재이지만, 자연의 입장에서 보면 그게 오히려 획일적인 구획 밖에 있기 때문에 자연스럽다는 겁니다. 그래서 하늘의 소인은 인간 세상의 군자이고 하늘의 군자는 인간 세상의 소인이라고 한 것입니다. 이 대목에서 원문이 '天之小人 人之君子 人之君子 天之小人也'로 되어 있는데, 청말의 왕선겸이 '天之小人 人之君子'와 '人之君子 天之小人'은 동어반복이라는 점을 들어 뒤의 '人之君子 天之小人'은 '天之君子 人之小人'으로 고쳐서 읽어야 한다고 했는데 그렇게 고쳐서 읽는 것이 무난합니다.

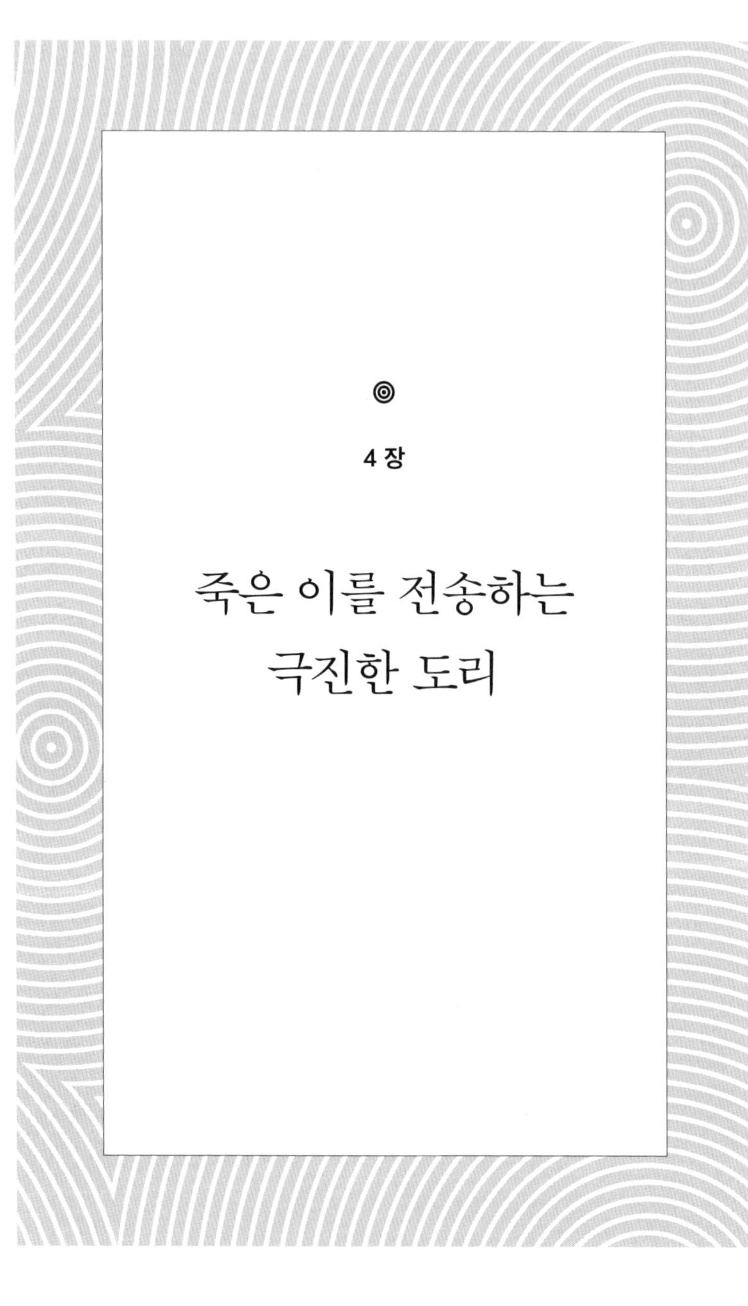

4 장

죽은 이를 전송하는 극진한 도리

효자 맹손재의 상례

〈대종사〉 편 〈4장〉은 안회와 공자의 대화로 시작합니다. 노나라의 효자 맹손재가 어머니 상을 당해 상을 치르면서 눈물도 별로 흘리지 않고, 그다지 슬퍼하지도 않았는데 사람들이 상을 잘 치렀다고 칭찬하는 걸 보고 안회가 이상히 여겨 공자에게 묻습니다. 공자는 맹손재야말로 상을 잘 치른 사람이라고 하면서 상을 간소하게 치르는 것이 훌륭한 장례라는 맥락으로 이야기합니다. 공자는 삼년상을 주장했던 사람이고 맹자는 묵가의 절장(節葬)을 비난하면서 후하게 장례를 치르는 것이 도리에 맞다고 이야기했는데, 여기서 공자는 간소한 장례를 높이 평가합니다. 유가의 번거로운 장례 절차에 대한 장자의 풍자로 보면 간단하지만, 가까운 사람의 죽음이라는 커다란 슬픔을 극복하기 위한 장자의 의도가 공자의 말에 담겨 있다고 이해할 수 있습니다.

안회가 중니에게 물었다.

"맹손재는 어머니가 돌아가셨는데 곡읍(哭泣)할 때 눈물을 많이 흘리지 않았으며, 마음으로 슬픔을 느끼지도 아니하고, 상을 치르면서 서러워하지도 않았습니다. 이 세 가지가 없었는데도 상례를 잘 치렀다는 명성이 노나라를 덮었습니다. 본래 실질이 없는 데도 명성을 얻는 경우가 있는 것입니까? 저는 참으로 이상합니다."

중니가 말했다.

"맹손씨는 극진히 하였으니 상례를 아는 이보다 더 잘 치렀다. 비록 간소히 치르려다가 뜻대로 하지는 못했지만 이미 간소히 한 바가 있다. 맹손씨는 태어난 까닭을 알려 하지 아니하고, 죽는 까닭도 알려 하지 아니하며, 이전의 모습을 알려 하지 아니하고 이후의 모습도 알려 하지 않고, 변화를 따라 사물과 동화(同化)되어, 아직 알지 못하는 변화를 기다렸을 뿐이다. 막 변했을 때 아직 변하지 않았던 과거의 모습을 어찌 알 수 있겠으며, 아직 변하지 않았을 때 이미 변화한 이후의 모습을 어찌 알 수 있겠는가. 나와 너는 다만 처음부터 꿈에서 깨어나지 못하고 있는 사람일 것이다."

顔回 問仲尼하야 曰 孟孫才는 其母死커늘 哭泣無涕하며 中心不戚하며 居喪不哀하야 無是三者로대 以善處喪으로 蓋魯國하니 固有無其實而得其名者乎잇가 回는 壹怪之하노이다 仲尼曰 夫孟孫氏는 盡之矣라 進於知矣니라 唯簡之而不得이어늘 夫已有所簡矣오녀 孟孫氏는 不知所以生하며 不知所以死하며 不知就先하며 不知就後요 若化爲物하야 以待其所不知之化已乎인저 且方

將化에 惡知不化哉며 方將不化에 惡知已化哉리오 吾는 特與汝로 其夢을 未始覺者邪인저

〈인간세〉 편처럼 안회와 중니의 대화가 다시 나옵니다. 맹손재는 실존했던 인물로 노나라 맹손씨의 후손으로 추정됩니다. 《논어》에 맹의자(孟懿子)와 맹무백(孟武伯)이 공자에게 효에 대해 묻는 문효(問孝) 대목이 있는 걸로 보아 맹손씨는 대대로 효행으로 유명한 집안이 아닌가 싶습니다. 그런데 이 집안의 후손인 맹손재가 상례를 치르는데, 흔히 상례를 치를 때 지켜야 할 기본적인 예법 세 가지를 지키지 않았음에도 상례를 잘 치렀다는 소문이 난 걸 두고 안연이 이상하게 여겨 묻습니다. 그러자 공자는 맹손재야말로 상례를 제대로 잘 치른 사람이라고 칭찬합니다.

진어지(進於知)라는 표현이 나오는데 지(知)는 상례의 도리를 잘 아는 사람을 말합니다. 그런데 맹손재는 그보다 더 낫다는 거죠. 그리고 상례를 간소화해서 치르고자 했는데, 그렇게 하지는 못했지만 간소히 한 것이나 다를 바가 없다고 칭찬합니다. 사실 유가에서는 상례를 후하게 치르는 것이 예법에 맞다고 생각하는데 여기서 공자가 이렇게 말하는 것은 유가적 가치관과 모순되는 것처럼 보입니다. 하지만 《논어》에 보면 안연이 죽었을 때 다른 제자들이 후하게 장례를 치르려고 하자 공자가 말리는 대목이 있는 것처럼, 공자가 반드시 상례를 후하게 치르는 것을 높이 평가했다고 하기도 어렵습니다. 더욱이 뒤에 공자 스스로 나와 너는 아직 꿈에서 깨어나지 못

하고 있다고 이야기한 데서 알 수 있는 것처럼 장자가 대변자로 내세운 공자는 삶과 죽음을 자연스럽게 받아들이는 인물로 그려졌다고 이해할 수 있습니다. 그렇다고 해서 공자의 사생관을 장자처럼 이해하는 것은 간단치 않습니다. 공자는 애제자 안연을 잃고 하늘까지 원망하면서 완전히 무너졌으니까요. 《논어》에 기록된 죽음에 대한 공자의 태도를 보면 적어도 공자에게 죽음은 넘을 수 없는 벽이자, 절대적인 한계였다고 할 수 있습니다. 그것이 공자의 특징이자 위대한 점이기도 하죠. 아무튼 장자가 그려내는 공자의 이야기를 계속 들어보겠습니다.

> "또 저 사람은 몸이 놀라도 마음이 다치는 일은 없으며, 머물고 있는 집이 동요하는 일은 있지만 마음이 죽는 일은 없다. 맹손씨는 홀로 깨어 있지만 사람들이 곡을 하면 자기도 곡을 하였으니, 이것이 바로 그가 그렇게 할 수 있었던 까닭이다.
> 또한 서로 함께하고 있는 것을 나라고 여기는 것일 뿐이니, 어찌 내가 이른바 나라고 하는 것이 정말 나라고 확신할 수 있겠는가.
> 또 너는 꿈에 새가 되어 하늘에 이르며, 꿈에 물고기가 되어 깊은 못에 잠기는데, 알 수 없구나! 지금 이렇게 말하고 있는 나는 꿈에서 깨어난 것인가, 아니면 꿈을 꾸고 있는 것인가.
> 잠깐의 즐거움은 웃음을 자아내지 못하고, 드러난 웃음은 자연을 따름에 미치지 못하니, 자연을 편안하게 따라 변화조

차 잊어버리면 마침내 고요한 하늘과 하나 되는 경지에 들어갈 것이다."

且彼 有駭形하나 而無損心하며 有旦(달)宅하나 而無情死하니 孟孫氏는 特覺로대 人哭이어든 亦哭하나니 是自其所以乃니라 且也相與는 吾之耳矣일지니 庸詎知吾所謂吾之乎리오 且汝 夢爲鳥하야 而厲乎天하며 夢爲魚하야 而沒於淵하나니 不識케라 今之言者 其覺者乎아 其夢者乎아 造適은 不及笑요 獻笑는 不及排하나니 安排而去化하야야 乃入於寥天一하리라

공자는 맹손재가 몸이 놀라는 일은 있어도 마음이 손상당하는 일은 없다고 말합니다. 어머니의 죽음을 앞에 두고 겉모습은 마치 놀란 것 같지만 마음은 동요하지 않는다는 뜻으로 생사에 얽매이지 않는 태도를 표현한 것입니다. 이어서 집이 동요하는 일은 있지만 마음이 죽는 일은 없다고 비유하는데, 택(宅)은 마음이 머물러 있는 집으로 몸뚱이를 의미하고, 달(旦)은 '怛(달)'로 놀란다는 뜻으로 〈3장〉에 나온 무달화(無怛化)의 달(怛)과 같습니다.

인간의 삶을 한바탕 꿈에 비유한 것으로 〈제물론〉 편 마지막 이야기에 나온 호접몽과 같은 맥락입니다. 호접몽에서 물화(物化), 곧 대상 사물과 하나가 된다는 말이 나왔죠. 호접몽의 물화는 내가 주체고 상대가 대상이라는 인식을 넘어서는 것이라고 말씀드렸는데, 여기서는 나와 너조차 넘어서 자연을 편안하게 따라 변화조차도 잊어버릴 것을 요구합니다. 그리하면 하늘과 하나가 된다고 했는데,

하늘은 불사불생의 존재이므로 결국 삶이라는 꿈에서 완전히 깨어나 불사불생의 도에 가까이 가게 된다는 겁니다.

◎

5 장

인의(仁義)와 시비(是非)라는 이름의 형벌

도의 언저리에서 노닐다

〈대종사〉 편 〈5장〉은 의이자와 허유의 대화입니다. 허유는 〈소요유〉 편에 나왔고, 의이자는 처음 등장하는데 실존 인물은 아니고 가공의 인물입니다. 우화의 뜻이 분명치 않지만 이야기의 내용을 근거로 미루어보면 '의(意)'는 유의(有意)로 도에 뜻을 둔 사람이라고 풀이할 수 있습니다. 비슷한 예로 천하를 다스리는 데 마음이 있는 사람이라는 뜻에서 공자를 유심인(有心人)이라고 하는데, 마찬가지로 이 경우도 도를 추구하는 데 진정성이 있는 사람 정도로 이해할 수 있겠습니다. 이 의이자가 허유를 만났는데, 그 전에 요임금을 만나고 왔나봅니다. 허유가 요임금이 무슨 말로 가르쳐주더냐고 묻자, 의이자는 인의를 실천하고 시비를 분명히 가리라는 말을 들었다고 합니다. 그러자 허유가 인의와 시비를 형벌에 빗대 이야기합니다.

의이자가 허유를 뵙자 허유가 말했다.
"요(堯)는 그대에게 무엇을 도와주던가?"

의이자가 말했다.

"요는 저에게 이르기를, '그대는 반드시 몸소 인의를 실천하고 옳고 그른 것을 분명하게 말하라'고 했습니다."

허유가 말했다.

"그대는 무엇하러 나를 찾아 왔는가? 요는 이미 인의로 그대의 이마에 먹물을 새겨 넣었고, 옳고 그름을 가지고 그대의 코를 베었으니, 그대가 앞으로 어떻게 멋대로 소요하고 내키는 대로 행동하면서 자유자재(自由自在)로 변화하는 도의 세계에 노닐 수 있겠는가?"

意而子 見許由한대 許由曰 堯는 何以資汝오 意而子曰 堯謂我하사대 汝必躬服仁義而明言是非라하더시다 許由曰 而는 奚來爲軹오 夫堯는 旣已黥汝以仁義하며 而劓汝以是非矣로소니 汝는 將何以遊夫遙蕩恣睢轉徙之塗乎오

의이자가 허유를 만나 이야기를 나누는데, 허유가 요가 뭐라 하던가 하고 묻습니다. 의이자가 요임금이 자신에게 인의를 실천하고 시비를 분명히 가리라고 하더라 하니, 허유가 그런 이야기를 들었다면 무엇하러 나를 찾아왔느냐고 힐난합니다. 요가 인의를 가지고 먹줄을 쳤고, 시비를 가지고 코를 베었다고 비유하면서요. 경(黥)은 이마에 먹을 새기는 건데 명예 형벌이라고 할 수 있죠. 몸을 손상시키거나 목숨을 빼앗지는 않지만 인격을 죽이는 형벌입니다. 인의를 실천하는 것이 명예를 더럽힐 뿐이라는 맥락입니다. 본래 인

의를 실천하면 명예를 얻기 마련이지만, 여기서는 인의를 실천하는 것은 사실 명예를 얻기 위해 거짓을 저지르는 것이기 때문에 도리어 명예를 해친다고 지적했다는 점에서 역설적입니다. 시비도 마찬가지입니다. 시비라는 것은 본래 옳고 그름을 가르는 것이기 때문에 칼로 사물을 베는 것과 유사한 점이 있습니다. 그래서 시비를 가지고 코를 벤다고 풍자한 것입니다. 한 번 잃은 명예는 회복할 수 없고, 시비로 인해 얻은 상처는 아물기가 어렵습니다. 때문에 그런 상태로는 멋대로 소요하고 내키는 대로 행동하면서 도의 세계에 노닐 수 없다는 겁니다. 그러니 나를 찾아와봤자 아무 소용이 없다는 게 허유의 이야기입니다. 이쯤에서 이야기가 끝날 만한데 의이자가 다시 이야기하면서 대화가 이어집니다. 이런 연결은 마치 〈덕충부〉 편 〈3장〉에서 절름발이 숙산무지가 공자를 찾아갔다가 거절당한 뒤에 발보다 더 중요한 것이 남아 있다고 이야기하면서 공자가 다시 대화하는 구조와 비슷합니다.

의이자가 말했다.

"비록 그러하나 저는 울타리 언저리에서라도 노닐고자 합니다."

허유가 말했다.

"그렇지 않다. 눈이 어두운 사람은 눈썹과 눈과 얼굴빛의 아름다움을 감상할 수 없으며, 눈이 보이지 않는 사람은 청색과 황색, 그리고 흰색과 검은색의 무늬로 이루어진 아름다운 구경거리를 감상할 수 없는 법이다."

의이자가 말했다.

"무장(無莊)이 아름다움을 버린 것, 거량(據梁)이 힘을 버린 것, 황제가 지식을 잊어버린 것은 모두 조물자에 달려 있었을 뿐입니다. 어찌 조화자가 저에게 새겨진 먹물을 지우고 베인 코를 다시 붙여 저로 하여금 온전한 몸을 갖추게 해 선생을 따르게 하지 않으리라고 확신할 수 있겠습니까?"

허유가 말했다.

"아! 그건 아직 알 수 없구나. 내 그대를 위해 대략을 말해주겠노라. 나의 스승이여! 나의 스승이여! 만물을 만들어내고도 의로운 체하지 아니하며, 은택이 만세에 미쳐도 어진 척하지 아니하며, 가장 오랜 옛날보다도 더 오래되었으면서도 늙은 척하지 아니하며, 하늘을 덮고 땅을 싣고서 온갖 모습을 새기고도 기술이 뛰어난 척하지 않으니, 이것이 자네가 노닐 곳이다."

意而子曰 雖然이나 吾는 願遊於其藩하노라 許由曰 不然하니라 夫盲者는 無以與乎眉目顔色之好하며 瞽者는 無以與乎青黃黼黻之觀이니라 意而子曰 夫無莊之失其美와 據梁之失其力과 黃帝之亡其知는 皆在鑪捶之間耳니라 庸詎知夫造物者之不息我黥而補我劓하야 使我로 乘成하야 以隨先生邪리오 許由曰 噫라 未可知也로다 我爲汝言其大略호리라 吾師乎여 吾師乎여 䪥萬物而不爲義며 澤及萬世而不爲仁이며 長於上古而不爲老며 覆

載天地하며 刻彫衆形而不爲巧니 此所遊已니라

의이자가 도에 노닐지는 못하더라도 그 언저리에서라도 노닐고 싶다고 이야기하자, 허유가 다시 부정합니다. 그러면서 장님은 아름다운 사물을 감상할 수 없다고 말하는데, 이 대목은 〈소요유〉 편 〈3장〉에 나오는 견오와 연숙의 대화에서 연숙이 "장님은 아름다운 옷 장식을 감상하는 데 끼어 들 수 없고 귀머거리는 아름다운 악기 소리를 감상하는 데 함께 할 수 없다(瞽者無以與乎文章之觀 聾者無以與乎鐘鼓之聲)"고 한 이야기와 같은 맥락입니다. 다만 여기에는 장님만 나오고 귀머거리는 나오지 않는 게 다를 뿐입니다.

그런데 의이자의 대꾸가 재미있습니다. 무장(無莊)과 거량(據梁), 황제(黃帝)의 예를 들면서, 무장이 아름다움을 버리고, 거량이 힘을 버리고, 황제가 지식을 버림으로써 도에 가까이 갔는데, 자신도 인의를 버리면 도에 가까이 갈 수 있지 않겠느냐는 거죠. 무장과 거량은 모두 지어낸 인물로 보입니다. 무장은 꾸미지 않는다는 뜻인 무장식(無莊飾)을 우의(寓意)로 삼아 아름다운 여인이 용모를 꾸미지 않음으로써 소박한 도로 돌아갔다는 비유로 취한 것이고, 거량은 굳세다는 뜻인 강량(強梁)을 우의로 삼아 힘센 사람이 힘을 버림으로써 유약(柔弱)한 도를 터득했다는 비유로 취한 것입니다. 황제의 지식도 마찬가지 맥락입니다. 황제가 지(知)를 버린 이야기는 〈지북유〉 편에 나오는 이야기인데 〈응제왕〉 편을 읽을 때 인용해서 말씀드리겠습니다.

의이자의 이야기를 듣고 허유가 그럴 수도 있겠다고 인정합니다. 그러고는 도에 관해 대략적으로 이야기합니다. 여기서 도는 만물의 창조자이면서 만물을 길러주는 존재로 묘사됩니다. 하늘을 덮고 땅을 싣는다(覆載天地)는 표현이 나오죠. 보통 '천부지재(天覆地載)'라고 하여 하늘이 만물을 덮어주고 땅이 만물을 실어준다고 하는데, 도는 바로 그 하늘과 땅을 떠받쳐주는 존재라는 겁니다. 그러니 하늘과 땅이 소종(小宗)이라면 도는 대종(大宗)이라 할 수 있습니다. 그런 맥락에서 앞서 허유가 "나의 스승이여! 나의 스승이여(吾師乎 吾師乎)!" 하고 부르는 대상이 바로 '대종사'라고 말씀드렸던 겁니다.

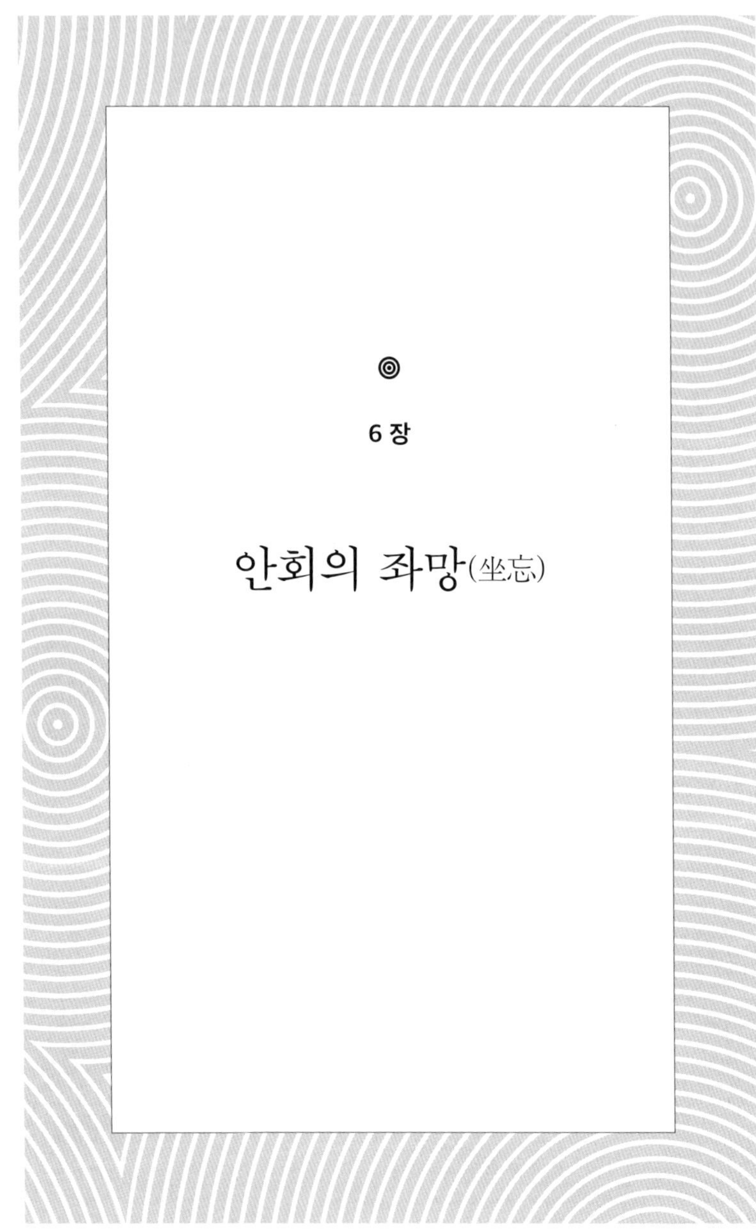

◎

6 장

안회의 좌망(坐忘)

인의와 예악을 모두 잊다

안연이 또 등장합니다. 앞서 〈인간세〉 편이나 이 편의 다른 이야기에서는 공자가 안회를 가르쳐주는 내용이었는데, 여기서는 반전이 일어납니다. 마지막에 공자가 이제 내가 너를 따라 배우겠다고 말합니다. 장자가 안회를 공자보다 더 높은 경지에 도달했다고 설정한 것입니다. 공자가 가장 아끼던 제자가 안연인데 그 안연으로 하여금 공자보다 더 높은 위치에 있도록 이야기를 지어냈으니 어찌 보면 장자가 고약한 심보를 가졌다 싶지만 또 달리 보면 장자에게는 공자의 위상이 넘기 힘든 벽으로 여겨질 만큼의 콤플렉스로 작용하지 않았나 싶습니다. 어떤 대화가 오가는지 읽어보겠습니다.

안회가 말했다.
"저는 더 나아갔습니다."
중니가 말했다.
"무엇을 말하는 것이냐?"
안회가 말했다.

"저는 인의를 잊어버렸습니다."

중니가 말했다.

"괜찮지만 아직 멀었다."

다른 날 뵙고 말했다.

"저는 더 나아갔습니다."

중니가 말했다.

"무엇을 말하는 것이냐?"

안회가 말했다.

"저는 예악을 잊어버렸습니다."

중니가 말했다.

"괜찮지만 아직 멀었다."

다른 날 뵙고 말했다.

"저는 더 나아갔습니다."

중니가 말했다.

"무엇을 말하는 것이냐?"

안회가 말했다.

"저는 좌망(坐忘)했습니다."

중니가 깜짝 놀라 말했다.

"좌망이 무엇이냐?"

안회가 말했다.

"온 몸을 다 버리고, 총명을 물리치고 육체를 떠나 지각을 없애서 대통(大通)과 같아졌을 때, 이것을 좌망이라 합니다."

중니가 말했다.

"대통의 세계와 같아지면 좋아하고 싫어하는 것이 없게 되며, 대통의 세계와 함께 변하면 집착이 없게 되니, 너는 과연 현명하구나. 나는 너의 뒤를 따르고자 한다."

顔回曰 回는 益矣로이다 仲尼曰 何謂也오 曰 回는 忘仁義矣로이다 曰 可矣나 猶未也로다 他日에 復見하야 曰 回는 益矣로이다 曰 何謂也오 曰 回는 忘禮樂矣로이다 曰 可矣나 猶未也로다 他日에 復見하야 曰 回는 益矣로이다 曰 何謂也오 曰 回는 坐忘矣로이다 仲尼 蹵然曰 何謂坐忘고 顔回曰 墮(휴)肢體하며 黜聰明하야 離形去知하야 同於大通할새 此謂坐忘이니이다 仲尼曰 同則無好也요 化則無常也니 而는 果其賢乎인저 丘也는 請從而後也호리라

안연이 묻고 공자가 대답하는 식으로 대화가 이어지는데, "괜찮지만 아직 멀었다〔可矣 猶未也〕"는 식의 대화는 《논어》에서 공자가 제자들과 대화할 때 자주 쓰는 화법입니다. 공자는 늘 제자들에게 한 걸음 더 나아가도록 요구합니다. 예로 자공이 가난하면서도 아첨하지 않고, 부유하면서도 교만하지 않으면 어떻습니까〔貧而無諂 富而無驕 何如〕? 하고 묻자 공자가 "괜찮지만, 가난하면서도 즐기고 부유하면서도 예를 좋아하는 것만 못하다〔可也 未若貧而樂 富而好禮者也〕"고 이야기한 것을 들 수 있습니다. 여기서 안연과의 대화에서도 비슷한 화법이 계속 나옵니다. 이런 걸 보면 장자가 《논어》를 정독한 것이 틀림없습니다.

그런데 안연이 먼저 인의를 잊어버렸다고 말하자 공자가 괜찮다고 인정해주면서 더 높은 경지가 있는 것처럼 이야기합니다.《논어》에서 공자가 인에 대해 이야기한 것이 무려 108차례 나올 만큼 인을 최고의 가치로 여겼고, 의는 인만큼은 아니지만 스물한 차례나 나오고, 또 군자가 추구하는 가치로 강조했습니다. 그러니 안연이 인의를 잊어버렸다고 하니 공자가 선뜻 동의하기 어려울 법하지만, 여기서는 그걸 당연한 것처럼 받아들이고 있습니다. 공자의 입을 빌려서 공자가 최고의 가치로 추구했던 인의를 부정하게 한 셈이니 이 또한 장자가 고약하다 아니할 수 없습니다.

하지만 달리 생각하면 공자가 기꺼이 이런 생각에 동의할 수 있다고 봅니다. 인의를 잊어버렸다고 이야기할 수 있는 사람은 인의를 체득한 사람이라야 가능하기 때문입니다. 인의를 체득한 사람은 인의를 더 이상 추구할 가치로 삼지 않아도 됩니다. 자기 몸에 이미 배어 있으니까요. 그러니 인의를 잊어버릴 수 있습니다.

〈인간세〉 편을 읽을 때 말씀드렸지만《노자》를 주석한 왕필이 "공자는 무(無)를 체득한 사람이기 때문에 무를 말하지 않았고 노자는 무를 체득하지 못했기 때문에 늘 무를 말했다"고 한 것도 같은 맥락으로 이해할 수 있습니다. 사실 왕필이 주석한《노자》는 '왕필의 노자'이지 '노자의 왕필'이 아닙니다. 곽상의《장자주》도 마찬가지입니다. 그래서《장자》보다 곽상이 더 어렵다고 이야기합니다. 두 사람 모두 노자와 장자를 자기 방식대로 새롭게 해석한 거죠. 노자나 장자가 각각 왕필과 곽상을 만나면 "이 친구는 도대체 뭐야?" 하고 고개를 갸우뚱하지 않을까 싶어요.

안연이 다른 날 다시 공자를 뵙고 예악을 잊어버렸다고 이야기합니다. 인의에 비해 예악은 좀 더 구체적인 덕목입니다. 인의를 잊어버리고 인간 세상에 살 수 있을지 몰라도 예악을 잊어버리고 살기는 힘듭니다. 왜냐하면 세상 사람들과 소통하고 교류를 하려면 예악과 형벌을 몰라서는 안 되겠죠. 게다가 예악을 지키지 않으면 비난받고, 형벌을 범하면 목숨이 위험해집니다. 그런데 그걸 넘어섰다는 겁니다. 그런데도 공자의 대답은 달라지지 않습니다. 그저 괜찮지만 아직 멀었다고 이야기합니다.

그 뒤 안연이 또 공자를 뵈었는데, 이번에는 좌망했다고 이야기합니다. 좌망(坐忘)이란 앉아서 모든 것을 잊어버렸다는 뜻으로 〈인간세〉 편에 나왔던 좌치(坐馳)와 정반대 개념입니다. 좌치는 몸은 가만히 앉아 있지만 마음이 말이 달리는 것처럼 이리저리 치닫는다는 뜻입니다. 안회가 구체적으로 이야기하는 좌망은 사지백체(四肢百體)를 다 버리고, 총명(聰明)을 물리치고 육체를 떠나 지각(知覺)을 없애서 대통(大通)과 같아지는 겁니다. 이 말의 핵심은 공자가 이어서 "대통의 세계와 같아지면 좋아하고 싫어하는 것이 없게 되며, 함께 변하면 집착이 없게 된다"고 이야기하고 있는 것처럼 무차별의 경지에 도달했다는 뜻입니다. 사지백체와 총명은 육체의 기능을 통한 인간의 지각 능력을 가리키는 것이고, 대통은 그런 육체의 기능을 넘어서야 도달할 수 있는 경지라는 거죠. 동어대통(同於大通)의 동(同)과 화즉무상(化則無常)의 화(化)는 동화(同化)라는 낱말을 나누어서 앞뒤 구에 배치한 것이므로 동도 화도 모두 동화의 뜻으로 보는 것이 정확합니다.

본래 통(通) 자는 甬(용)과 辶(착)이 합쳐진 글자로 작은 길과 큰 길이 만나는 곳을 의미합니다. 어디로든 갈 수 있는 길, 어디에나 통할 수 있는 도를 뜻합니다. 그래서 무차별일 수밖에 없습니다. 무차별의 세계에서 보면 만물만사가 다 같으니까 특정의 사물을 사사로이 좋아하는 일이 없는 겁니다.

말미에 공자가 이제 내가 너를 따르겠다고 이야기하는데, 앞서 말씀드린 것처럼 공자의 입을 빌려서 안연을 공자보다 더 높은 위치로 끌어올린 겁니다. 공자로 하여금 그 이야기를 하게 했다는 데 주목할 필요가 있습니다. 공자가 그렇게 이야기하게 하지 않으면 아마 세상 사람들이 들은 체도 않을 겁니다. 장자는 결국 공자가 필요한 거죠. 공자를 통하지 않고는 무슨 이야기를 못하는 겁니다. 《삼국유사》에 보면 일연이 뛰어난 고승을 이야기할 때마다 늘 원효를 등장시킵니다. 곧 어떤 사람이 원효보다 더 뛰어나다고 얘기하는 식인데, 그 이야기를 하는 사람이 바로 원효입니다. 결과적으로는 원효의 위상을 확인해준 것이지요.

이런 이야기 때문에 장자가 공자의 제자 안연 계열의 인물이라는 주장이 나오게 된 겁니다. 장태염이나 곽말약 같은 학자들이 장자의 출신을 두고 유가유래설(儒家由來說)을 주장한 것도 이런 데서 착안한 것입니다.

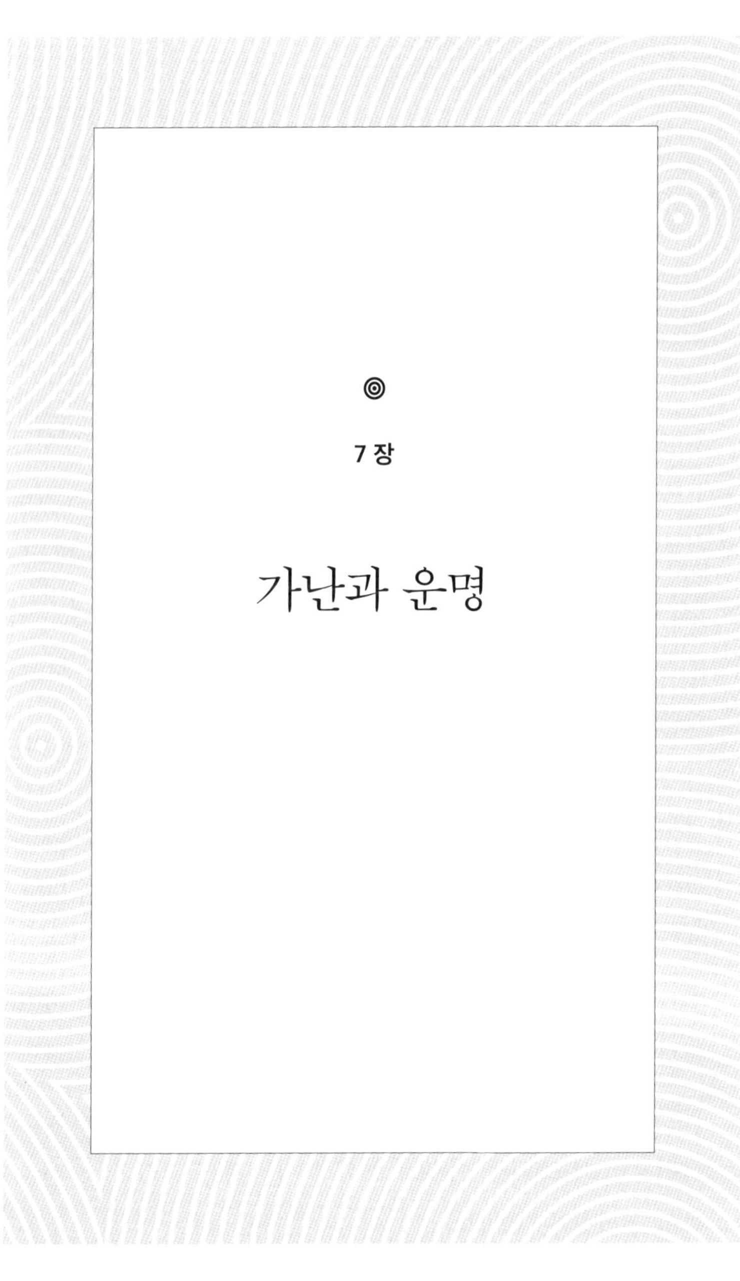

7 장

가난과 운명

나를 가난하게 한 자 누구인가

앞에 나왔던 각기 다른 두 이야기의 주인공이 또 다른 이야기에서 만났습니다. 자여는 이 편 〈3장〉에서 자사, 자리, 자래와 막역지우(莫逆之友)를 맺었던 곱사등이고, 자상 역시 〈3장〉에서 맹자반, 자금장과 더불어 막역지우였던 사람이죠. 모두 합치면 일곱 명인데, 이들이 모두 같은 세계관을 가진 친구 사이였을 거라고 추정할 수 있습니다. 이번 이야기의 주제는 가난입니다.

> 자여가 자상과 벗으로 사귀었다. 장맛비가 열흘 동안 내리자, 자여가 "자상이 아마도 배가 고파 병에 걸렸을 것이니 밥을 싸 가지고 가서 먹여야겠다"고 하고는 자상의 집 문 앞에 이르렀는데, 마치 노래하는 듯 곡하는 듯 거문고를 타며 이렇게 읊는 소리가 났다.
> "아버지 탓인가? 어머니 탓인가? 하늘 탓인가? 사람 탓인가?"
> 그러고는 그 소리를 이기지 못하고 시를 곡조에 맞지 않게 빨리 주워섬기고 있었다.

자여가 들어가서 말했다.

"그대가 시를 노래함이 어째서 이와 같은가?"

자상이 말했다.

"내가 누가 나를 이 지경에 이르게 했는지 생각해봤지만 알 수 없었다. 부모님이 어찌 내가 가난하기를 바랐겠으며, 하늘은 사사로이 덮어줌이 없고, 땅은 사사로이 실어줌이 없으니 하늘과 땅이 어찌 사사로이 나를 가난하게 할 리가 있겠는가? 그래서 나를 이렇게 만든 존재를 생각해보았지만 알 수 없었다. 그렇다면 내가 이 지경에 이르게 된 것은 운명일 것이다."

子輿 與子桑으로 友러니 而霖雨十日이어늘 子輿曰 子桑이 殆病矣로다 裹飯而往食之호리라하고 至子桑之門하니 則若歌若哭하야 鼓琴曰 父邪아 母邪아 天乎아 人乎아하고 有不任其聲而趨擧其詩焉하더라 子輿入曰 子之歌詩 何故若是오 曰 吾思夫使我로 至此極者호대 而弗得也호니 父母豈欲吾貧哉시며 天無私覆하고 地無私載하시니 天地豈私貧我哉리오하야 求其爲之者而不得也호니 然而至此極者는 命也夫인저

장맛비가 열흘 동안 내리자 자여가 자신의 친구 자상이 병들었겠다고 걱정하여 밥을 싸 가지고 갑니다. 자상은 끼니를 잇기 어려울 정도로 가난했나 봅니다. 자상의 집에 당도해보니 안에서 거문고를 타면서 마치 흐느끼는 듯 원망하는 노래가 들려옵니다. 원망

의 대상이 아버지, 어머니, 하늘과 사람입니다. 그런데 힘이 부쳐 노래 가사를 정확하게 발음하지 못하고 대충대충 넘어갑니다. 자여가 들어가서 어찌된 일이냐고 묻자, 자상이 이야기합니다. 자신이 이렇게 가난하게 된 까닭을 따져보았는데, 자신을 사랑하는 아버지 어머니가 그럴 리도 없고, 사심이 없는 하늘과 땅이 그럴 리도 없으니 아무래도 운명인 모양이라고 이야기하죠. 가난을 운명으로 알고 받아들인다는 이야기인데, 당나라의 성현영은 "나를 이 지경에 이르게 한 것은 모두 나에게 부여된 명이니 또 무슨 애석함이 있겠는가(使我至此窮極者 皆我之賦命也 亦何惜之有哉)" 하고 점잖게 풀이했지만 자본주의 사회에 살고 있는 지금의 우리로서야 도무지 이해할 수 없는 태도입니다.

가난을 운명으로 여기는 태도는 《논어》에도 보입니다. 공자가 안연과 자공을 논평하면서 "회(안연)는 도에 가까웠지만 쌀독이 자주 비었고, 사(자공)는 타고난 운명을 받아들이지 않고 장사를 해서 부자가 되었는데, 헤아리면 자주 적중했다(回也 其庶乎 屢空 賜不受命而貨殖焉 億則屢中)"고 했죠. 안연은 가난하게 태어난 운명을 그대로 받아들였고, 자공은 그렇게 하지 않고 재물을 모았다는 건데, 공자는 가난한 제자 안연을 극진히 사랑한 반면 자공은 늘 견제합니다. 우리가 보기에 자공이 뛰어난 제자인데 공자의 생각은 달랐던 모양입니다.

후세에도 가난을 운명으로 받아들이는 이야기가 많이 전합니다. 당나라의 문장가 한유는 주로 묘지명(墓誌銘)을 써주고 먹고 살았는데 수입이 일정치 않아서 늘 가난에 시달렸습니다. 가난에서 벗어나고 싶었지만 할 줄 아는 게 글 짓는 것밖에 없었던 한유는 가난을 물리치는 글을 짓는데, 그게 바로 〈송궁문(送窮文)〉입니다. 궁귀를 물리치는 글이라는 뜻이죠. 일찍이 한유는 강남 지방에 악어가 자주 출몰하여 백성들을 해치자 악어를 물리치는 〈악어문(鰐魚文)〉을 지어서 효과를 본 적이 있습니다. 그래서 가난도 통할 줄 알고 글을 짓는데, 가난 귀신(窮鬼)에게 썩 물러가라는 내용입니다. 그런데 이게 재미있는 게 궁귀가 글 속에 나타나 한유에게 따집니다. 모든 사람이 너를 떠났을 때 나만은 너를 떠나지 않고 끝내 곁에 있어주었는데, 어떻게 네가 이제 와서 나를 배신할 수 있느냐고요. 할 말이 없어진 한유는 가난 귀신과 함께 살기로 작정했다고 글을 마무리 합니다. 말 못하는 악어에게도 통했던 문장이 가난 앞에서는 소용이 없었던 거죠.

18세기 문장가 이덕무도 가난과 관련된 일화를 전합니다. 서출이라서 가혹한 신분 차별과 지독한 가난에 찌들었던 이덕무는 누이동생이 굶어 죽는 비극을 당하는데, 본인의 처지도 비슷했습니다. 정조가 임금이 되면서 규장각 검서관이 되었지만 박봉으로 살아가기가 어려웠던 것은 매한가지였습니다. 이덕무를 아꼈던 임금 정조가 도와주면 될 텐데, 정조의 말이 가관입니다. '가난은 선비의 재산'이라 했거든요. 제가 처음 그 이야기를 읽었을 때 정말 분노하지 않을 수 없었습니다. 자기가 임금이라고 아랫사람 힘든 줄 모른다는 생각도 나고요. 하지만 생각하면 생각할수록 '가난은 선비의 재산'이라는 말만은 맞는 말이다 싶습니다. 사마천의 《사기》가 치욕과 발분의 소산물이라면 이덕무의 글은 가난의 소산물이라 해도 지나치지 않기 때문입니다. 만약 이덕무가 호의호식했다면 지나가는 거렁뱅이나 어린아이들이 하는 이야기가 귀에 들어올 리 만무하고, 거미가 줄치는 모습이 보일 리가 없거든요. 지금 생각해도 정조의 말이 야속하기는 마찬가지지만 '가난은 선비의 재산'이라는 말은 부정할 수 없을 것 같습니다.

'응제왕'을 그대로 풀이하면 제왕의 물음에 응답한다는 뜻입니다. 그런데 당나라의 주석가 최선이나 송나라의 주석가들 모두 '응제왕'을 응당 제왕이 되어야 할 사람이라는 뜻으로 풀이했습니다. 그럼 응당 제왕이 되어야 될 사람들이 누구냐, 바로 〈응제왕〉 편에 나와 있는 초나라의 미치광이 접여처럼 세속 바깥에서 노니는 사람이라는 거죠. 그런데 중국의 관봉(關鋒)이라는 학자가 '응제왕'을 '제왕에게 응답하는 이야기'라고 풀이했는데, 글자 그대로 보면 이게 훨씬 설득력이 있습니다.

제7편 ◎ 응제왕 應帝王

◎

1장

제왕의 물음에 답하다

모른다는 대답을 듣고 기뻐하다

《장자》〈내편〉의 마지막인 〈응제왕〉 편입니다. 편 이름을 그대로 풀이하면 제왕의 물음에 응답한다는 뜻입니다. 당나라의 주석가 최선이나 송나라의 주석가들 모두 '응제왕'을 응당 제왕이 되어야 할 사람이라는 뜻으로 풀이했습니다. 응당 제왕이 되어야 될 사람들이 누구냐, 바로 〈응제왕〉 편에 나와 있는 초나라의 미치광이 접여처럼 세속 바깥에서 노니는 사람이라는 거죠.

중국의 관봉(關鋒, 관펑, 1919~2005)이라는 학자가 '응제왕'을 '제왕에게 응답하는 이야기'라고 풀이했는데, 글자 그대로 보면 이게 훨씬 설득력이 있습니다. 관봉은 중국의 문화혁명을 주도했으며 극좌파로 분류되는 학자로 장자를 무기력한 지식인의 전형으로 보고 격렬하게 비판한 적이 있습니다. 시야가 넓은 학자인 것 같지는 않습니다.

아무튼 관봉의 견해에 따르면 장자가 제왕들이 나라를 다스리는 도리를 물었을 때 바로 이런 식으로 대답했을 것이라는 맥락으로 이해할 수 있는데, 상당히 그럴싸합니다. 제왕들이 뭘 묻겠습니까. 모두 천하 또는 나라를 다스리는 도리를 묻는 거죠. 장자의 대답은 물론 나라를 다스리려고 하지 않으면 다스려진다는 것일 테고요. 그러면 장자의 우언에 걸맞는 대꾸가 되는 거죠. 나라를 어떻게 다스려야 하느냐고 물으니까 바로 나라를 자꾸 다스리려고 하는 그 생각이 문제라고 지적하는 거죠.

제왕(帝王)이라고 했는데 제(帝)가 있고, 왕(王)이 있고 패(覇)가 있죠. 맹자에 따르면 왕은 이덕행인(以德行仁), 즉 덕으로 인정을 베푸는 사람이고, 이력가인(以力假仁), 곧 물리적인 힘으로 인을 가장하는 게 패입니다. 폭력으로 다스리는 패가 가장 낮은 수준의 정치라 하겠는데 맹자는 당시의 제후들은 패만도 못하다고 비판했습니다. '지금의 제후들은 오패의 죄인이고, 오패는 삼왕의 죄인'이라고 했으니까요. 맹자가 제(帝)를 따로 규정하지는 않았지만 요와 순이 제에 해당하니까 맹자는 왕과 제를 다같이 높이 평가했다고 할 수 있습니다.

'응제왕'을 제왕에게 응답하는 것으로 이해하는 것은 좋은데 이게 실제 있었던 것처럼 이야기하면 곤란합니다. 어디까지나 우언이니까 가정해서 하는 말로 이해해야죠. 서두에서도 말씀드렸습니다만 장자 같은 사람은 혜시같이 비현실적인 주장을 하다가 쫓겨난 사람조차 쓸모가 없다고 했을 정도로 쓸모없는 철학자인데 그런 사람을 제왕들이 부를 리가 없거든요. 하지만 장자의 이야기는 우언이니까, 만약 제왕들이 불러서 천하를 다스리는 방도에 대해서 묻는다면 이렇게 대답했을 것이라는 장자의 생각이 이 편에 실려 있다고 생각하면 됩니다. 이런 맥락으로 이해하면《장자》〈응제왕〉편 일곱 개 장을 모두 무리 없이 이해할 수 있습니다.

> 설결이 왕예에게 물으며, 네 번 물었는데 네 번 다 모르겠다고 했다. 설결이 그로 인해 뛸 듯이 크게 기뻐하여, 포의자에게 가서 그 이야기를 일렀다. 포의자가 말했다.
> "그대는 이제 비로소 그것을 알았는가. 유우씨도 태씨에게는 미치지 못했다. 유우씨는 그래도 인(仁)을 간직하여 사람들을 불러 모았으니 또한 사람들을 얻었지만, 애초에 사람이 아닌 경지로 나아가지는 못하였다. 태씨는 누워 잠잘 때는 느긋했고, 깨어 있을 때는 어수룩하여, 어느 때에는 자기를 말(馬)로 여기고 어느 때에는 자기를 소(牛)라 여겼다. 그의 앎은 믿을 만했으며, 그의 덕은 참으로 진실하였으니 애초부터 사람이 아닌 경지로 들어가려 하지 않았다."
> 齧缺이 問於王倪하야 四問而四不知라한대 齧缺이 因躍而大喜하야 行以告蒲衣子한대 蒲衣子曰 而乃今에 知之乎인저 有虞氏는 不及泰氏하니라 有虞氏는 其猶藏仁하야 以要人하니 亦得人矣니 而未始出於非人이어니와 泰氏는 其臥에 徐徐하고 其覺에 于于하야 一以己爲馬하며 一以己爲牛하야도 其知情信이며 其德甚眞하니 而未始入於非人하니라

설결은 나이가 아주 많은 사람이겠죠. 설결(齧缺)은 이가 거의

없다는 뜻이기 때문입니다. 그에 비해 왕예(王倪)는 어린이처럼 왕성한 사람이라는 뜻이니 어린아이처럼 천진난만한 사람이라는 우의가 담겨 있습니다. 그런데 가만히 맥락을 더듬어보면 왕예의 나이가 더 많을 수도 있습니다. 모든 걸 버리고 돌아간 사람, 그래서 아주 어린아이처럼 되어버린 사람이니까요.

설결이 왕예에게 네 번 물었는데 왕예가 네 번 다 모른다고 합니다. 뭘 물었을까요? 〈응제왕〉 편 전체의 맥락을 보면, 아마 천하를 다스리는 법에 대해서 물었을 겁니다. 그런데 네 차례 물었는데 네 번 다 모른다고 합니다. 그러니까 설결이 좋아해요. 모른다고 하니까 그걸 보고, 뛸 듯이 크게 기뻐합니다.

저도 누군가가 물을 때 모르면 모른다고 합니다. 모르는 게 많으니 모른다는 대답을 자주할 수밖에 없는데, 설결처럼 기뻐하는 경우는 아직 보지 못했습니다. 질문을 했는데 답을 얻지 못했으니 안 좋아하죠. 우리는 물어서 대답을 얻어야 기뻐하는데 설결은 대답을 얻지 못하자 기뻐합니다.

앞서 짧게 말씀드린 적이 있습니다만 〈지북유〉 편에 보면 지(知)가 북쪽으로 놀러 갔다가 무위위(無爲謂)를 만나 도에 대해 묻습니다. 그런데 세 차례 물었지만 무위위가 대답을 못합니다. 대답을 못하는 게 아니라 대답이 뭔지를 모르는 게 무위위거든요. 무위위란 문자 그대로 말할 줄을 모른다는 뜻입니다. 지가 실망해서 이번에는 다시 광굴(狂屈)을 찾아가 묻습니다. 그런데 광굴이 대답해주겠다고 하고선 하려던 말을 잊어버립니다. 중욕언이망기소욕언(中欲言

而忘其所欲言), 말해주려고 하다가 중간에 말하려던 것을 잊어버렸다고 합니다. 이번에도 답을 얻지 못합니다. 할 수 없이 황제를 찾아가 물었더니 황제가 도에 대해서 이야기해줍니다. 답을 얻은 지가 기뻐하면서 나와 당신은 도를 알고, 저들 무위위와 광굴은 도를 모른다고 말하죠. 그러자 황제는 무위위야 말로 도를 제대로 아는 사람이고, 광굴은 도에 가까이 간 사람이고, 너와 나는 도를 모른다고 이야기합니다.

그렇다면 설결은 답을 얻지 못하고 기뻐했으니 〈지북유〉 편의 지보다 한 걸음 더 도에 가까이 다가간 사람이라 할 수 있습니다. 설결은 왕예로부터 대답을 듣지 못하고서는 자신의 스승인 포의자에게 달려가 그 이야기를 전합니다. 포의자(蒲依子)의 포는 부들입니다. 왕골이라고도 하는데, 갈대와 비슷하게 물가에 자라며 가운데 핫도그처럼 생긴 붉은 술이 달렸습니다. 그런 왕골로 옷을 지어 입은 사람이라는 뜻입니다.

설결의 이야기를 들은 포의자는 뜬금없이 유우씨와 태씨 이야기를 하면서 유우씨가 태씨에게 미치지 못했다고 말합니다. 그 이유로 유우씨는 인을 간직해서 사람들을 불러 모은 반면, 태씨는 어수룩하게 살면서 자신을 말(馬)이나 소(牛)로 여긴 사람이었는데, 그의 앎은 믿을 만했고, 덕은 진실했으며 애초부터 사람이 아닌 비인(非人)의 경지를 목적으로 삼지 않았다고 합니다.

유우씨(有虞氏)에서 유우는 순임금이 다스린 나라, 우(虞)나라입니다. 그래서 순임금을 우순(虞舜)이라고 하죠. 유(有) 자는 나라 이름 앞에 붙이는 조사입니다. 태씨(泰氏)는 태호 복희씨를 말하는데 복희씨는 신농씨, 황제씨와 함께 삼황으로 불리는 사람입니다. 삼황에 관한 기록은 대부분 한나라 이후에 만들어진 문헌에 나오기 때문에 그 이전에 기록된《장자》를 이해하는 데 큰 도움이 안 됩니다. 그냥 순임금보다 훨씬 오래 전에 세상을 다스렸던 태호 복희씨의 이야기 정도로 이해하면 됩니다.

순임금은 인(仁)을 간직하고 있었기 때문에 인을 추구하는 사람들이 그에게 몰려옵니다.《맹자》에도 "순임금은 만사에 밝았고 인륜을 잘 살폈으니 인의를 따라 갔을 뿐이지 인의를 억지로 실행하지 않았다(舜明於庶物 察於人倫 由仁義行 非行仁義也)"고 기록하고 있습니다. 순임금은 인의가 자기에게 없는데 억지로 인의를 실천하려 했던 사람이 아니라, 인을 자기가 가지고 있었기 때문에 인의를 따라서 그냥 갔다는 이야기입니다. 그런데 여기서 포의자는 그런 순임금이 비인(非人)의 경지로 나아가지는 못했다고 이야기합니다. 인의는 인간의 도리이니까 비인(非人)의 경지는 인의를 버리는 것으로 이해할 수 있습니다. 따라서 비인의 경지는 순임금보다 높은 경지입니다. 태씨는 자신을 소나 말로 여겼다고 했는데, 이게 비인의 경지, 곧 자연의 경지를 비유한 것입니다. 태씨는 비인의 경지를 체득하고 있기 때문에 비인의 경지로 나아가는 것이 목적이 될 수 없습니다.

따라서 도와 가까운 순서대로 말하자면 태씨가 앞서고 순임금은 그보다 두 단계 아래라고 할 수 있습니다. 말씀드린 것처럼 인의는 사람의 도리입니다. 이것을 추구하는 사람은 인의를 목표로 삼아 나아가는 경지이고, 순임금은 인의를 체득한 사람에 해당합니다. 체득하면 인의를 목적으로 삼지 않겠죠. 사람들은 자기에게 없는 것을 목표로 삼으니까요. 거기서 한 걸음 더 나아가면 사람이 아닌 경지, 곧 인의를 잊어버린 경지, 비인(非人)의 경지가 되는 거죠. 거기서 한 걸음 더 나아가면, 비인의 경지를 목적으로 삼아 나아가려고도 하지 않는 경지, 인의를 체득한 순임금보다 두 단계 높은 경지의 사람이 되는 건데 태씨가 바로 그 사람입니다. 왕예는 인간의 지(知)를 완전히 버린 사람이므로 태씨와 동등한 수준에 이른 사람이 되는 겁니다. 설결이 기뻐한 이유는 바로 인간의 지를 버려서 비인의 경지를 터득한 사람, 곧 자연의 도를 터득한 사람을 만났다고 생각했기 때문인 거죠. 〈응제왕〉 편의 취지에 맞춰서 이 대목의 결론을 내리자면 천하를 다스리는 제왕은 말이나 지식이 아니라 무위와 무지로 다스려야 한다는 것이 장자의 뜻이라 할 수 있습니다.

◎

2 장

접여, 무명인, 노담의 이야기

천하를 다스리려고 하지 않으면 천하가 다스려질 것이다

〈2장〉에는 먼저, 견오와 접여, 다음으로 천근과 무명인, 마지막으로 양자거와 노담의 대화가 실려 있습니다. 〈소요유〉 편에서 견오가 연숙에게 이야기하기를 자신이 접여의 이야기를 들었는데 상식과 크게 차이가 있어서 사람들의 생각(人情)과 비슷하지도 않았다고 이야기하면서 접여가 한 말을 미친 소리로 여겨 듣지 않았다고 한 적이 있습니다. 그 미친 소리 중의 한 대목이 여기에 소개된 것으로 보입니다. 천근과 무명인은 여기에 처음이자 마지막으로 나오는데, 무명인은 단순히 이름 없는 사람이 아니라 명예를 버린 사람으로 이해하는 것이 적절합니다. 마지막 이야기에서는 양자거가 노담의 제자로 나오는데, 명왕의 다스림에 대해 묻자 노담이 명왕의 다스림은 아무리 큰 공을 세워도 자기를 드러내지 않고 아무것도 없는 곳에 노닌다고 대답합니다. 따라서 이들은 모두 〈소요유〉 편에 나온 지인(至人)·신인(神人)·성인(聖人)이 구체화된 인물로 보입니다. 이 세 이야기를 묶어서 읽겠습니다.

견오가 미치광이 접여를 만났는데, 미치광이 접여가 이렇게 물었다.

"지난날 중시(中始)는 그대에게 무엇을 일러주던가?"

견오가 대답했다.

"저에게 이르되 '임금으로 남을 다스리는 자가 자기 스스로 마땅한 법식과 올바른 법도를 실천하면 사람들이 누가 감히 따르고 교화되지 않겠는가' 했습니다."

미치광이 접여가 말했다.

"그런 덕은 속임수다. 그런 것으로 천하를 다스리는 것은 마치 맨발로 바다를 건너고 맨손으로 강물을 퍼내서 길을 내며 모기로 하여금 산을 짊어지게 하는 것과 같다. 성인의 다스림이 바깥을 다스리는 것이겠는가? 자기를 바로 세운 뒤에 행하여 자기가 잘할 수 있는 일을 분명하게 할 뿐이다. 또한 새는 높이 날아 주살의 해를 피하고, 생쥐는 신단 아래를 깊이 파서 연기를 피우거나 파헤쳐지는 재앙을 피하는데 그대는 어찌 고작 이 두 벌레의 지혜도 알지 못하는가?"

肩吾見狂接輿한대 狂接輿曰 日中始는 何以語女오 肩吾曰 告我호대 君人者 以己로 出經式義度하면 人孰敢不聽而化諸리오 하더라 狂接輿曰 是는 欺德也니 其於治天下也에 猶涉海鑿河며 而使蚉負山也니라 夫聖人之治也는 治外乎아 正而後에 行하야 確乎能其事者而已矣니라 且鳥高飛하야 以避矰弋之害하고 鼷鼠深穴乎神丘之下하야 以避熏鑿之患하나니 而는 曾二蟲之無知아

견오가 접여를 만났는데 접여가 묻습니다. "지난날 중시(中始)는 그대에게 무엇을 일러주던가?" 견오의 스승이 중시였나 봅니다. 중시는 사람 이름일 수밖에 없는데 우의가 분명치 않습니다. 아무튼 견오가 임금은 모름지기 마땅한 법식과 올바른 법도를 실천해야 사람들을 다스릴 수 있다고 전합니다. 그러자 접여가 그런 도리는 속임수라고 비판합니다. 그러고는 비유를 드는데, 그것은 마치 맨발로 바다를 건너고, 맨손으로 강물을 퍼내서 길을 내며, 모기에게 산을 짊어지게 하는 것과 같다고 합니다. 이어서 성인은 바깥을 다스리는 사람이 아니라 자신을 바로 세우고, 자기가 할 수 있는 일을 하는 사람이라고 이야기합니다. 이 대목은 두 가지 맥락으로 이해할 수 있는데, 하나는 사람들로 하여금 그런 도리를 실천하게 하는 것은 모기에게 산을 짊어지게 하는 것처럼 도저히 불가능한 일을 요구하는 것이라는 뜻으로 이해할 수 있습니다. 또 하나는 그런 속임수로 천하를 다스리려고 하면 역부족일 뿐 아니라 재앙을 부른다는 뜻으로도 이해할 수 있습니다. 새와 생쥐의 비유를 보면 뒤의 이야기가 좀 더 가깝습니다. 접여가 새는 높이 날아 주살의 해를 피할 줄 알고, 생쥐는 신단 아래를 깊이 파서 연기를 피우거나 파헤쳐지는 재앙을 피할 줄 안다고 이야기하면서 그대는 어찌 고작 이 두 벌레의 지혜도 알지 못하느냐고 질책합니다. 결국 섣부르게 올바른 도리를 실천해서 천하를 다스리려고 하면, 자기가 희생당할 뿐이라는 비유로 이해할 수 있습니다.

천근이 은산의 남쪽에서 노닐었는데, 요수 물가에 이르러 마침 무명인(無名人)을 만나 이렇게 물었다.

"천하를 다스리는 일에 대해 여쭙습니다."

무명인이 대답했다.

"물러가라. 그대는 생각이 얕은 사람이다. 물음이 어찌 이다지도 기분 나쁜가. 나는 바야흐로 조물자와 벗이 되었다가 싫증이 나면 또 아득히 멀리 나는 새를 타고 육극(六極)의 밖으로 나가 무하유(無何有)의 고을에서 노닐고 끝없이 넓은 들판에 머물고자 하는데, 그대는 무엇 때문에 천하를 다스리는 일로 나의 마음을 흔드는가?"

천근이 다시 묻자 무명인이 대답했다.

"그대가 마음을 담담한 곳에 노닐게 하고, 기를 적막한 곳에 부합시켜서, 자연스럽게 물(物)을 따라 사사로운 욕심을 용납하지 않으면 천하는 절로 다스려질 것이다."

天根이 遊於殷陽할새 至蓼水之上하야 適遭無名人하야 而問焉하야 曰 請問爲天下하노라 無名人이 曰 去하라 汝는 鄙人也로다 何問之不豫也오 予方將與造物者로 爲人이라가 厭則又乘夫莽眇之鳥하야 以出六極之外하야 而遊無何有之鄉하야 以處壙埌之野하나니 汝는 又何帠以治天下로 感予之心爲오 又復問한대 無名人이 曰 汝 遊心於淡하고 合氣於漠하야 順物自然하야 而無容私焉이면 而天下治矣리라

마지막 이야기의 등장인물은 천근과 무명인입니다. 조연은 천근이고 주인공이 무명인이라 할 수 있겠는데, 제왕의 물음에 답한다는 〈응제왕〉 편의 취지에 비추어보면 무명인은 왕예, 접여와 동렬에 있는 사람이라고 할 수 있습니다. 그런데 왕예는 설결의 스승이고, 접여는 미치광이이고, 그리고 이 이야기의 주인공은 아예 이름이 없는 것을 이름으로 표기한 무명인입니다.

무명인을 그냥 이름 없는 어떤 사람이라고 생각할 수도 있지만, 《장자》의 경우 〈소요유〉 편에 등장하는 지인(至人)·신인(神人)·성인(聖人)이 모두 자기를 버린 사람들로 표현되어 있기 때문에 단순히 이름 없는 사람으로만 이해해서는 우언의 맥락을 놓칠 수 있습니다. 〈소요유〉 편에서 장자가 이야기하는 최고의 가치는 자유라 할 수 있습니다. 그런 자유를 누리기 위해서 자기를 버려야 하고(無己), 공을 버려야 하고(無功), 명예를 버려야 한다(無名)고 이야기했지요. 세 가지 다른 말로 표현하고 있지만 사실 자기(己)라는 말에 다른 두 가지가 포함되어 있습니다. 자기를 버린 사람은 아무것에도 의지하지 않을 수 있습니다. 그런 정신세계에 도달한 사람들이 있느냐는 의심이 들지만 장자는 있다고 이야기했죠. 그리고 이 대목의 무명인 또한 그런 사람들 중 한 사람입니다. 따라서 무명인은 자기와 공로와 명예를 모두 버린 사람으로 이해하는 것이 장자가 이야기하는 우언의 맥락에 부합합니다.

아득히 멀리 나는 새(莽眇之鳥)는 붕새를 연상하게 하고 무하유의 고을(無何有之鄕)과 끝없이 넓은 들판(壙埌之野) 또한 〈소요유〉 편에 나온 표현과 같거나 한두 글자만 다릅니다. 또 천근이 천하를 다스리는 일에 대해 묻자, 기분 나쁜 질문이라고 질책하는 대목도 막고야산의 신인들이 세상일을 하찮게 여기는 대목과 유사합니다. 이런 점을 보아도 이 이야기는 〈소요유〉 편의 취지에 맞춰서 부연한 우언임을 알 수 있습니다.

천근(天根)이라는 이름도 특이합니다. 당연히 실존 인물은 아니고 가공의 인명인데, 하늘의 뿌리라는 뜻이므로 자연의 근원을 의인화한 인물입니다. 이 천근이 무명인 앞에서는 생각이 얕을 뿐 아니라 기분 나쁜 질문을 던지는 비루한 사람으로 그려져 있는 데 풍자의 묘미가 있습니다.

무명인의 이야기를 통해 장자가 하고자 하는 말은 간단합니다. 무명인이 말하기를 "마음을 담담한 곳에 노닐게 하고, 기를 적막한 곳에 부합시켜서, 자연스럽게 물(物)을 따라 사사로운 욕심을 용납하지 않으면 천하는 절로 다스려질 것이다"라고 했지요. 사물을 세상의 질서를 기준으로 차별적으로 대하지 않으면, 천하가 저절로 다스려질 것이라는 건데, 한마디로 천하를 다스리려고 하지 않으면 천하가 다스려질 것이라고 말한 셈입니다.

양자거가 노담을 만나 이렇게 말했다.
"여기 어떤 사람이 있는데, 민첩하고 굳세며, 만물을 잘 꿰뚫어보고 분명히 알며, 도를 배우는 일을 게을리 하지 않습니다. 이같이 하면 명왕(明王)에 견줄 수 있겠습니까?"

노담이 말했다.

"그런 사람은 성인과 견주면 잡일이나 하고 기능에 매이는 자들인지라 몸을 수고롭게 하고 마음을 졸일 뿐이다. 더욱이 호랑이나 표범의 아름다운 무늬는 사냥꾼을 부르고, 원숭이의 민첩함과 살쾡이 잡는 날랜 개는 우리(藉)를 부르는 법이니, 그런 사람을 명왕에 견줄 수 있겠는가."

양자거가 깜짝 놀라 얼굴빛을 고치고 말했다.

"감히 명왕의 다스림에 대해 여쭙습니다."

노담이 대답했다.

"명왕의 다스림은 공로가 천하를 덮어도 자기가 한 일로 여기지 않고, 교화가 만물에 베풀어져도 백성들이 느끼지 못하며, 있어도 그 이름을 일컫는 이가 없고, 만물로 하여금 스스로 기뻐하게 하여, 헤아릴 수 없는 곳에 서서 아무것도 없는 데에 노니는 것이다."

陽子居見老聃하야 曰 有人於此하니 嚮疾強梁하며 物徹疏明하며 學道不勧하나니 如是者는 可比明王乎아 老聃曰 是는 於聖人也에 胥易(이)며 技係라 勞形怵心者也니라 且也虎豹之文은 來田하며 猨狙之便과 執斄(리, 貍)之狗는 來藉하나니 如是者도 可比明王乎아 陽子居蹵然曰 敢問明王之治하노라 老聃曰 明王之治는 功蓋天下而似不自己하며 化貸萬物而民不恃하며 有를 莫擧名이나 使物自喜하야 立乎不測而遊於無有者也니라

양자거(陽子居)와 노담(老聃)의 대화입니다. 양자거는 당 대의 성현영이 "성은 양이고 이름은 주, 자는 자거다(姓陽 名朱 字子居)"라고 한 것처럼 도가 학파로 분류되는 양주(楊朱)라는 설이 유력한데, 이 대목 외에도 양자거가 노담과 이야기를 나누는 내용이 〈우언〉 편에도 나옵니다. 여기에 나오는 내용은 〈천지〉 편에 보이는 공자와 노담의 문답과 비슷합니다.

양자거가 세상에서 높이 평가하는 세 가지 덕목, 민첩하고 굳센 것(嚮疾強梁), 만물을 잘 꿰뚫어 보고 분명히 아는 것(物徹疏明), 부지런히 도를 배우는 것(學道不勸)을 제시하면서 이 정도면 명왕에 견줄 만하지 않느냐고 묻자, 노담이 그런 자는 잡일이나 하는 사람으로 재앙을 불러일으킬 뿐이라고 이야기하면서 명왕의 통치는 자기를 내세우거나 명예를 추구하지 않고 아무것도 없는 데에 노닌다고 대답합니다.

취지가 〈소요유〉 편에서 강조했던 무기(無己), 무공(無功), 무명(無名)과 부합하기 때문에 이 또한 바로 앞선 천근과 무명인의 이야기처럼 〈소요유〉 편을 부연해서 창작한 우언이라 할 수 있습니다. 결국 여기의 명왕(明王)은 〈소요유〉 편의 지인(至人)·신인(神人)·성인(聖人)의 다른 명칭이고, 무기(無己), 무공(無功), 무명(無名)의 정치야말로 명왕의 정치라고 이야기하고 있는 겁니다.

"호랑이나 표범의 아름다운 무늬는 사냥꾼을 부른다(虎豹之文 來田)"는 표현이 나오는데 문(文)은 가죽무늬의 아름다움을 말하고, 래(來)는 초래(招來)한다는 뜻이고 전(田)은 사냥한다는 뜻으로 畋(전)

과 같습니다. 《한비자》 〈유로(喩老)〉 편은 〈해로(解老)〉 편과 함께 가장 오래된 《노자》 해설이라 할 수 있는데, 거기에 보면 적나라 사람(翟人)이 꼬리가 화려한 여우와 검은 표범 가죽을 진나라 문공에게 바치자 문공이 그것을 받고 탄식하면서 "이들은 아름다운 가죽을 가졌기 때문에 화를 초래한 것이다"라고 한 내용이 있는데, 이 대목과 같은 맥락입니다. 한비자는 문공의 이야기를 노자 〈46장〉의 "남이 욕심낼 만한 것을 가지고 있는 것보다 더 큰 죄가 없다(罪莫大於可欲)"고 한 기록의 실제 사례로 들고 있는데, 여기에 나오는 노담의 이야기와 일치한다는 점에서 《노자》를 이런 방식으로 이해한 것은 전국시대의 일반적 경향이었다고 이해할 수 있습니다.

◎

3 장

도의 모습을 본 관상쟁이

정나라의 신무 계함의 혼비백산

이번에는 관상 보는 이야기입니다. 관상은 어떤 사람의 외형을 기준으로 길흉을 판단하는데, 장자는 〈덕충부〉 편에서 내면을 덕을 강조하면서 외형을 잊어버려야 한다고 강조한 만큼 관상 보는 일을 높이 평가할 리가 없습니다. 장자뿐 아니라 공자나 순자도 마찬가지였죠. 특히 순자는 〈비상(非相)〉 편을 남겨 관상은 아무 근거 없는 억측일 뿐이라고 체계적으로 비판하는 글을 썼습니다. 순자는 먼저 관상을 사람의 형상과 안색을 보고 길흉과 요상을 아는 것(相人之形狀顔色而知其吉凶妖祥)이라고 규정한 다음, 형상을 보는 것은 마음을 논하는 것만 못하고 마음을 논하는 것은 학술을 선택하는 것만 못하다고 했습니다.(相形不如論心 論心不如擇術) 학술(術)을 강조했다는 점에서 덕을 강조한 장자와는 약간의 차이를 보입니다. 또 순자의 경우는 구체적인 사례를 들어가며 관상이 맞지 않다는 것을 입증합니다. 예를 들어 요임금은 키가 컸고 순임금은 키가 작았으며, 문왕은 키가 컸고 주공은 키가 작았으며, 공자는 키가 컸고 자궁은 키가 작았다(蓋帝堯長 帝舜短 文王長 周公短 仲尼長 子弓短)는 식으로 훌륭한 사람이 되는 것은 키가 크든 작든 아무 상관이 없다는 식으로 논의를 펼쳐나갑니다.

반면 장자는 관상은 그 사람의 껍데기만 보고 본질을 보지 못하기 때문에 도를 터득한 사람의 입장에서 보면 하찮은 기술에 지나지 않는다는 식으로 관상을 부정합니다. 호자가 열자에게 도의 껍데기만 전수해주었다는 이야기는 관상을 보는 수준에 빗댄 것이기도 합니다. 관상이란 기껏 그 사람의 겉모습을 보는 데 지나지 않는데, 열자가 그 수준이라는 거죠. 그리고 도의 알맹이를 비유하면서 암탉이 많아도 수탉이 없으면 부화할 수 없다는 식으로 이야기하는데, 수탉을 알맹이로, 암탉을 껍데기에, 부화(卵)는 득도를 비유한 것입니다. 물론 과학적으로 따지면 수탉이 알맹이가 될 수 없지만, 장닭 한 마리를 키우고, 암탉 여러 마리를 키우는 상황을 가정하면 장자의 비유를 틀렸다고만 할 수 없습니다. 물론 그것은 수컷과 암컷에 대한 정확한 견해는 아니고, 인간이 만든 서식 환경에 따라 결정된 것일 뿐입니다. 이런 점에서 호자의 이야기가 정확한 것은 아니지만 또 다른 이야기이고, 여기서는 비유의 맥락만 취하면 됩니다.

정나라에 귀신처럼 용한 무당이 있었는데 이름을 계함이라 했다. 사람이 죽고 사는 기한과 재앙과 복록, 장수와 요절을 알아서, 연월과 상순, 하순의 날짜까지 귀신처럼 알아맞혔다. 그 때문에 정나라 사람들은 그를 만나면 모두 가지고 있던 물건을 버리고 도망쳤다.

열자가 그를 만나고 심취하여 돌아와 호자에게 말했다.

"처음에 저는 선생님의 도를 지극하다고 생각했는데 다시 보니 선생님보다 더 뛰어난 사람이 있습니다."

호자가 말했다.

"나는 너에게 껍데기는 다 전해주었지만, 알맹이는 아직 전해주지 않았는데, 너는 참으로 도를 터득했다고 여기느냐? 암탉이 아무리 많아도 수탉이 없으면 또 어떻게 알을 부화하겠는가? 너는 도를 가지고 세상과 겨루어 믿음을 얻으려 했다. 그 때문에 다른 사람으로 하여금 너의 관상을 쉽게 알아맞히게 한 것이다. 어디 시험 삼아 그를 데리고 와서 나를 보여보거라."

鄭有神巫하니 曰季咸이니 知人之死生存亡과 禍福壽夭하야 期以歲月旬日若神할새 鄭人이 見之하고 皆棄而走하더니 列子見之而心醉하야 歸以告壺子曰 始吾以夫子之道로 爲至矣러니 則又有至焉者矣로소이다

壺子曰 吾與汝로 旣其文하고 未旣其實호니 而는 固得道與아 衆雌而無雄이면 而又奚卵焉이리오 而以道與世亢하야 必信夫라 故로 使人으로 得而相女하도다 嘗試與來하야 以予로 示之하라

이야기의 도입부에 정나라의 용한 무당 계함이 나오는데, 열자가 이 무당을 만나보고 심취하여 자신의 스승인 호자를 찾아가 선

생님보다 더 뛰어난 사람이 있다고 이야기합니다. 아마도 계함이 열자의 관상을 보고 이런저런 사실을 알아맞힌 게 많았나 봅니다. 그러자 호자가 "네가 도를 가지고 세상과 겨루어 믿음을 얻으려 했기 때문에 다른 사람으로 하여금 너의 관상을 쉽게 알아맞히게 했다(而以道與世亢 必信夫 故使人 得而相女)"고 이야기하는데, 이 대목이 핵심입니다. 세상 사람에게 잘 보이기 위해 애를 썼다는 이야기는 열자가 도를 추구하지 않고 외형을 가꾸는 데 치중했다는 지적입니다. 이때 외형은 외모만 가리키는 것이 아니라 세상 사람들이 인정하는 권력과 부 등 모두를 가리키는 것입니다. 이렇게 말한 뒤 호자는 열자에게 그 관상쟁이를 데리고 와서 그에게 자신을 한번 보여보라고 이야기합니다.

> 다음 날 열자가 함께 호자를 뵙고, 밖으로 나왔는데 계함이 열자에게 말했다.
> "아! 그대의 선생은 죽게 되었다. 살아날 수 없을 것이니 열흘을 헤아리지 못할 것이다. 나는 이상한 것을 보았는데, 젖은 재를 보았다."
> 열자가 들어와 눈물을 흘려 옷섶을 적시며 그 말을 호자에게 이르자 호자가 이렇게 말했다.
> "아까 나는 그에게 땅의 무늬를 보여주었다. 멍하니 움직이지도 않고 머물지도 않았으니 그는 아마도 나의 생기가 막혀버린 모습을 보았을 것이다. 시험 삼아 다시 데리고 와보거라."

다음 날 또 함께 호자를 뵙고, 밖으로 나왔는데 계함이 열자에게 이렇게 말했다.

"다행이다. 그대의 선생은 나를 만나 병이 다 나았다. 완전히 생기가 회복되었다. 어제는 내가 생기가 막힌 모습을 보았다."

열자가 들어와 그 말을 호자에게 이르자 호자가 말했다.

"아까 나는 그에게 하늘의 모양을 보여주었다. 명칭이나 실제가 들어갈 수 없는데 생기가 발뒤꿈치에서 발생하니 그는 아마도 나의 생기를 보았을 것이다. 시험 삼아 다시 데리고 와 보거라."

다음 날 또 함께 호자를 뵙고, 밖으로 나왔는데 계함이 열자에게 말했다.

"당신 선생은 관상이 일정하지 않기 때문에 내가 관상을 볼 수가 없다. 어디 한번 일정하게 정돈되면 그때 다시 관상을 보겠다."

열자가 들어와 그 말을 호자에게 이르자 호자가 말했다.

"아까 나는 그에게 텅 비어 자취 없는 모습을 보여주었다. 그는 아마도 나의 음양의 기가 평형을 이룬 모습을 보았을 것이다. 고래가 이리저리 헤엄치는 깊은 물도 연못이며, 고요히 멈추어 있는 깊은 물도 연못이며, 흘러가는 깊은 물도 연못이다. 연못에는 아홉 가지 이름이 있는데, 이번에 계함에게 보여준 것은 세 가지에 해당한다. 시험 삼아 다시 데리고 와 보거라."

明日에 列子與之見壺子한대 出而謂列子曰 嘻라 子之先生이 死矣라 弗活矣로소니 不以旬으로 數矣로다 吾見怪焉호니 見濕灰焉호라

列子入하야 泣涕沾襟하야 以告壺子한대 壺子曰 鄕吾示之以地文호니 萌乎不震不正(止)하니 是殆見吾杜德機也로다 嘗又與來하라하야늘

明日에 又與之見壺子한대 出而謂列子曰 幸矣라 子之先生의 遇我也여 有瘳矣라 全然有生矣로다 吾見其杜權矣와라

列子入하야 以告壺子한대 壺子曰 鄕吾示之以天壤하니 名實을 不入호니 而機發於踵하니 是殆見吾善者機也하도다 嘗又與來하라하야늘

明日에 又與之見壺子한댄 出而謂列子曰 子之先生이 不齊라 吾無得而相焉이로다 試齊하야든 且復相之호리라

列子入하야 以告壺子한대 壺子曰 吾鄕示之以太沖莫勝(朕)호니 是殆見吾의 衡氣機也하도다 鯢桓之審爲淵이며 止水之審爲淵이며 流水之審爲淵이니 淵有九名하니 此 處三焉하니라 嘗又與來하라하야늘

이윽고 열자가 계함을 데리고 와서 호자의 관상을 세 차례 보게 하는데, 볼 때마다 다르게 이야기합니다. 처음에는 호자가 죽게 되었다고 하다가, 다음 날 다시 살아나게 되었다고 하다가, 급기야 호자의 관상이 일정치 않아서 볼 수 없다고 이야기합니다. 이에 따

르면 호자는 자신의 모습을 자유자재로 바꿀 수 있는 사람입니다. 호자는 처음에 생기가 막힌 모습을, 다음에는 생기가 발생하는 모습을, 그 다음에는 텅 빈 모습을 보여줍니다. 그 때문에 계함이 호자의 관상을 볼 수 없게 된 거죠.

이쯤에서 호자(壺子)의 정체가 궁금해집니다. 가공의 인물로 보면 간단한데, 의외로 여러 주석가들뿐 아니라《회남자》와《열자》등에 실존 인물로 나옵니다. 또 호자로 추정되는 호구자림(壺丘子林) 같은 인물이《여씨춘추》에 보입니다. 사마표(司馬彪)는 아주 구체적으로 이름은 임(林)이고 정나라 사람으로 열자의 스승〔名林 鄭人 列子師〕이라 했습니다. 이런 기록으로 보아 실존 인물일 뿐만 아니라 실제로 이와 비슷한 일이 있었는데 그게 장자의 우언으로 세상에 전해졌다고 추정할 수 있습니다. 그 때문에 이케다 토모히사는 "이 이야기에서 호자가 계함에게 승리하는 맥락은《장자》를 시작으로 하는 도가 사상이 민간 종교가 아님은 물론, 그들보다 우위에 있는 철학이라는 사실을 암시해주고 있는 것으로 주목할 필요가 있다"고 풀이했는데 참고할 만합니다.

> 다음 날 또 함께 호자를 뵈었다. 선 채로 아직 자리에 앉지도 않았는데 계함이 얼이 빠져 달아났다. 호자가 말했다.
> "쫓아가라."
> 열자가 그를 쫓아갔지만 따라잡지 못하고 돌아와 호자에게 일렀다.

"벌써 사라졌습니다. 이미 놓쳤습니다. 제가 따라잡지 못했습니다."

호자가 말했다.

"아까 나는 아직 나의 근본에서 떠나지 않은 모습을 보여주었다. 내가 마음을 비우고 욕심 없는 모습으로 그를 대했더니 그는 내가 누구인지 모르게 되었고, 따라서 무언가 무너져내린다고 생각하게 되었고, 이어서 무언가 노도처럼 물결쳐온다고 생각하게 되었다. 그래서 도망친 것이다."

그런 뒤 열자는 스스로 아직 배움을 시작도 못했다고 여겨 집으로 돌아가 삼 년 동안 집 밖에 나오지 않고, 아내를 위해 밥을 지으며, 돼지를 치되 사람을 먹이듯 하였으며, 매사에 친소를 따짐이 없었고, 인위(人爲)를 깎아버리고 쪼아 없애 소박한 데로 돌아가, 흙덩어리처럼 아무런 감정 없이 외로운 모습으로 홀로 서서 어지러이 만물과 뒤섞였는데, 한결같이 이런 태도로 삶을 마쳤다.

明日에 又與之見壺子한대 立未定하야 自失而走커늘 壺子曰 追之하라 列子追之不及하야 反하야 以報壺子하야 曰 已滅矣며 已失矣라 吾弗及已호이다 壺子曰 鄉吾示之以未始出吾宗호니 吾與之虛而委蛇(이)라 不知其誰何하야 因以爲弟靡하며 因以爲波流라 故로 逃也하도다

然後에야 列子自以爲未始學이라하야 而歸하야 三年을 不出하야 爲其妻爨하며 食豕如食人하며 於事에 無與親이오 彫琢復朴하야

塊然獨以其形으로 立하니 紛而封哉(戎)하야 一以是로 終하니라

다음 날 계함이 다시 호자의 관상을 보러왔는데 이번에는 호자를 보자마자 바로 줄행랑쳐버립니다. 열자가 붙잡으려고 따라갔지만 놓치고 맙니다. 정나라에서 신무(神巫)로 불렸던 계함이 호자의 모습을 보고 도망친 까닭이 궁금한데, 이어지는 호자의 말에서 실마리를 찾을 수 있습니다. 호자는 계함에게 자신의 근본을 떠나지 않은 모습을 보여주었다고 했는데, 자신의 근본(吾宗)은 〈대종사〉 편의 '대종(大宗)'과 같은 의미로 볼 수 있습니다. 대종은 바로 도를 가리킵니다. 도는 자연의 도이니 당연히 사심이 없고, 사심이 없으면 상대가 누구인지 알 수 없습니다. 우리가 어떤 사람을 규정할 때는 겉모습뿐 아니라 그가 추구하는 가치, 곧 욕심이 어디에 있는지를 기준으로 판단하는데 호자에게는 그런 단서가 없었다는 겁니다. 그 때문에 계함은 상대가 누구인지 알 수 없게 되었고, 그 미지의 존재가 자신을 엄습해온다고 여겼기 때문에 도망쳤다는 것이 호자의 이야기입니다.

쉽게 생각하면 이야기 도입부에서 계함이 사람들의 길흉화복, 그중에서도 죽고 사는 기일을 귀신처럼 알아맞혔기 때문에 정나라 사람들이 그를 만나면 모두 도망쳤다고 했죠. 정나라 사람들은 계함을 만나게 되면 자신이 언제 죽는지 알게 되기 때문에 도망친 겁니다. 정나라 사람들이 계함을 보고 도망친 이유와 계함이 호자를 보고 도망친 이유가 같다고 가정하면 계함 같은 무당은 삶과 죽음

을 자연스럽게 받아들이는 경지에 이르지 못했기 때문에 호자를 보고 도망쳤다고 이해할 수 있습니다.

마무리 부분을 보면 열자는 이 일이 있은 뒤 스스로 배움이 부족하다는 사실을 깨닫고 집으로 돌아가 수행하다가 삶을 마쳤다고 하는데, 그 수행의 구체적인 내용이 재미있습니다. 아내를 위해 밥을 짓고, 돼지를 사람 대하는 것처럼 기르고, 친소를 따지지 않았다고 합니다. 자기보다 낮은 사람인 아내를 섬기고, 말 못하는 존재인 돼지를 사람처럼 대하고, 친소를 기준으로 사람을 차별하지 않았다는 뜻으로 모두 장자가 이야기하는 도의 일부분을 형용한 것이라고 할 수 있습니다.

◎

4 장

거울 같은 지인(至人)의 마음 씀씀이

보내지도 않고 맞이하지도 않는다

이번에는 이야기라기보다는 짤막한 격언이 나열되어 있는데 대체로 지금까지 나온 우언의 맥락을 간단하게 정리한 내용입니다. 경계해야 할 것은 명예, 모략, 일, 지혜의 네 가지이고, 추구해야 할 것은 이 네 가지와 상반되는 가치인 도입니다.

명예의 주인이 되지 말며, 모략의 창고가 되지 말며, 일의 책임자가 되지 말며, 지혜의 주인이 되지 말라. 다함이 없는 도를 완전히 체득해서 자취 없는 세계에 노닐도록 하라. 하늘에서 받은 것을 극진히 하되 이득을 보지 말아야 할 것이니 오직 마음을 비울 따름이다.
지인(至人)의 마음 씀씀이는 거울과 같은지라 보내지도 아니하고 맞이하지도 아니하며, 비추기만 하고 간직하지 않는다. 그 때문에 만물을 감당하면서도 다치지 않을 수 있는 것이다.
無爲名尸하며 無爲謀府하며 無爲事任하며 無爲知主요 體盡無窮하야 而遊無朕하며 盡其所受乎天호대 而無見得하리니 亦虛而

己니라 至人之用心은 若鏡이라 不將不迎하며 應而不藏하나니 故로 能勝物而不傷하나니라

앞에 나온 여러 이야기를 종합하면 명예를 추구하면 결국 재앙을 초래하게 되고, 모략을 좋아하게 되면 천하를 어지럽히고, 일의 책임자가 되면 이익을 추구하게 되어 욕심을 부리게 되고, 지혜를 추구하면 위태롭게 됩니다. 네 가지는 모두 나에게 해롭거나 세상에 해롭기 때문에 이런 것들을 추구하지 말라는 겁니다.

또 도를 터득한 지인(至人)의 마음 씀씀이를 거울에 비유하여 보내지도 않고 맞이하지도 않는다고 했습니다. 거울은 사물을 있는 그대로 비춰야 거울이지 사물을 자기 맘대로 비추면 더 이상 거울이라 할 수 없겠지요. 결국 지인(至人)은 〈소요유〉 편에 나온 것처럼 자기를 내세우지 않기(無己) 때문에 대상을 있는 그대로 비춰주기만 할 뿐이지, 자기 기준을 세워 상대를 깎아내리거나 왜곡하지 않는다는 뜻입니다. 그렇게 하면 만물을 이기면서도 다치지 않을 수 있다고 했는데, 여기서 다치지 않는 것은 자신뿐 아니라 다른 존재까지 포함되어 있다고 생각해야 장자의 사유에 부합할 수 있습니다. 마치 〈인간세〉 편의 취지가 나도 온전한 삶을 누리고 다른 사람도 온전한 삶을 누리게 하는 데(自全而全人) 있었던 것처럼 말입니다.

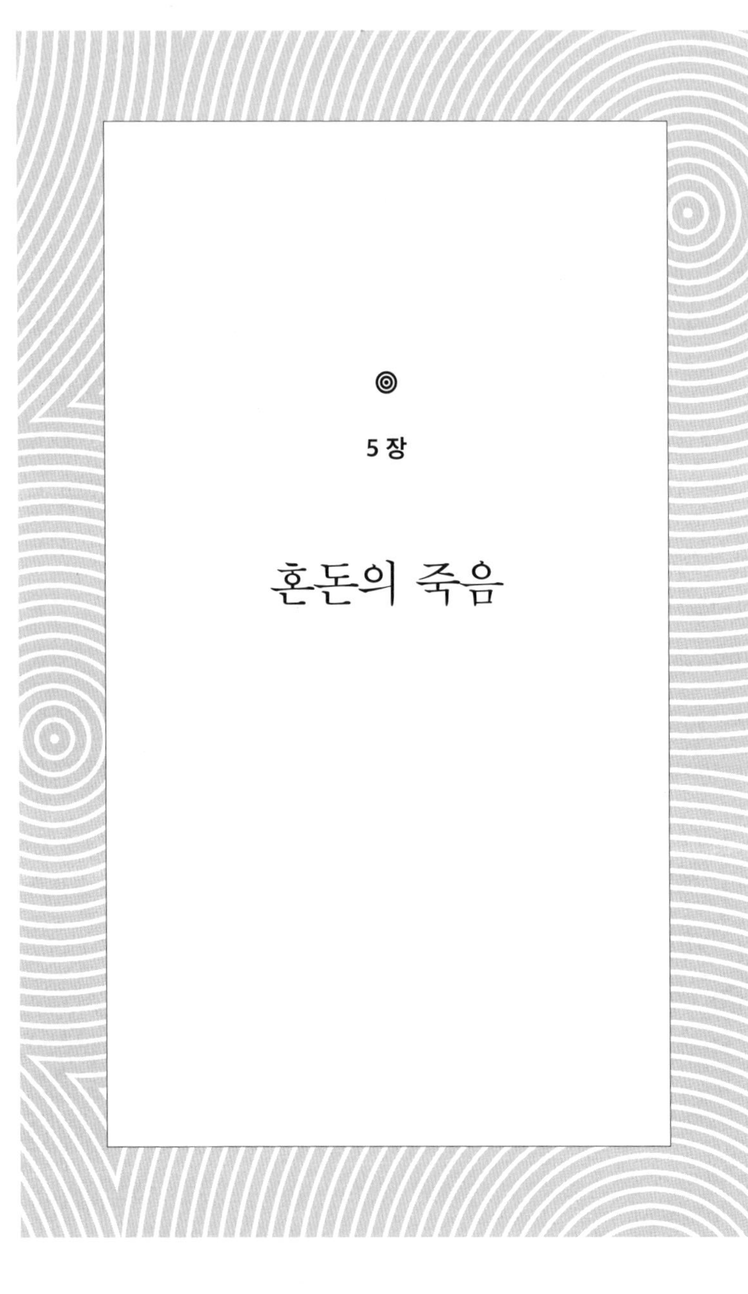

5 장

혼돈의 죽음

누가 혼돈을 죽였는가

장자의 우언 중에서 붕새와 포정해우, 호접몽에 버금갈 만큼 널리 알려진 혼돈 설화입니다. 〈내편〉의 마지막 편인 〈응제왕〉 편의 마지막 이야기이기 때문에 장자 자신의 저작으로 인정되는 글 중에서 결론에 해당하는 부분이라 할 수 있습니다.

혼돈 설화와 관련된 재미있는 일화가 있습니다. 1949년 아시아인 최초로 노벨물리학상을 받은 사람이 유카와 히데키(湯川秀樹)인데, 형제가 넷이었습니다. 제일 큰형이 교토대학교 교수였던 가이즈카 시게키(貝塚茂樹)였는데, 중국 사상을 전공한 갑골학의 대가입니다. 유카와는 형을 통해 동양사상에 관심을 가졌는데, 《장자》의 혼돈 설화를 읽으면서 영감을 받아 물리학에서 중간자의 존재를 예측했다고 합니다. 결국 유카와의 계산 결과가 관측을 통해 입증되면서 노벨물리학상을 받았어요. 그래서인지 유카와는 걸핏하면 동양고전을 이야기하면서 이태백의 〈춘야연도리원서(春夜宴桃李園序)〉나 장자와 혜시가 농담한 것을 거론하는데 읽어봤더니 순 엉터리더군요.

그런데 독서라는 게 참 재미있는 것이, 어떤 책을 읽으면서 내용을 잘못 이해하거나 전혀 엉뚱한 상상을 하다가 큰 수확을 얻을 수도 있거든요. 엉뚱하지만 의미 있는 결과를 얻을 수도 있는 거죠. 그러니 엉터리로 읽는 것도 읽지 않는 것보다는 낫다고 인정할 수 있겠습니다.

남해의 임금은 숙(儵)이고 북해의 임금은 홀(忽)이고 중앙의 임금은 혼돈(渾沌)이다. 숙과 홀이 때로 혼돈의 땅에서 함께 만났는데, 혼돈이 그들을 매우 잘 대접하자, 숙과 홀이 혼돈의 은혜에 보답하려고 상의하여 이렇게 말했다.
"사람들은 모두 일곱 개의 구멍이 있어 보고 듣고 먹고 숨을 쉬는데, 이 혼돈만은 없으니, 시험 삼아 구멍을 뚫어주자" 하고는 하루에 구멍 한 개씩을 뚫었더니 칠 일 만에 혼돈이 죽었다.
南海之帝爲儵이오 北海之帝爲忽이오 中央之帝爲渾沌이니 儵與忽時相與遇於渾沌之地어늘 渾沌待之甚善한대 儵與忽이 謀報渾沌之德曰 人皆有七竅하야 以視聽食息커늘 此獨無有란대 嘗試鑿之호리라하고 日鑿一竅한대 七日而渾沌死하니라

혼돈 이야기는 아주 간단합니다. 남해의 임금 숙과 북해의 임금 홀이 혼돈의 땅인 중앙에서 자주 만났는데 혼돈이 잘 대접해주자, 숙과 홀이 혼돈의 은혜에 보답하기 위해 하루에 한 개씩 구멍을

뚫어주었더니 칠 일 만에 혼돈이 죽어버렸다는 겁니다.

숙(儵)과 홀(忽)은 시간의 신이자 유위, 작위, 인간의 문명을 상징합니다. 숙홀지간(儵忽之間)이라고 하면 아주 짧은 시간을 뜻합니다. 반면 중앙의 혼돈(渾沌)은 시간의 흐름에 적용받지 않는 원시의 도, 무위, 자연을 상징합니다. 혼돈은 흑백이 나눠지지 않고, 선악과 피아가 구분되지 않고, 시비가 없는 상태입니다. 시비가 없다는 것은 시비를 구분할 수 없는 상태인데, 구분할 수 없다는 것은 지각이 없다는 뜻입니다. 지각이 없기 때문에 계산할 수 없는 상태가 혼돈입니다. 혼돈이 아닌 사람이 볼 때 혼돈은 지각하지 못하니 답답할 거라고 생각합니다. 그래서 숙과 홀이 혼돈을 도와줍니다. 다른 사람은 모두 일곱 개의 구멍이 있어 보고 듣고 먹고 숨쉬는데, 혼돈은 없으니, 구멍을 뚫어주자고 해서 하루에 구멍 한 개씩을 뚫어주었더니 결국 혼돈이 죽고 맙니다. 어처구니 없는 일이죠. 나는 그게 아닌데, 내 뜻은 그게 아닌데 해도 그때는 이미 늦은 거죠. 일곱 개의 구멍은 사람의 얼굴에 있는 이목구비를 가리킵니다. 일곱 개의 구멍이 생겨서 지각할 수 있게 된 혼돈은 더 이상 혼돈일 수 없습니다.

혼돈의 비극은 우리가 우리와 다른 삶을 사는 존재를 이해한다는 게 쉽지 않다는 걸 말해줍니다. 이해하려는 것 자체가 상대를 지배하려는 폭력이 될 수 있습니다. 실제로 우리가 사는 근대의 세계에서 너무나 빈번하게 일어나는 건데, 이를테면 레비스트로스의 《슬픈 열대》는 근대 문명과 원시공동체가 만나면 원시공동체가 부서져 파괴되는 일을 기록하고 있습니다. '슬픈(Tristes)'이라는 형용사는 그런 맥락에서 붙인 것이죠. 어설프게 계몽이다 뭐다해서 그들을 도와주려고 하다가 결국 망가뜨리는 겁니다.

혼돈을 중앙의 임금이라 했는데, 왜 하필 중앙일까요? 천하를 하나의 커다란 원판이 돌아간다고 생각해보면 이해하기가 쉽습니다. 〈제물론〉 편에서 말씀드린 적 있지만, 《노자》에 나오는 수레바퀴나 《장자》 〈제물론〉 편의 맷돌, 또는 《논어》에 나오는 북극성, 하늘의 지도리를 생각해도 좋습니다. 《논어》의 경우 북극성이 제자리에 가만히 있는데도 뭇 별들이 싸고돈다고 했는데, 이 경우 북극성이 혼돈입니다. 《노자》에는 수레바퀴에 비유해서 서른 개의 바퀴살이 중앙에 있는 빈 구멍으로 모인다고 했습니다. 이 경우는 빈 구멍이 혼돈으로 무용, 무위를 뜻합니다. 공자는 스케일이 커서 하늘이 돌아가는 것에 비유했고, 노자는 수레 기술자의 시각으로 세밀하게 본 것이죠.

장자의 혼돈은 도를 터득한 사람, 아니 도 그 자체를 인격화한 존재이기도 합니다. 남해의 임금 숙이나, 북해의 임금 홀은 그냥 빨리 움직이는 존재입니다. 끝으로 갈수록 빨라지고 한가운데에 있는 존재는 움직이지 않습니다. 정중앙은 움직일 수가 없습니다. 중앙에 있는 것이 어떤 의미를 지니는가는 숙과 홀의 역할과 혼돈의 역할을 대비시켜보면 알 수 있습니다. 숙과 홀이 만나려면 중앙으로 가야 합니다. 숙에게도 홀에게도 다 통하는 원리는 중앙에만 있는 겁니다. 숙과 홀이 서로의 땅에는 갈 수 없지만 혼돈의 땅에서는 만날 수 있는데 이것이 〈제물론〉 편에서 이야기한 도추(道樞)입니다. 숙이 홀이 될 수 없고, 홀이 숙이 될 수는 없어요. 그런데 혼돈의 땅에 가면 이야기가 되요. 중앙이니까. 그래서 중앙의 임금이 혼돈입니다. 숙과 홀은 시간을 상징한다고 했지요. 그런데 이들이 시간의 흐름에서 벗어나지 못하면 서로 만나지 못합니다. 음악을 재생하면서 돌아가는 레코드판 외주의 반대편에 숙과 홀이 위치하고 있다고 생각하면 쉽게 이해할 수 있습니다. 외주는 빠르게 돌아가지만 한가운데는 움직이지 않지요. 움직인다고 생각할 수도 있지만 시작점과 종착점이 같은 위치라면 움직였다고 할 수 없습니다. 숙과 홀이 중앙으로 움직이지 않고 자기 위치에 있는 한 절대 서로 만날 수 없습니다. 빨리 돌수록 오히려 상대도 빨리 돌기 때문에 만나지 못하는 것이죠. 중앙으로 가면 만날 수 있습니다. 그래서 혼돈을 중앙의 신으로 상정한 겁니다.

혼돈이 죽는 비극은 근대 세계가 다른 세계를 만나면서 빈번하게 일어납니다. 꼭 19세기의 제국주의처럼 지배하려는 의도가 아니라도, 호의를 갖고 다른 문명을 대하는 경우에도 비극이 일어납니다. 한때 화제가 됐던 다큐멘터리 〈아마존의 눈물〉을 기억하실 겁니다. 거기 보면 아마존 밀림에 사는 여러 종족이 나오는데 그중 '조에'족은 사냥을 하는데 다음 날 먹을 것까지는 사냥을 안 합니다. 그날 가서 그날 먹을 만큼만 사냥하죠. 운이 좋으면 많이 잡고 운이 적으면 적게 잡아요. 적게 잡는데 사냥을 같이 나가지 않은 사람들에게도 나눠줍니다. 그리고 나눠주는 데 시간이 두 세 시간이나 걸립니다. 왜 그렇게 오랜 시간이 걸리나 했더니 어떻게 나눠야 할지 계산을 잘 못하는 거예요.

그 사람들은 1, 2는 아는데 3이라는 숫자를 몰라요. 그러면 그 사람들이 우리보다 지능 지수가 떨어져서 3 이상의 숫자를 모르는 것일까요? 1, 2, 3을 아는 데에 고도의 수학적 능력이 필요한 것은 아닙니다. 그런데 몰라요. 그건 아무래도 의도적으로 알려고 하지 않는 거라고 봐야할 것 같습니다. 사실 두 개의 수만으로 모든 수를 표기할 수 있잖습니까. 예를 들어 이진법의 경우가 그렇죠.

이진법은 1은 1, 2는 10, 3은 11, 4는 100, 5는 101, 6은 110 등 이런 방식으로 모든 수를 표기할 수 있습니다. 다만 이런 식으로 표시하면 기억하기 힘들어서 계산을 잘 못하게 됩니다. 조에족의 경우는 그런 간단한 수만 알고 다른 수는 모르니까 계산을 잘 못하는 것 아닌가 싶습니다. 그렇게 함으로써 문명으로부터 자신들을 지키면서 지금까지 살아온 것이죠. 다른 부족은 외부 사람들과 관계를 맺게 되면서 결국 본래의 모습을 잃어갔습니다. 그들의 삶은 마치 혼돈에게 구멍이 필요 없는 것처럼 외부의 도움이 꼭 필요한 게 아닌데, 어리석은 인간들이 자꾸 뭔가 전해주려 하고, 가르치려 듭니다. 그러다 보니 깨지는 거죠.

조에족은 외부 사람들에게 의존하는 삶을 피했는데도 조금씩 무너지고 있더라고요. 외부인과 접촉이 생기면서 새로운 질병이 생기니까 이 사람들이 그 자체로, 생물학적으로 살 수 없는 조건이 되어버린 겁니다. 그러니 결국 병원을 찾아야 되고, 치료를 받아야 됩니다. 그러면 자기 세계를 상실해버리는 것이죠. 그런 의미에서 다큐멘터리 제작자가 '눈물'이라는 단어를 붙인 것 아닌가 싶습니다.

장자는 다양한 삶을 이야기하면서 그런 삶을 있는 그대로 인정해야 한다고 끊임없이 이야기합니다. 다른 철학자들이 '나는 누구인가'를 계속 물을 때, 장자는 '저 사람들은 누구인가?'를 끊임없이 물었습니다. 그런데 마지막 이야기 '혼돈 설화'에서 장자는 우리가 타자를 대할 때 자신이 이해할 수 있는 방식으로 타자를 이해하는 게 불가능하고, 타자를 배려하는 것도 불가능하다는 것을 알아야 한다고 경고하고 있습니다.

그런 한계를 인정하지 않으면 여기의 숙과 홀처럼 혼돈에게 구멍을 뚫어주겠지요. 결국 혼돈이 혼돈이 된 까닭이 상실됩니다. 타자의 타자성이 상실되고 나면 우리가 함께하는 것은 나의 또 다른 얼굴이지 타자가 아닙니다. 결혼 이민자들에 대해 우리가 우리의 풍습을 익히도록 강요하는 것이 타자를 타자로 존중하는 태도가 아니 듯, 내가 이해할 수 있는 타자는 이미 강요된 우리에 지나지 않으니까요. 숙과 홀의 선의(善意)가 혼돈을 죽인 것처럼 우리의 선의가 다른 사람에게 폭력이 될 수도 있다는 것을 혼돈 설화에서 읽어낼 수 있습니다.

《장자》〈내편〉은 붕새의 비상으로 시작해서 혼돈의 죽음으로 끝납니다. 붕새가 절대 자유를 희구하는 장자의 상징이었다면 혼돈의 죽음은 그것이 불가능하다는 것을 암시하고 있습니다. 그래서 《장자》의 결말은 비극적입니다.

나가는 말

혼돈 이야기를 끝으로 《장자》 〈내편〉을 모두 읽었습니다. 돌이켜보니 《장자》를 읽으면서 장자 아닌 이야기를 너무 많이 한 것 같습니다. 하지만 제가 늘 "《논어》만 읽어서는 《논어》가 보이지 않는다"고 강조했던 것처럼 《장자》만 읽어서는 《장자》가 보이지 않기 때문에 그때그때 《장자》를 이해하는 데 필요한 이야기를 했습니다. 해설하면서 《노자》를 비롯한 도가 계열로 분류되는 문헌도 인용했지만 가장 많이 인용한 문헌은 유가 문헌이었습니다. 이런 이유 때문에 유가 입장에서 《장자》를 읽은 것 아니냐는 의심이 있을 수 있겠습니다. 하지만 이런 방식의 이해는 우리 학문 전통에서는 당연한 것입니다. 지금은 꼭 그렇지 않겠지만 전통 사회에서는 《장자》를 읽은 사람이 《논어》, 《맹자》를 비롯한 유가 문헌을 읽지 않은 경우를 찾기 어렵습니다.

게다가 당나라의 한유가 처음으로 장자를 유학으로 끌어들이는 '원장입유(援莊入儒)'의 태도를 표명한 이래 위진 시기의 왕필과 곽상 또한 유가 문헌을 인용하면서 《노자》와 《장자》를 주해했고, 송 대의 문인 유학자들은 너나 할 것 없이 《장자》를 주해하거나 논평을 남겼습니다. 급기야 남송의 임희일이 성리학적 세계관에 입각하여 《장자》를 재해석하면서 우리나라의 유학자들 또한 임희일의 주해를 바탕으로 《장자》를 읽었습니다.

한유는 일찍이 장자를 전자방의 문인으로 보고 공자의 제자였던 자하 계열의 유가로 분류한 적이 있고, 왕필은 공자와 노자, 장자의 뜻이 같은 데 있다고 이야기한 적이 있으며, 곽상은 장자를 적연부동 감이수통(寂然不動 感而遂通)하는 성인, 곧 공자보다 한 단계 아래의 인물로 이해하기도 했습니다. 송 대의 문인 소동파는 장자가 겉으로는 공자를 비판했지만 사실은 도와주었다고 주장했고, 왕안석은 맹자 이후 육경을 장자만큼 잘 알았던 사람이 없다고 할 정도로 장자를 높이 평가했습니다. 송 대의 여혜경이나 저백수, 조선의 박세당, 한원진 등 《장자》를 주해한 사람들도 모두 유학자들입니다. 또 5000년 최고의 문장가로 일컬어지는 박지원의 글에는 《맹자》와 《장자》가 합쳐져 있다는 생각이 들 정도로 유학자들의 사유에 《장자》가 깊이 스며들어 있습니다. 《장자》는 유학자들의 필독서였던 것이죠. 오늘 우리가 《장자》를 읽으면서 장자는 도가이기 때문에 유가와 다르다고 선을 긋는 방식은 오히려 낯선 방식일 수 있습니다.

《장자》에는 유가와 지향점이 통하는 이야기가 많습니다. 특히 〈외편〉의 〈천지〉 편은 유가와 장자의 타협점을 보여주는 대표적인 사례라 할 수 있고, 〈내편〉에도 공자가 등장하는 이야기의 많은 부분이 유가의 지향과 상통합니다. 이런 이유로 《장자》를 읽으면서 유가 문헌을 근거로 접근하는 방식은 나름대로 타당합니다. 물론 제가 제안한 것과는 완전히 다른 방식으로 장자를 읽을 수도 있습니다. 《장자》에는 참으로 다양한 이야기가 실려 있고, 그만큼 다양한 방식으로 읽을 수 있기 때문입니다.

《장자》가 한창 유행하던 위진 시대에도 《장자》를 읽는 방식은 다양했습니다. 이를테면 《달장론(達莊論)》을 쓴 완적(阮籍)은 장자를 두고 "도덕의 묘체와 무위의 근본을 서술하고 우언으로 다른 사물을 빌려 뜻을 넓히고, 애오라지 무위를 즐기는 마음으로 한 시대에 소요하였으니, 어찌 진(秦)나라에 바라는 것이 있었겠으며 직하의 학자들과 논쟁하겠는가!〔述道德之妙 敍無為之本 寓言以廣之 假物以延之 聊以娛無為之心 而逍遙於一世 豈將以希咸陽之門 而與稷下爭辯也哉〕" 하고 제자백가 중 가장 높은 경지에 도달한 인물로 평가했습니다. 반면 〈폐장론(廢莊論)〉을 쓴 왕탄지(王坦之)는 《장자》를 가지고 장자를 비판했습니다. 〈천지〉 편에 '하나만 알고 둘은 모른다〔識其一 不知其二〕'고 한음장인(漢陰丈人)을 비판한 말이 나오는데, 왕탄지는 〈폐장론〉에서 이 말을 가지고 장자를 "하나만 알고 둘은 모른다〔識其一 而不知其二〕"고 비판합니다. 그는 공자의 철학이 장주의 철학에 비해 우위라고 주장하면서 장주의 책을 불태우는 것이 옳다고 극언하기도 했습니다.

《장자》는 시대에 따라 다른 방식으로 읽혔고, 같은 시대라 하더라도 사람에 따라 전혀 다른 관점으로 읽혀왔습니다. 따라서 우리는 장자의 이야기를 전혀 모순 없이 일관된 틀에 넣어 이해하는 것이 불가능하다는 사실을 인정해야 합니다. 그러한 시도는 우언이 가지는 수수께끼 같은 모호성을 외면할 때만 가능할 것이기 때문입니다. 해설하는 입장에서는 어쩔 수 없이 일정한 관점을 상정하지 않을 수 없는데, 사실 장자의 우언은 고정 관점에서 벗어나려는 것을 본질로 하기 때문에, 여러분이 저와 함께 읽은 《장자》도 수많은 《장자》 읽기 중 하나에 지나지 않습니다. 붕새가 남쪽으로 날아가는 이유를 그 누가 알겠습니까?